投资银行业务

Investment Banking

尹海英　姜丽凡 主 编

王　琼 副主编

清华大学出版社

北 京

内 容 简 介

本书分上下两篇，上篇介绍了证券发行与承销、证券交易、并购重组、理财顾问、投资管理、风险投资、资产证券化、金融衍生品8大投资银行的基础业务，阐述了投资银行的特点和功能等；下篇介绍了券商投行业务和商行投行业务，分析中国投行业的现状和发展趋势。此外，本书设置了"知识链接""拓展阅读""知识百科""典型案例""实践训练"等专栏，丰富教材内容、创新教学形式，能够激发读者的学习兴趣。

本书既可以作为高职高专金融类、经济类及相关专业的教材，也可以作为应用型本科院校教学用书及金融机构培训教材。

图书在版编目(CIP)数据

投资银行业务 / 尹海英，姜丽凡主编 . 一北京：清华大学出版社，2021.1（2022.1重印）
ISBN 978-7-302-57086-8

Ⅰ . ①投… Ⅱ . ①尹… ②姜… Ⅲ . ①投资银行－银行业务－高等职业教育－教材 Ⅳ . ① F830.33

中国版本图书馆 CIP 数据核字 (2020) 第 251180 号

责任编辑：施 猛
封面设计：常雪影
版式设计：方加青
责任校对：马遥遥
责任印制：杨 艳

出版发行：清华大学出版社
　　网　　址：http://www.tup.com.cn，http://www.wqbook.com
　　地　　址：北京清华大学学研大厦 A 座　　　　邮　　编：100084
　　社 总 机：010-62770175　　　　　　　　　　邮　　购：010-62786544
　　投稿与读者服务：010-62776969，c-service@tup.tsinghua.edu.cn
　　质 量 反 馈：010-62772015，zhiliang@tup.tsinghua.edu.cn
印 装 者：三河市国英印务有限公司
经　　销：全国新华书店
开　　本：185mm×260mm　　　印　　张：20.25　　　字　　数：444 千字
版　　次：2021 年 1 月第 1 版　　　印　　次：2022 年 1 月第 2 次印刷
定　　价：59.00 元

产品编号：085978-01

前言

中国改革开放40余年，2008年的美国"次贷危机"演变成世界"金融危机"的余波已经影响世界经济10余年，在这样错综复杂的环境中，中国金融业不断迈上新台阶，监管层接连发布多项金融领域对外开放的政策举措；构建新型金融监管框架，整合银监会和保监会的职责，中国银保监会正式挂牌成立，"一行三会"监管模式正式进入"一行两会"时代；科创板"刷屏"资本市场，持续推进设立科创板并试点注册制改革，结构性去杠杆有序推进，高风险金融业务收缩，金融秩序明显好转……中国金融更深入地融入经济全球化的洪流中，金融混业经营已是大势所趋。在此过程中，投资银行作为金融中介必将发挥不可替代的作用。

在这种背景下，为了让教学更好地反映投资银行的发展和变化，为了让学生更全面地了解中国投资银行的现状，我们根据投资银行业务发展的实践编写这本《投资银行业务》。本书坚持以培养应用型、技术型人才为目标，精心选择教学内容，整合知识结构，力求使其适合高等职业教育。

本书有以下几个特点。

第一，创新性。书中设置了"知识链接""拓展阅读""知识百科""典型案例"等专栏，丰富了学习内容，创新了学习形式；每章课后还设置了"实践训练"，能够激发学生学习的积极性和创新性，调动学习兴趣。

第二，时效性。书中的"温馨提示""导入案例"内容的选取结合国内外投资银行发展实际，让学生能更清晰地了解投资银行业发展现状，使学习更具有方向性。

第三，实务性。书中不仅设置了"实践训练"让学生熟悉投行业现状，而且专门设置了券商投行业务和商行投行业务的篇章，旨在让学生掌握中国投行业的发展现状，使

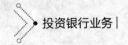

理论更加具有指导实践的意义。

　　本书编写工作由主编尹海英副教授主持，并负责拟定框架及总撰、定稿。本书内容共分11章，具体分工如下：尹海英编写第1、4、8、9、10章，姜丽凡编写第2、3、11章，王琼编写第5、6、7章。

　　编者在编写本书过程中，参考了大量相关教材、著作、报刊和论文，在此向相关作者表示感谢。由于水平有限，书中难免有不足之处，恳请读者批评指正。反馈邮箱：wkservice @ vip.163.com。

编者

2020年9月1日

目录

第3章　证券交易业务

第4章　并购重组业务

第5章　理财顾问业务

第6章　投资管理业务

第7章　风险投资业务

第8章　资产证券化业务

第9章　金融衍生品业务

下篇 中国投行业务发展实践

第10章 券商投行业务

第11章 商行投行业务

上篇

投资银行的基础业务

本篇导读

本篇从投资银行概念、特点和功能出发，介绍证券发行与承销业务、证券交易业务、并购重组业务、理财顾问业务、投资管理业务、风险投资业务、资产证券化业务、金融衍生业务的相关知识，阐述每种业务操作流程，以及投资银行在每种业务中发挥的作用。

第1章 投资银行导论

▶ **学习目标**

- 掌握投资银行的功能
- 了解投资银行发展模式及发展历程
- 熟悉我国投资银行的发展历程及发展趋势
- 熟悉投资银行的主要业务及特点
- 熟悉投资银行组织结构演变的历史，以及各种组织形式的特点

▶ **知识结构图**

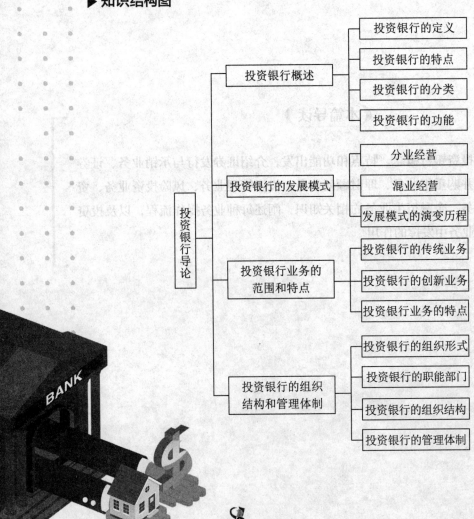

导入案例

摩根大通(JPMorgan Chase & Co)，业界俗称"细摩"或"小摩"，总部位于纽约，业务遍及50多个国家，是全球历史最悠久、规模最大、盈利最佳的金融服务集团之一。摩根大通于2000年由大通曼哈顿银行及J.P.摩根公司合并而成，2008年金融危机后，该行又收购芝加哥第一银行、贝尔斯登银行和华盛顿互惠银行。截至2012年，该行管理总资产20 360亿美元，总存款10 093亿美元，占美国存款总额的10.51%，分行5410家，为美国第二大金融服务机构。

摩根士丹利，业界俗称"大摩"，它原是摩根大通(又称J.P.摩根)的投资部门。1933年，美国经历了经济大萧条，国会通过《格拉斯·斯蒂格尔法》，禁止公司同时提供商业银行与投资银行服务。于是，摩根士丹利作为一家投资银行于1935年9月5日在纽约成立，而J.P.摩根则转为一家纯商业银行。1941年，摩根士丹利与纽约证券交易所合作，成为该证交所的合作伙伴，该公司在20世纪70年代迅速扩张，雇员从250多人迅速增长到1700多人，并开始在全球范围内发展业务。1986年，摩根士丹利在纽约证券交易所挂牌交易。

大摩投行业务主要分为两大类：证券业务和投资管理业务。证券业务包括股票、债券、外汇、股票金融服务、商品交易、投资银行、企业咨询服务、证券包销、机构性企业营销和房地产金融；而投资管理业务包括资产管理、私人财富管理、直接投资和机构投资管理。

那么，投资银行到底从事哪些业务？作为全球顶尖的投资银行为什么要经历分拆和合并？

1.1 投资银行概述

1.1.1 投资银行的定义

投资银行(Investment Banks)的名称里含有"投资"和"银行"，但其本身并不从事投资，更确切地说，它不以自己的资金作为永久性的生产性投资，而仅仅协助政府或企业为融资而发行证券并使投资者获得这些证券。同时，它也不是以吸收存款、发放贷款为主要业务的"银行"，是与商业银行相对应的一类金融机构，主要从事证券发行、承销、交易、企业重组、兼并与收购、投资分析、风险投资、项目融资等非储蓄类业务，是资本市场上的主要金融中介机构。

投资银行业是一个随着金融环境变化而不断发展变化的行业。那么，到底什么是投资银行？在金融领域内，"投资银行业"这一术语的含义十分宽泛。从广义的角度来看，它包括范围宽泛的金融业务；从狭义的角度来看，它包括的业务范围则较为传统。美国著名金融投资专家罗伯特·劳伦斯·库恩(Robert Lawrence Kuhn)根据投资银行业务的发展趋势，曾对投资银行业务按范围大小提出了从最广义到最狭义的4种定义。

1. 最广义的投资银行

投资银行业务涵盖所有的金融市场业务，即任何经营华尔街金融业务的金融机构都可以称为投资银行。从国际承销到零售交易业务，都属于投资银行业务范围。投资银行不仅是从事证券业务的公司，还包括从事房地产和保险业务的公司。

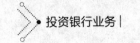 **知识百科**

投资银行是美国和欧洲大陆的称谓，它在各国各地区有不同的称谓。

- 英国——商人银行
- 日本——证券公司
- 中国香港——吸储公司
- 法国——实业银行
- 德国——私人承兑公司

称谓不同，在某种意义上也反映了投资银行在各国各地区业务范围的不同。在实际中，各投资银行类机构并不冠以"投资银行"字样。例如，美国的摩根士丹利公司、所罗门兄弟公司，中国的中国国际金融股份有限公司、中银国际控股有限公司。

2. 次广义的投资银行

经营全部资本市场业务的金融机构可以称为投资银行。业务包括证券承销、公司资本金筹措、兼并与收购、咨询服务、基金管理、风险投资及证券的私募发行、非零售的巨额交易等，不包括不动产经纪、保险和抵押、向散户出售证券。

3. 次狭义的投资银行

经营某些资本市场业务的金融机构可以称为投资银行，尤其着重于证券承销和企业并购两项业务。与第二个定义相比，不包括基金管理、风险投资、风险管理和控制工具的创新业务。

【温馨提示】　　　　　　　　　**资本市场**

广义的资本市场包括两大部分：一是银行中长期存贷款市场；另一个是有价证券市场，包括债券市场和股票市场。狭义的资本市场专指发行和流通股票、债券、基金等证券的市场，统称证券市场。

我国具有典型代表意义的资本市场包括4部分：国债市场、股票市场、企业中长期债券市场和中长期放款市场。

4. 最狭义的投资银行

严格限于证券承销和在一级市场筹措资金、在二级市场开展证券经纪业务和自营业务的金融机构可以称为投资银行。这是最传统、最狭窄的投资银行定义。

最狭义的投资银行和我国的证券公司几乎没有差别，没有体现投资银行的功能；最广义的投资银行业务没有明确的范围。其中，以经营全部资本市场业务的次广义定义来分析"投资银行"，比较符合投资银行的现实状况和业务发展方向，是目前投资银行的最佳定义。

综上所述，投资银行是指在资本市场上从事证券发行、承销、交易及相关的金融创新和开发等活动，为长期资金盈余者和短缺者双方提供资金融通服务的中介性金融机构。

小训练

全球投资银行前十名和我国证券公司前十名的名称分别是什么？

1.1.2　投资银行的特点

投资银行是现代金融业适应现代经济发展的新兴产物，是典型的投资性中介机构，它有区别于其他相关行业的显著特点。

(1) 它属于金融服务业，这是区别一般性咨询、中介服务业的标志。

(2) 它主要服务于资本市场，这是区别商业银行的标志。

(3) 它是智力密集型行业，这是区别其他专业性金融服务机构的标志。

【知识链接】　　　　　　　　**金融中介分类**

金融中介按照不同的标准可以划分为若干种类，根据各类金融中介在金融活动中的业务特点和基本功能，把金融中介划分为4类：①商业银行及其他以融资业务为主的存款类金融中介，主要是商业银行、政策性银行、储蓄银行、城市信用合作社、农业信用合作社等。②证券公司及其他以投资服务业务为主的投资类金融中介，主要有投资银行、证券公司、财务公司、金融资产管理公司、金融租赁公司、金融信托投资公司、投资基金管理公司、期货交易所、证券交易所等。③保险公司及其他以保障服务业务为主的保障类金融中介，主要指各类保险公司和养老基金、政府退休基金、失业保险基金、医疗保险基金等。④以金融信息咨询业务为主的信息咨询服务类金融中介，主要有信用评估公司、征信公司、会计师事务所、主要提供金融法律服务的律师事务所等。

【拓展阅读】 **投资银行与商业银行的异同**

由于投资银行被冠以"银行"的名称，人们常常将其与商业银行相混淆。投资银行与商业银行并不是一类金融机构，它们既有联系又有区别。投资银行和商业银行都是现代金融体系中重要的金融中介机构，从本质上来讲，投资银行和商业银行都是资金盈余者与资金短缺者之间的中介，一方面帮助资金供给者充分利用多余资金以获取收益，另一方面帮助资金需求者获得所需资金以求发展。从这个意义上讲，两者的功能是相同的。然而，在发挥金融中介作用的过程中，两者还是有很大的不同。投资银行是直接融资的金融中介，而商业银行则是间接融资的金融中介。

投资银行作为直接融资的金融中介，仅充当中介人的角色，它为筹资者寻找合适的融资机会，为投资者寻找合适的投资机会。在一般情况下，投资银行并不介入投资者和筹资者之间的权利和义务之中，只是收取佣金，投资者和筹资者直接拥有相应的权利和承担相应的义务。例如，投资者通过认购企业股票投资企业，这时投资者就直接与企业发生财产权利与义务关系，但是投资银行并不介入其中，因此这种融资方式被称为"直接融资方式"(见图1-1)。

商业银行则不同，商业银行同时具有资金需求者和资金供给者双重身份，对于存款人来说它是资金的需求方，存款人是资金的供应者；而对于贷款人而言，银行是资金供给方，贷款人是资金的需求者。在这种情况下，资金存款人与贷款人之间并不直接发生权利与义务关系，而是通过商业银行间接发生关系，双方不存在直接的合同约束，因此这种融资方式被称为"间接融资方式"(见图1-2)。

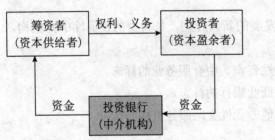

图1-1　投资银行的直接融资方式　　　　　图1-2　商业银行的间接融资方式

除了功能上的差别，投资银行和商业银行在本源业务、利润来源、经营方针、宏观管理等方面还存在一定的区别，如表1-1所示。

表1-1　投资银行与商业银行的区别

项　目	投资银行	商业银行
本源业务	证券承销	存贷款
功能	直接(并侧重长期)融资	间接(并着重短期)融资
业务概貌	无法用资产负债表反映	可通过表内与表外业务反映
利润来源	佣金	存贷款利差
经营方针	重视金融创新和风险防范	重视收益性、安全性、流动性三者结合
宏观管理	证券监管机构	中央银行、银监会

1.1.3 投资银行的分类

目前，投资银行按组织形态可分为以下3种类型。

1. 独立型的专业性投资银行

这种类型的投资银行比较广泛，遍布世界各地，大多是专营(至少是主营)投资银行业务，它们有各自擅长的业务方向，行业内专业化程度高。1929年经济危机之后、2008年金融危机前的美国著名投资银行高盛公司、美林公司、雷曼兄弟公司、摩根士丹利公司，还有瑞士第一波士顿公司、英国的华宝公司，都属于独立型投资银行。

独立型的专业性投资银行的最大缺陷是规模偏小、营业场所和业务集中，尽管部分通过横向并购扩大规模，但还是容易被其他类型的投资银行并购。比如，第一波士顿公司已被瑞士信贷集团收购，华宝公司也已并入瑞士联合银行。2008年金融危机以来，华尔街上的大型投资银行要么破产，要么变成商业银行的控股公司，已经不存在严格意义的独立型投资银行。目前，日本的证券公司——野村证券、大和证券、日兴证券、山一证券，还有我国的中国国际金融股份有限公司、中信证券股份有限公司、东北证券股份有限公司等均属此种类型。

2. 金融控股公司下的投资银行

这种类型的投资银行和商业银行同属于某一金融控股公司，投资银行部门相对独立，投资银行业务与其他业务之间存在较为明显的"防火墙"。控股公司作为集团的母体是一个单纯的投资机构，对投资银行实行较松散的控制。通常这类金融控股公司主要是商业银行通过兼并收购其他投资银行，参股或建立附属公司从事投资银行业务后形成的。这种类型在英、德等国非常典型，比如汇丰集团、瑞银集团。从投资银行的历史来看，这种类型在美国尽管发展时间不长，但投资银行业务发展速度较快，如花旗集团、J.P.摩根大通。

2008年金融危机后，上文所提到的高盛和摩根士丹利就从独立型投资银行转变为商业银行控股下的投资银行，同时从事商业银行业务和投资银行业务。

🔖 知识百科

在美国，一般把投资银行按规模分为大型(Bulge Bracket)、中型(Middle Market)和小型(Boutique)三类。按照分支机构和业务范围，也可分为全国性和地区性两类。Bulge Bracket有"大量""批量"的意思，因为大型投资银行在美国国债和机构债券的拍卖中总是能买下较大的份额。这些投资银行在规模、实力、客户、信誉方面达到卓然超群的水平，例如美林、摩根士丹利、高盛等。中型投资银行规模、实力不如大型投资银行，提供的服务范围为某些特定业务或某些区域。Boutique直译为"精品店""专卖店"，一般只经营某些特定业务，或为某一特定行业提供投资银行服务。

在我国，根据投资银行的定义和经营范围，我国证券公司可称为投资银行。证券公司是专门从事有价证券买卖的法人企业，从证券经营公司的功能划分，可分为证券经纪商、证券自营商和证券承销商。证券经纪商，即证券经纪公司，代理买卖证券的证券机构，接受投资人委托，代为买卖证券，并收取一定的手续费即佣金。证券自营商，即综合型证券公司，具体是指除了证券经纪公司的权限，还可以自行买卖证券的证券机构。它们资金雄厚，可直接进入交易所为自己买卖股票，如国泰君安证券。证券承销商，以包销或代销形式帮助发行人发售证券的机构。实际上，许多证券公司是兼营这3种业务的。

《中华人民共和国证券法》规定，证券公司的注册资本最低限额分三个标准，分别是5000万元、1亿元和5亿元。

证券公司可以经营下列部分或者全部业务：

(1) 证券经纪；

(2) 证券投资咨询；

(3) 与证券交易、证券投资活动有关的财务顾问；

(4) 证券承销与保荐；

(5) 证券自营；

(6) 证券资产管理；

(7) 其他证券业务。

证券公司经营上述第(1)(2)项业务的，注册资本最低限额为人民币5000万元；

经营第(4)~(7)项业务之一的，注册资本最低限额为人民币1亿元；

经营第(4)~(7)项业务中两项以上的，注册资本最低限额为人民币5亿元。

证券公司的注册资本应当是实缴资本。

3. 全能型银行

全能型银行直接经营投资银行业务。这种形式主要出现在欧洲，银行在从事投资银行业务的同时也从事一般的商业银行业务，比如德意志银行。

1.1.4 投资银行的功能

投资银行是证券和股份公司制度发展到特定阶段的产物，是发达证券市场和成熟金融体系的重要主体，在现代社会经济发展中发挥着沟通资本供求、构建证券市场、优化资源配置、推动产业升级和服务资产增值等重要功能。

1. 资本供求的媒介者

在资本市场中，由于初始资本配置往往非有效，导致出现了资金盈余者和资金短缺者。资金盈余者希望能够利用手上的资金获得更多的利润，而资金短缺者则希望以最少的成本筹集到所需要的资金以谋求发展。这时需要一个专门的金融机构承担起沟通资金供求双方、帮助资金进行匹配的融资中介的角色。投资银行和商业银行都客观地充当了这样的角色，但相对于商业银行来说，投资银行是一种直接的信用方式，即它可向投资者推荐发行股票或债券的筹资者，也可为投资者寻找合适的投资机会。但从根本上说，投资银行不作为资金转移的媒体，并不直接与投资筹资双方发生契约关系，而是帮助一方寻找或撮合合适的另一方，最终使资金双方直接接触。

投资银行完成中介任务后，一般向筹资方收取手续费而盈利，不同于商业银行以间接信用的方式，通过与筹资投资双方分别接触签订契约，并赚取存贷利差的方式盈利。这种方式使得贷款质量不稳定，容易产生不良贷款和坏账，使得商业银行面临巨大的违约风险和利率风险。所以商业银行严格监管其贷款的质量和期限，导致其倾向于短期信贷业务，因此，中长期资金需要者很难从商业银行获得贷款，而转投投资银行。投资银行和商业银行各司其职，以不同的方式和侧重点共同发挥资金媒介的作用。

2. 证券市场的构建者

1) 构建证券一级市场

在证券发行过程中，投资银行通过咨询、承销、分销、代销、融券等方式辅助构建证券发行市场，证券发行人聘请投资银行帮助制定各券种的发行价格、发行方式、发行规模和时间后，向投资者进行证券承销。一般采取包销的方式，这种方式使得投资银行承担了在证券没有全部出售时买入剩余证券以降低突发性风险的包销义务。投资银行还利用自身分支机构和销售网络的优势组织一定规模的分销集团，使证券可以顺利发行。投资银行帮助构建了高效率、低成本、规范化的证券一级市场。

2) 稳定二级市场

在证券交易过程中，投资银行以自营商、经纪商和做市商的身份参与其中，不仅将零星资金和证券结合起来实现了交易，同时根据证券价格的变化，适时吞吐大量证券、收集市场信息、进行市场预测，促使证券价格围绕自身的预期价值波动，从而起到活跃并稳定市场的作用，吸引了广大投资者，促进了二级市场的繁荣。

3) 创新金融工具

投资银行从事金融工具和投资工具的创新，本着风险控制、保持最佳流动性和追求最大利益的原则，为了满足客户需求，不断推出创新的金融工具，如期货、期权、互换等金融衍生工具，不仅有效地控制了自身风险，客观上还使包括证券市场在内的各种金融市场得以在衍生工具的辅助下更加活跃，不断向纵深发展。

4) 证券信息传播

投资银行通过收集资料、调查研究、介入交易、提供咨询等方式积极从事信息传播工作，使信息更迅捷、更客观地反映在交易过程中，保障了证券市场的信息效率与信息公平。

5) 提高证券市场效率

投资银行通过代理发放股息、红利、债息，代理偿还债券本金等业务，使投资者及时获取投资收益，降低了运作成本，提高了证券市场的整体运营效率，在一定程度上成为投资者与证券发行者沟通的重要中间环节。

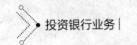

3. 资源配置的优化者

投资银行通过证券发行、投资基金管理、并购等业务，在促使资源在整个经济体系中的合理运用和有效配置方面发挥着重要作用，使得社会经济资源都能在相应的部门发挥出最佳效益，帮助整个社会达到帕累托最优。

(1) 在一级市场中，投资银行将企业的经营状况和发展前景向投资者充分宣传，那些发展前景好、效益高的企业就很容易通过证券融资被投资者所接受，进而在二级市场形成被认可的交易价格。社会经济资源通过这种价格信号的导向作用进行配置，促进资金向边际产出高的企业或产业流动，限制了低效率、无效部门的盲目扩张，实现了社会资源的优化配置。

(2) 投资银行便利了政府债券的发行，政府可以获得足够的资金用于提供公共产品，加强基础建设，从而为经济的长远发展奠定基础。同时，政府通过买卖政府债券等方式，帮助中央银行充分利用货币政策工具调节货币流通量，借以进行经济资源的宏观调控，促进其稳定发展。

(3) 投资银行不仅为效益良好的企业进行资金融通，还发挥融资媒介的作用，为资信较低的企业融通资金。通过将这些企业的财务状况完全暴露在市场中，让投资者在充分了解其中的风险后谨慎投资，起到了风险投资宣传的"播种机"的作用。这样既督促了企业向更好的方向发展，又更加有效地利用所筹资金，有利于建立科学的激励机制与约束机制以及产权明晰的企业制度，从而提高了经济效益，促进了资源的合理配置。

(4) 高科技产业的发展，除了要拥有创造精神和高素质人员外，资金支持也是一个非常重要的因素。许多高科技产业在初创阶段风险很大，难以从商业银行获取贷款。投资银行的风险投资业务从事组织制度化的创业资本运作，通过为这些企业发行股票或债券，或直接进行股本投资的方式，为高科技产业的迅速发展提供巨大的动力，从而促进产业的升级换代和经济结构的优化。

4. 产业升级的推动者

产业升级包括两个方面的含义：一是产业结构的升级；二是产业组织方式的升级。产业结构的升级又包括两层含义：其一是指在各个产业之间那些附加价值高的、技术含量高的产业所占的比重的提高，这是广义的产业升级；其二是指产业内部产品结构的升级，具有高附加价值的产品比重的上升，这是狭义的产业升级。产业组织方式的升级是指企业组织由大而全、小而全、小规模走向了大规模、高度的专业化分工。在资本市场出现之前，产业升级是通过企业自身成长的内在动力以及企业之间的优胜劣汰缓慢进行的；在资本市场出现之后，其注重未来的企业价值评价机制为资金流向提供了一种信号，来引导资金更多地流向高级产业。投资银行适应资本市场中投资者的评价标准，通过募集资本的投向、并购方案的设计、引导资金流向成长预期高的高科技产业，从而实现产业结构的优化，这大大加快了产业结构升级的进程。

在产业组织方式升级的过程中，企业并购起着非常重要的推动作用，而企业并购是一项专业技术性很强的工作，特别是在第二次世界大战之后，大量的并购活动是通过证券二级市场来进行的，其手续更烦琐、要求更严格、操作更困难。没有投资银行作为财务顾问和代理人，并购业务几乎无法进行。从这一意义上来说，投资银行成为产业集中过程中不可替代的重要力量。

5. 资产增值的服务者

居民收入的增加、社会财富的增长客观上要求投资银行等金融中介机构提供更加优质的资产管理服务。随着经济的全球化及新技术的突飞猛进，经济领域竞争加剧，国际金融市场经常出现剧烈的动荡，通货膨胀率、利率频繁变动，企业和个人的投资理财和风险管理变得更加复杂。投资银行凭借其专家的实力、经验，为私人客户、机构投资者、其他基金团体提供各种资产增值服务。

1.2 投资银行的发展模式

投资银行从产生发展至今的历程，就是由混业经营模式到分业经营模式再向混业经营模式的发展过程。

1.2.1 分业经营

1. 分业经营的含义

按照分业管制程度的不同，分业经营有三个层次。

第一个层次的分业经营是指金融业与非金融业的分离，金融机构不能经营非金融业务，也不能对非金融机构持股。

第二个层次的分业经营是金融业中的银行、证券和保险三个子行业的分离，商业银行、证券公司和保险公司只能经营各自的银行业务、证券业务和保险业务，一个子行业中的金融机构不能经营其他两个子行业的业务。

第三个层次的分业经营是指银行、证券和保险各子行业内部有关业务的进一步分离。比如，在银行内部，经营长、短期银行存贷款业务的金融机构的分离，经营政策性业务和商业性业务的金融机构的分离；在证券业内部，经营证券承销业务、证券交易业务、证券经纪业务和证券做市商业务的金融机构的分离；在保险业内部，经营财产保险业务、人身保险业务、再保险业务的金融机构的分离等。

通常所说的分业经营是指第二个层次的银行、证券和保险业之间的分离，有时特指银行业与证券业之间的分离，即分业经营模式是指投资银行业务与商业银行业务相分离，分别由两种机构相对独立经营。实行分业经营的金融制度称为分离银行制度(Fragmented Banking)或专业银行制度(Specialized Banking)。

2. 分业经营的优点

(1) 有利于培养两种业务的专业技术和专业管理水平。一般证券业务要根据客户的不同要求，不断提高其专业技能和服务；而商业银行业务更注重与客户保持长期稳定的关系。

(2) 分业经营为两种业务发展创造了一个稳定而封闭的环境，避免了竞争摩擦和合业经营可能出现的综合性银行集团内的竞争和内部协调困难问题。

(3) 分业经营有利于保证商业银行自身及客户的安全，阻止商业银行将过多的资金用在高风险的活动上。

(4) 分业经营有利于抑制金融危机的产生，为国家和世界经济的稳定发展创造了条件。

3. 分业经营的不足之处

(1) 以法律形式所构建的两种业务相分离的运行系统，使得两类业务难以开展必要的业务竞争，具有明显的竞争抑制性。

(2) 分业经营使商业银行和证券公司缺乏优势互补，证券业难以利用、依托商业银行的资金优势和网络优势，商业银行也不能借助证券公司的业务来推动其本源业务的发展。

(3) 分业经营不利于银行进行公平的国际竞争，尤其是面对规模宏大、业务齐全的欧洲大型全能银行，单一型商业银行很难在国际竞争中占据有利地位。

1.2.2 混业经营

从狭义的角度看，混业经营主要指银行业和证券业之间的经营关系。金融混业经营即银行机构与证券机构可以进入对方领域进行业务交叉经营，相互融合渗透。

从广义的角度看，混业经营是指所有金融行业之间的经营关系。金融混业经营即银行、保险、证券、信托机构等金融机构都可以进入上述任一业务领域甚至非金融领域，进行业务多元化经营，又称为全能银行制，亦称"综合银行制"，与"专业银行制"对应。更具体地说，在这种制度下，全能银行可以经营所有种类的银行和金融业务甚至非金融业务，各银行之间没有明确的业务分工，仅有规模大小和所有制形式的差别。

全能银行的主要业务包括以下几种。

(1) 全面的存款业务。它可以开办活期、定期、储蓄和其他不同种类的存款，可以吸收任何单位和个人的不同规模的存款。

(2) 全面的贷款业务。它可以自由发放不同目的、不同期限、不同金额和不同方式的贷款。

(3) 全面的证券业务。它可以买卖各类有价证券，并能经营黄金业务。

(4) 全面的支付结算业务。它受理大量的支票汇划清算业务，并办理工资、薪金的汇付业务。

(5) 全面的信托业务。它承接信托投资、财产保管、代理保险、设备租赁、信息咨询以及代理保管证券、代理收付证券本息业务。

1.2.3　发展模式的演变历程

投资银行是金融业和金融资本发展到一定阶段的产物。首先，现代意义上的投资银行是伴随着证券信用或信用证券化下证券市场的发展而发展的。商业信用、银行信用、证券信用是社会信用由低级向高级发展的三种形态，作为证券承销和发行的基本中介，投资银行是伴随着证券信用和证券市场的产生而产生的。其次，现代投资银行作为一个独立产业，是在银行业与证券业的"融合—分离—融合"的过程中产生和发展起来的。

【知识链接】　　　　　　　　**投资银行的产生**

探寻投资银行的起源，可以追溯到中世纪的欧洲。随着国际贸易的兴起，早期投资银行应运而生。早期投资银行的主要业务为汇票承兑与贸易贷款，多为实力雄厚、声名显赫的大家族所承揽。大家族大多是在从事海外贸易的同时从事货币营运。这些商人兼营的金融机构又称为商人银行。现代意义上的第一家商业银行成立于意大利，意大利的商人首先进入商人银行这一领域。由于国际贸易中的地理优势，意大利商人在几个世纪中主宰着欧洲的国际贸易活动。他们将商业借贷、货币兑换这些业务与通常的贸易活动结合起来，获得可观利润。此外，商人银行向王公贵族提供贷款，并帮助其理财。

随着时间的推移，在18世纪后期，伦敦成为国际金融中心。当时，由于贸易竞争的加剧，海外贸易利润下降，制造商无力负担贸易中拓展市场的财务风险，于是崛起了一批承兑商，专门承担出口业务的财务风险。这些承兑商便是商人银行的前身，其中较为著名的有巴林银行(Barings Bank)、施罗德集团(Schroders Group)、汉布罗斯银行(Hambros Bank)，这些名字至今听来仍不陌生。

可以看出，欧洲早期的投资银行业务主要源自国际贸易的发展，其经营模式相对较简单，简而概之：提供承兑与担保服务；以抵押品作担保发放一部分贷款，这与当时的商业银行业务有相似之处；一些主要的家族也承销经营债券，如著名的拿破仑与美国之间的"路易斯安那州交易"等。

1. 早期发展的融合状态

早期的经营模式是自然分离的，到19世纪末20世纪初，随着证券市场日益繁荣和膨胀，证券市场上的投资、投机、包销等经济活动空前活跃，商业银行与投资银行各自凭借雄厚的资金实力大量向对方行业扩张业务，这是金融业最初的混业经营。

20世纪初，在美国开始出现了投资银行。此时，美国的投资银行和商业银行是混业经营，即投资银行可以从事商业银行的业务，商业银行也可以从事投资银行的业务。此时，美国的工业化进程不断发展，石油、电力和钢铁这些部门持续扩张，同时出现了汽车、飞机、电影和广播等新兴工业部门。以摩根为首的投资银行也获得了长足的发展，它们不仅帮助企业在证券市场上发行证券融资，还帮助铁路、钢铁和石油等行业重组。20世纪20年代，美国的股市持续繁荣，面对投资银行的赚钱效应，各大商业银行纷纷组建证券部门，以获得证券发行的丰厚利润。不仅如此，商业银行还开办证券经纪机构，提供保证金交易，和证券经销商一起鼓励美国投资者投资于股票市场。

早在1864年，美国就根据《国民银行法》设立了货币监理署，对在联邦注册的国民银行进行监管，对金融机构业务范围进行管制，并且限制国民银行经营证券、保险等非银行业务。但《国民银行法》对州注册的银行没有约束力，很多国民银行可以通过在州注册的附属机构来经营被限制的业务，所以实际上货币监理署对国民银行业务的限制很宽松。事实上，1929年经济危机前，投资银行业基本上是没有法制监管的，在自由的环境中高速发展。

2. 20世纪30年代金融管制下的分业经营

早期阶段的银行业与证券业、商业银行与投资银行的融合状态，导致商业银行过度参与证券市场，证券市场迅速扩张和"泡沫"膨胀，最终酿成1929—1933年的经济大危机。

1929年，股市的崩溃引发了经济危机。1930—1933年，美国共有9000多家银行倒闭，许多银行储户的存款随之化为乌有，证券业凋败萎靡。商业银行是否应该为此承担罪名，人们至今争论不下。但有一点是肯定的，商业银行参与的投机活动起到了推波助澜的作用。这使得各国政府清楚地认识到在金融业发展的特定阶段，混业经营将会带来巨大的金融风险，实行两业分离是一种必然选择。于是，1933年美国政府颁布了对金融业影响巨大的《格拉斯-斯蒂格尔法案》。这一法案明确规定了存款保险制度，禁止商业银行从事投资银行业务，不允许其进行包销证券和经济活动；禁止银行在证券公司安排雇员或董事会成员；同时禁止投资银行从事吸收存款、发放贷款、开具信用证和外汇买卖业务。这使得投资银行最终与商业银行走向分业，成为专门从事证券市场中介业务的独立产业。当时主宰美国金融业的J.P.摩根公司也不得不将从事投资银行业务的部门分离出来，成立了摩根士丹利公司。从某种意义上说，J.P.摩根公司的业务分离是美国金融业新时代的开始，或者说是现代投资银行正式诞生的标志。

1933年《格拉斯-斯蒂格尔法》的出台，奠定了分业经营的基本格局。1933年的《证券法》、1934年的《证券交易法》、1938年的《玛隆尼法》、1940年的《投资公司法》、1940年的《投资顾问法》等一系列法规为促进证券业的发展、规范金融机构的行为、保证金融市场的秩序发挥了重要作用。投资银行业也成为美国立法最健全的行业之一。投资银行不需要承担很大风险就能满足商业领域的需要。第二次世界大战期间，欧洲的投资银行深受打击，战后恢复缓慢；而美国的投资银行未受战火侵害，加之处于较规范的市场中而得以从容发展。1956年的《银行控股公司法》以及1970年的《银行控股公司法修正案》中，增加了银行与保险业务分离的条款，进一步完善了美国的金融分业经营格局。这一期间，投资银行和商业银行基本遵循《格拉斯-斯蒂格尔法》的规定，分别在证券领域和存贷领域巩固了各自的地位。

美国的金融分业经营体制对其他很多国家金融体系的形成产生了巨大的影响，许多国家纷纷效仿借鉴美国的分业经营模式，形成了世界金融分业经营的格局。日本于1948年颁布了历史上第一部《证券交易法》，复制了美国的银行、证券分离制度，商业银行与证券公司的业务范围也有了严格划分。在政府的积极筹划和政策刺激下，日本证券市场平稳成长，证券公司也相继出现，只是从诞生之日便受到政府的严格控制。韩国等国家后来也实行了类似的分业经营。中国在1995年开始实施分业经营改革时，美国的分业经营体制也是参照对象。

3. 20世纪80年代大繁荣下的再融合

20世纪70年代以来，投资银行为了争取顾客、开拓业务领域，不断推出各种金融创新产品。例如20世纪70年代初开始出现的抵押债券、一揽子金融管理服务、LBO(杠杆收购)及相关高收益债券等金融衍生产品，期权、期货、利率和货币互换等，为客户进行套期交易，帮助客户理财、进行风险管理等业务。同时，商业银行也通过设置分支机构，从事证券投资。例如，纽约第一花旗银行于1956年《银行控股公司法》颁布之机，组织了一家控股公司——第一花旗公司，从事《格拉斯-斯蒂格尔法》以外的各种业务，包括证券管理与经营。随着金融创新的日新月异，法律规范的种种条框变得宽松起来。分业经营的防火墙已裂隙累累，大银行家意识到围着有"中央银行"之称的《格拉斯-斯蒂格尔法》团团转的时刻将要结束。其他金融机构、储贷机构、保险公司、信托公司等也正绕过传统的分业管理体制约束，互相侵蚀对方地盘。石油危机使世界经济形势发生动荡，通胀加剧、利率变动剧烈，金融业活动日益复杂化。金融业的激烈竞争、金融环境的变化、金融业务的不断创新等，冲击了在金融管制下较为封闭的投资银行和商业银行。加之工业和金融业的国际化趋势，为了保住市场、寻求新的利润点，投资银行和商业银行在开始创新服务的同时逐渐渗入对方的业务领域。

进入20世纪80年代以来，投资银行的国际业务更是取得了惊人的进展。许多投资银行建立并逐步完善了全球业务网络，国际业务规模迅速膨胀，不仅在国际金融市场上经营传统的投资银行业务，而且在国际范围内从事兼并与收购、资产管理、财务咨询、证券清算、风险控制、资金借贷等活动。高盛、摩根士丹利等全球投资银行都建立了负责协调管理全球业务的专门机构，不仅如此，投资银行还拥有大量的国外资产，在国际范围内从事资产组合管理和风险控制等活动。在投资银行获得突飞猛进的发展之时，商业银行却饱受"金融脱媒"的困扰。"金融脱媒"是指资金盈余者(投资者)和资金短缺者(融资者)脱离了银行这一金融中介机构而直接进入证券市场。原来需要在商业银行贷款的客户大量流失，先是一流客户的流失，因为这些信用级别高的企业可以直接到证券市场上发行股票、债券和商业票据等；后来，二三流的客户也可以到证券市场上发行"垃圾债券"(即风险很高，但同时利息收入也很高的债券，也称为高收益债券)，从而导致商业银行资产业务的萎缩；此后原来在商业银行存款的客户也进入了证券市场，投资于债券、共同基金等金融产品，这又导致了商业银行负债业务的萎缩。面对这一处境，美国商业银行越来越觉得有必要绕过分业经营的制度框架，银行控股公司坚持不懈地游说政府，要求取消法律对其进入投资银行领域的限制。1986年，美联储通过了一项允许部分美国银行提供有限投资银行业务的政策，放松了对银行控股公司和其证券公司的监管。1989年，美联储甚至批准J.P.摩根公司重返证券业，此后许多大商业银行也纷纷设立了证券机构。

20世纪90年代，日本、加拿大等国相继经历了金融大爆炸，商业银行几乎可以毫无限制地开展投资银行业务，这也是美国放松金融管制的外在原因。商业银行试图进入投资银行业务版图的努力在20世纪90年代后期达到了顶峰。到了20世纪末期，1933年颁布的《证券法》和《格拉斯-斯蒂格尔法案》等制约金融业自由化的法律体系已经名存实亡。1999年11月，克林顿政府颁布了《金融服务现代化法》，使禁锢了美国金融业半个多世纪的分业经营的金融体制彻底打破。这个法案的核心是商业银行可以通过金融控股公司从事任何类型的金融业务或与任何类型的金融公司联营，银行在从事任何非银行业务之前，不需要得到美联储的批准。因此，大量商业银行开始大规模从事投资银行业务活动，其中的典型代表就是花旗集团(Citigroup)。1998年，花旗银行与保险公司——旅行者集团合并组成了花旗集团，这是一家将银行业与保险业服务合为一体的公司，这一合并在1993年宣布，1994年完成，但合并保险与证券公司违背了《格拉斯-斯蒂格尔法案》及《银行持股公司法》，因此，它只好被临时放弃，但《金融服务现代化法》通过立法后便承认了这些合并的合法性。《金融服务现代化法》从法律上取消了商业银行和证券公司跨界经营的限制，以此为标志，现代国际金融业务向多样化、专业化、集中化和国际化发展。

【拓展阅读】　　美国金融危机对投资银行业务模式的影响

2008年美国次贷危机引发了金融危机。2008年3月16日，美国第五大投资银行贝尔斯登为了避免陷入破产境地，被摩根大通银行整体收购；2008年9月14日，华尔街第三大投资银行美林被美国银行收购；9月15日，以债券业务闻名的第四大投行雷曼兄弟向法庭申请破产保护；9月21日，华尔街最大的两家投资银行摩根士丹利和高盛被美国联邦储备委员会批准成为银行控股公司。银行控股公司可以接受零售客户的存款，成为银行控股公司将有助于两家公司重构自己的资产和资本结构。至此，华尔街五大投资银行均已放弃了其原有的独立法人地位，取而代之的则是以1956年《银行控股公司法案》为基础的、得以开展综合金融业务经营的一类集团化金融机构形态。华尔街大型投资银行将不再只受美国证券交易委员会的监管，而将处于美国银行监管机构的严密监督之下，它们需要满足新的资本要求，接受额外的监管。如今，几乎所有美国大型金融机构的母公司也都将处于美国联邦储备委员会等机构的监管之下。转型为银行控股公司的投资银行与拥有投资银行业务部门的商业银行将会竞争，呈现做大的倾向，投资银行和商业银行的合并将催生出庞大的金融巨头。投资银行业务与原本的商业银行业务会如何相互影响，如何控制连带风险，以及对整个金融体系将构成怎样的影响，是值得深入探讨的问题。

资料来源：李凤云. 投资银行——理论与案例[M]. 北京：清华大学出版社，2019：19.

1.3 投资银行业务的范围和特点

随着资本市场的发展和法律环境的变化，加之受金融竞争、金融创新等相关因素的影响，投资银行经营的业务活动一直处于不断变革中。当前，基于证券承销这项本源业务，投资银行业务范围十分广泛，这里简要介绍其主要业务。

1.3.1 投资银行的传统业务

1. 证券发行与承销

证券承销是投资银行帮助证券发行人就发行证券进行策划，并将公开发行的证券出售给投资者以筹集所需资本的业务活动。它是投资银行的本源业务，也是这一行业区别于其他金融行业的标志性业务。承销活动使筹资活动高效、正规、快速进行。投资银行承销的范围很广，不仅承销本国中央政府及地方政府部门发行的债券，各种企业所发行的债券和股票，外国政府与外国公司发行的证券，还承销国际金融机构，例如世界银行、亚洲发展银行等发行的证券。

证券公开发行和承销中，投资银行主要承担以下工作。

1) 发行准备

发行证券，涉及发行人的筹资成本、资本结构以及法律和监管的要求、投资者的预期需求能否被市场所接受等一系列问题。投资银行通过调查分析、预测风险与收益、评估公司价值、确定发行结构和证券定价，帮助发行人设计筹资方案，就证券发行的种类、时间、条件等进行评估决策，并对证券发行的可行性和筹资方案的利弊做出分析，帮助发行人制作招股说明书等有关法律和会计文件。

对于首次公开发行证券的公司，投资银行要协助和督促发行人建立完善的公司治理结构，建立健全信息披露制度、会计制度和有关管理制度，为公司满足上市标准或条件提供辅导工作。

2) 向监管部门申报

向有关政府证券监管部门，如美国的证券交易委员会(SEC)、中国证券监督管理委员会(CSRC)等，申报发行证券的种类和发行条件，接受与回答证券监管部门提出的意见。

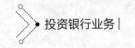

3) 批准后承销

发行人与投资银行签订承销协议,开始承销工作。证券发行量大时,由主营投资银行组织承销团共同承担承销任务。投资银行可采取三种不同的承销方式,即全额包销、代销和余额包销。

> **💭思考**
>
> 发行人如何选择主承销商?
>
> 提示:发行人需要考虑主承销商的商誉和能力、承销经验、分销能力、造市能力和承销费用等。

(1) 全额包销是指承销商按照商定的价格购买发行者的全部证券,同时将证券款全部支付给发行人。这种方式意味着包销者要承担证券定价和应筹集所有款项的全部风险。如果承销商不能按证券发行价格出售证券或未能将全部证券出售,自己必须承担损失。

(2) 代销是指承销商并不从发行人处购买全部证券,只是尽力代发行人推销证券,在承销期结束后,可将未能售出的证券退还给证券发行人,并将出售证券的所收款项按约定日期支付给发行人。这种方式意味着承销商在证券买卖中不承担风险,证券定价和筹集的总金额方面的不确定因素都由证券发行人承担。

(3) 余额包销是指承销商承诺在承销期内向社会推销证券,并在规定的承销期结束后,将未能出售的证券全部购入,按约定时间向发行人支付全部证券款项。这种方式意味着投资银行承担了证券发行的部分风险。

4) 向公众分销

向公众分销即承销商将承购的证券向社会投资公众出售。证券分销过程中,投资银行组织一个庞大的销售集团,通过其良好的信誉、与投资者良好的关系,向潜在的投资公众宣传,介绍发行人及其发行的证券等,完成分销任务。

> **💭思考**
>
> 证券发行中,一家投资银行可以同时充当发行财务顾问和承销商吗?
>
> 提示:许多发行项目,特别是政府、公共事业、国外上市的证券经常采用竞争性投标的方式确定承销银行。当采取竞争性的承销方式即竞价投标承销时,通常由一家投资银行充当新证券发行的财务顾问,帮助设计、策划证券及负责发行准备工作。当证券发行申请经证券监管部门核准或经注册登记后,发行人可采用竞价投标的方式选择潜在的承销商,一般从所有竞争者中选择费用结构最低的承销商,这样,发行顾问和承销商可能由不同的投资银行担任。这种将证券的发行准备工作与承销工作分开的做法,为承销商提供了相互竞争的机会,也降低了发行人的筹资成本。如果不采取竞价投标承销的方式,一般情况下,一家投资银行将同时担任财务顾问和承销商双重角色,最终采取什么方式取决于发行人的选择。

2. 证券交易

证券交易业务也是投资银行的传统业务之一。证券交易是证券承销的延续，绝大多数投资银行具有强大的交易能力。由于一级市场和二级市场的互动作用，投资银行参与证券交易既是促成二级市场交易的需要，也是防止证券上市之后的价格低于发行价过多而损坏发行人声誉的需要，又是维护其证券市场地位和自身利益的需要。投资银行在构建二级市场的过程中，对不同的证券执行不同的交易功能，主要扮演经纪人、交易商和做市商的角色，为新发行的证券创造交易，满足自己和客户的需要。

1) 经纪人

作为经纪人，投资银行充当客户(买方或卖方)的委托代理人的身份，接受客户指令，促成客户的买入或卖出交易。经纪人自身不拥有证券，在价格变更或利率变动时不承担风险，经纪人的收益来自委托佣金。投资银行作为经纪人，加速了资金从盈余者到短缺者的流动和资产转换，降低了买卖双方的交易成本。

2) 自营商

作为自营商，投资银行以投资者的身份出现在市场上，可用自己的资金和账户从事证券买卖，为自营交易的每种证券确定买进和卖出的价格和数量。投资银行从事证券自营交易，其动机是赚取买价与卖价之间的价差，期望从证券价格变动中获利，要承担证券交易的价格风险。

3) 做市商

作为做市商，投资银行运用自己的账户从事证券买卖，通过不断地买卖报价维持证券价格的稳定性和市场的流动性，并从买卖价差中获利。投资银行愿意充当其所承销证券的做市商，积极参与证券交易，通过二级市场操作促使新上市的证券具有更大的流动性，并稳定其价格。充当做市商的目的，还在于为新证券的发行定价积累经验和提供依据，便于投资银行发挥和保持良好的定价能力。

1.3.2 投资银行的创新业务

1. 企业并购重组业务

企业并购已经成为现代投资银行除证券承销与证券交易业务外最重要的业务组成部分。企业并购是经济发展中产业重组以及促进效率和竞争的需要，并购涉及资本结构的改变和大量融资，必然要求投资银行的参与。投资银行的企业并购业务，是指投资银行为企业并购交易提供价值评估、咨询，策划并购方案和协助融资，以及协助企业组织反并购等服务的活动。在西方发达国家，企业并购业务已成为投资银行的核心业务之一，是投资银行业中令人瞩目的部分。

在企业并购活动中，投资银行既可为收购方服务也可为被收购方服务。投资银行通常以下列几种方式参与并购活动。

(1) 评估。评估公司发展规划和并购风险，寻找并购对象。

(2) 定价。向收购公司或目标公司提供交易价格和非价格条件的咨询，设计交易结构、安排谈判，或者帮助目标公司制定反并购策略，抵御敌意并购。

(3) 融资。策划并购融资方案，帮助收购公司筹集必要的资金以实现并购计划。

(4) 重整。为并购后公司整合和战略调整提供咨询。

投资银行参与并购业务，其范围不但包括狭义的企业兼并与收购，而且包括广义的除企业兼并、收购和接管以外的公司杠杆收购、公司结构调整、资本充实和重新核定、破产与困境公司的重组、国有企业民营化等筹划与操作。在并购业务中，投资银行发挥的作用有：一是提供信息；二是筹集资金。

2. 财务顾问与投资咨询

投资银行的财务顾问业务是指投资银行对政府、企业，尤其上市公司所提供的一系列与证券交易、证券投资活动有关的咨询、建议、策划业务的总称。财务顾问业务主要是就客户的投融资、理财、并购重组等经济活动提供金融咨询、经济分析和财务方案设计等。

投资咨询业务是指投资银行为证券投资人或者客户提供证券投资分析、预测或者建议等直接或者间接有偿咨询服务的活动。投资银行为广大投资者提供咨询服务，帮助其进行市场调查、法规咨询、材料汇编，确定投资方案，评估风险收益，及时传输信息，解决金融难题。同时，投资银行与企业联系日益紧密，成为企业的战略顾问，对其财务管理和经营管理提供咨询策划。投资银行不仅在证券承销、并购中唱主角，而且在企业常规运营及改革创新中出谋划策。

3. 资产管理业务

资产管理也称为投资管理，是指由投资银行凭借其专业的理财团队、完备的信息系统以及丰富的市场运作经验，代理资产所有者经营资产，以使资产所有者的资产增值。资产管理业务具有多种形式，既包括为中高端投资者提供的资产管理业务，也包括为普通投资者提供的共同基金业务。

资产管理业务种类包括：为单一客户办理定向资产管理业务；为多个客户办理集合资产管理业务；为客户办理特定目的的专项资产管理业务。

投资银行在基金管理中发挥着重要的作用，参与基金管理的各个环节，为证券投资基金提供以下服务：首先，投资银行可以作为基金发起人，发起和设立基金；其次，投资银行可作为基金管理者管理基金；最后，投资银行可以作为基金承销人，帮助基金发行人向投资者发售受益凭证。

4. 风险投资

风险投资是指对新兴的极具发展潜力的中小企业，特别是新兴高科技企业创业期的权益性投资。风险投资主要集中于高科技、新产品领域的企业和项目，具有高风险、高收益的显著特点。风险投资的资金，主要来自保险公司、养老基金、风险投资基金、投资银行等机构投资者，并多以私募方式筹资。此外，政府还对风险资本投资实行一系列优惠扶持政策。

投资银行的风险投资业务，涉及不同层次的内容。

(1) 它可以帮助创业企业进行权益证券私募。

(2) 以中介机构的身份出现，参与外部的风险投资基金筹集和风险资本管理，并收取一定佣金。

(3) 投资银行自己设立风险投资基金相关专业机构，筹集风险资本，直接参与和管理风险资本投资，并为创业企业提供人才、专业管理经验等方面的支持。

(4) 在创业企业获得成功时，帮助其发行股票(IPO)、公开上市和通过二级市场交易或通过协助完成并购交易，为风险资本的退出提供变现方法和途径。

此外，一些投资银行还直接对风险企业进行股权投资，待风险企业股票上市后，便抛出它所持有的股份，收回资金并获得超额收益。

5. 资产证券化

资产证券化是指以资产所产生的现金流为支撑，在资本市场上公开发行证券工具，从而对资产的收益和风险进行分离和重组的一种技术和过程。由于是将大量不能立即变现的资产作为担保而创立和发行证券，这些证券被称为资产担保证券，资产证券化也简称为创立和发行资产担保证券的过程。

投资银行的资产证券化业务，是指投资银行参与资产证券化融资活动、参与资产担保证券的创立和市场操作。主要业务有：投资银行帮助资产担保证券的发行人分析评估作为基础资产的现金流，设计证券交易结构，策划证券化交易，承销资产担保证券；设立专司单一资产证券化业务的子公司，由其购买银行抵押贷款等适合于证券化的资产，创立资产担保证券；作为证券化资产的受托管理人，为资产担保证券提供信用增级，参与资产担保证券的投资交易等。

6. 金融衍生工具的交易与创设

金融衍生工具包括期货、期权、互换远期合约等。这些工具被当作套期保值、规避金融资产价格风险的技术手段和投机手段。

通过金融衍生工具的创设与交易，投资银行进一步拓展了业务空间和资本收益。首先，投资银行作为经纪商代理客户买卖这类金融工具并收取佣金；其次，投资银行也可以通过投资金融工具获得一定的价差收入；最后，投资银行还可以通过这些金融创新工具进行风险控制。

以上列举的是投资银行的基本业务范围，在实际经营中，投资银行的业务远不止这些，可以说有多少种金融交易的发生，就几乎有多少种投资银行业务，如融资租赁、证券抵押贷款、投资研究和证券分析、贴现与再贴现业务等。投资银行业务的总体归类见图1-3。

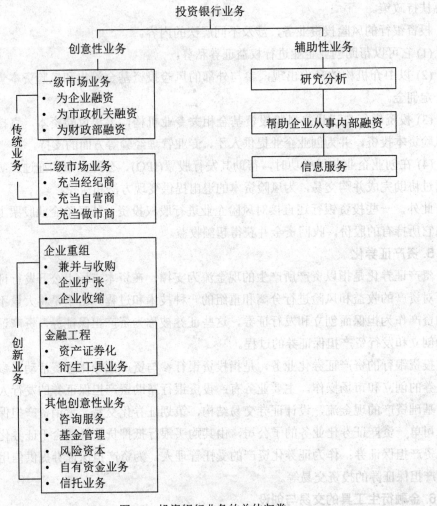

图1-3　投资银行业务的总体归类

1.3.3　投资银行业务的特点

1. 业务的广泛性

投资银行业务范围日益拓展，几乎涉及金融领域的所有金融交易，地域范围涵盖全国乃至全球。不同国家和地区的投资银行业务并不完全相同，即使是同一国家、同一地区的投资银行业务也各有侧重。投资银行业务不拘一格，故其适应性较强，能够根据形势变化敏锐地捕捉获利机会。投资银行较为松散的组织结构，快捷、迅速的决策实施，使其能够很快从竞争激烈而收益下降的业务中转向新的比较活跃的收益较高的业务，具有极强的生存能力。

2. 发展的创新性

投资银行的最大财富在于其人力资本，熟悉金融市场、精通金融业务、掌握各种金融技术的人才不断给市场提供新的金融产品，起着金融工程师的核心作用。同时，投资银行自身的发展也离不开金融业务创新和金融衍生工具的创新。投资银行凭借其人才优势不断创新推出满足客户需要的金融工具，在吸引更多客户的同时也增加了自身的收入来源。因此，创新性已经成为当前投资银行业一种有效的竞争武器，金融工具和结构的创新有助于保持投资银行业的竞争优势。

具体来说，投资银行的创新性体现在如下几个方面。

(1) 融资形式不断创新。投资银行开发出不同期限的浮动利率债券、零息债券、抵押债券，发行认股权证和可转换债券，建立"绿鞋期权"(Green Shoes)承销方式等。20世纪90年代，投资银行又创造出一种新型的融资方式——资产证券化，即以资产支撑的证券化融资。

(2) 并购产品创新层出不穷。投资银行提供了桥式贷款、发行垃圾债券，创立各种票据交换技术、杠杆收购技术和种种反收购措施，如毒丸防御计划、金降落伞策略、白衣骑士等。

(3) 基金新产品应有尽有。投资银行推出的基金新产品有套利基金、对冲基金、杠杆基金、雨伞基金、股息滚动投资、定期投资计划以及定期退股计划等。

(4) 金融衍生产品频繁出现。投资银行将期货、期权、商品价格债券、利率、汇率等各种要素结合起来，创造出一系列金融衍生产品，如可转换浮动利率债券、货币期权派生票据、互换期权、远期互换等。

3. 操作的专业性

每个行业都有自己的专业知识和专门技能，对投资银行业来说，所掌握的金融技术本身就具有高度专业化色彩。同时，投资银行面向需求不同的各种投资主体，需要结合金融技术及客户的特殊要求解决金融问题，对相关的知识和技能方面的专业性要求更高。当金融领域中越来越多的业务趋向规范化和标准化时，投资银行一方面占领已成型的业务领域，另一方面参与"量体裁衣"的活动，从中积累了大量的专业技巧，其具体内容主要包括以下几个方面。

1) 金融学和金融理论

金融学构成了投资银行业务的知识基础，而金融理论则提供了用于建立金融学的原始材料。只有对金融技术理论有深入的了解，才可能更好地运用这项技术。当然，金融理论再怎么重要，也不足以造就成功的投资银行家。

2) 金融实践经验

金融实践经验是投资银行业专业知识体系的一部分，从千百例金融实践中积累起来的经验是开展业务的坚实基础。从业人员借助自己的理解力，对金融实践经验进行回顾和总结，会有助于改进和提高未来的工作。例如，凭借多年积累起来的并购经验可以有效地帮助现在从事并购活动的客户在将来获得更大的成功。但是，丰富的金融经验和扎实的金融理论一样，对造就杰出的投资银行家来说也是不充分的，它们两者只是投资银行业专业知识体系的一部分。

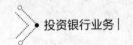

3) 经营才能和行业专长

经营才能和行业专长不应被忽视和低估，一流的投资银行家懂得一般的经营原理和行业的特殊性，能够为客户提供出色的服务。他们善于对公司进行分析，善于把握不断变化的行业竞争结构并能洞察企业成功的因素，还善于将不同金融工具的技术特征与公司现在的业务需求结合起来，以完成对最佳融资方案的设计与实施。这些都是投资银行业专业基础知识中非常重要的部分。

4) 市场悟性和远见

投资银行业务既是一种艺术，也是一门科学。在这里，市场悟性和远见与技术分析具有同等重要的意义。最优秀的投资银行家总是能在适合的时候做出合适的决定，而他们在做决定时更多是靠直觉而不是靠分析。

5) 人际关系技巧

人际关系技巧(与人共事的能力)也不能被忽视，它也是投资银行业专业知识体系的一部分。投资银行业属于服务性行业，开展每一项业务都必须同人打交道，因此，处理人际关系的能力对投资银行业的重要性是显而易见的。

4. 投资银行业的道德性

投资银行业的道德性对投资银行业来说非常重要，它构成了投资银行业的基础，因为道德是产生信心的源泉，没有客户的信心，投资银行业将无法生存。因此，投资银行业的道德性已经成为该行业十分重要的特征。

投资银行业中有很多道德问题，下面列举其中有代表性的几个。

1) 利益冲突

这是内容最多和范围最广的一个问题。当一家投资银行参与的交易涉及多方利益的时候，就容易产生利益冲突。也许它会代表交易中对立双方的利益，也许在交易中会偏向于个人的金融利益，甚至还会涉及亲朋好友的利益，这些都是投资银行业的道德考验。

2) 泄露机密

保守机密在所有的商业活动中都是很重要的，对于投资银行业来说，更是如此，为客户保守机密是投资银行业道德的一个主要方面。从某种意义上来说，投资银行业是以信息为服务内容的行业，信息是投资银行业的生命线。为客户保守机密不仅有助于保护客户的利益，而且有助于提高投资银行的信誉。泄露机密将给客户和自己带来不堪设想的后果，所以，投资银行业工作人员应该在各种场合都保持冷静，应该清楚说话的时机、对象和内容。

3) 信息披露

投资银行有为客户保守机密的义务，同时它还承担向投资公众披露有关信息的责任，这是在对待客户信息方面两个相反的行为。从表面上来看，这两者是矛盾的，但从市场的角度来看，都是为了维护市场的公平和效率。事实上，投资银行很难在保守机密和信息披露两者之间求得绝对的平衡。投资银行和证券发行者往往会借口保守机密而对某些重要信息不进行及时披露，这样做无疑有利于投资银行和证券发行者，但对投资公众来说是不公平的。证券发行者有责任向公众披露完整、正确的信息，遗漏重要事实的信息披露和错误陈述一样都是不道德的，并要受到相关惩罚。投资银行也必须尽其所能地确保发行者披露的信息的完整性和正确性。这就要求投资银行对企业进行尽职调查。

4) 内幕交易

利用内幕消息进行直接或间接交易并从中获利是一种不道德的行为，它破坏了市场的公平与效率原则。产生内幕交易的制度原因在于市场的不完善，由于市场是低效率的，信息对不同的人来说是不对称的，某些人利用各种条件获取内幕消息并运用这些消息进行交易而获利，其他没有能力和机会获得这些信息的人的利益就可能会受到损害。更严重的是，现在有些投资银行家已经把从事内幕交易(如操纵股价)作为日常业务的一部分，这种行为污染了整个投资银行业。

5) 其他

除了上述4个方面，投资银行还会在信息收集、信息传播、私下交易、客户关系、手续费等方面产生道德问题。

1.4 投资银行的组织结构和管理体制

1.4.1 投资银行的组织形式

1. 合伙人制

合伙人公司是指由两个或两个以上合伙人拥有公司并分享公司利润。合伙人即公司所有人或股东的组织形式，其主要特点是：合伙人共享企业经营所得，并对经营亏损共同承担无限责任，它可以由所有合伙人共同参与经营，也可以由部分合伙人经营，其他合伙人仅出资并自负盈亏。合伙人的组成规模可大可小。

从历史来看，除了早期的包括美国在内的世界各国投资银行采用家族企业模式，其他银行组织大多采取合伙制。1562年创办的J.P.摩根公司，1869年成立的高盛公司，1915年创办的美林，1923年的贝尔斯登等，最初都是合伙企业，其公司名称也往往以合伙人的名字命名。

从当时的情况看，尽管最初由于成员有限，这些机构采取了普通合伙制，但随着企业业务规模的不断扩大以及所需资本规模的不断增大，很多投资银行逐渐采取有限合伙制这种组织模式。所谓有限合伙制，是指在企业中存在两类人：一类是有限合伙人，另一类是普通合伙人。有限合伙人可以是自然人，也可以是法人，它只提供资金，不直接参与决策与经营，以出资额为上限承担有限责任；而普通合伙人也出一部分资金，并参与经营管理，对经营损失负有无限责任。

相较于合伙制，有限合伙制的优越之处在于，有限合伙制企业中的普通合伙人只需提供小部分注册资本，其余大部分资金(占99%)由有限合伙人承担，这就解决了投资银行注册资本的资金来源问题。在有限合伙制下，由于经营者同时也是企业所有者，并且承担无限责任，在经营活动中能够自我约束、控制风险，并容易获得客户的信任。同时，因其所有权与管理权合二为一，普通合伙人能够享有管理费(按管理资产总额的2%~3%的比例收取)和利润分配(投资收益的20%)，能充分调动管理者的积极性。另外，由于出色的业务骨干具有被吸收为新合伙人的机会，合伙制可以激励员工进取和对公司保持忠诚，并推动企业进入良性发展的轨道。由于有限合伙制具有独特的较为完善的约束机制，一度被认为是投资银行最理想的组织形式。

但合伙制并不是尽善尽美的，其缺陷表现在如下方面：由于合伙人都有权代表企业从事经营管理活动，而且这些合伙人的关系又远不如早期家族合伙企业那么密切，重大决策需要所有合伙人的同意，因而易造成决策迟缓、人员流动困难；合伙企业是根据合伙人之间的契约关系建立的，每当合伙人出现变动，都必须重新确立合伙关系，手续烦琐；风险承担不均，合伙人对企业债务负有连带无限清偿责任，而不是以其投入的资本为限，这样，那些对企业没有控制权的合伙人会面临很大风险。

2. 混合公司制

混合公司是指各不同部门在职能上没有联系的资本或企业合并而成的规模很大的资本或企业。它是西方企业制度发展的结果。

20世纪60年代以后，大公司为实行多样化经营而掀起了早期的企业兼并浪潮，在此过程中兴起的混合兼并，实际上就是大公司生产和经营日益多样化的过程。投资银行一旦出现经营问题，往往也会成为收购兼并的对象。最近十几年来，这种现象较为普遍，许多投资银行或金融机构被出售或收购，表明投资银行业开始出现分化，被收购的投资银行成为其他企业的全资附属子公司或者一个业务部门，或通过分解、整合而融合到收购企业中去。

事实上，混合公司就是现代公司，不过它又具备自己的一些特点。其中最大的特点就是规模庞大，同时涉足多个没有联系的业务领域。因此，这种混合公司可采取事业部制或超事业部制的组织结构，投资银行作为它的一个事业部而存在。若采取母子公司结构，投资银行则作为其全资附属子公司而存在。

3. 现代公司制

投资银行转化为现代公司制是现代投资银行与传统投资银行的根本区别之一。欧美各国的公司立法从19世纪50年代开始兴起，经过整整一个世纪而日臻完备，使公司的形态从法律上得到明确体现，也使这一时期的企业始终在公司法的规范下发展，受到法律的保护与调整。投资银行的现代公司制就是在这一背景下发展和完善起来的。

1) 公司的集资功能

现代公司包括股份有限公司和有限责任公司两种股份公司制度。股份公司在集资过程中明确适用了权利义务对称和有限责任的法律原理，促进了资本的集中，有利于公司规模的扩大。当股份公司与股票市场联系在一起时，其筹资潜力得到了充分发挥，使那些需要巨额资本才能建立和发展的部门有了可靠的资金保障，使其迅速发展有了现实的可能性。此外，股份公司的收购兼并、战略联合为资本积聚和资本积累提供了另一条重要途径。

2) 公司的法人功能和优点

公司法人制度赋予公司独立法人地位，其确立以企业法人财产权为核心和重要标志。法人财产权是指企业法人对包括投资和投资增值在内的全部企业财产所享有的权利。法人财产权的客观存在，显示了法人团体的权利不再表现为个人的权利。公司法人把包括动产、不动产在内的全部企业财产视为一个不可分割的整体来行使权利。它不但拥有对这些财产的占有权、使用权、收益权，而且拥有处置权。公司行使法人产权是通过其组织机构和代表来进行的，这就可以用法人财产权来对抗和排除包括股东在内的其他个人与机构对生产经营的直接干预。公司法人对财产权利的行使具有永续性。法人财产权的转化还与公司有限责任制相联系。现代公司制度使投资银行在资金筹集、财务风险控制、经营管理的现代化等方面都获得传统合伙制所不具备的优势。

3) 公司管理现代化的优点

管理现代化包括管理劳动专业化和利益制衡规范化。管理劳动专业化导致管理职业化、知识化，以及经理人员地位的独立化；公司内部各利益主体的相互制约和内部激励机制的建立与规范化，促进了公司营运效率的提高。

由于公司制具有这些优点，现代投资银行多数采用股份公司的组织形式。

【延伸阅读】　　美国投资银行从合伙制向现代公司制转变

美国投资银行管理体制的运行轨迹是从合伙制转到现代公司制。

1970年，美国证券市场上出现了第一家公开上市的投资银行——唐纳德·卢夫金和杰略特公司。但由于影响有限，直到1971年7月，美林证券公开发行上市，才真正揭开了大型投资银行由合伙制向股份制转变的序幕。1981年10月，所罗门公司脱离了合伙制的轨道成为公众公司，高盛公司于1999年完成了公开发行，美国最后一家合伙制投资银行消失了。高盛在1999年之前的组织形式一直是合伙制，由各合伙人共同拥有公司并分享公司的利润。对到底要不要上市的问题，合伙人辩论了几十年。最后，高盛决定仅仅将公司的一小部分股权公开发售。48%的股权仍由原来的合伙人持有，22%的股权由非合伙人的员工持有，18%的股权由已退休的高盛合伙人和两个长期投资人住友银行和夏威夷活动联合会持有，余下的仅12%的股权由公众持有。

如今，美国所有的投资银行都变成了股份制上市公司。有限合伙制投资银行之所以向股份制上市公司转化，主要是因为扩充资本金的压力、承担无限责任的风险和压力以及人才竞争的压力等。从实践来看，美国投资银行由合伙制改为股份制并上市，确实带来了很大的好处，具体包括以下几点：募集到大量资本，充实了资本金；雄厚的资金实力可以获得银行赖以发展的人才；可以实施股票期权并提供变现的渠道，激励机制得以创新且作用明显；增加了投资银行的透明度，改善了公司治理机制等。

资料来源：李凤云. 投资银行——理论与案例[M]. 北京：清华大学出版社，2019: 25.

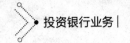

1.4.2 投资银行的职能部门

1. 资本市场部

资本市场业务包括传统的投资银行业务和公司金融业务。以图1-4为例，图中各职能领域是典型的大型投资银行资本市场部下属的独立部门。

1. 公司财务部门	10. 风险管理部门	19. 产品融资部门
2. 证券承销部门	11. 掉期交易部门	20. 销售/回租部门
3. 并购部门	12. 交易与套利部门	21. 风险资本部门
4. 商人银行部门	13. 机构投资者的资管部门	22. 公众/市政融资部门
5. 杠杆收购部门	14. 创新证券部门	23. 行业部门
6. 私募证券部门	15. 资产担保融资部门	24. 私有化部门
7. 货币市场工具部门	16. 不动产融资部门	25. 公司重组部门
8. 优先股部门	17. 证券化部门	26. 第三世界债务
9. 高收益债券部门	18. 项目融资部门、产权掉期交易部门	

图1-4　投资银行资本市场部下属的独立部门

2. 消费者市场部

消费者市场部主要进行各种证券的销售和分配，涉及从新的金融产品的设计到分支系统的经营管理整个过程，同时包括为消费散户提供金融产品和基金，为机构投资者、各种有限公司提供金融产品，进行新的金融产品开发等。

3. 投资研究部

投资银行的研究部门是为投资银行拓展业务提供服务的，其研究成果是投资银行开展业务的前提。投资银行主要进行行业研究、公司研究、宏观经济研究，以及具体项目的可行性和项目评估等方面的研究。在机构设置上，研发部有三种模式。

(1) 在资本市场部和消费者市场部之外设立研发部，不受两者的制约，但为两者提供服务。

(2) 在资本市场部之内或在消费者市场部之内设立研发部。

(3) 在资本市场部和消费者市场部之上设立研发部，以保持独立公正的研究能力。

1.4.3 投资银行的组织结构

投资银行的组织结构与业务规模、业务范围和所处的证券市场的容量密切相关。投资银行组织结构形式多样，其中直线职能制结构是最早出现的基本组织结构，后来又发展为事业部制结构，再后来衍生出超事业部制结构、矩阵制结构等。

1. 集权式直线制组织结构

集权式直线制组织结构又称为U型结构(Unitary Structure)，是一种简单、基本的组织形式。它的特点是公司的高层管理人员与底层员工的关系通过单一的指挥命令系统进行联系。这种模式中，决策层集中于上层机构，适用于众多员工在同一命令下统一行动，工作中较少出现意外的情况。它的缺点是不能充分发挥下级员工的积极性。这种组织结构比较适合规模小、业务技术含量较低的经纪类证券公司，对综合类证券公司则不具有普遍适用性，不过在一定程度上适合综合类证券公司的下属部门，如内部资金调度部门、监管系统、信息网络系统、基础研究部门等。

2. 分权式事业部制组织结构

分权式事业部制组织结构又称为M型组织结构(Multidivisional Structure)，它是按照业务范围(或地区)组成一个组织单位(称为事业部)，每个组织单位都有其独立完整的公司体制。在事业部制下，各事业部原则上采取独立核算，实行责、权、利相结合的全面分权化决策。它的优点是分部与总部具有良好的"协同关系"，共同追求企业整体利润的最大化。它的缺点是分部往往追求短期收益目标，而放弃长远目标以及其他非经济目标，如研究开发、人力资源开发等。

3. 矩阵制组织结构

矩阵制组织结构即在原有的直线职能制结构基础上，再建立一套横向的组织系统，两者结合而形成一个矩阵，它是U型结构与M型结构的演变。这一结构中，执行人员(或小组)既受纵向的各行政部门领导，又接受横向的、为执行某一专项功能而设立的工作组的领导，这种工作小组一般按某种产品或某种专业项目进行设置。

目前，中国的投资银行既有规模相对庞大的综合类证券公司，也有众多规模较小的专业化证券公司。从总体上来看，中国证券公司的组织结构大同小异。各个证券公司在部门设置上基本分三大块，即业务部门、职能部门、地区管理总部。但由于受体制、技术、规模、发展战略等诸多因素的影响，各个证券公司在组织结构的设置上还存在一定的差别。

概括起来，中国投资银行组织结构主要有三种类型，即集权式直线制组织结构、分权式事业部制组织结构和矩阵制组织结构。在中国，一些规模较小的证券公司普遍采用集权式直线制组织结构，分权式事业部制组织结构在中国许多大的证券公司的地区分公司中被采用。在实际中，中国投资银行中很少有纯集权式直线制组织结构或纯分权式事业部制组织结构，大部分是这两者结合的混合型组织结构。

【温馨提示】

世界上大多数的投资银行都采用事业部制组织结构。我国投资银行的地区分支机构在一定程度上具有事业部制的特点。

1.4.4 投资银行的管理体制

我国的投资银行的建立必须立足于我国的经济现实和制度现实，并着眼于未来的发

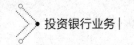

展需要。我国投资银行的组织体制包括6个部分。

1. 董事会

董事会是股东大会的常设机构，负责投资银行的日常管理与经营决策。董事由股东代表组成，但有的董事不是股东，如劳工董事等。总裁行使大量日常事务决策权、业务拓展权、重大事件报告权和各项工作管理权。总裁办公室是总裁直属的办事机构，负责文案、日程安排。对于大型投资银行来说，董事会和总裁都会附设一些专门委员会(也可能是独立的)，以辅助决策。

2. 执行委员会

执行委员会是由少数富有经验的、有能力和有诚信的董事，加上总经理(有时还有其他高级管理人员)组成的。执行委员会一般每个月都要开几次碰头会，检查经营情况，讨论决定投资银行内部工作人员的报酬方案，批准新的经营业务，处理临时发生的紧急情况，向董事会提出必要的建议。

3. 总经理

总经理是投资银行中最重要的管理人员，一般由董事会任命，负责日常业务管理和政策制定。总经理的主要职责有：任免各层次的工作人员(有些重要的管理人员的任免要与董事会协商)；奖励或惩罚工作人员；对日常的业务经营活动进行管理和控制；定期向执行委员会和董事会出具经营及财务报告；考虑制定年度预算和长期规划；执行董事会做出的决议；与监督管理部门、其他投资银行、专业银行和其他金融机构打交道。

4. 业务部门

业务部门是投资银行的活动中心，同时也是投资银行的利润中心。一个业务齐全的投资银行，其业务部门一般包括：公司理财部(主要负责证券的包销业务、市场调查和投资咨询、项目融资、风险投资等)，经纪业务部(主要负责股票市场的二级市场的交易代理业务、保证金贷款、证券管理等)，货币市场部(主要负责债券交易、货币市场上的商业票据和本票交易)，其他业务部(或称综合业务部，负责租赁、分期付款购买、放款等各种非主流业务)。

5. 管理部门

管理部门是投资银行开展证券业务或其他业务必不可少的内部控制与核算中心，具体包括：会计部(主要负责账务管理和内部核算)，出纳部(或出纳员，根据会计和业务部门的经营活动负责收付款项或证券)，客户记录部(负责对业务活动进行统计和计划)，人事部(负责人员管理和内部审计)，法律顾问处(负责投资银行的有关法律事务并参与起草有关文件)。

6. 计划部门和内部审计部门

在总经理系统(或管理委员会系统)之外，往往还并列着直接隶属于董事会(或执行委员会)的计划部门和内部审计部门，它们代表股东的利益而对投资银行的长期发展进行规划，对行政系统(即总经理系统或管理委员会系统)进行监督、检查。

本章关键词

投资银行　证券承销　证券交易　企业并购　投资管理　资产证券化
分业经营　混业经营　《格拉斯-斯蒂格尔法》　资产配置　市场构造
组织结构　合伙人制　现代公司制

问题讨论

1. 我们可能在飞机或机场上遇到各国投资银行业务人员，却不可能在每个城市都找到高盛、美林等西方投资银行巨头的营业网点。中国的证券公司的营业网点几乎遍布所有的城市，有的证券公司的营业场所只有不足十名员工，而国信证券的证券营业部员工却多达数百人。有的国际投行巨头资本高达上千亿美元，却仍然借几十倍的钱来扩张业务；而中国的证券公司大部分只有数十亿元人民币的净资本，却几乎没有任何负债。

思考：是什么决定了投资银行巨大的业态差异？全球的投资银行分别包括哪些类型呢？

2. 我国历来采取专业银行制。1978年以后，由于经济体制改革、商品经济的发展和竞争意识的加强，专业银行的业务分工界线逐渐拆除，交叉面逐步扩大，银行提供的业务品种也日趋增多。1987年又恢复了交通银行，这是我国第一家综合性商业银行，随后又有数家综合性银行相继成立。近年来的发展变化表明，我国的专业银行制正在被打破。

思考：讨论分析中国工商银行与投资银行混业发展的趋势。

延伸阅读

1. [美]盖斯特. 华尔街投资银行史[M]. 向桢，译. 北京：中国财经出版社，2005.
2. 庞中英. 亚投行：全球治理的中国智慧[M]. 北京：人民出版社，2016.

案例分析

我国未来券商投资银行业务经营模式的构建

1. 优势业务模式

我国在加入世界贸易组织之后，为了更好地促进券商投资银行的发展，我国与其他几个国家合资成立了投资银行——中国国际金融有限公司。中国国际金融有限公司采用的就是优势业务经营模式。该模式主要是为服务对象提供更加优质、更加专业的服务，通过对公司各项业务的分析，选择具有优势的业务，进而集中资源和精力发展这些业务。经过多年的发展，中国国际金融有限公司采用的这种业务经营模式的收益比较稳定，能够较好地应对市场中的风险因素。然而，并不是所有的券商投资银行都具有该公司的影响力，所以这种券商投资银行业务经营模式很难在其他券商投资银行中广泛应用。

2. 业务创新模式

中信证券作为我国券商投资银行的重要组成企业，其业务经营模式发展比较快，在其发展过程中采用的是业务创新模式。这种业务创新模式的特点：第一，业务结构比较均衡，各种业务都得到了全面的发展；第二，能够及时对市场环境的影响进行响应，在我国市场经济受到各种因素影响产生波动时，可以通过调整业务的比例和权重，着力发展风险较小的业务。

3. 金融控股集团模式

中国平安保险集团在发展过程中，主要采用的是金融控股集团模式。作为一家国内的保险企业，中国平安保险集团首次尝试了在发展过程中引入外资，通过吸收国内券商投资银行的先进经验，对其业务经营模式和管理模式进行了相应调整，从而更好地促进其业务的发展。金融控股集团模式主要有以下几个特点：第一，在一个地区发展项目的过程中，能够产生一定的区域影响力，从而为其他券商投资银行做好榜样，并且为以后该地区其他项目的开展打下良好的基础；第二，投资具备发展潜力的企业，能够通过自身的判断力，投资一些具有发展空间的企业，这种示范性的工作成效非常明显；第三，充分利用发展服务网点的优势，能够迅速深入市场，从而不断发展客户群体，扩展自身的业务模式。

资料来源：苏淼，汪莹. 我国未来券商投资银行业务经营模式的构建[J]. 产业与科技论坛，2016(2).

思考：从我国未来券商投资银行业务经营模式的构建中，你能得到什么启示？

分析提示：我国投资银行的未来在于突破单一业务模式，以服务实体经济多样化、以服务客户利益诉求多样化的投融资需求为中心，提供股权融资、债权融资、股权激励、并购重组、投资顾问等全方位的综合性金融服务。投资银行未来业务模式包括：重点转向非IPO业务，从投行生产线到投行产业链的战略转型，组建跨投行、经纪、研究的综合销售服务部门等。

实践训练

1. 选择一家投资银行，了解其公司内部组织结构、业务范围和创新业务。

2. 在表1-2中写出以下几个国家著名投资银行的名称，并比较不同国家投资银行的发展状况。

表1-2 不同国家投资银行发展状况的比较

国家	著名投资银行	投资银行的经营模式	投资银行业发达程度
美国			
英国			
德国			
日本			
中国			

第2章 证券发行与承销业务

▶ **学习目标**

- 掌握证券发行与承销的基本概念
- 掌握股票、债券发行的管理制度
- 认识股票发行和债券发行的一般规律
- 掌握股票、债券发行的实施过程
- 能够解读证券发行的相关文件与相关制度，能够指导投资者进行投资交易操作
- 了解保荐业务理念，学习保荐业务的主要职责和工作规程

▶ **知识结构图**

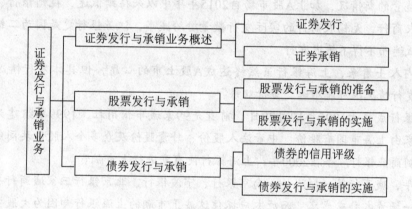

- 证券发行与承销业务
  - 证券发行与承销业务概述
    - 证券发行
    - 证券承销
  - 股票发行与承销
    - 股票发行与承销的准备
    - 股票发行与承销的实施
  - 债券发行与承销
    - 债券的信用评级
    - 债券发行与承销的实施

导入案例

5次上市冲刺的上海银行终获IPO批文

2016年9月23日，上海银行(601229.SH)终于拿到了证监会的批文，这家规模仅次于北京银行的城商行在经历漫长的12年上市路后，即将如愿登陆A股。

早在2015年年底，上海银行IPO项目首发便获证监会发行审核委员会无条件过会。根据公开信息显示，上海银行本次公开发行数量不超过12亿股人民币普通股，发行前每股净资产为15.85元。据此推算，上海银行募集的资金规模约为190亿人民币，将全部用于充实资本金，以提高资本充足水平，增强综合竞争力。

2016年，资本市场城商行和农商行上市潮再起，但2016年的A股并没有多余的热情"迎接"这个庞大的第三梯队。此时上市，上海银行面临经济三期叠加、"去产能、去库存、去杠杆"、不良资产加速形成、银行经营压力剧增、各类案件频发以及创新业务面临强监管的新情况，加上A股市场自2015年年中以来持续低迷，杭州银行、江苏银行、江阴农商行、无锡农商行的实际发行数量纷纷减半，江苏银行更是因为二级市场银行股持续低迷而不得不推迟发行。

在业内人士看来，上海银行虽然终达成A股上市的心愿，但具体发行情况不容乐观，实际发行情况很可能难逃"量价双杀"。

上海银行成立于1995年12月29日，前身是99家城市信用社，1999年组建为商业银行，是一家由上海市国有股份、中资法人股份、外资股份及众多个人股份共同组成的新型的股份制商业银行。早在2000年，上海银行便有意进行上市融资。

2007年，城商行第一梯队——南京银行、宁波银行、北京银行三家城商行在国内上市，共享一场资本补充盛宴，而原本应抓住这波上市潮的上海银行却因为大股东——上海国际集团反对而搁置。上海国际集团原本打算将上海银行与其控股的浦发银行进行合并，但这个合并设想与上海银行管理层产生矛盾。之后，上海国际集团退出，由具有国资背景的上海联合投资接盘。

2012—2013年，城商行由于国内资本市场IPO限制而选择绕道H股上市。其间，哈尔滨银行、重庆银行、徽商银行以及后来的青岛银行成功登陆H股。原本设想"A+H"股上市的上海银行，由于其H股全流通迟迟未获得批文等原因，H股上市计划半道折戟。

至此，上海银行在两波城商行上市潮中掉队。

上海银行股东数量的分散与特殊性、人事的频繁变动、资产质量的良莠不齐都成为上海银行上市之路的绊脚石。从2004年上海银行董事会原则同意上市，到2008年正式宣布启动上市工作，再到2015年12月30日首发获准，上海银行历经12年，5次冲关A股IPO。

在争取上市的道路上，上海银行在改变股权结构和资产质量上都花费了巨大精力。据上海银行披露，目前上海银行股份总数5%以上的股东共有4家：上海联和投资公司(15.36%)，西班牙桑坦德银行(7.20%)，上港集团(7.20%)和中国建银投资(5.48%)。此外，上海银行引进TCL集团作为战略股东，逐步改变以前复杂的股权结构。

在资本充足率上，上海银行进行了5次增资扩股和1次资本公积金转增股本，如今注册资本为54.04亿元，核心一级资本充足率10.34%，远高于国家规定的5.50%。在资产质量上，上海银行2005年便向信达出售近30亿元不良资产，2015年不良贷款余额63.70亿元，同比增加16.39亿元，增幅34.65%；不良贷款率1.19%，同比提高0.21个百分点。之前存在的股权结构复杂、资产质量低以及资本金充足率低的三大障碍现已悉数清除。

资料来源：腾讯证券[EB/OL]. https://stock.qq.com/a/20160926/033869.htm，2016-09-26.

2.1　证券发行与承销业务概述

证券发行与承销业务是投资银行的传统业务，是投资银行区别于其他金融机构的标志性业务。

2.1.1　证券发行

证券发行是指证券发行人以筹集资金为目的，在证券发行市场依据法律规定的条件和程序，向投资者出售代表一定权利的有价证券的行为。证券发行在实质上表现为一种证券的销售行为，是投资者出让资金使用权而获取以收益权为核心的相关权利的过程。证券发行既是向社会投资者筹集资金的形式，更是实现社会资本优化配置的方式。

> **思考**
>
> 企业为什么发行证券？
> 提示：①筹集资金；②完善公司治理结构，转换企业经营机制；③改善资本结构；④提升企业价值，增强企业发展后劲；⑤实现资本资源的优化配置。

1. 证券发行管理制度

目前国际上有两种类型的发行管理制度：一种是政府主导型，即证券发行核准制；另一种是市场主导型，即证券发行登记制(注册)。

1) 证券发行核准制

证券发行核准制是指证券发行人在遵守信息披露义务的同时，必须确保证券发行符

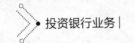

合证券法规定的证券发行条件,并接受政府证券监管机构的监管;政府有权对证券发行人资格及其所发行证券做出审查和决定。新西兰、瑞典和瑞士的证券监管体制带有相当程度的核准制特点。

证券法规定证券发行人的发行资格及证券发行的实质条件,只有具备法定资格并符合法定条件的发行人才可以发行证券。证券监管机构对证券发行享有独立审查权,在"实质条件"的审查过程中有权否决不符合规定条件的证券发行申请。在信息公开的条件下,拒绝一些不符合要求的低质量发行人进入证券市场,可保护投资者利益。但是,它可能蕴含不公正现象。核准制比较适用于证券市场历史不长,投资者素质不高的国家或地区。从核准制向登记制过渡,是证券市场发展日益成熟的标志。

2) 证券发行登记制度

证券发行登记制度又称注册制、注册登记制。证券发行人在准备发行证券时,必须将依法公开的各种资料完全、准确地向政府的证券主管机关呈报并申请注册。主管机关仅要求发行人提供的资料不包含任何不真实的陈述和事项。登记制是依靠健全的法律法规对发行人的发行行为进行约束,如果发行人未违反上述原则,证券主管机关应准予注册;如果发行人所公开或呈报的资料在内容上有虚假成分,或有重大遗漏,则应承担民事责任甚至刑事责任。

证券发行登记制度适用于投资者素质较高,证券市场较发达的国家或地区。澳大利亚、巴西、加拿大、德国、法国、意大利、荷兰、菲律宾、新加坡、英国和美国等国家,在证券发行上均采用注册制。其中,美国是采取发行注册制的典型代表。在美国,一个公司上市,无须证券交易委员会或任何其他联邦管理机构的批准。任何公司,无论它多大还是多小,无论它是否盈利,无论它重要还是不重要,只要全面披露证券交易委员会要求的资料,均可上市。

> **思考**
>
> 证券发行登记制度的优点、缺点有哪些?
>
> 提示:优点:①形式审查大大降低主管机构的审核工作量,提高工作效率;②严格的信息披露增加了证券的透明度,有利于主管机构和社会公众对发行人进行监督,并促使发行人本身增加内控;③为证券发行人提供了一个公正的竞争场所;④为投资者创造一个信息畅通的投资环境,有利于其理性投资意识的培养;⑤法律责任的明确有利于加强行业自律管理。
>
> 缺点:难以避免劣质证券的发行,对投资者的保护有限。

【知识链接】 我国证券发行管理制度的历史沿革

我国证券发行基本上采用核准制,依次经历试点阶段、额度制、通道制和保荐人制并存、保荐制等不同阶段。

1998年之前，我国股票发行监管制度为审批制，证券主管部门对发行规模和发行企业数量采取双重控制，即每年下达公开发行股票的数量总规模，并在此限额内，各地方和部委切分额度，再由地方或部委确定预选企业，上报中国证券监督管理委员会(以下简称"中国证监会")批准。

1998年，《中华人民共和国证券法》(以下简称《证券法》)出台后，提出要打破行政推荐家数的办法，以后国家就不再确定发行额度，发行申请人需要由承销商推荐，由发行审核委员会(以下简称"发审委")审核，中国证监会核准。股票发行核准制度结束了股票发行的限制额度，这一改变意味着我国证券市场在市场化方向上迈出了意义深远的一步。

2001年3月，发行审核体制正式实行以"通道"为核心的核准制。"通道"是指由证券监管部门根据各家券商的实力和以往业绩，直接确定其拥有的推荐申报通道数量(例如，规模较大的券商拥有8个通道，规模较小的券商拥有2个通道)。各家券商根据其拥有的通道数量遴选拟发行股票公司，协助拟发行股份公司进行改制、上市辅导和制作发行申报材料，经券商内部设立的"股票发行内部审核小组"(简称"内核组")审核通过后，由主承销商向中国证监会推荐该家拟发股公司。中国证监会接收拟发股公司的发行申请后，进行合规性审核，经"股票发行审核委员会"(简称"发审会")审核通过，再由中国证监会根据股票市场的走势下达股票发行通知书。拟发股公司在收到发行通知书后，与主承销商配合，实施股票发行工作。在通道制下，受制于通道数量，每家具有主承销商资格的券商最多只能向中国证监会推荐一定数量的企业申请发行股票，每核准一家才能再上报一家。

"通道"是核准制实施初期的权宜之计，经过两年多的过渡，资本市场发行审核制度完成了从"通道制"向"保荐制"的过渡，《证券发行上市保荐制度暂行办法》于2004年2月1日起实施，核准制正式进入"保荐制"阶段。

保荐制具有如下主要特点：一是在选择和推荐企业方面，由保荐人(主承销商)培育、选择和推荐企业，增加了保荐机构和保荐代表人的责任；二是在发行规模上，由企业根据经营需要进行选择，以适应企业按市场规律成长的需要；三是在发行审核上，逐步转向强制性信息披露和合规性审核，发挥发审委的独立审核功能；四是在发行定价上，充分反映投资者的需求，由发行人与主承销商协商，促使发行定价真正反映股票的内在价值和投资风险；五是在发行方式上，提倡、鼓励发行人与主承销商进行自主选择和创新，由发行人和承销商各担风险，建立最大限度利用各种优势的机制。

2006年9月17日，证监会发布《证券发行与承销管理办法》，2006年9月19日开始实行。这部法规重点规范了首次公开发行股票的询价、定价以及股票配售等环节，完善了现行的询价机制。

2008年10月17日，中国证券会发布了《证券发行上市保荐业务管理办法》。我国证券发行监管制度未来的改革和发展方向是注册制。

资料来源：李凤云.投资银行——理论与案例[M].北京：清华大学出版社，2019：122.

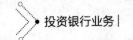

2. 证券发行方式及其选择

1) 证券发行方式

根据证券发行对象的不同，发行方式可分为公募发行和私募发行两种。前者又称公开发行，指证券发行者没有特定的发行对象，向社会大众公开推销证券的集资方式。后者亦称私下发行，指证券发行者只对特定的投资者推销证券的集资方式。公募方式为主要发行方式。相比较而言，公募发行可提高发行者在证券市场的知名度，筹集到更多的资金；私募发行可以节省债券发行登记等各项费用开支，降低筹资成本。

在美国采用私募方式的发行者有两种情况：一是知名度和信誉较低，在证券市场上竞争力差的中小企业；二是名声显赫的大企业，有把握实现巨额私募以节省发行费用。

根据证券发行者推销出售证券方式的不同，发行方式可分为直接发行和间接发行两种。前者指证券发行者直接向投资者推销出售证券，后者指证券发行者通过证券公司承销。

2) 证券发行方式的选择

证券产品种类众多，每种证券具有各自的风险、收益特征、优势和局限性。投资银行帮助证券发行人设计筹资方案时，需要根据各种证券的特征、优势和局限性，根据各种证券的发行必须满足的法定条件，综合经济环境与市场供求情况，发行人的筹资目的、盈利状况以及投资者的预期需求等多种因素的影响，为发行人选择合适的证券种类并提出建议。

2.1.2 证券承销

证券承销是指发行人委托证券经营机构向社会公开销售证券的行为。发行人向不特定对象公开发行证券，依法应当由证券公司承销。证券承销是证券经营机构代理证券发行人发行证券的行为，它是证券经营机构的基础业务活动之一。投资银行承销的证券范围很广，包括国债、地方政府债券、公司股票和债券等。证券承销能力是判断投资银行整体实力的重要标志。

1. 证券承销方式的选择

承销是指由承销人帮助发行公司设计证券，并承诺购买这些证券，然后借助自己在证券市场上的信誉和营业网点，在规定的发行有效期限内将证券销售给投资者以获取利润的行为。

1) 证券承销方式

根据证券经营机构在承销过程中承担的责任和风险的不同，承销又可分为包销、余额包销、代销3种方式。

知识百科

刊登"墓碑广告"

"墓碑广告"是在报纸等新闻媒介上刊载的募集证券的广告，因其形状类似欧美的墓碑而得名。墓碑广告上载明发行者、发行金额、发行利率、证券种类、偿还期限等和债券发行有关的必要事项，以便使社会公众知晓。在发行欧洲美元债券时，刊载墓碑广告的是一些有代表性的报纸，如英国的《金融时报》《卢森堡评论》《先驱论坛报》等。此种广告的目的在于宣布新证券的发行正在进行。

(1) 包销(Firm Commitment)是指发行人与承销机构签订合同，由承销机构买下全部的证券，然后将其出售给投资者。投资银行采用这种销售方式，发行人和承销商之间为买卖关系，承销商要承担销售和价格的全部风险，必须在指定的期限内将包销证券所筹得的资金全部交付给发行人。发行人无须承担证券销售不出去的风险，而且可以迅速筹集资金，因而特别适合那些资金需求量大、社会知名度低而且缺乏证券发行经验的企业。包销方式下承销商承担风险是要获得补偿的，这种补偿一方面是通过扩大包销差价来实现的，另一方面是收取较高的承销费用。

(2) 余额包销(Standby Commitment)，亦称余额承购或余股承购，即承销商(承销团)按照他与证券发行者所签订的推销合同规定的证券发行额和发行条件，在约定期内如有未销出的剩余部分，要承购下来，并按约定时间向发行人支付全部证券款项。余额包销中承销商与发行人之间先是委托代理关系，而后是买卖关系。余额包销通常是在投资银行处于被动竞争较激烈的情况下进行的。采用这种形式发行的证券通常是信用较高，受到投资者欢迎的证券。余额包销的承销商要承担部分发行风险，因此，承销费用比包销费用要低。

(3) 代销也称为尽力推销(Best Efforts)，是证券中介机构受发行者委托帮助代办销售证券的方式。这时投资银行只接受发行者的委托，代理其销售证券，投资银行与发行人之间是纯粹的代理关系，投资银行仅为推销证券收取代理手续费。如在规定的期限内发行的证券没有全部销售出去，则将剩余部分返回证券发行者，发行风险由发行者自己承担。

代销一般在以下情况采用：投资银行对发行公司信心不足或认为证券的信用等级较低时；信用度很高、知名度很高的发行公司想要减少发行费用时；包销谈判失败时。代销费用比包销和余额包销都要低，但筹资时间要长。

2) 选择承销方式的影响因素

证券发行者选择承销方式时，需要考虑以下几个因素。

(1) 发行者在证券市场的知名度和信誉状况。如果发行者坚信自己的证券可以短期内在证券市场上全部顺利出售，最佳选择就是代销方式。

(2) 发行者筹资的时间性。如果发行者急需资金，则最佳方式为包销方式。

(3) 成本信息因素。按惯例，包销人应无条件地向发行人提供有关发行决策的技术性咨询，承购和代销方式则无此义务。如果发行人相信自己的决策能力，也可选择承购或代销方式。

(4) 中介机构的技术能力和资金能力，也决定着发行者所采取的发行方式。

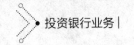

【温馨提示】

《中华人民共和国公司法》(以下简称《公司法》)规定，证券公司承销证券，应当同发行人签订代销或者包销协议。承销协议中应当载明承销方，承销期满，尚未售出的证券按照承销协议约定的包销或者代销方式分别处理。向不特定对象公开发行的证券票面总值超过人民币5000万元的，应当由承销团承销。承销团应当由主承销和参与承销的证券公司组成。证券的代销、包销期限最长不得超过90日。

2. 证券承销的盈利方式

证券承销的盈利方式主要有承销价差和承销佣金。

1) 承销价差

承销价差是指证券发行者在公开发行中获得的每股销售收入与实际公开卖价之间的价差。例如，每股销售收入为100元，实际公开卖价120元，那么承销价差是20元。

承销价格是中介机构的承销价格或中标价格，即采用承购包销方式的中介机构向发行人支付的价格。其中，承销价格通常由发行人自主决定；中标价格是在采用投标竞价方式发行时，中标者向发行人支付的价格。承销价格或中标价格是中介机构成本价格的主要部分。

2) 承销佣金

承销项目具体包括IPO、债券、增发等。证券承销要按股数收取手续费，如果存在超募资金，还有超募的奖励。在中国发行股票也会因为发行额度和承销方式影响佣金。针对大盘股，包销佣金为一般包销总金额的1.5%～3%，而小盘股的承销费一般不低于800万元，承销费率大多超过3%。比如，2010年11月11日挂牌的八菱科技发行费率为15.07%，主要为承销保荐费用。代销佣金相对低些，为实际售出股份总金额的0.5%～1.5%。承销发行公司债券的佣金收费标准主要依据发行金额而定，公司债券的发行金额越高，其所需要支付的佣金利率越低。当然，如果发行者选用的债券发行方式不同，其佣金的支付标准也会出现差异，具体的佣金收费标准以合约为准。

2.2 股票发行与承销

2.2.1 股票发行与承销的准备

【拓展阅读】 　　　　　　　　　　**招股书的结构和学问**

撰写招股书(或招募书)是投行的看家本领，或者说是基本功。这是因为，投行主要是负责企业融资和财务顾问工作，而公开股权或债权融资又是其工作重点，这个重点工作的核心文件就是招股书(或招募书)。招股书在业内被称为"世上最贵的书",因为通过这本"书"募集的资金动辄数亿、几十亿或者上百亿元。其实,不仅是公开募集,私募亦然,无论股权还是债权私募,主要工作文件如商业计划书等,内容也完全可以或应该参照招股书。

从根本上来说,无论是私募还是公募,无论是股权还是债权融资,对于融资方来说,主要应向投资方说明、解释、阐述、告诉、声明、宣扬、诉求、强调的东西,大致上是一回事儿。简单来说,就是以募集资金为目的向对方介绍自己的情况。如果说这是作文章,那么这篇文章的中心思想或论点就是发行人值得投资,论据就是佐证值得投资的客观资料或主观说法等。

从理论上讲,文无定法,只要把问题说清楚,把道理讲明白,这篇文章怎么作都是可以的。但是,监管部门为方便管理,同时,利益相关方为方便沟通,大多希望公开募资这类涉及公众利益的文书格式有个大致标准,除了方便,还有规范作用、效率意义等。于是,"范本"产生了,即证监会对招股文件的规定,属于典型的"八股文"。

现行招股书(募集说明书大致相同)的结构,分为17节,实践中有的分16节,还有其他分法。16节与17节的区别在于"释义"是否作为单节设为第1节,而设16节的把它置于节前,没有序号。

以17节为例,招股书的结构可概括为两句话。

(1) 览况险基业同高,治财论标募股要。

(2) 前有简明提释,后有声明备查。

一般的招股书遵从上述八股结构,结果往往出现啰唆、重复、不知所云等种种毛病。简单地掐头去尾,有实际价值的章节主要是第(1)句话概括的14个字,共14节;再精简一下,有实质意义的章节是风险、基本情况、业务、同业竞争与关联交易、财务信息、管理层讨论分析、募投项目7节,又去掉了一半(7节);如果继续精简,实际上核心章节就四部分或两部分而已,即基本情况(含高管)、业务技术、管理层讨论分析、募投项目(四部分),或业务技术、管理层讨论分析(两部分)。

不管怎么说,业务技术、管理层讨论分析这两个部分无疑是核心,前者说的是公司业务,后者说的是公司财务。讲公司业务时,不能泛泛介绍,而是提炼公司经营模式、特点和优势;讲公司财务时,不能机械引述财务数据,而是挖掘公司财务的背景情况。

招股书的结构其实很简单,可以归结为关于发行人企业的4句话,即你是谁(历史沿革、公司治理及高管情况),你是干什么的(业务技术、主要风险),你干得怎么样(财务信息及管理层讨论分析),你将来准备怎么干(募投项目和发展规划)。也可以进一步简化为两点:一要说业务;二要说财务。招股书的学问其实无他,主要有两方面:一要提炼(归纳或综合);二要挖掘(阐述或分析)。不过,招股书真正写好不容易,因为涉及行业、管理、金融、财务、法律、实务以及数学、图表、文学、文字等多方面知识、技能和经验,体现的是撰写人的综合素质。

资料来源:徐子桐.投行笔记[M].北京:机械工业出版社,2014.

1. 股票发行与承销的基本概念

股票发行是指发行人将新股票从发行人手中转移到社会公众投资者手中的过程。股票发行一般可分为首次公开发行(IPO)和二次发行。股票承销是指发行人将股票销售业务委托给专门的股票承销机构销售。

2. 承销商资格的取得和维持

在我国，从事证券发行和承销应该具备相应法律规定的资格，主要包括：在中国境内注册；获得从事证券承销业务的资格；具有独立法人资格或者在中国境外注册；依照注册地法律拥有证券承销从业资格；具有独立法人资格的证券公司、银行或者其他金融机构。同时，我国法律规定，从1999年9月1日起，信托投资公司不再从事股票发行和承销业务。

按照我国《证券法》的相关规定，证券商承销资格的有效期限与维持规定如下所述。

(1) 资格证书自证监会签发之日起一年内有效，一年后自动失效。

(2) 已取得资格证书的证券经营机构如需要保持其股票承销业务资格，应在资格证书失效前的三个月内，向证监会提出申请并报送以下文件：

① 由具有从事证券相关业务资格的会计师事务所审计的上年末资产负债表、损益表和财务状况变动表；

② 法定代表人、主要负责人及主要业务人员的《证券业从业资格证书》或简历、专业证书等；

③ 最近一年股票承销业务或最近三年证券承销业务情况的说明材料；

④ 证监会要求的其他有关材料。

这些文件经证监会审核通过后换发资格证书。未取得资格证书或资格证书失效的机构，不得从事股票承销业务，但作为分销商并以代销方式从事股票承销的除外。

未取得主承销商资格的证券经营机构不得担任发行公司的发行辅导人和上市推荐人。

根据《中华人民共和国证券法(2019修订)》第一百二十一条的规定，经营本法第一百二十条第(四)项(证券承销与保荐)至第(八)项(其他证券业务)业务之一的，注册资本最低限额为人民币一亿元；经营第(四)项至第(八)项业务中两项以上的，注册资本最低限额为人民币五亿元。

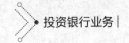 **知识百科**

投资银行在发行与承销中的职责：

● 取得承销商资格
● 选择符合证券标准和条件的拟上市企业
● 对企业进行尽职调查
● 上市辅导
● 制定发行方案，确定发行价格

- 制作招股说明书等文件，报证监会核准
- 路演
- 组织承销团
- 刊登"墓碑广告"

3. 股票发行和承销的程序

1) 尽职调查

尽职调查又称细节调查，是指承销商在股票承销时，以本行业公认的业务标准和道德规范，对股票发行人及市场的有关情况，以及有关文件的真实性、准确性、完整性所做的核查、验证等专业调查。

从法律上讲，公司通过资本市场向社会公众发行股票时，如果出现虚假陈述、重大透露等欺诈公众的事件，除了发行公司，包括承销商在内的所有中介机构都必须承担相应的法律责任。但是，如果中介机构能够证明自己已经依据行业的业务标准和道德规范，以应有的勤勉和注意对发行人及有关文件进行了审查，仍无法发现欺诈行为，自己也是欺诈的受害者，则可以免责。因此，承销商的尽职调查一方面直接关系着承销风险和承销利益，另一方面直接关系着承销商对招股说明书的保证责任。

股票承销前的尽职调查主要由主承销商承担，主承销商应当准备一份详尽的调查提纲，对本次发行募股的招股说明书中将要披露的全部内容进行全面审查，主要的调查范围包括发行人、发行市场、产业政策等方面。

主承销商对发行人的审查内容至少应当包括：发行人的一般情况，本次发行情况，有关发行人的主要会计数据，本次募股的有关当事人，发行人经营的风险与对策，本次募股资金的运用，发行人公司的股利分配政策，发行人公司结构，发行人的经营业务，主要固定资产状况，安全与环保，发行人的主要产品与业务，发行人的主营收入构成，主要原材料供应，发行人拟进行投资的项目和技术情况，发行人公司章程，发行人的董监事和高级管理人员情况，发行人过去3年的经营业绩，股本及其变动，发行人的负债及主要合同承诺，资产评估情况，财务会计资料，盈利预测，重要合同及重大诉讼事项，发行人公司发展规划等。如股份有限公司拟在境外募股或上市，主承销商需要调查和审查的内容将更为广泛、详尽。

为了维护自己的利益，保证发行成功，降低承销风险，同时为了维护投资者的利益，主承销商应当对股票一级市场和二级市场的情况做必要的调查。为了保证发行的成功，承销商还应对国家关于发行人主营业务的产业政策做必要的了解。

2) 股票发行与上市辅导

股票发行与上市辅导是指有关机构对拟发行股票并上市的股份有限公司进行的规范化培训、辅导与监督。发行与上市辅导机构由符合条件的证券经营机构担任，原则上应当与主承销商为同一证券经营机构。

上市辅导的内容包括：协助拟上市公司在公司设立、资产重组、股权设置和转让方面进行核查，以确定公司产权关系明晰与否；督促其实现主营业务突出、核心竞争力突出；督促其建立和规范会计制度、内部决策和控制系统；核查辅导对象是否妥善处理了商标、专利、土地等相关的法律问题；对拟上市公司的高级管理人员进行相关法律法规诸如《公司法》《证券法》等法规的学习指导。

辅导期限至少为1年，从辅导机构向辅导对象所在地的中国证监会派出机构报送备案资料后算起，至派出机构出具合格的监管报告之日结束。辅导结束，辅导人员应出具辅导报告，并签字负责。

3) 募股文件的准备

准备募股文件是股票发行前的重要工作。根据中国证监会相关文件的要求，首次公开发行股票并上市的申请文件应包含下列内容：招股说明书，招股说明书摘要，发行公告，发行人关于本次发行的申请报告，发行人董事会有关本次发行的决议，发行人股东大会有关本次发行的决议，发行保荐书，财务报告及审计报告，盈利预测报告及审核报告，内部控制鉴证报告，经注册会计师核验的非经常性损益明细表，法律意见书，律师工作报告以及发行人的设立文件，本次发行募集资金运用的文件，与财会资料相关的其他文件等。

招股说明书是股份有限公司发行股票时就发行的有关事项向机构投资者、公众投资者做出详细披露，并向特定或非特定投资人提出购买或销售其股票的要约或要约邀请的法律文件。公司发售新股必须制作招股说明书。如果是初次发行，一般称为招股说明书；如果是采用配股的方式发行新股，则称为配股说明书；如果是上市公司增发新股，则称为公募增发招股说明书。招股说明书必须对法律、法规、上市规则要求的各项内容进行披露。招股说明书由发行人在主承销商等中介机构的辅助下完成，由拟发行公司董事会审核并表决通过，审核通过的公开募股文件应当依法在指定媒体(报刊、网站)上向社会公众披露。

在公开募股文件上签字的全体人员必须保证文件的内容真实、准确、完整，并对其承担连带责任。招股说明书应当依照有关法律、法规的规定，遵循特定的格式和必要的记载事项的要求编制。

除了招股说明书，募股文件还包括招股意向书、招股说明书摘要、核查意见、资产评估报告、审计报告、盈利预测审核报告、法律意见书和律师工作报告、辅导报告、政府关于发行人公开发行股票的同意意见、主承销商的推荐意见、公司章程、发行方案、资金运用可行性报告及项目批文等。有收购兼并行为的，还应提供被收购兼并公司或项目的情况、收购兼并的可行性报告、收购兼并协议、收购兼并配套政策的落实情况、被收购兼并企业的资产评估报告、被收购兼并企业前一年和最近一期的资产负债表及损益表、审计报告。此外，主承销商可以聘请律师为其提交的募股文件进行法律审查，并出具审查意见。

4) 发行审核

发行审核是股票发行前的最后一个阶段。我国法律规定的发行审核单位是中国证券监督管理委员会下设的发行审核委员会。拟发行股票的公司必须向该委员会提供相关文件资料，申请审核。

2.2.2 股票发行与承销的实施

股票发行与承销的实施过程离不开投资银行的参与，按照风险承担情况和手续费的高低，投资银行的股票承销可以选择全额包销、余额包销和代销三种方式。

股票的发行和承销按照承销商数量的多寡，可以分为单个承销商承销以及承销团承销。由承销团(通常有一个主承销商，根据需要设立一个或者若干个副承销商)承销发行的股票往往发行规模比较大，一家投资银行不足以承担风险或者投资银行担心风险过大，从而采取承销团承销的方法来达到分散风险的目的。我国《证券法》明确规定，向不特定公众发行证券票面价值大于人民币5000万元的，应该由承销团承销。

投资银行主要从以下方面开展股票发行与承销工作。

1. 推销和路演

投资银行在受理了某公司的股票发行和承销业务之后，就有义务对该公司及其股票进行推销。推销的目的在于通过对发行人市场形象的设计和市场推荐，引发市场对该公司拟发行股票的需求，同时根据反馈得到的数据，合理确定股票发行的数量和价格。

投资银行对发行人的推销一般集中在对发行人良好的公司形象的展示和上市后良好的业绩表现上，以赢得投资者对该公司的投资兴趣，确保承销的股票能够在市场上迅速被投资者认购。

投资银行往往会同发行人的高级管理人员到某些城市和金融中心进行路演，推销发行人，拜会潜在的机构投资者和证券分析员，使他们对公司的股票产生兴趣。路演提供给发行公司一个展示公司形象、公司素质和公司成长前景的机会，同时能够增强投资者信心，创造新股的市场需求。设计合理、有效的路演是有依据可循的。股票的内在价值始终是路演建立的基础。投资银行在向投资者推荐股票内在价值的过程中，一般比较注重股票的动态价值，即股票发行人未来可能获得的成长机会将给投资者带来的回报。

此外，投资银行还以市场需求为导向，使公司的成长性与市场现时的和可能的未来需求相契合，以吸引投资者的目光。同时，投资银行会根据目标市场的不同采取不同的路演策略，以满足不同的投资主体的投资需求，使得股票发行得以顺利进行。

投资银行为了树立发行企业的良好形象，会挖掘公司的特点和优势，向投资者彰显发行人股票的巨大投资价值，来吸引投资者投资。将发行人与同行业其他领先公司或者已上市公司进行比较，从而突出发行人的某一个与众不同之处，突显发行人更值得投资者期待的投资价值，也是投资银行常用的路演策略。

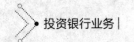

路演(Road Show)是指通过现场演示的方法,引起目标人群的关注,让他们产生兴趣,最终达成销售。具体形式有在公共场所进行演说、演示产品、推介理念,以及向他人推广自己的公司、团体、产品、想法等。

路演最初是国际上广泛采用的证券发行推广方式,指证券发行商通过投资银行家或者支付承诺商的帮助,在初级市场上发行证券前针对机构投资者进行的推介活动,是在投资、融资双方充分交流的条件下促进股票成功发行的重要推介和宣传手段,能够促进投资者与股票发行人之间的沟通和交流,以保证股票的顺利发行,并有助于提高股票潜在的价值。

2. 股票的定价

通过推销和路演,承销商可依据收集的市场信息确定股票发行的价格、规模。根据我国法律的规定,股票不得以低于票面金额的价格发行。根据发行价与票面金额的差异,发行价格可以分为按票面价格发行和溢价发行。

股票的定价受到公司盈利水平、公司潜力、发行数量、行业特点、股市状态等因素的影响。其中,公司盈利水平和公司潜力等公司有关成长性因素是影响股票价格的内在因素,而股市状态等是外部因素。

从理论上说,承销定价是以市盈率为基础来进行的。市盈率是指股票市价与其每股税后收益之比。市盈率越高,表示定价越高;反之则越低。实践中,确定承销价格要考虑以下因素:参考发行公司上市前最近3年平均每股税后利润率与已上市的近似种类的其他股票最近3年的平均市盈率;参考发行公司上市前最近3年平均每股所得股息和已上市的近似种类的其他股票最近3年的平均股息率;参考发行公司上市前最近期的每股净资产;参考发行公司当年预计的股利除以银行一年期的定期储蓄存款利率。

股票发行定价一般采用以每股预测盈利乘发行市盈率得出的价格为参考定价。在实际操作中,各个国家和地区根据其市场特点的不同,逐步形成了通行的几种承销定价方式。

1) 美国式"累积订单"

目前,国际上的许多巨额发行均采用美国式"累积订单"定价。首先,由承销团与发行人确定一个双方认可的定价区间,在此定价区间内,承销团成员和所有参与到发行中的经纪人、交易商分别向自己的客户推销所发行的证券,然后将各自的机构投资客户满意的价位和购买数量反馈给主承销商。其次,主承销商在汇总订单后,计算出各个不同价位的需求总量,分析投资人的需求目的,如打算长期持有还是短期套利,并在此基础上由主承销商和发行人共同确定发行定价。

这种定价方式的优点在于:首先,充分反映市场对证券的评价和投资人的认购意愿，使价格可以准确地体现市场需求。其次，可以促使承销商及其他参与者尽最大努力推销，有利于发行成功。但是采用这种方式后，发行成功与否取决于承销团的分销能力和努力程度的高低，而且会增加发行费用，而承销商由于拥有预售订单，几乎不需承担任何风险。

2) 中国香港式"固定价格"

中国香港式"固定价格"是指承销团和发行人在公开发售前确定某一固定价格，然后再根据这一确定价格进行公开发行。在这种定价方式中，不存在像"累积订单"方式中的巡回推介，一般由承销商与发行人通过商业谈判确定，因此价格的确定往往与谈判能力直接相关。承销商为了降低风险会尽量压低价格，所以这种定价方式下的发行价格一般低于"累积订单"方式下的价格。

在一些中国香港公募、全球配售的大型股票发行中，通常采取两种定价方式并用的形式：先进行全球巡回推介，在中国香港公募前，确定最后价格；或者两者同时进行，但公募中的固定价格采用推介时价格区间的上限，如有价差，再将多缴的认购款退还投资人。

3) 我国内地的承销定价方式

2004年8月28日，《公司法》《证券法》修正案获全国人大常委会通过，从这一天起，股票发行采取溢价发行的方式，其发行价格不再由中国证监会核准。首次公开发行股票，试行询价制度，具体实施办法于2004年12月10日正式出台，2005年1月1日正式施行。按照规定，发行申请经证监会核准后，发行人应公告招股意向书，开始进行推介和询价。询价分为初步询价和累计投标询价两个阶段。发行人及其保荐机构应通过初步询价确定发行价格区间，通过累计投标询价确定发行价格。

从2005年1月1日起，"华电国际"首先采用与国际标准接轨的询价定价制度，即先初步询价确定发行价格区间，再通过累计投标询价确定发行价格。

3. 股票发行方式

中国发行方式随着中国证券发行管理制度市场化改革的深化而不断变化，依次经历了认购证、与储蓄存款挂钩、全额预缴款后，我国目前的发行方式包括首次发行中向二级市场投资者配售、上网定价发行和对一般投资者上网发行与对机构投资者配售相结合发行等方式。

1) 首次公开发行中向二级市场投资者配售

首次公开发行中向二级市场投资者配售是指在首次公开发行时，将一定比例的新股向二级市场投资者配售，而投资者根据其持有上市流通证券的市值和折算的申购限量，自愿申购新股。具体而言，投资者每持有上市流通证券市值10 000元，限申购新股1000股，流通市值不足10 000元的部分，不赋予申购权。投资者申购的数量必须是1000的整数倍。申购一经确认，无法撤销。表2-1为向二级市场投资者配售新股的一般时间安排。

表2-1 向二级市场投资者配售新股的一般时间安排

时间	向二级市场投资者配售
T-3日	向证券交易所报告发行材料
T-2日	通过中国证监会指定媒体发布招股说明书概要等
T-1日	刊登发行广告
T日	向二级市场投资者配售当日，从证券交易所得出配售中签率，联系指定媒体，准备发布中签公告
T+1日	刊登配售中签率公告，进行配售摇号
T+2日	刊登配售摇号公告，投资者缴款
T+3日	收缴配售股款
T+4日	清算、登记、划款
T+4日后	主承销商将募集资金划入发行公司账户

投资者申购的数量如果小于拟配售的新股数量，按照承销协议，余额由承销商包销。如果投资者申购的数量大于拟配售新股数量，则由证券交易所按照每1000股发放一个号的原则，对有效申购量连续配号，然后主承销商组织摇号抽签，投资者每抽中一个号码，就能配售1000股新股。

2) 上网定价发行

上网定价发行是指利用证券交易所的交易系统，主承销商作为唯一的"卖方"，投资者在一定的时间内，按照现行委托买入股票的方式进行申购的发行方式。像首次公开发行中向二级市场投资者配售一样，投资者每次申购的新股必须是1000或者1000的倍数，其具体流程参照表2-2。

表2-2 上网定价发行的流程

时间	上网定价发行
T-3日	向证券交易所报告发行材料
T-2日	通过中国证监会指定媒体发布招股说明书概要，刊登发行广告
T日	上网定价发行日
T+1日	结算申购资金、验资及配号
T+2日	摇号抽签、中签处理
T+3日	申购资金解冻
T+4日	清算、登记、划款

3) 对一般投资者上网发行与对机构投资者配售相结合

中国证监会一般建议，只有当发行量达到8000万股以上时才采用对一般投资者上网发行与对机构投资者配售相结合的发行方式。在配售过程中，对机构投资者的配售和对一般投资者的配售必须为同一次发行，按统一价格进行。当申购量超出配售额时，可以采取摇号的方式。

投资银行因承担发行证券的销售工作而向发行公司收取的手续费，即承销费用。

收取承销费用的方式通常有两种：一种是以较低的价格从发行公司购入股票，然后以较高的价格出售给投资者，两者的价差即为承销费用；另一种是按承销金额的一定比例收取，习惯上称为佣金。

影响承销费用的因素很多，主要有股票市场状况、证券的发行规模、发行公司的信用状况及是否首次发行、发行证券的种类、投资银行的信誉状况等。根据承销全部证券金额中的比重，将承销商划分为不同的等级，从高到低依次为主承销商、辅承销商和次承销商。不同地位等级的承销商在佣金收入上略有不同，主承销商获取的费用率要比承销团的其他成员高。

2.3 债券发行与承销

债券必须在具备法律要求的发行条件之后，采用一定的发行方式发行。债券的承销是将债券委托给专门的债券承销机构代理销售债券的行为。债券的发行与承销主要包括债券的信用评级及发行与承销的实施。

2.3.1 债券的信用评级

债券信用评级就是由专门的信用等级审定机构根据发行者提供的信息材料，并通过调查、预测等手段，运用科学的分析方法，对拟发行债券的偿债可靠性或违约及其风险程度所做的综合评价。

在债券发行前，应该聘请专门的信用评级机构对企业进行信用评级，这也是债券发行和股票发行最大的区别。信用评级主要从风险管理、主体承担债务能力、获得社会信誉能力等方面考量被评估者，并且用一定的形式来表示考量的结果。

国际知名的债券评级机构主要有美国的穆迪投资公司和标准普尔公司、日本的公司债研究所、日本的投资者服务公司等。在我国，由中国人民银行指定包括上海远东资信评估有限公司和北京大公资信评估有限公司在内的9家机构从事企业信用评级。

1. 债券信用评级的程序

1) 发行人提出评级申请

债券评级首先要经过债券发行人或其代理人向证券评级机构提出评级申请，并向评级机构提供详细的书面材料。这些材料主要包括公司总体状况、财务状况和计划、长期债务以及自有资本结构、债券发行概要等。

2) 证券评级机构审查并进行分析

首先，证券评级机构与发行单位的主要负责人见面，就书面材料中值得进一步调

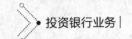

查的问题和其他有关情况提出询问。其次，对提供的书面材料进行分析，其分析的内容主要包括：发行人所属行业的动向以及发行人在该行业中的地位；发行人的经营管理情况、内部审计体制、资本构成的安全性和偿付本息的能力；信托合同中规定的财务限制条款和债券的优先顺序；对发行人所属国家或地区做出评价，分析其政治风险和经济风险；分析发行人在国家政治经济中的重要性和国家与发行人的关系。

3) 评级机构评定债券等级

在调查分析的基础上，证券评级机构会通过投票决定发行人的信用级别，并与发行人联系，征求其对评级的意见。经发行人同意后，最后决定信用级别。如果发行人不服评级机构的评定，可提交理由书，申请变更信用级别，并由发行人提交追加资料。评级机构根据追加资料，再次进行讨论，重新决定信用级别。变更申请只能有一次。

证券评级机构评定债券信用级别后，一方面通知评级申请人；另一方面将评级结果汇编成册，公开发行。

4) 评级机构跟踪调查

债券评级机构评定发行人的债券之后，还要对发行人从债券发售至清偿的整个过程进行追踪调查，并定期审查，以确定是否有必要修正已发行、流通债券的原定等级。如果发行人的信用、经营状况等发生了较大的变化，评级机构认为有必要，就会做出新的评级，通知原发行人并予以公告。

2. 衡量债券信用等级的依据

资信评级机构在评价公司债券信用等级时，主要看重的是企业本金支付债务的可靠程度。为此，评估机构通常以企业的经营现状和可能的将来收益来衡量一个公司发行债券的信用等级。确定企业信用等级主要考虑以下几个方面。

1) 企业规模

企业规模越大，该企业所具有的优势就可能越多，信用等级越高。如具有丰富的产品线、广阔的营销渠道、由规模效应带来的更加低廉的单位成本、强大的研发能力以及雄厚的资金实力等。

2) 产品生命周期

只有企业的主营产品进入了稳定的增长期，才有可能获得市场上绝大多数投资者的认同，信用等级就高。如果一个企业的主营产品处于该产品生命周期的末期，那么这个企业未来的发展前景是不能让投资者保持乐观的；相反，如果一个企业的产品处在产品生命周期的初期，那么也只能吸引一小部分偏爱风险的投资者。

3) 企业的财务指标

会计指标在一定程度上反映了企业的经营现状和未来盈利能力。如果企业的经营状况好、盈利能力高，信用等级也相应较高。

4) 资产流动性

通过计算流动比率来衡量企业通过流动资产抵偿流动负债的能力；通过计算速动比率来衡量企业将部分资产变现来偿还流动负债的能力；通过计算存货周转率来衡量企业

当年存货周转的次数。这些指标的计算结果越合理，信用等级越高。

5) 负债比率

资产代表企业未来可能的收益，而负债意味着企业未来可能的经济资源的流出。资产负债比例越合理，信用等级就越高。此外，资信评估机构还会考量流动负债和长期负债分别占全部债务的比例。

6) 其他

除上述指标，资信评估机构会计算销售毛利率、销售成本率、总资产税后收益率等指标。

在计算这些指标之后，资信评估机构会根据一定的权重计算得出该公司财务部分的得分，再结合其他宏观环境因素和企业发展前景预测，评估机构就能够给出相应的等级。

3. 债券信用评级的等级

在国际上，比较有影响力的信用等级标准是穆迪和标准普尔分别制定的两套指标体系。穆迪将企业信用等级由最高到最低分为Aaa，Aa，A；Baa，Ba，B；Caa，Ca，C。其中，Aaa级为信用最高级。标准普尔将企业信用等级从最高到最低分为AAA，AA，A；BB，BB，B；CCC，CC，C；D。其中，AAA级为信用最高级。

2.3.2 债券发行与承销的实施

法律规定的债券发行条件主要包括发行金额、债券面值、债券期限、偿还方式、票面利息、付息方式、发行价格、发行方式、收益率、税收效应、是否记名、债券选择权、发行费用以及有无担保等。

债券发行可以采取公募发行或者私募发行两种方式中的任意一种方式。公募发行是指由承销商面向广泛的、不特定的投资者群体发行债券；私募发行是指面向特定的投资者发行债券。私募发行提前确定了一定范围的投资者作为发行对象，因而发行时间比较短、效率较高，债券发行人能以较快的时间获得所需的资金。但是，因为私募方式发行债券的流动性比较差，所以投资者相应地要求较高的回报。公募发行的债券流动性较好，发行面广，投资者数量众多，但发行所需时间比较长，费用也比私募发行更高。

1. 国债的发行与承销

国债依托政府信用，具有风险较低的特性，因此除非在国外发行，一般不进行信用评级。由于国债所固有的国家信用的特殊属性，使其在发行与承销的过程中，在发行方式及价格确定、承销手续费等方面与股票和公司债券不同。

1) 国债的发行方式与定价

国债的发行方式有公开竞拍招标方式、直接要约和拍卖等。

(1) 公开竞拍招标方式。公开竞拍招标方式又包括美国式招标和荷兰式招标两种。美国式招标是利用自己的交易网分销短期和长期国债。竞拍前的定价主要参照二级市场同期限国债的收益率。竞拍过程的招标主要有价格招标和收益率招标两种形式。价格招标是按照投标人所报买价自高向低排列，报价高者优先中标，直至满足预定发行额为止，中标价格以各自投标报价为准，这样就产生了中标的多种价格。价格招标主要适用于贴现国债的发行。收益率招标是国债的票面利率由投资者以投标方式进行竞争，按照投标人所报的收益率由低到高排列，收益率低的优先中标，直到满足预定发行额为止。中标的承销机构分别以各自报出的收益率来认购国债，并以各中标人投标收益率的加权平均值作为国债的票面利率。收益率招标主要适用于附息国债的发行。荷兰式招标通常采用以价格、收益率或缴款期为标的的招标方式，即以募满发行额为止所有中标商的最低中标价格、最高收益率或最迟缴款期作为最终中标的价格、收益率或缴款期，所有中标商的价格、收益率或缴款期是相同的。这种方式下不存在非竞争性投标者，所有参与者均需投标出价。

(2) 直接要约。直接要约是由投资银行向发行人发一个实盘，以一定利率和期限购买发行人的债券，发行人需在一天或几个小时内答复。如果接受要约，则交易达成。投资银行可以把所购债券分销给客户或其他投资银行，通常情况是投资银行已事先把债券出售给自己的机构客户。

(3) 拍卖。在这种承销方式中，发行人公布债券发行条件，有意者出价购买全部债券。通过拍卖方式，发行人得到债券最高出价。

2) 承销费用

由于国债本身所固有的国家信用保证，使其承销的投资风险远远低于股票和公司债券。因此，国债承销的手续费要比股票和公司债券低廉得多。许多国家采取招投标竞价方式发行国债，节省了大量的承销费用。

附息方式下，承销手续费的支付是按承销金额的一定百分比计算的。如我国对于记账式国债一般按0.3%支付承销手续费。而对于实物券式和凭证式国债一般支付0.65%的手续费。在零息债券发行方式下，承销手续费往往以绝对数金额包含在低于面值发行的报价之中。

2. 公司债券的发行与承销

🅐 **知识百科**

投资银行推广公司债券业务的便利与优势：
- 首先，综合成本低于或可比银行贷款和中期票据。大致而言，目前AA及以上评级公司债券较同期银行贷款节约15～150bp(basis point基点)，如果考虑信贷调控和利率上浮因素，公司债利率更有优势；目前A评级及以上公司债券与中期票据相比，在可比情况下利率可以节约20bp(不同个案和窗口期有较大区别)，综合考虑承销、托管等费用因素，以及公司债市场化程度，综合成本或有优势。
- 其次，发行条件宽松，审批简单，募资投向不限，产品设计和发行方式非常灵活。1个月过会，2个月核准，6个月内发行50%，而且可以自主调整首批发行时间和比例。

- 再次，在财务规划方面，期限灵活，便于优化财务结构和做好资金规划。目前的银行贷款以及短融、中票主要属于中短期性质(期限方面正在不断创新)，理论上公司债时间可以更长、更加灵活，便于资金规划及融资成本锁定。目前已发行的公司债券期限多为3～10年，债券存续期内现金流出可以预计，有利于保持财务稳定。较长期限的公司债在一定程度上具有权益资本或次级资本属性，发行人可根据债券的不同付息方式，安排财务计划，做好资金规划。

- 最后，关于控制权影响，不会分散大股东的控股权和损害公司价值。用收益和市场价格关系衡量，公司债券融资方式比普通股票融资成本低，股票价值更多依赖公司成长性，而不是股息分配，所以股息支付较好的公司，其市盈率往往较低。

公司债券具有税盾作用，利息作为费用在缴纳所得税前扣除，股息则属于净收益的分配，在所得税后列支。在股市低迷时，股权融资将以较低价格稀释大股东控制权，有损公司价值。在行业整合加剧的环境下，债务融资有利于保持现有股东的控制能力，不会对现有股东控制权造成潜在威胁。

公司债券承销的方式同股票有许多相似之处，承销人代理企业发行债券也可以采取代销、余额包销或全额包销方式。为降低承销的风险，通常也由牵头的经理人组织辛迪加的形式来承销。

影响债券定价的因素主要有：资金市场或金融市场上资金供求状况及利率水平；发行公司的资信状况；政府的金融政策，如货币政策等。

债券定价的风险主要来自政府货币政策变化的不确定性，这种不确定性会改变投资者的预期收益率，从而使债券在承销阶段就产生了潜在的风险(当然有时可能是机会)。这一现象源于债券价格对货币政策极强的敏感性，是债券价格机制的充分表现。因为债券价格是参照市场利率，按照风险与收益之间存在的相关变化规律制定的。当市场利率上升时，为保证债券的投资人也能获得与利率上升相对应的较高收益率，必然要降低债券本身的价格；反之，当市场利率下降时，债券的价格就要上升，保持债券的收益率与市场上投资其他类似的证券相当的收益率。

公司债券的承销费用不如股票有弹性。在一定的市场条件下，资信状况大体一致的发行公司所支付的承销费用大致相等。

1) 公司债券的发行条件

在我国，公司债券的发行主体是在中华人民共和国境内具有法人资格的企业。《企业债券管理条例》是公司债券发行的依据。该条例要求发行债券的企业经济效益良好，具有偿债能力，同时有健全的会计财务制度，所筹集资金的运用符合国家相关规定。

根据2007年8月15日发布的《公司债券发行试点办法》，公司发行债券必须符合以下要求：公司的生产经营符合法律、行政法规和公司章程的规定，符合国家产业政策；

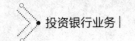

公司内部控制制度健全，内部控制制度的完整性、合理性、有效性不存在重大缺陷；经资信评级机构评级，债券信用级别良好；公司最近一期未经审计的净资产额应符合法律、行政法规和中国证监会的有关规定；最近3个会计年度实现的年均可分配利润不少于公司债券年利息；本次发行后累计公司债券余额不超过最近一期末净资产额的40%，金融类公司的累计公司债券余额按金融企业的有关规定计算。

2) 公司债券承销商的资格条件

投资银行承销公司债券，根据中国证监会的相关规定，应具备以下资格：净资产不低于1亿元；流动资产占净资产的比例不低于50%；净资产与负债总额之比不低于10%；高级管理人员具备必要的证券、金融、法律知识，近两年内没有严重违法违规行为，其中2/3以上具有3年以上证券业务或5年以上金融业务工作经历；具有熟悉有关业务规则及操作程序的专业人员；具有完善的内部风险管理和财务管理制度；公司在近一年内无严重的违法违规行为；中国人民银行要求的其他条件。

牵头组织承销团的证券经营机构或独家承销债券的证券经营机构为主承销人。担任主承销人的，除应当具备上述规定的条件外，还应具备下列条件：净资产不低于5亿元；专职从事债券业务的人员不少于5名，并且拥有具备会计、法律知识的专业人员；参加过3只债券承销或具有3年以上债券承销业绩；在最近一年内没有出现作为债券主承销人在承销期内售出的债券不足发行总数30%的记录。

3) 公司债券发行程序

公司债券的发行，需向中国人民银行申请。拟发行公司债券的公司应向中国人民银行递交债券发行章程、法律意见书等相关申请文件。债券发行章程应当注明发行人名称、住所、经营范围、法人代表人、联系电话、邮政编码；中国人民银行批准债券发行的文号、日期；债券名称、期限、利率；债券票面金额、发行价格及发行总额；发行对象、日期、期限、方式；债券计息起止日、还本付息的期限和方式；发行债券的目的、用途及效益预测；经营风险和兑付风险以及防范措施；最近一个季度的财务报告；最近3年的主要财务数据与指标；企业最近3年的生产经营状况及有关业务发展基本情况；保证人基本情况；中国人民银行要求载明的其他事项。

中国人民银行批准债券发行后，发行人应在批准之日起3个月内开始发行债券，否则原批准文件自动失效；企业如仍需发行债券，应另行报批。凡有下列情形之一的，发行人不得再次发行债券：①有一次发行的债券尚未募足的；②对已发行的债券或者其他债务有违约或者延迟支付本息的事实，且仍处于继续状态的。

【延伸阅读】 中国证券公司的保荐业务

保荐业务的主要职责就是将符合条件的企业推荐上市，并对申请人适合上市、上市文件的准确完整以及董事知悉自身责任义务等负有保证责任。具体如下：

1. 保荐机构和保荐代表人在尽职推荐期间应履行的职责

(1) 保荐机构应当尽职推荐发行人证券发行上市。发行人证券上市后，保荐机构应当持续督导发行人履行规范运作、信守承诺、信息披露等义务。

(2) 保荐机构推荐发行人证券发行上市，应当遵循诚实守信、勤勉尽责的原则，按照中国证监会对保荐机构尽职调查工作的要求，对发行人进行全面调查，充分了解发行人的经营状况及其面临的风险和问题。

(3) 保荐机构在推荐发行人首次公开发行股票并上市前，应当对发行人进行辅导，对发行人的董事、监事和高级管理人员、持有5%以上股份的股东和实际控制人(或者其法定代表人)进行系统的法规知识、证券市场知识培训，使其全面掌握发行上市、规范运作等方面的有关法律法规和规则，知悉信息披露和履行承诺等方面的责任和义务，树立进入证券市场的诚信意识、自律意识和法制意识。

(4) 保荐机构辅导工作完成后，应由发行人所在地的中国证监会派出机构进行辅导验收。

(5) 保荐机构应当与发行人签订保荐协议，明确双方的权利和义务，按照行业规范协商确定履行保荐职责的相关费用。保荐协议签订后，保荐机构应在5个工作日内报发行人所在地的中国证监会派出机构备案。

(6) 保荐机构应当确信发行人符合法律、行政法规和中国证监会的有关规定，方可推荐其证券发行上市。保荐机构决定推荐发行人证券发行上市的，可以根据发行人的委托，组织编制申请文件并出具推荐文件。

(7) 对发行人申请文件、证券发行募集文件中有证券服务机构及其签字人员出具专业意见的内容，保荐机构应当结合尽职调查过程中获得的信息对其进行审慎核查，对发行人提供的资料和披露的内容进行独立判断。保荐机构所做的判断与证券服务机构的专业意见存在重大差异的，应当对有关事项进行调查、复核，并可聘请其他证券服务机构提供专业服务。

(8) 对发行人申请文件、证券发行募集文件中无证券服务机构及其签字人员专业意见支持的内容，保荐机构应当获得充分的尽职调查证据，在对各种证据进行综合分析的基础上，对发行人提供的资料和披露的内容进行独立判断，并有充分理由确信所做的判断与发行人申请文件、证券发行募集文件的内容不存在实质性差异。

(9) 保荐机构提交发行保荐书后，应当配合中国证监会的审核，并承担下列工作。

① 组织发行人及证券服务机构对中国证监会的意见进行答复；

② 按照中国证监会的要求对涉及本次证券发行上市的特定事项进行尽职调查或者核查；

③ 指定保荐代表人与中国证监会职能部门进行专业沟通，保荐代表人在发行审核委员会会议上接受委员质询；

④ 中国证监会规定的其他工作。

2. 保荐机构和保荐代表人在持续督导期间应履行的职责

1) 持续督导期间

(1) 首次公开发行股票并在主板上市的，持续督导期间为证券上市当年剩余时间及其后2个完整会计年度；主板上市公司发行新股、可转换公司债券的，持续督导期间为证券上市当年剩余时间及其后1个完整会计年度。首次公开发行股票并在创业板上市的，持续督导期间为证券上市当年剩余时间及其后3个完整会计年度；创业板上市公司发行新股可转换公司债券的，持续督导期间为证券上市当年剩余时间及其后2个完整会计年度。持续督导期间自证券上市之日起计算。

(2) 首次公开发行股票并在创业板上市的，持续督导期内保荐机构应当自发行人披露年度报告、中期报告之日起15个工作日内，在中国证监会指定网站披露跟踪报告，对督导工作所涉及的事项进行分析并发表独立意见。发行人临时报告披露的信息涉及募集资金、关联交易、委托理财、为他人提供担保等重大事项的，保荐机构应当自临时报告披露之日起10个工作日内进行分析并在中国证监会指定网站发表独立意见。

持续督导期届满，如有尚未完结的保荐工作，保荐机构应当继续完成。保荐机构在履行保荐职责期间未勤勉尽责的，其责任不因持续督导期届满而免除或者终止。

2) 在持续督导期间应履行的职责

保荐机构应当针对发行人的具体情况，确定证券发行上市后持续辅导的内容，督导发行人履行有关上市公司规范运作、信守承诺和信息披露等义务，审阅信息披露文件及向中国证监会、证券交易所提交的其他文件，并承担下列工作。

(1) 督导发行人有效执行并完善防止控股股东、实际控制人、其他关联方违规占用发行人资源的制度；

(2) 督导发行人有效执行并完善防止其董事、监事、高级管理人员利用职务之便损害发行人利益的内控制度；

(3) 督导发行人有效执行并完善保障关联交易公允性和合规性的制度，并对关联交易发表意见；

(4) 持续关注发行人募集资金的专户存储、投资项目的实施等承诺事项；

(5) 持续关注发行人为他人提供担保等事项，并发表意见；

(6) 中国证监会、证券交易所规定及保荐协议约定的其他工作。

资料来源：天明保荐代表人胜任能力考试研究组. 2019年投资银行业务[M]. 北京：北京燕山出版社，2018：4 -5.

本章关键词

证券发行　公开发行　私募发行　直接发行　间接发行　普通股

优先股　可转换债券　证券承销　证券发行登记制　证券发行核准制

包销　承购　代销　保荐制度　保荐人　保荐代表人

问题讨论

中国工商银行行长杨凯生先生谈境外路演：在境外路演的过程中，董事长和总经理分别带红队、蓝队，到美洲、欧洲、亚洲跑了20多个城市，除了大型投资者见面会，在

10天时间内安排了192场一对一会谈。我们面对192个投资者，一对一的会谈时间不能超过1个小时，因为我们一共有10天时间。我们创造了一个资本市场的纪录，这192个投资者，经过我们的路演和推荐，创造了100%的下单纪录。

思考：上市为什么要进行路演？路演中要注意哪些问题？

延伸阅读

1. 保荐代表人胜任能力考试相关教材。
2. 《证券发行与承销管理办法》等相关法律法规文件。

案例分析

某公司发行债券

某公司是集体所有制企业，由于市场疲软，濒临倒闭。但因该公司一直是所在县的利税大户，县政府采取积极扶持的政策。为了转产筹集资金，该公司经理向县政府申请发行债券，县政府予以批准，并协助该公司向社会宣传。于是公司发行的价值150万元的债券很快顺利发行完毕。债券的票面记载内容包括票面金额100元、年利率15%、公司名称以及发行日期和编号。

思考：案例中的公司债券发行有哪些问题？

分析提示：

(1) 我国《公司法》规定，股份有限公司、国有独资公司和两个以上的国有企业或者其他两个以上的国有投资主体设立的有限责任公司，为筹集生产经营资金，可以依照本法发行公司债券。该公司是集体所有制企业，不具备发行公司债券的资格，发行主体不合格。

(2) 发行公司债券要由公司董事会制定方案，经股东大会作出决议后，由公司向国家证券管理部门申请批准后才能发行。而本案中，由县政府批准发行债券，这是不符合法律规定的。

(3) 《公司法》规定，公司发行债券必须在债券上载明公司名称、债券票面金额、利率、偿还期限等事项，并由董事长签名，公司盖章。本案中，债券票面缺少法定记载事项。

(4) 债券的发行应当由证券公司承销，而不能由该公司自行发售。

实践训练

1. 选择一家证券公司，了解我国证券公司是如何进行尽职调查的。
2. 找到一家拟上市公司，模拟股票询价方法确定发行价格，并模拟公开发行股票，写出初步询价及推介公告。

第3章 证券交易业务

▶ **学习目标**

- 了解证券交易的基本理论
- 掌握证券经纪业务的基本运作原理和业务流程
- 掌握证券自营业务的特征、条件、原则与类型
- 了解证券自营业务的风险与防范
- 学习做市商与做市商制度,熟悉做市业务,掌握做市商的功能与作用
- 了解我国证券交易业务的发展现状,并能够合理运用所学知识

▶ **知识结构图**

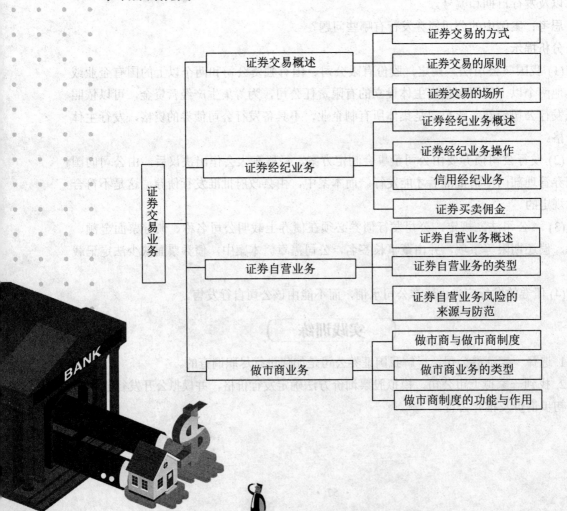

导入案例

佣金战末期，证券经纪业务如何转型？

在资本市场低迷的行情下，缺乏差异化服务、市场资源有限以及经纪业务互联网化，使证券经纪业务面临前所未有的挑战。那么持续至2017年末，证券经纪业务经历了什么？未来该何去何从？

从目前证券公司收入结构看，佣金收入仍是主要经济来源，经纪业务是证券公司收入的主要部分，因此经纪业务仍对证券公司的经营状况和稳定发展起着重要的作用，是证券公司综合实力的体现之一。"其重要性在于通过线上互联网与线下实体营业网点获取并拥有足够的客户，然后为这些客户提供个性化、专业化、多元化的投融资金融理财服务。"爱建证券副总裁鲁志军告诉《经济》记者。

英大证券首席经济学家李大霄告诉《经济》记者，过去证券经纪业务占证券公司总收入的90%，即使在2016年市场相对低迷的年份，证券经纪业务的净收益也占证券公司总收入的1/3。而在牛市中，将融资融券并入经纪业务里，经纪业务对于证券公司的利润贡献度能占到50%。

虽然证券经纪业务是证券公司收入的第一来源，但自2016年开始，二级市场低迷、成交量下降，导致经纪业务部分的收入随之下降，且行业进入低价竞争的阶段。"坦率地讲，直到今天，证券经纪业务'靠天吃饭'的境况没有改变。就以爱建证券的情况来说，2015年、2016年，经纪业务收入和利润与市场活跃度(即交易量)的正相关非常明显。整个行业2016年交易量比2015年下降了五成，而经纪业务收入也下降了近五成。因此，我们认为整个行业2017年的收入水平将会下降到2015年的四成左右。"鲁志军表示。

中国银河证券经纪业务总部也为《经济》记者提供了一组数据。截至2017年9月，市场股基净佣金率已由2013年的0.80‰下降至2017年的0.36‰，下降幅度超过50%，行业证券经纪业务净收入占营业收入比重由2013年的47.68%下降至2017年的29.32%，传统通道业务收入贡献下降显著。

基于这样的情况，市场中不乏这样的观点：国内证券经纪业务已处于红海市场，通道业务同质化竞争十分明显。

"但在通道业务之外的增值服务业务，还是存在蓝海市场的，如智能投顾、个人理财服务、财富管理等方面。这些业务大家都在进行新的尝试与探索，目前还没有找到成功的业务模式。但在监管政策的不断完善和牵引下，应该有较大的发展空间。"鲁志军如是说。

资料来源：佣金战末期，证券经纪业务如何转型. 金融界[EB/OL]. http://finance.jrj.com.cn/2017/12/19103623815447.shtml.

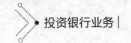

证券交易业务与上一章介绍的发行与承销业务存在相互依赖、相互依存的关系，投资银行在两个市场的业务也是相互配合、相互补充的。投资银行在证券交易业务中一般作为经纪商、自营商和做市商，为市场投资者提供多种服务。

3.1 证券交易概述

3.1.1 证券交易的方式

证券交易(Securities Transaction)，是指证券持有人依照交易规则，将证券转让给其他投资者的行为，是证券在市场上流通的一种手段。证券交易市场又称为证券二级市场或次级市场，是已经依法发行并经投资者认购的证券买卖交易的场所。

随着商品经济及资本市场的发展，证券交易形式呈现由低级向高级、由简单向复杂、由单一向复合的发展趋势。目前，交易方式主要有以下几种。

1. 现货交易

现货交易是证券交易双方在证券买卖成交的同时，按照成交价格及时进行实物交易和资金结算的交易方式。现货交易作为历史上最古老的证券交易方式，是一种较安全的证券交易形式，也是场内交易和场外交易中广泛采用的证券交易形式。它的特点表现在：一是交割迅速，交割风险低；二是实物交易，卖方向买方转移证券，买方向卖方转移资金；三是操作简单，投资性弱。

现货交易最初是在成交后即时交割证券和钱款，为"一手交钱、一手交货"的典型形式。在现代现货交易中，证券成交与交割之间通常都有一定的时间间隔，时间间隔的长短依证券交易所规定的交割日期确定，具体包括：当日交割，也称"T+0"交割，为成交当日进行交割；次日交割，又称"T+1"交割，为成交完成后下一个营业日办理交割；例行交割，依照交易所规定确定，往往是成交后5个营业日内进行交割。

2. 期货交易

期货交易是指买卖双方先行成交后，在未来某一约定时间按预先约定的价格交割的一种交易方式。期货交易是在远期现货交易的基础上产生的，它是一种标准化的远期交易方式。

期货交易和现货交易的主要区别在于：一是交割期限不同。现货交易交割期短，而期货交易交割期长，可以是1个月、3个月、6个月等。二是履行交割的情况不同。现货交易在成交后都要履行实际交割，期货交易不是为了履行交割，而是利用交割期内证券价格的变动，通过对冲交易赚取差价。

3. 证券回购交易

证券回购交易是指证券买卖双方在成交的同时就约定于未来某一时间以某一价格双

方再进行反向交易的行为。证券回购交易实质上是一种以有价证券作为抵押品拆借资金的信用行为，也是证券市场的一种重要的融资方式。具体内容就是证券的持有方(融资者、资金需求方)以持有的证券作抵押，获得一定期限的资金使用权，期满后则需归还借贷的资金，并按约定支付一定的利息；而资金的贷出方(融券方、资金供应方)则暂时放弃相应资金的使用权，从而获得融资方的证券抵押权，并于回购期满时归还对方抵押的证券，收回融出资金并获得一定利息。

目前，我国证券回购交易的券种有国库券和经中国人民银行批准发行的金融债券。我国证券回购交易业务的主要场所有沪、深证券交易所及经国务院和中国人民银行批准的全国银行间同业市场。我国开展的证券回购交易主要有债券质押式回购交易和债券买断式回购交易两种。

【知识链接】 债券质押式回购交易与债券买断式回购交易的区别

债券质押式回购交易，是指正回购方(卖出回购方、资金融入方)在将债券出质给逆回购方(买入返售方、资金融出方)融入资金的同时，双方约定在将来某指定日期，由正回购方按约定回购利率计算的资金额向逆回购方返回资金，逆回购方向正回购方返回原出质债券的融资行为。其中，正回购方是指在债券回购交易中融入资金、出质债券的一方；逆回购方是指在债券回购交易中融出资金、享有债券质权的一方。债券质押式回购是参与者进行的以债券为权利质押的短期资金融通业务，其实质内容为：债券的持有方(正回购方、卖出回购方、资金融入方)以持有的债券作抵押，获得一定期限内的资金使用权，期满后则须归还借贷的资金，并按约定支付一定的利息；而资金的贷出方(逆回购方、买入返售方、资金融出方)则暂时放弃相应资金的使用权，从而获得资金融入方的债券抵押权，并于回购期满时归还对方抵押的债券，收回融出资金并获得一定利息。

一笔债券质押式回购交易涉及两个交易主体、两次交易契约行为。两个交易主体是指正回购方(卖出回购方、资金融入方)、逆回购方(买入返售方、资金融出方)；两次交易契约行为是指开始时的初始交易及回购期满时的回购交易。无论是资金融入方还是资金融出方都要经过两次交易契约行为。债券质押式回购交易实质是一种以债券为抵押品拆借资金的信用行为，是证券市场的一种重要的融资方式。

债券买断式回购交易(亦称"开放式回购"，以下简称"买断式回购")是指债券持有人(正回购方)在将一笔债券卖给债券购买方(逆回购方)的同时，交易双方约定在未来某一日期，再由卖方(正回购方)以约定价格从买方(逆回购方)购回相等数量同种债券的交易行为。

在债券买断式回购交易中，通过卖出一笔国债以获得对应资金，并在约定期满后以事先商定的价格从对方购回同笔国债的为融资方(申报时为买方)；以一定数量的资金购得对应的国债，并在约定期满后以事先商定的价格向对方卖出对应国债的为融券方(申报时为卖方)。

买断式回购与前述质押式回购业务(亦称"封闭式回购")的区别在于初始交易时债券持有人(正回购方)是将债券"卖给债券购买方"(逆回购方)，而不是质押冻结，债券所

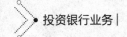

有权随交易的发生而转移。该债券在协议期内可以由"债券购买方"(逆回购方)自由支配，即债券购买方(逆回购方)只要保证在协议期满能够有相等数量同种债券卖给债券持有人(正回购方)，就可以在协议期内对该债券自由地进行再回购或买卖等操作。

按照上述交易机制，"买断式回购"的参与者可在依次递减的不同回购券种上进行多次回购操作。比如，投资者第一次选择了90天的交易品种进行逆回购，20天后如果出现问题，他就可以通过正回购，再把手中该笔债券在60天内的任何品种卖出去拿回现金，可以规避一定的资金风险。

资料来源：债券质押式回购交易与债券买断式回购交易的区别. 证券从业资格. 百分网[EB/OL]. http://www.oh100.com/peixun/zhengquancongyezige/247798.html，2018-04-29.

4. 信用交易

信用交易又称保证金交易、垫头交易，是投资者凭借自己提供的保证金和信誉，取得经纪人信用，在买进证券时缺乏足够的资金，由经纪人提供贷款购买证券，在卖出证券时没有足够的证券，由经纪人提供证券以供出售的交易方式。

信用交易可分为融资交易和融券交易两种类型。融资交易又称保证金买进交易或保证金多头交易，是指投资者预期证券价格看涨但又没有足够资金，缴纳保证金后余款由证券商垫付买进证券。当证券价格上涨后，卖出相应的证券归还借款。融券交易又称保证金卖空交易或保证金空头交易，是指投资者预期价格下跌时，欲卖出证券但又没有证券，投资者在缴纳保证金后借入证券卖出，当证券价格下跌时，在低价位补进证券归还证券商，从中获利。

【温馨提示】

信用交易与我国证券交易实践中出现的"融资融券交易"根本不同。首先，信用交易是依照法律和证券交易规则创设的证券交易方式，具有适法性，实践中出现的融资融券交易则缺乏法律依据。其次，信用交易以投资者交付保证金为基础，实践中的融资融券交易则几乎没有保证金交易的性质。再次，信用交易是经纪人向投资者提供信用的方式，但我国实践中广泛存在经纪人向投资者借用资金或借用证券的形式，属于反向融资融券行为。最后，有些资金和证券的借用系未经投资者同意，属于非法挪用资金和证券行为。在此意义上，未经法律准许的融资融券行为，属非法交易行为。

3.1.2 证券交易的原则

证券交易的原则是证券交易遵循的一般法则，它贯穿于证券交易的全过程。为了保障证券交易功能的发挥，确保证券交易的正常运行，证券交易必须遵循"三公"原则。

1. 公开原则

公开原则又称信息公开原则，指证券交易是一种面向社会的、公开的交易活动，其核心要求是实现市场信息的公开化。根据这一原则的要求，证券交易参与各方应及时、真实、准确、完整地向社会发布自己的有关信息。在我国，强调公开原则有许多具体内容，例如，对股票上市的股份公司，其财务报表、经营状况等资料必须依法及时向社会公开，股份公司的一些重大事项也必须及时向社会公布等。

2. 公平原则

公平原则是指参与交易的各方应当获得平等的机会。它要求证券交易活动中的参与者都有平等的法律地位，各自的合法权益都能得到公平的保护。证券市场的行为有着极强的利益相关性，证券价格的变动直接关系投资者的投资盈亏，每一项监管措施和监管行为涉及众多市场参与者的切身利益。在证券交易活动中，公平的市场规则、平等的主体地位、以价值规律为基础的证券交易形式就是公平。

3. 公正原则

公正原则是指应当公正地对待证券交易的参与各方，以及公正地处理证券交易事务。证券市场是广大投资者和各类机构集中交易的场所，它具有人数众多、利益相关度高、风险大等特点，有着很强的政策性，这在客观上要求对证券市场的监管能充分展示法律的公正性和严肃性，以保证证券市场的健康运行。

另外，证券交易活动的当事人具有平等的法律地位，还应遵守自愿、有偿、诚实信用的原则。

> **思考**
>
> 公正原则的基本要求包括哪些方面？
>
> 提示：①反欺诈。欺诈是指证券发行者制造、散布虚假或使人迷惑的信息，欺诈投资者。②反操纵。操纵是指通过合资或者集中资金来影响证券的发行及发行价格，以从中获利。③反内幕交易。内幕交易是指内幕人员利用内幕信息买卖证券等行为。

【典型案例】　　王国斌操纵证券市场案

根据上海证券交易所监控发现的线索，2011年12月，证监会对王某某账户涉嫌操纵宁波波导股份有限公司(以下简称"ST波导")股票价格行为立案稽查。

经查，2011年4月26日，王国斌不以实际成交为目的，利用频繁申报和撤销申报的手段操纵"ST波导"股票，致使"ST波导"股票价格由开盘价5.42元上涨至收盘价5.70元，最高时达到5.75元(涨停价)，涨幅为4.01%，振幅达6.93%，影响其他投资者对"ST波导"股票交易价格和供求关系的判断，诱导其他投资者买入"ST波导"股票，之后卖出所持有的"ST波导"股票以图获利。王国斌操纵"ST波导"股票亏损41 440.08元。

证监会认定，王国斌的上述行为，违反了《证券法》第七十七条关于禁止操纵股票价格的规定，构成《证券法》第二百零三条所述"违反本法规定，操纵证券市场的，责令依法处理非法持有的证券，没收违法所得，并处以违法所得一倍以上五倍以下的罚款；没有违法所得或者违法所得不足三十万元的，处以三十万元以上三百万元以下的罚款……"违法行为。根据《证券法》第二百零三条的规定，证监会决定对王国斌处以30万元罚款。

本案中，王国斌不以实际成交为目的，频繁申报和撤销申报的交易行为是典型的短线操纵。短线操纵具有严重的危害性：一是误导其他投资者对股票交易价格和供求关系的判断，侵害投资者的合法权益；二是造成股票价格异常波动，扰乱证券市场秩序，扭曲资本市场资源配置功能，影响证券市场的健康发展。

资料来源：证监会查处三起操纵证券市场案. 人民网[EB/OL]. http://finance.people.com.cn/stock/n/2012/1220/c67815-19965194.html，2012-12-20.

3.1.3　证券交易的场所

证券交易场所是供已发行的证券进行流通转让的市场，该场所由集中交易市场和场外交易市场组成。

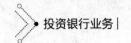 **知识百科**

纳斯达克证券交易所

纳斯达克(NASDAQ)是美国的一个电子证券交易机构，是由纳斯达克股票市场股份有限公司(Nasdaq Stock Market, Inc., NASDAQ: NDAQ)所拥有与操作的。NASDAQ是全国证券业协会行情自动传报系统(National Association of Securities Dealers Automated Quotations system)的缩写，创立于1971年，迄今已成为世界较大的股票市场之一。

不少观点错误地认为，纳斯达克是"创业板"，但事实上纳斯达克是美国最主要的主板市场，造成这一错误认知的原因可能是纳斯达克是全球知名的创业创新者的家园。苹果、谷歌、微软、亚马逊、脸书是全球五家市值最大的公司(截至成文时)，它们无一例外都在纳斯达克上市。

1. 集中交易市场

集中交易市场主要指证券交易所。它是有组织的市场，是集中买卖已发行证券的有形市场。证券交易所作为证券集中交易的场所，是不以营利为目的的组织，它本身不持有证券，也不进行证券买卖，当然更不能决定证券交易的价格。证券交易所为交易双方成交创造或提供条件，并对双方实行监督。

1) 证券交易所的组织形式

证券交易所的组织形式有会员制和公司制两类。会员制的证券交易所是由符合一定条件的会员自愿组成，是不以营利为目的的法人团体。公司制的证券交易所则是由股东出资组成的股份有限公司，是以营利为目的的法人团体。

2) 证券交易所的基本功能

(1) 为交易双方提供了一个完备、公开的证券交易场所，促使证券买卖迅速、合理地成交。证券交易所具有成交量大、买卖频繁、报价差距小、交易完成迅速等特点。

(2) 形成较为合理的价格。交易所的证券交易价格是在充分竞争的条件下，由买卖双方公开竞价形成的，因此能反映供求关系，能在一定程度上体现证券的投资价值。

(3) 引导社会资金的合理流动和资源的合理配置。证券交易价格的波动通常是资本市场供求关系的反映，反过来又会促进资本向价格信号指引的方向流动，并引导社会资源的流动。

2. 场外交易市场

场外交易市场是指在交易所外由证券买卖双方当面议价成交的市场，它没有固定的场所，也没有正式的组织，实际上是一种通过电信系统直接在交易所外进行证券买卖的交易网络。场外交易市场的一个共同特点是它们都在国家法律限定的框架内，由成熟的投资者参与，接受政府管理机构的监管。

具体来说，场外交易市场可以分为以下三类。

(1) 柜台市场，也称店头市场。在柜台市场交易的证券，主要是按照法律规定公开发行而未能在证券交易所上市的证券，当然，能够在场内交易的证券也可以在柜台市场进行交易。柜台市场的交易价格由买卖双方协商议定，在柜台市场一般只进行即期交易。柜台交易场所是在证券经营商的营业处，它不是严格意义上的固定场所，因此属于场外交易。柜台市场是典型的场外交易市场。

(2) 第三市场，又称店外市场。它是靠交易所会员直接从事大宗上市股票交易形成的市场。它实际上是"已上市证券的场外交易市场"，指已在正式的证券交易所内上市却在证券交易所外进行交易的证券买卖市场。第三市场的参与者主要是各类投资机构，如银行的信托部、养老基金、互助基金以及保险公司等。第三市场具有费用低的特点。

(3) 第四市场。它是指投资者完全绕过证券商，通过电子计算机网络直接进行证券交易而形成的市场。由于科技发展迅速，特别是计算机和通信技术日益发达，买卖双方只需利用计算机系统，通过终端设备进行交易，因而第四市场交易成本低、成交快、保密好，具有很大潜力。参与第四市场交易的都是一些大企业、大公司，它们进行大宗股票买卖，主要是为了不暴露目标，不通过交易所，直接通过计算机网络进行交易。

【拓展阅读】　　　　我国多层次资本市场体系

我国资本市场从20世纪90年代发展至今，资本市场由场内市场和场外市场两部分构成。其中，场内市场的主板(含中小板)、创业板(俗称二板)和场外市场的全国中小企业股份转让系统(俗称新三板)、区域性股权交易市场共同组成了我国多层次资本市场体系。

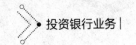

1. 主板市场

主板市场也称为一板市场，指传统意义上的证券市场(通常指股票市场)，是一个国家或地区证券发行、上市及交易的主要场所。主板市场对发行人的营业期限、股本大小、盈利水平、最低市值等方面的要求标准较高，上市企业多为大型成熟企业。

2004年5月，经国务院批准，中国证监会批复同意深圳证券交易所在主板市场内设立中小企业板块，从资本市场架构上来说也从属于一板市场。

中国大陆主板市场的公司在上交所和深交所两个市场上市。主板市场是资本市场中重要的组成部分，很大程度上能够反映经济发展状况，有"国民经济晴雨表"之称。

2. 二板市场

二板市场又称为创业板市场(Growth Enterprises Market，GEM)，是地位次于主板市场的二级证券市场，在中国特指深圳创业板。在上市门槛、监管制度、信息披露、交易者条件、投资风险等方面和主板市场有较大区别。它的目的主要是扶持中小企业，尤其是高成长性企业，为风险投资和创投企业建立正常的退出机制，为自主创新国家战略提供融资平台，为多层次的资本市场体系建设添砖加瓦。2012年4月20日，深交所正式发布《深圳证券交易所创业板股票上市规则》，并于5月1日起正式实施，将创业板退市制度方案内容落实到上市规则之中。

3. 新三板市场

新三板市场(National Equities Exchange and Quotations，NEEQ)，是经国务院批准设立的全国性证券交易场所，全国中小企业股份转让系统有限责任公司为其运营管理机构。2012年9月20日，该公司在国家工商总局注册成立，注册资本30亿元。上海证券交易所、深圳证券交易所、中国证券登记结算有限责任公司、上海期货交易所、中国金融期货交易所、郑州商品交易所、大连商品交易所为公司股东单位。

由于新三板市场的定位是"以机构投资者和高净值人士为参与主体，为中小微企业提供融资、交易、并购、发债等功能的股票交易场所"，其市场生态、研究方法、博弈策略、生存逻辑等，都和以中小散户为参与主体的沪深股票市场有着显著的区别。

4. 区域性股权交易市场

区域性股权交易市场(下称"区域股权市场")是为特定区域内的企业提供股权、债券的转让和融资服务的私募市场。它一般以省级为单位，由省级人民政府监管，是我国多层次资本市场建设中必不可少的部分，对于促进企业特别是中小微企业股权交易和融资，鼓励科技创新和激活民间资本，加强对实体经济薄弱环节的支持，具有积极作用。

目前，全国建成并初具规模的区域股权市场有青海股权交易中心、天津股权交易所、齐鲁股权托管交易中心、上海股权托管交易中心、武汉股权托管交易中心、重庆股份转让系统、前海股权交易中心、广州股权交易中心、浙江股权交易中心、江苏股权交易中心、大连股权托管交易中心、海峡股权托管交易中心等。

资料来源：360百科[EB/OL]. https://baike.so.com/doc/6339598-6553212.html.

3.2 证券经纪业务

3.2.1 证券经纪业务概述

1. 证券经纪业务的含义

证券经纪业务是投资银行作为证券买卖双方的经纪人，按照客户投资者的委托指令，在证券交易场所代理客户进行证券买卖并收取佣金的证券中介业务。经纪业务是大多数投资银行重要的基础性业务之一，是投资银行日常收入的一项重要来源。

2. 证券经纪业务的特征

1) 业务对象的广泛性

证券经纪业务的交易对象很广泛，包括在证券交易所上市交易的所有股票和证券。另外，由于证券价格瞬息万变，使得证券经纪业务的对象还具有多变性的特点。

2) 经纪业务的中介性

证券经纪商与客户之间是一种委托代理关系，经纪商向客户提供中介服务以收取佣金作为回报。除了向客户提供信用交易服务之外，证券经纪商不能用自己的资金进行证券买卖，也不承担交易中的风险。

3) 客户指令的权威性

在证券经纪业务开展过程中，委托人的指令具有权威性，证券经纪商必须严格按照委托人指定的证券、数量、价格、有效时间进行买卖，不能以任何理由自行改变委托人的意愿。即使交易情况发生变化，经纪商也不得以任何借口，擅自更改委托指令。如果经纪商擅自更改委托人的指令，在处理委托事务中致使委托人遭受损失，经纪商必须赔偿全部损失。

4) 客户资料的保密性

证券经纪业务中投资者委托的信息资料关系到委托人的切身利益，证券经纪商有义务为客户保守秘密。保密的资料包括：客户开户的基本情况，如股东账户和资金账户；客户委托中的各项要素，如买卖证券名称、买卖数量和价格等；客户股东账户中的库存证券种类和数量、资金账户中的资金余额等。如果证券经纪商因故意或无意泄露而给客户造成损失，经纪商必须赔偿全部损失。

3. 证券经纪业务的主体

1) 委托人

委托人是投资银行经纪业务的服务对象，包括投资者个人和机构，具体是指根据国家法律法规，允许进行证券买卖交易并委托他人为自己办理事务的自然人或法人。

只有法律规定可以进行证券买卖的自然人或法人，才有可能成为委托人，并非所有的法人和自然人都能进行证券买卖。《证券法》规定，与发行和交易相关的证券从业人

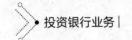

员不准买卖股票(这是针对自然人而言的);国家管理机关不能以法人资格来开户(这是针对法人而言的)。

2) 受托人

受托人又称经纪人、客户代理人,代理客户买卖证券,并指导客户开展买卖活动。根据证券经纪人经营证券的种类和他们在证券交易中所起的不同作用,大体分为以下几类。

(1) 佣金经纪人。佣金经纪人也称代理经纪人,是投资银行的代表,是独立经营的证券经纪人,他们专门代理客户买卖证券,其报酬来自各个客户支付给他们的佣金。在佣金经纪人所属的证券公司等营业网点接受投资者的委托,然后通知他们以代理人的身份进行交易。所以,他们只按照投资者的委托指令进行交易,自己不承担任何风险。佣金经纪人是纽约证券交易所各种正式会员中人数最多的一种。

(2) 独立经纪人。独立经纪人或者是作为投资银行的代表,或者是独立经营的经纪人。这种经纪人主要是在交易所交易繁忙时接受其他会员的委托而从事交易。通常,佣金经纪人业务量很大时,会把部分业务委托给独立经纪人;一些会员因故未能上班,会把自己所承担的业务委托给独立经纪人;没有取得交易所正式会员的证券交易商,因自己不能直接进入交易大厅进行交易,也把业务委托给独立经纪人。独立经纪人接受他们的业务而从事交易,从佣金经纪人或非正式会员证券经纪人那里取得佣金。有一段时间,他们对100美元证券交易收费2美元,所以,独立经纪人又被称为"2美元经纪人"。

(3) 零数经纪人。零数经纪人从事零数交易。纽约证券交易所一般以100股为交易单位,100股以上的交易称为整数交易,100股以下的交易称为零数交易。尽管零数交易实际上不在交易所内进行,但是其价格完全由整数交易的行情来决定。零数经纪人专办1~99股的证券交易,在交易所中发挥着拾遗补阙的作用。

(4) 专家证券交易经纪人。专家证券交易经纪人有双重作用:一是专家证券交易经纪人以经纪人的身份协助其他经纪人经营业务,完成客户的限价委托。在经纪人的业务比较繁重时,经纪人往往会把这种限价委托再委托给专家证券交易经纪人。所以,专家证券交易经纪人又有"经纪人的经纪人"之称,但他们不直接接受客户的委托。二是专家证券交易经纪人有维持证券市场供求平衡和价格稳定的责任和职能。在执行这一职能时,专家证券交易经纪人以自营商的身份在交易所内从事证券交易,他们通过买卖证券为其所负责的证券"制造市场"。他们必须主动、及时地对证券市场变化的各种趋势进行分析和预测,做出正确的判断,然后用自己账户的资金购进所卖出证券,以弥补市场供求的差距,使证券交易中的买价和卖价大体平衡而不致相距太远。

(5) 债券经纪人。这种会员仅在交易所内从事债券经纪活动。有时,他们也参加债券交易活动,所以又被称为债券交易商。

4. 证券经纪业务的分类

证券经纪业务可分为柜台代理买卖和证券交易所代理买卖两种。从我国证券经纪业务的实际内容来看，柜台代理买卖比较少。因此，证券经纪业务目前主要是指证券公司按照客户的委托，代理其在证券交易所买卖证券的有关业务。证券交易所规定证券买卖的只能是交易所的会员，投资人从事股票投资不能直接进入交易所而只能通过证券经营机构进行。因此证券经纪商往往在全国许多城市设有营业部，客户通过营业部发出委托指令，营业部将客户指令传递到交易所完成证券买卖过程。在证券经纪业务中，证券公司不垫付资金，不赚取差价，只收取一定比例的佣金(代理手续费)作为业务收入。

【典型案例】　　　　　　　　　　**拒绝全权委托**

华西证券北京紫竹院路营业部从业人员接受客户全权委托买卖证券，造成亏损，引发投诉。

2008年3月，华西证券北京紫竹院路营业部客户经理任某(公司正式员工，有证券从业资格)与客户吴某签订书面协议，约定吴某出资23万元，全权委托任某操作，任某负责资金安全，若发生亏损，任某承担损失；若账户盈利，任某收取盈利部分的85%作为回报，委托期限1年。双方约定共同对此事保密，不得告诉营业部及任何人。营业部对客户吴某进行电话回访时，吴某隐瞒了这一情况。

2009年3月协议到期时，吴某账户共亏损12.1万元。吴某与任某就亏损补偿问题协商未果后，投诉至监管部门。目前，华西证券解除与任某的劳动合同，对任某所在团队的区域经理、公司零售业务部经理、北京营业部总经理及合规负责人进行了处罚。

资料来源：天翻的博客. 证监局机构监管情况通报. 新浪博客[EB/OL]. http://blog.sina.com.cn/s/blog_620e7e210100fdki.html，2009-09.

3.2.2　证券经纪业务操作

大部分经纪业务是通过证券交易所来完成的。证券交易所的场内交易程序大体上包括开户、委托、成交、清算、交割、过户和结账几个阶段。

1. 开户

开户是投资者在经纪商处开设账户的过程。投资者可以自主选择经纪商的投资银行，投资银行也可以对投资者进行综合评判。因此，开户实际上是一个双向选择的过程。

1) 证券账户

证券公司营业部在为客户开户时，根据中国结算公司《证券账户管理规则》确认客户证券账户的开户资格及各类证券品种的交易权限，须针对客户投资的高风险证券品种进行客户适当性评估与管理，向客户提示风险，按照中国结算公司《证券账户管理规则》和账户开立的基本要求在经纪业务账户管理系统中开立证券账户。

(1) 境内自然人申请开立证券户。由客户本人填写"自然人证券账户注册申请表",并提交本人有效身份证明文件及复印件。委托他人代办的,还需提供经公证的委托代办书、代办人的有效身份证明文件及复印件。

境内自然人申请开立B股账户,需先开立B股资金账户,即境内居民个人需凭本人有效的身份证明文件到其原外汇存款银行,将其可投资B股的外汇资金转入本人欲委托买卖B股的证券公司的B股保证金账户,然后凭本人有效身份证明和本人进账凭证到该证券公司开立B股资金账户,最后凭B股资金账户开户证明开立B股证券账户。

(2) 境内法人申请开立证券账户。客户填写"机构证券账户注册申请表",提交有效的身份证明文件(企业法人营业执照或注册登记证书)及复印件或加盖发证机关确认章的复印件、经办人有效身份证明文件及复印件。

境内法人还需要提供加盖公章的法定代表人证明书、经法定代表人签章并加盖公章的法定代表人开立机构证券账户授权委托书、法定代表人的有效身份证明文件复印件。

2) 资金账户

(1) 客户开立资金账户,应到证券公司营业部柜台提出书面申请,出示有效身份证明文件。

(2) 客户开立资金账户时必须签署"证券交易委托代理协议""风险揭示书""买者自负承诺函"(均一式两份),以及"客户资金存管合同"(一式三份)等文件。一份交客户保存,一份由营业部存档,"客户资金存管合同"一份交指定银行。

(3) 证券营业部在为客户开户前须对客户进行投资者入市风险教育,并进行客户身份识别,审核客户的开户资格,查验客户申请资料的真实性、有效性、完整性、一致性,留存客户申请资料。查验无误后,在经纪业务账户管理系统中予以登记。

(4) 证券营业部为申请人开立资金账户时,须依据客户的书面申请设置资金账户的证券交易委托方式、服务品种、存管或银证转账银行,请客户自行设置密码。

(5) 营业部必须对客户的证券账户复印件、有效身份证明文件复印件、所签署的"证券交易委托代理协议"等各类协议与合同、风险揭示书、买者自负承诺函、业务申请书、代理人身份证复印件等要求留存的各类资料一并归档,按资金账号进行排序,妥善保管,要配备专库并由专人管理。

2. 委托

投资者在开设账户后就可进行证券交易,所以,委托是单次证券交易过程的真正开始。

1) 委托形式

按委托形式,委托可分为书面委托、电话委托、电报委托、传真委托、信函委托和自助委托。

(1) 书面委托,是指投资者亲自到证券公司营业部,填写委托买卖单,经证券公司业务员审核确认后,将委托指令通过电话传送给场内经纪人,经纪人以会员名义代理投资者买卖股票的方式。目前,我国基本不采用该种委托方式。

(2) 电话委托,是指投资者通过打电话的形式通知证券公司经纪商要求按其指令办理证券买卖的方式。目前，我国电话委托形式采用电脑提示下的自动委托，在一定程度上减少了纠纷。

(3) 电报委托、传真委托和信函委托，是指投资者通过电报、传真和信函的形式通知证券公司经纪商要求按其指令办理证券买卖的方式。

(4) 自助委托，是指投资者直接使用磁卡证券账户进行买卖交易的方式。在金融电子化的浪潮中，磁卡和电脑网络自助委托已成为重要的委托形式，传统委托形式有向现代电子委托形式转变的趋势。

2) 委托价格

按照委托的价格，委托可分为市价委托和限价委托。

(1) 市价委托，是指投资者委托证券经纪商按照执行指令时的市场价格买进或卖出证券，投资者并不规定买入或卖出的具体价格，但要求该委托进入交易大厅或交易撮合系统时以市场上最好的价格进行交易。该种委托方式的优点是：一是保证即时交易，交易量大；二是消除了因价格限制不能成交时所产生的价格风险。但是市价委托也有缺陷，容易使经纪商和投资者之间发生纠纷。

(2) 限价委托，是指投资者委托证券经纪商按其限定价格或更有利的价格买入或卖出股票的委托。如在买入股票时，投资者所委托的价格为最高价，经纪商只能按等于或低于该委托价格的价格为投资者办理成交；在卖出股票时，投资者所委托的价格为最低价，经纪商只能按等于或高于该委托价格的价格为投资者办理成交。限价委托形式弥补了市价委托形式容易使经纪商和投资者之间发生纠纷的缺陷，但是容易使投资者失去最佳买卖时机。

3) 委托期限

按委托的有效期限，委托可分为当日有效委托、当周有效委托和撤销前有效委托等。

(1) 当日有效委托，即委托生效后，在当天收盘前一直有效，收盘后即无效的委托。

(2) 当周有效委托，即委托生效后，在当周最后一天收盘前一直有效，之后即无效的委托。

(3) 撤销前有效委托，即委托生效后，在投资者撤销该委托前一直有效，撤销后才无效的委托。

4) 委托数量

按委托的数量，委托可分为整数委托和零数委托。

(1) 整数委托，是指委托买卖证券的数量为一个交易单位或以交易单位的整数倍计。一个交易单位俗称"1手"，按现行规定，1手相当于100股股票、100份基金单位或1000元面额债券，债券回购时1手=1000元标准券或综合券。在实际应用中，上海证券交易所和深圳证券交易所均是股票按股填报买卖数量，债券按张填报买卖数量(1张为100元面值债券)。

(2) 零数委托，是指委托买卖证券的数量不足交易所规定的一个交易单位。目前零

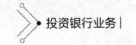

股只能卖出，不能买进。

3. 成交

1) 成交的原则

(1) 价格优先原则。经纪商在为买卖双方撮合成交时，在同等条件下，报价低的卖单较报价高的卖单优先成交；报价高的买单较报价低的买单优先成交。按照价格优先原则，申报竞价时，如买卖价位相同立即成交；如买入申报价高于卖出申报价，按对手价成交。

(2) 时间优先原则。在申报价格相同时，先递报价单比后递报价单优先成交。在无法区分先后时，由中介经纪人组织抽签决定。当经纪商更改申报时，按原申报的时间顺序自然消除，新申报按更改后报出的时间顺序排列。

此外，有的证券交易所内还实行客户优先原则和数量优先原则。前者是指客户的申报比证券商自营买卖申报优先满足，后者是指申报买卖数量大的比申报买卖数量较小的优先满足。

2) 竞价的方式

目前，证券交易一般采用两种竞价方式：集合竞价和连续竞价。

(1) 集合竞价是指对在规定时间内接受的买卖申报一次性集中撮合的竞价方式。

(2) 连续竞价是指对买卖申报逐笔连续撮合的竞价方式。

3) 竞价的结果

证券交易的达成是通过竞价的方式来完成的。竞价的结果有以下三种可能。

(1) 全部成交。委托买卖全部成交，经纪商应及时通知委托人按规定的时间办理交割手续。

(2) 部分成交。委托人的委托如果未能全部成交，经纪商在委托有效期内可继续执行，直到有效期结束。

(3) 不成交。委托人的委托如果未能成交，经纪商在委托有效期内可继续执行，等待机会成交，直到有效期结束。

4. 清算

清算是在投资银行之间相互冲抵证券和价款的过程。经纪商受多个投资者的委托，进行多项证券交易，有买进也有卖出。证券清算主要有两种方式：净额清算和逐笔清算。

1) 净额清算

由于不可能做到每笔交易即时清算，这就产生了交付净额的要求。一般证券交易所都有自己专门的清算中心，集中办理清算业务，通常以每一个交易日为一个清算期，对各经纪商的应收应付价款和证券进行冲抵和结算，算出应收应付的余额，然后进行价款和证券的划转，其目的在于减少证券和现金的实际交割数量，节省人力和物力。

2) 逐笔清算

对每一笔成交的证券及相应价款进行逐笔清算，主要是为了防止在证券风险特别大的情况下净额清算风险积累情况的发生。

5. 交割

交割的过程是买方交出价款给卖方,卖方交出证券给买方的过程。证券交易的清算完成后,证券交易双方就应在约定的时间内对清算的余额办理交接和转账,然后各经纪商根据投资者的委托成交情况将相应的价款和证券划入投资者的账户。买方交付价款,收到证券;卖方交出证券,收回现金。清算交割是证券交易过程的结束。

按照成交后至交割时间的长短,交割主要分为当日交割、次日交割、第三日交割、例行交割。

6. 过户

证券交易结束后,对于记名证券,必须办理过户手续。记名证券是指券面上记载持有人名称,并在发行人的有关名册上进行登记的证券。它的权利的享有是"认人不认券",因此,证券的转让及其权利的转移必须按法定程序进行。记名证券交易完成后,必须到证券登记公司办理过户,即把受让人的姓名记载于票面上,并在发行者的相关名册上进行变更登记,否则转让无效,受让人并不能享有与该证券相关的各种权利。不记名证券可以自由转让,无须办理过户。

7. 结账

整个交易完成后,经纪商应将账单及时送交客户,客户也应按经纪业务协议支付足额佣金。在信用交易的条件下,经纪商和客户还应就信用金及其利息进行结算。同时,经纪商还应按时向证券监督机构呈报报表,报告当日证券交易的名称、数量、价格等情况。

除了在证券交易所交易,还可以在场外市场上进行交易。场外市场(OTC)是非上市证券的市场,场外市场的投资者不一定要以经纪人为中介来完成交易,如在第四市场就无须经纪人作为交易中介。作为典型的场外交易市场,NASDAQ系统近年来发展迅速,投资者在NASDAQ系统进行交易的程序大体上与证券交易所的场内交易程序相仿,只是由于NASDAQ是由多家做市商主持后的市场,经纪商在接到投资者的委托后,是参与竞价而不是在许多做市商的不同报价中择优成交。

3.2.3 信用经纪业务

信用经纪业务也称融资融券业务,是指投资银行作为经纪商,在代理客户买卖证券时,以客户提供部分资金或有价证券作为担保为前提,为其代垫交易所需资金或有价证券的差额,从而帮助客户完成证券交易的业务行为。信用经纪业务是投资银行融资功能与一般经纪业务相结合的产物,是对传统经纪业务的创新。2011年10月,中国证监会印发关于修改《证券公司融资融券试点管理办法》的通知,融资融券业务转为证券公司常规业务。

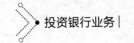

1. 信用经纪业务的类型

1) 融资与买空

融资是指客户预计未来价格上扬而委托买入证券时，投资银行以自有或融入的资金为客户垫支部分资金以完成交易，以后由客户归还本金并支付利息。投资者这种借入资金购买证券的行为，就是我们通常所说的"买空"。投资者通过融资实现了财务杠杆，证券价格上涨，投资者将加倍获利；证券价格下跌，投资者也将加倍损失。

2) 融券与卖空

融券是指客户预计未来价格下调而卖出证券时，投资银行以自有、客户抵押或借入的证券为客户代垫部分或全部证券以完成交易，以后由客户买入并归还所借证券且按与证券相当的价款计付利息。投资者这种卖出自己实际并不持有的证券的行为即通常所说的"卖空"，其基本立足点为投资者对后市看淡。如果投资者后来买入证券的价格低于卖出的价格，投资者将获利。与买空一样，由于实施卖空操作，风险和收益对投资者来说都加大了。

卖空是资本市场的一个重要机制。没有卖空机制的市场，证券的定价会因投资者的过分乐观而推高；而有了卖空机制，证券的价格发现会更好地实现。但卖空又是一个相当危险的机制，因为当价格下跌时，投资者纷纷卖空，容易导致证券市场的崩盘。为了防止这一现象的发生，交易所可用所谓的波幅检验规则对卖空的时间给予限制，即卖空只能在以下条件进行：①某只股票的售价高于前一次交易的价格；②某只股票的交易价格与前次相比没有什么变化，但前一次交易的价格必须高于再前一次的价格。

2. 信用经纪业务的影响

1) 对证券市场而言

信用经纪业务会增加投入市场的资金量，扩大证券市场的供需，起到活跃市场的作用。信用交易可增加证券交易的连续性，提高证券的换手率，从而提高市场流动性。另外，在市场价格偏离证券内在价值过大时，有调节市场价格和稳定市场的作用。但是，信用经纪业务也可能产生助长市场短线投机过度的负面作用。

2) 对证券监管部门而言

各个国家都结合自身的特点，制定了相应的法规和制度，利用对信用经纪业务具体规定的改变，有效地调节市场，如增减信用交易的证券品种、改变保证金比例、改变保证金账户的开户标准、调整融资和融券的利率上下限、公布信用交易余额等。有时为了抑制市场过度投机，市场监管部门还有可能在一段时间内全部或部分暂停信用交易。

3) 对金融和产业经济而言

如果信用经纪业务发展到一定阶段，证券市场价格和交易规模达到一定程度，还可能影响货币供应量、利率等货币政策目标，并通过资金一、二级市场之间的分配以及资金在证券市场与产业部门之间的分配，影响产业经济的发展。

4) 对投资者而言

投资者可以通过投资银行的信用经纪业务，及时把握投资时机，如判断市场价格将要下跌时，向券商融券卖空而不必被动等待，还可以通过财务杠杆的作用扩大收益。另外，投资者可利用此项业务规避风险和避税。当然，投资者必须慎重对待信用交易带来的风险，以免遭受重大损失。

5) 对投资银行而言

信用经纪业务的开展可以增加客户的资金量和交易量，从而增加佣金收入。同时，融资利息可以增加利息收入。投资银行还可以运用客户抵押担保的资金和证券以获得利差收入。在严格的风险管理下，投资银行可以提供优惠的信用交易条件参与竞争，以吸引客户。

【拓展阅读】 融资融券三大风险不得不防

作为我国证券市场中的一项创新业务，融资融券交易具有明显的"高风险、高收益"特点，借助杠杆效应更是进一步放大了证券投资的盈亏比例。因此，投资者应审慎参与融资融券业务，充分理解和认识自身权利和义务以及其中可能存在的风险，并掌握相关的风险防范方法。

风险一：强制平仓

在投资者从事融资融券交易期间，留意相关信息的通知送达至关重要。证券公司为了保护其自身权益，对投资者信用资产负债情况实施实时监控，如果因为上市证券价格波动导致担保物价值与其融资融券债务之间的比例低于维持担保最低比例，且不能按照约定的时间、数量追加担保物或是投资者不能按照约定的期限清偿债务时，将面临担保物被证券公司强制平仓的风险。

风险二：投资亏损放大

融资融券交易利用财务杠杆放大了证券投资的盈亏比例，投资者在可能获得高收益的同时，也可能遭受较大的损失。如果风险得不到及时控制，亏损将相应加大，甚至有可能造成出现负资产或投资损失的现象，给投资者造成巨大损失。

风险三：授信额度被调低或被取消

为防范投资者授信额度不能足额使用，或是授信额度被调低或取消的风险，投资者应选择授信额度较高、融资融券额度充裕的证券公司。

首先，根据《融资融券业务管理办法(2015)》第3条规定：未经证监会批准，任何证券公司不得向客户融资、融券，也不得为客户与客户、客户与他人之间的融资融券活动提供任何便利和服务。因此，在开始进行融资融券交易前，投资者应留意该证券公司是否具有开展融资融券的业务资格。

其次，在选择证券公司时，一方面，要考虑证券公司可从银行融资的额度情况，注意选择经营稳健、规范，风控良好的证券公司；另一方面，为避免因授信额度问题所产生的投资风险，投资者需要考虑证券公司的资本充足率情况。同时，投资者在从事融资融券交易期间，如果投资者的信用资质状况发生变化，证券公司会相应降低对投资者的授信额度，造成投资者交易受到限制，投资者可能会遭受经济损失。因此，在融资融

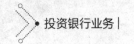

券期间，投资者应注意保持自身良好的信用资质状况，以避免授信额度被调低或取消的风险。

资料来源：吴小琴. 融资融券三大风险不得不防. 和讯新闻[EB/OL]. http://stock.hexun.com/2016-07-23/185113039.html，2016-07.

3. 我国信用经纪业务投资者交易流程

投资者与证券公司签订融资融券合同，开立信用证券账户和信用资金账户后，就可以进行融资融券交易。通常，融资融券交易一般包括客户提交担保物、证券公司评估确定授信额度、客户进行融资买入或融券卖出、了结交易、剩余资金或证券划转等阶段。

1) 客户提交担保物

客户进行融资融券交易，应当向证券公司提交一定比例的保证金。保证金可以是现金，也可以用交易所及证券公司认可的上市证券(即担保证券)充抵。客户提交担保物的方式为向证券公司客户信用交易担保资金账户转入资金，或向证券公司客户信用交易担保证券账户转入担保证券。客户提交担保证券的，在计算保证金金额时应当以证券市值按证券公司规定的折算率进行折算。我国规定，证券公司对客户融资融券的保证金比例不得低于50%。

2) 证券公司评估确定授信额度

授信额度是指证券公司根据客户的资信状况、担保物价值、履约情况、市场变化、证券公司自身财务安排等因素，综合确定的客户可从本公司融入资金或证券的最高限额。

3) 客户进行融资买入或融券卖出

(1) 标的证券。标的证券是指客户可融资买入或融券卖出的证券，以证券公司确定并公布的为准。实际上，标的证券范围受交易所和证券公司双重限制。通常，各证券公司会在交易所公布的标的证券范围内，再根据自身对业务风险控制的要求，进一步筛选各自的标的证券，并通过与客户在合同中约定的方式公布相关信息。

(2) 融资买入或融券卖出。客户根据本人信用账户的资产、负债情况，计算出授信额度余额和保证金可用余额，两者之间的较小值为客户可融资(或融券)的最大金额。客户在上述额度内，可进行标的证券的融资买入或融券卖出申报。需要注意，按照相关规定，融券卖出的申报价格不得低于该证券的最新成交价；当天还没有产生成交的，其申报价格不得低于前收盘价。交易系统对融资融券交易申报进行前端检查，对买卖证券的种类、融券卖出的价格等违反规定的交易指令，予以拒绝。

(3) 维持担保比例与担保物的补充、替换、提取。维持担保比例是指客户担保物价值与其融资融券债务之间的比例。在交易存续期间，客户必须关注维持担保比例。如果因为证券市值变动或者担保物范围调整，导致维持担保比例低于一定值(目前交易所规定为130%)，客户必须及时补充、替换担保物，否则可能会被证券公司强制平仓；当维持担保比例高于300%，客户可以提取担保物。

4) 了结交易

了结交易是指了结因融资融券产生的债权债务关系，即客户向证券公司偿还所借入的资金或证券。

了结交易的方式有两种：一是客户通过卖券还款或者直接还款(买券还券或者直接还券)主动了结融资(或融券)交易；二是因触发合同约定的平仓条件而被证券公司强制平仓。

5) 剩余资金或证券划转

了结交易后，客户可以将剩余证券转回普通证券账户，将剩余资金转回信用资金第三方存管银行账户。对于买券还券所多还的证券或融券强制平仓后的剩余证券，由证券公司主动划回给客户。

6) 交易期限和信用账户注销

每笔融资(或融券)的期限不超过6个月，期限顺延的，应符合《证券公司融资融券业务试点管理办法》和证券交易所规定的情形。

3.2.4 证券买卖佣金

佣金是证券经纪商为投资者代理买卖证券而向其收取的费用，即客户支付给经纪人的报酬。佣金的收费标准因交易品种、交易场所的不同而有所差异。经纪商佣金制度大体上分为固定佣金制和浮动佣金制。

1. 固定佣金制

固定佣金制是指无论证券交易量大小和投资者是什么类型，均按交易额的一定比例收取佣金。佣金的收费标准由证券管理部门和证券交易所规定，一般规定统一的佣金比例或上下浮动界限。

2. 浮动佣金制

浮动佣金制即佣金谈判制，是指由经纪商和投资者讨价还价商定一个佣金比例，按商定的比例收取佣金。

我国《关于调整证券交易佣金收取标准的通知》规定，从2002年5月1日开始，A股、B股、证券投资基金的交易佣金实行最高上限向下浮动制度。证券公司向客户收取的佣金不得高于证券交易金额的3‰，也不得低于代收的证券交易监管费和证券交易所手续费等。A股、证券投资基金每笔交易佣金不足5元的，按5元收取；B股每笔交易佣金不足1美元或5港元的，按1美元或5港元收取。

3.3 证券自营业务

3.3.1 证券自营业务概述

1. 证券自营业务的特征

证券自营业务是指证券经营机构用自有资金或依法筹集的资金在证券交易市场以营利为目的的买卖证券的经营行为。自营业务与经纪业务相比，具有如下特征。

(1) 决策和操作的自主性。自营就是自主经营，包括交易行为的自主性、交易方式的自主性和交易价格的自主性。

(2) 承担的风险不同。由于投资银行以自己的名义和合法资金直接进行证券买卖活动，证券交易市场中的风险性决定了自营买卖业务具有较大的风险，这和证券经纪业务只收取佣金而收益和风险由委托人承担完全不同。

(3) 收益难以确定。由于证券市场价格变化无常，自营业务的收益具有较大的风险，而不像经纪业务所获佣金具有固定的比例，自营业务的收益难以稳定。

2. 证券自营业务的条件

证券经营机构从事证券自营业务，必须取得中国证监会认定的证券自营业务资格并领取中国证监会颁发的《经营证券自营业务资格证书》。根据中国证监会《证券经营机构证券自营业务管理办法》的规定，证券经营机构申请从事证券自营业务，应当同时具备以下条件。

(1) 证券专营机构(即依法设立并具有法人资格的证券公司)具有不低于人民币2000万元的净资产，证券兼营机构(即依法设立并具有法人资格的信托投资公司)具有不低于人民币2000万元的证券营运资金。所谓证券营运资金，是指证券兼营机构专门用于证券业务的具有高流动性的资金。

(2) 证券专营机构具有不低于人民币1000万元的净资本，证券兼营机构具有不低于人民币1000万元的净证券营运资金。净资本的计算公式为

净资本=净资产-(固定资产净值+长期投资)×30%-无形资产及递延资产-提取的损失准备金-中国证监会认定的其他长期性或高风险资产

(3) 2/3以上的高级管理人员和主要业务人员具备必要的证券、金融、法律等有关知识，熟悉有关的业务规则及业务操作程序，近2年内没有严重违法违规行为，同时必须具有2年以上证券业务或3年以上金融业务的工作经历。

(4) 证券经营机构在近1年内没有严重违法违规行为，或在近2年内未受到取消证券自营业务资格的处罚。

(5) 证券经营机构成立并且正式开业已超过半年，证券兼营机构的证券业务与其他业务分开经营、分账管理。

(6) 具备证券自营业务专用的电脑申报终端和其他必要的设施。

(7) 证会监要求的其他条件。

知识百科

沃克尔规则

2013年12月10日，包括美国证券交易委员会、美联储和联邦存款保险公司等在内的五大金融监管机构批准了"沃克尔规则"。"沃克尔规则"以美联储前主席沃克尔命名，是2010年开始讨论的美国"多德-弗兰克"金融改革法案400项规则中最关键的一项。这是2008年金融危机爆发以来在美国金融机构与监管层之间博弈的阶段性结果，标志着美国金融业将面对更为严格的监管。

"沃克尔规则"主张：一是禁止商业银行从事高风险的自营交易，将商业银行业务和其他业务分隔开来；二是反对商业银行拥有对冲基金和私人股权基金，限制衍生品交易；三是对金融机构的规模施以严格限制。

3. 证券自营业务的原则

(1) 客户委托优先原则。该原则是指投资银行在同时经营自营业务和经纪业务时，应把经纪业务摆在首位，即对同一证券，当自营业务的报价与经纪业务的报价同时发生，且交易价格相同时，经纪业务的买卖应优先成交，投资银行不得以损失客户的利益为手段来为自己牟利。

(2) 维护市场秩序原则。投资银行依托资本市场而生存，有责任来维护市场秩序。同时，作为一个机构投资者，投资银行也有能力维护市场秩序。因此，投资银行应扮演做市商的角色，保证市场交易的稳定性与连续性。当证券市场出现暂时的供需失调、价格异常时，投资银行应介入其中，稳定市场。

(3) 公平公正原则。投资银行作为自营商，在信息、资金和技术上具有较大的优势，为保证交易的公平合理，防止自营商利用这些优势进行不公平交易，必须对自营商提出公开原则。自营商应向客户明确自营业务的内容，将交易的程序、价格、数量公开，以防止欺诈客户和营私舞弊现象的发生，同时便于主管部门的监管。

(4) 风险控制原则。投资银行的自营业务是一项充满风险的业务，证券市场中的所有由于不确定性形成的交易风险都将由投资银行来承担。为了控制风险，投资银行应适度控制自营业务的规模，保持良好的资产流动性，避免风险过于集中。投资银行需要建立健全内部监督机制、风险预警系统和风险防范系统等，以有效地进行风险控制。

(5) 守法经营原则。证券公司从事证券自营业务，必须依法、守法经营，不得利用资金、信息等优势操纵市场，禁止内幕交易、欺诈客户等违法行为。违法行为包括：单独或者通过合作集中资金优势、持股优势或者利用信息优势联合或者连续买卖，操纵证券交易价格或者证券交易量；与他人合作，以约定的时间、价格和方式相互进行证券交

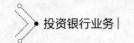

易，影响证券交易价格或者证券交易量；在自己实际控制的账户之间进行证券交易，影响证券交易价格或者证券交易量；以其他手段操纵证券市场等。

3.3.2 证券自营业务的类型

投资银行从事自营业务有两个主要类型：投机交易和套利交易。

1. 自营商的投机交易

投机是指自营商期望能够通过预测证券价格的变动方向而获取价差收益。如果自营商认为价格将上升，就会买入证券，希望将来以一个更高的价格将其出售；如果自营商认为价格将下降，就会卖出或卖空证券，待价格回落进行对冲，从而获利。

投资银行在证券市场从事投机交易至少起到两个积极作用：一是有助于证券市场的价格发现；二是活跃证券市场，引导市场资源配置。投机交易的策略主要有以下几种。

(1) 绝对价格交易。绝对价格交易是指自营商根据某种资产的价格与对其价值的差异程度的预测，来调整其持有的证券头寸的交易行为。同时，对其持有的证券头寸并不进行套期保值。

(2) 相对价格交易。相对价格交易是指自营商根据对两种资产收益率的差距的相对变动预测，来调整其持有的证券头寸的交易行为。相对价格交易在证券交易操作中最为典型。例如，公司债券和国债之间的收益率有差别，国债收益率相对较低，如果投资银行预测到这种收益率差距还将扩大，那么投资银行就应当卖出公司债券而买进国债；而当收益率真的提高时，投资银行再卖出国债买进公司债券。

(3) 信用等级交易。信用等级交易是指自营商以信用等级预测作为交易的基础，主要用在债券交易中。如果自营商预测债券的信用等级将下降，则将这些债券卖空；如果自营商预测债券的信用等级将上升，则将这些债券买空。投资银行的研究部门往往进行大量的信用分析并试图预测信用等级的变化。

2. 自营商的套利交易

套利是指通过价格差异获得收益，通常是利用证券在两个或两个以上的市场中的价格差异，同时进行买卖，从差价中获取收益。

套利按有无风险来划分，有两种基本形式：无风险套利和风险套利。

1) 无风险套利

无风险套利是指投资银行同时在两个或两个以上不同的市场中，以不同的价格进行同一种或者同一组证券的交易，利用市场价格的差异获利。无风险套利具有两个特征：①没有自有资金投入，所需资金通过借款或卖空获得；②没有损失风险，最糟糕的情况是最终回到起点，套利者的最终结果还是零。

2) 风险套利

风险套利又称并购套利，一般多以证券市场上兼并收购或其他股权重组活动为契机，通过买卖并购公司的证券来获利。在兼并收购交易中，通常收购方的股票价格往往会在并购成功后下跌，而被收购方的股票价格则会上升。也就是说，被收购公司股票的市场价格与收购公司支付的股票市场价格之间会出现差异。于是，风险套利者(投资银行)往往在并购前买入被收购方的股票而抛售收购方的股票，待并购完成以后再作相反的交易，以期获利。

风险套利一般是对已经公布的并购公司的证券买卖，买卖时间间隔较长，可能达数月之久。美国法律严禁在收购中充当收购与反收购顾问的投资银行从事该项并购的风险套利。美国的各大投资银行为了避免指责和嫌疑，一般在收购意向向公众宣布之后，才开始进行风险套利活动。

当然，作为风险承担者，投资银行要承担并购不能如期进行的风险。投资银行必须仔细分析研究某一并购事件获得成功的可能性，以减少这种风险。

3.3.3　证券自营业务风险的来源与防范

在证券自营买卖过程中，由于各种原因会导致投资银行发生损失，这种发生损失的可能性就是投资银行从事证券自营业务的风险。

1. 自营业务风险的来源

1) 系统性风险

系统性风险又称市场风险，也称不可分散风险，它是指由于某种因素的变化对证券市场上所有证券都会带来损失的可能性。系统性风险包括市场风险、利率风险和购买力风险。

(1) 市场风险。市场风险是指证券市场行情随经济周期变动而引起的风险。这种行情变动不是指证券价格的日常波动和中级波动，而是指证券市场行情长期趋势的改变。

证券市场行情变动受多种因素影响，但决定性因素是经济周期的变动。经济周期变动是由于国民经济活动依次经过高涨、衰退、萧条和复苏4个阶段所形成的，它决定了公司的景气和效益，从根本上决定了证券行市。

证券市场行情随经济周期的循环而起伏变化，总的趋势可分为看涨市场(多头市场)和看跌市场(空头市场)两大类型。看涨市场从萧条开始，经复苏到高涨；而看跌市场则从高涨开始，经衰退到萧条。在这两大变动趋势中，一个重要的特征是，在整个看涨行情中，几乎所有证券的价格都会上涨；在整个看跌行情中，几乎所有证券的价格都不可避免地有所下跌，只是涨跌的程度不同而已。对自营商来说，市场风险是难以回避的，但是只要选好证券，还是可以设法降低市场风险的。

(2) 利率风险。利率风险是指市场利率变动引起证券投资收益变动的可能性。市场利率的变动会引起证券价格的变动，并进一步影响证券收益的确定性，给自营商带来风险。一般而言，当市场利率下降时，人们会把资金转向证券市场，证券价格会有一定幅度的上涨，自营商的利率风险较小；当市场利率上升时，证券市场的资金供给量缩减，证券价格下跌，自营商的利率风险较大。

利率风险对不同证券的影响程度也不同。由于普通股的收益和价格由公司经营状况而定，利率变动仅是影响公司和财务状况的部分因素，所以利率风险对普通股的影响较小。

利率变动对固定收益的证券，如债券和优先股影响较大。减轻利率风险影响的办法是，自营商在预见利率将要提高时，减少对固定利率债券特别是长期债券的持有。

(3) 购买力风险。购买力风险又称通货膨胀风险，是指由于通货膨胀而引起自营商实际收益下降和本金购买力损失的可能性。在通货膨胀条件下，物价普遍上涨，社会经济运行秩序混乱，企业生产经营的外部条件恶化，证券市场也难免身受其害，所以，购买力风险是难以回避的。在通货膨胀条件下，随着商品价格的上涨，证券市场的价格也会上涨，自营商的货币收入有所增加，但由于货币贬值，实际购买力水平下降，自营商的实际收益非但没有提高，反而有所下降，自营商要通过计算实际收益率来分析购买力风险，计算公式为

$$实际收益率=名义收益率-通货膨胀率$$

购买力风险对不同证券的影响是不同的，与利率风险类似，购买力风险对固定收益证券，如优先股、债券的影响较明显，对普通股影响较小。但当出现恶性通货膨胀时，各种商品价格轮番上涨，社会经济秩序混乱，企业承受能力下降，盈利减少的同时，股利也难以增加，股价即使上涨也难赶上物价上涨，这时，普通股也难以抵御购买力下降的风险。

2) 非系统风险

非系统风险又称非市场风险，也称可分散风险，是指某些因素对单个证券造成损失的可能性，它强调的是对某一证券的影响。非系统性风险包括公司经营风险、财务风险、违约风险。

(1) 公司经营风险。公司经营风险是指由于公司经营状况变化而影响盈利水平，从而产生投资预期收益下降的可能。经营风险可分为内部原因和外部原因两个方面。

① 内部原因是指企业决策发生失误、经营管理不善、资本结构变化等，它们给企业的盈利带来了波动，主要表现在：一是由于未对投资项目进行可行性论证，草率上马，导致项目投资决策失误；二是不注意技术更新，产品不能及时更新换代，缺乏竞争能力；三是销售决策失误，没有花大力气打开新市场，寻找新的消费渠道，而是过分依靠少数大客户、老客户，产品销售困难，销量下降，导致公司收益下降，股价下跌，影响了自营商的收益；四是管理者因循守旧，不思进取，机构臃肿，人浮于事，对可能出现的天灾人祸没有采取必要的防范措施。由于企业管理不善，使组织与运筹失当，考核与控制制度不健全，制造成本和管理费用偏高，产品质量下降，影响了公司的收益，导致股价的下跌。

② 外部原因是公司外部因素的变化而引起的损害。例如，由于竞争对手的条件发生变化，如新工艺技术的应用，将使老工艺方法不再适用，造成老机器设备的淘汰，而导致公司处于竞争劣势，造成盈利减少；由于政府产业政策的调整(如税收、关税保护)以

及政府补贴等的变化，造成公司盈利的波动。

(2) 财务风险。财务风险是指公司财务结构不合理、融资不当而导致投资者预期收益下降的可能性。财务结构即企业总资本中负债与股本(权益)之比，财务结构决定了企业财务风险的大小。因为负债(包括银行贷款、发行企业债券、商业信用)的利息负担是一定的，如果公司资金总量中债务比重过大，或是公司的资金利润率低于利息率，就会使公司股东的可分配利润减少，股息下降，偿债能力变弱，财务风险增加。

(3) 违约风险。违约风险又称信用风险，是指由于证券发行主体不能按依法约定的条件向投资者提供回报而给投资者带来损失的可能性。当公司现金周转不灵，财务出现危机时，证券发行人就不能支付债券利息、优先股股息或偿还本金，即使是延期支付，也会影响自营商的利益，使自营商失去再投资和获利的机会。违约风险主要受证券发行人的经营能力、盈利水平、事业稳定程度及规模大小等因素的影响。

债券、优先股、普通股都可能有信用风险，但程度不同。债券与优先股有缓付、少付甚至不付的信用风险，自营商在投资时要参考证券信用评级的结果。普通股股利不固定，但仍有信用风险，如果公司不能偿还债务，会立即影响股票的市场价格。当公司破产时，该公司的股票价格会接近于零，则更无信用可言。

2. 自营业务风险的防范

防范自营业务风险的措施主要有以下几种。

(1) 合理确定自营资金数量。现在投资银行的主要利润来源于二级市场，资金量较小，利润额就相对较小，但资金量较大，风险的控制难度也相对较大。把握这个度的大原则有两条：一是尽力而为，就是最大限度地发挥资金优势，最大限度地调动主观能动性，使投资收益最大化；二是量力而行，是指自营资金量一般不超过通行财务杠杆标准许可最大量的八九成。一般而言，自营盘实行"三三制"较为妥当，即自有资金、委托资产、拆借资金各占1/3。自有资金一般是注册资金或实收资本的60%～75%，而80%是个值得高度注意的警戒线。对于一家注册资本为10亿元的投资银行而言，18亿～22亿元的自营盘较为稳妥。

(2) 合理配置自营资金。在确定了自营盘总量之后，下一个关键问题就是资金配置。投资组合和专项项目间的资金分配以三七开或四六开为宜。当然，这因投资银行经营的稳健性程度不同而不一致。同时，随着证券市场逐步趋于成熟，投资组合所占的资金份额将呈现逐步扩大的趋势。

(3) 建立集中领导、科学决策、分级管理、及时反馈的自营决策机制和有序、高效、规范的运作机制，切实防范和控制自营风险和政策风险。

(4) 组织投资决策委员会和风险控制委员会，对自营业务的决策和操作过程及时进行风险监控和预警。

(5) 充分发挥资金、财务、稽核部门对自营业务的监督作用。

3.4 做市商业务

3.4.1 做市商与做市商制度

做市商是指在证券市场上，运用自己的账户从事证券买卖，通过不断地买卖报价，并在该价位上接受公众投资者的买卖要求，以其自有资金和证券与投资者进行证券交易，维持证券价格的稳定性和市场的流动性，并从买卖报价的差额中获取利润的金融服务机构。

1. 交易机制的分类

在现代证券市场中，基本的两种交易机制是报价驱动交易机制和指令驱动机制。

(1) 报价驱动交易机制。报价驱动交易机制是指证券交易的买卖价格均由做市商给出，买卖双方的委托不直接配对成交，而是从市场上的做市商手中买进或卖出证券。也就是说，做市商在其所报价位上接受投资者的买卖要求，将自己持有的证券卖给买方，或用自有资金从卖方手中买下证券。做市商通过这种不断的买卖来维持市场的流动性，满足投资者的交易需求。做市商买卖报价的差价就成为做市商的经营收入，作为其提供做市服务的补偿。

做市商市场的基本特征是证券交易价格由做市商决定，投资者无论买进还是卖出证券，都只是与做市商交易，与其他投资者无关。

(2) 指令驱动机制。指令驱动机制又称双向拍卖制或竞价制，是指交易双方直接下达价格和买卖数量指令，由计算机系统按"价格优先、时间优先"的原则自动撮合成交。这种交易机制的特点是交易价格由买卖双方同时自主报价，以竞价方式决定。

2. 两种交易机制的优缺点

(1) 指令驱动机制是买卖双方通过竞价达成协议的，投资者交易费用比较低；而报价驱动交易机制是由做市商买卖报价确定的，不能免去支付给做市商的买卖价差，投资者的交易费用比较高。

(2) 指令驱动机制存在订单执行风险，下达市价委托订单时，由于不知道确切的交易价格，会承担价格风险；下达限价委托订单时，可能因价格偏离而不被执行。在报价驱动交易机制下，投资者可按做市商的报价立即交易，因此没有订单执行风险。

(3) 指令驱动机制下，投资者会因信息不均衡或不充分，使得竞价交易的价格频繁波动；而在报价驱动交易机制下，做市商拥有更多的市场订单信息，有利于做市商根据市场分析得出报价，不会导致大的价格波动，在买卖不均衡时，做市商及时处理大额订单的做法也可以平抑价格波动。

3.4.2　做市商业务的类型

1. 多元做市商业务

多元做市商制，即每一种股票同时由很多个做市商来负责。美国NASDAQ市场是典型的多元做市商制。在NASDAQ市场，活跃的股票通常有30多个做市商，最活跃的股票有时会有60多个做市商。做市商通常也是代理商，它可以为自己、客户或其他代理商进行交易。做市商之间通过价格竞争吸引客户交易。

在NASDAQ市场，做市商必须随时准备用自营账户买卖它所负责的股票，并有义务持续报出对该股票的买卖价格，同时必须恪守自己的报价，在其报价下执行1000股以上的买卖订单。做市商的报价必须和市场价格一致，买卖差价必须保持在规定的最大限额之内。利用美国全国证券商协会的自动报价系统，即NASDAQ系统，在柜台市场上为客户代理买卖的经纪商输入所需查找的股票代码，全国证券商协会建立和运作的电脑网络即刻显示该股票的买价和卖价，如果该股票存在若干个做市商，那么自动报价系统可显示当时的全部买价和卖价，并注明最高的买价和最低的卖价。经纪商代表其客户可打电话或发传真给交易商，通知交易商他已接受了即时买价，并卖出了客户的股票，或接受了即时卖价，并为客户买入了股票，经纪商的客户一般看不到买卖价差。

美国全国证券商协会(NASD)对做市商的报价做出以下几项规定。

(1) 做市商必须双向报价，所报差价须在允许范围内。差价范围由全国证券协会规定，并时常更新。

(2) 做市商的报价要和主流市场价格合理相关，否则必须重新报价。如果做市商没有及时重新报价，协会将取消其对1只或所有股票的报价。

(3) 做市商对属于纳斯达克全国市场的股票1个月内所报的平均买卖差价不能超过其他所有做市商所报平均差价的150%。如果这种情况发生，做市商将被取消做市资格，并在20个营业日内，不得重新注册成为做市商。

(4) 在正常营业时间内，一个做市商报出的买价不能等于或大于其他做市商对同一股票输入的卖价，它的卖价也不能等于或低于其他做市商报出的买价。

2. 特许交易商业务

交易所指定一家投资银行来负责某一股票的交易，该投资银行就被称为特许交易商。

实行特许交易商制的典型是纽约证券交易所。在纽约证券交易所里，有将近400个特许交易商，而一个特许交易商一般负责几只或十几只股票。与NASDAQ市场相比，纽约股市有三个特点：第一，一只股票只能由一个特许交易商做市，可以被视为垄断做市商制；第二，客户委托可以不通过特许交易商而在代理商之间直接交易，特许交易商必须和代理商进行价格竞争，所以，纽约交易所是做市商制和竞价制的混合；第三，特许交易商有责任维护市场公平有序。

纽约股票交易所的特许交易商类似于做市商，即必须在交易大厅里保证其所做市的股票始终保持连续交易。为此，交易商必须提供一个买价和卖价，交易大厅内的交易商和经纪商若无法从其他交易商处获得某股票的报价，找不到交易对手，那么，该股票的特许交易商就必须提供报价，以自己为交易对手，维持市场流通性。

在纽约证券交易所，特许交易商除了履行上述做市商的职责，还有责任保持市场公平有序。特许交易商的职责包括以下几项。

(1) 保持价格连续性。当股票价格变化太快时，经常会使投资人做出错误决策。作为特许交易商，有责任避免价格大幅度波动。例如，下一个成交价比前一个价格有很大下跌时，作为特许交易商有义务在中间下一个买单，以稳定价格。

(2) 保持市场活跃。当交易指令报到交易所时，如果在一定时间内找不到和它匹配的买单或卖单，特许交易商有义务接下这个买单或卖单。

(3) 保持价格稳定。如果买单暂时多于卖单，特许交易商有义务用自己的账户卖出；如果卖单暂时多于买单，特许交易商有义务用自己的账户买入。当价格出现持续下跌时，特许交易商有义务以等于或高于前笔交易的价格卖出；当价格出现持续上涨时，特许交易商有义务以低于或等于前笔交易的价格买入。

(4) 其他职责，包括大额交易、散股交易、卖空交易等。

知识百科

新三板做市商制度

2014年8月25日，新三板做市转让方式落地。截至2017年8月24日，共有1497家挂牌企业选择做市转让方式，但仅有92家做市商，且均为券商。2015年3月18日，三板做市指数上线以来，曾飙升至2015年4月7日的历史最高2673.17点，但从上线(1653.93点)至昨日(1018.92点)累计下跌38.39%。

新三板做市商制度是证券公司和符合条件的非券商机构，使用自有资金参与新三板交易，通过自营买卖差价获得利益。做市业务是中国境内证券市场的一项全新尝试，也是资本市场支持中小微企业发展的一项制度创新。

3.4.3 做市商制度的功能与作用

1. 做市商制度的功能

做市商制度的功能有以下三个方面。

(1) 做市。当股市出现过度投机时，做市商通过在市场上与其他投资者相反方向的操作，努力维持股价的稳定，降低市场的泡沫成分。

(2) 造市。当股市过于沉寂时，做市商通过在市场上人为地买进卖出股票，以活跃市场、带动人气，使股价回归其投资价值。

(3) 监市。在做市商行使其权利、履行其义务的同时，通过对做市商的业务活动监控市场变化，以便及时发现异常，及时纠正。在新兴的证券市场，这是保持政府与市场的合理距离、抵消政府行为对股市影响惯性的有益尝试。

2. 做市商制度的作用

做市商制度有以下三个作用。

(1) 做市商制度有利于增强市场透明度。

在不同国家的证券交易制度下，信息传递的速度和方式不同，透明度也不同。竞价交易市场虽然能够适时传播汇总交易报告的信息，但由于存在信息不对称问题，导致一部分人在信息上占有优势，而另一部分人对信息的掌握是被动和盲目的，这就使信息存在事实上的不透明。在做市商制度下，虽然没有委托的汇总机制，但由于做市商对市场信息的了解程度远远胜过普通投资者，他们可以对包括上市公司在内的信息来源进行汇总分析，事实上就提高了市场透明度。

(2) 做市商制度有利于维持市场价格和交易的稳定性。

价格的相对稳定是股票市场正常运行的重要条件。首先，在报价驱动机制下，由于做市商本身不是股票的最终所有者，过高的价格不宜出售，因此不会使股价大幅度偏离价值，做市商通过股票价值的发现来确定稳定的双向报价，使买卖不会随供求关系在短期内随意波动，可有效地使供求关系的不确定性在一段时间内得以缓解，从而使股票价格保持一定的连续性。其次，由多个做市商同时负责一个公司股票的做市，这种竞争机制可极大地减少股票买卖之间的价差。通常该价差有一定限度，如NASDAQ市场规定做市商的获利价差必须在股票价格的5%之内，从而有利于减缓价格波动，使股价保持稳定。最后，交易所禁止做市商在价格大幅度下跌时抛售和大幅度上涨时收购。如果出现过大的卖压，做市商有义务充当买方，缩小供求差距，以防价格大幅度下跌；反之，当出现抢购风潮，市场供不应求时，做市商有责任出售该证券，缓和供求矛盾。

(3) 做市商制度有利于提高市场的流动性。

根据NASDAQ市场规定，做市商必须确保股票能开盘交易。如果没有做市商，投资者在二级市场上通过指令买卖证券时，必须找到准备卖出或买入的交易对方，而且数量与价格必须合适，才能成交。而做市商有责任在各种市场条件下通过调整报价，使价格在一定幅度内波动，吸引公众投资者进行交易，带动市场人气，提高市场活跃度。由于投资者总有做市商作为固定的交易对象，可以保证交易始终能够成交，避免了市场指令的执行风险，因而使市场具有高度的流动性。

(4) 做市商制度还有利于大宗交易。

在缺乏做市商的情况下，投资者可能会因报价不宜或缺乏交易对手而无法成交，大宗交易可能会费时或引起价格的剧烈波动。做市商有责任维护双向交易，在任何交易时间里只要有做市商存在，就意味着一定有交易价格和交易对手，不会存在有哪个投资者买卖时无人接手的情况，为市场提供了即时性，保证了交易量的存在，使大宗交易能迅速完成，且又不影响市场价格的稳定，从而节约了交易时间和由于价格变动引起的额外

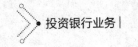

交易成本，保证了市场有较高的流动性。

◖ 本章关键词 ◗

证券交易　现货交易　期货交易　期权交易　信用交易　回购交易
集中交易市场　场外交易市场　证券经济业务　信用经纪业务　融资
融券证券自营业务　无风险套利　风险套利　做市商

◖ 问题讨论 ◗

自营交易是一些大型投行的主要利润来源之一，从本质上说，自营交易有些像销售和交易部内部的对冲基金。然而，最近监管机构试图叫停自营交易，称这一行为对于受监管的银行来说风险太大。

思考： 你对投机活动有什么印象？你认为自营交易属于投机活动吗？自营交易会对市场产生正面影响或是负面影响？

◖ 延伸阅读 ◗

1. 美国从事证券经纪业务的公司类型。

2. 8·16光大证券乌龙指事件。来源：百度百科. https://baike.baidu.com/item/8·16光大证券乌龙指事件/9509216? fr=aladdin.

◖ 案例分析 ◗

巴林银行事件

1995年2月27日，英国中央银行突然宣布：巴林银行不得继续从事交易活动并将申请资产清理。这个消息震惊全球，因为这意味着具有233年历史、在全球范围内掌管270多亿英镑的英国巴林银行宣告破产。巴林银行曾创造了无数令人瞩目的业绩，其雄厚的资产实力使它在世界证券史上具有特殊的地位。可以这样说，巴林银行是金融市场上一座耀眼辉煌的金字塔。

那么，这座金字塔怎么就顷刻倒塌了呢？究其原因，还得从1995年说起。当时担任巴林银行新加坡期货公司执行经理的里森，一人身兼首席交易员和清算主管两职。有一次，他手下的一个交易员，因操作失误亏损了6万英镑。当里森知道后，却因为害怕事情败露影响他的前程，便决定动用88888"错误账户"。"错误账户"是指银行对代理客户交易过程中可能发生的经纪业务错误进行核算的账户(备用)。此后，他为了私利一再动用"错误账户"，使银行账户上显示的均是赢利交易。随着时间的推移，备用账户使用后的恶性循环使公司的损失越来越大。此时的里森为了挽回损失，不惜最后一博，由此造成在日本神户大地震中，多头建仓，最后造成损失超过10亿美元。这个数字是巴林银行全部资本及储备金的1.2倍。拥有233年历史的老店就这样顷刻瓦解，最后被荷兰某集团以一英镑象征性地收购。

年仅28岁的交易员尼克·里森将拥有233年历史的英国巴林银行赔了个精光，可谓巨石激起滔天浪，一时间各方争相报道巴林事件。尼克·里森也由此成为世界知晓的人物，挤进各大报刊的头版。无数的假设与理性分析判断层出不穷，大量的猜测与结论令人眼花缭乱。

思考：了解巴林银行事件的详细背景，从中你能得到什么启示？

分析提示：①巴林事件发生的直接原因是内部管理制度和体系有问题。②以金融衍生工具形式出现的虚拟资本的增长与实际资本的增长之间的差距日益拉大，这种金融体系是十分危险的，也是产生世界金融危机的根源。③风险意识是靠市场经济发展、市场竞争的展开和市场交易的活跃来培育和发展的。

实践训练

1. 选择一家证券公司，了解其证券经纪业务的详细情况并与国际投资银行的证券经纪业务进行比较。

2. 了解美国资本市场层次体系，分析其与中国资本市场层次体系的差别，并比较两国主板市场和创业板市场的规模，填入表3-1中。

表3-1 中美主板市场和创业板市场的规模

市场构成	美国	中国
主板市场		
创业板市场		

第4章 并购重组业务

▶ 学习目标

- 认识和理解兼并与收购的概念、企业并购的业务流程
- 掌握企业并购的主要形式、反并购策略
- 熟悉对目标企业并购的估价和支付方式
- 了解上市公司并购的程序

▶ 知识结构图

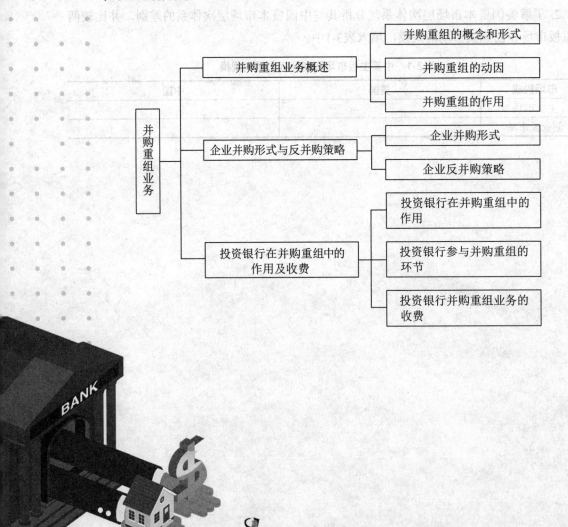

万达集团并购美国传奇影业公司

传奇影业是美国著名影视制作企业，其业务包括电影、电视、数字媒体以及动漫等。传奇影业出品了一系列具有全球影响力的大片，包括《蝙蝠侠》《盗梦空间》《宿醉》《侏罗纪世界》《300勇士：帝国崛起》《环太平洋》《超人：钢铁之躯》等，已在全球累计获得超过120亿美元的票房。2016年，传奇影业将在全球推出根据暴雪娱乐获奖游戏改编的《魔兽》以及投资最大的中美合拍片《长城》。

2016年1月12日，万达集团宣布以不超过35亿美元现金(约合人民币230亿元)的价格收购美国传奇影业公司100%股权，成为迄今中国企业在海外最大的文化产业并购案，也一举让万达影视成为全球收入最高的电影企业。

万达集团董事长王健林表示，并购传奇影业使万达影视控股公司成为全球收入最高的电影企业，特别是在中美两个全球最重要的电影市场，万达拥有了极大的影响力。万达打造的电影制作、院线、发行产业链，极大地提升了万达在全球电影行业的核心竞争力和话语权。并购后，万达将为传奇影业创造更多的市场机会，尤其是增长迅猛的中国电影市场，将使传奇影业实现业绩高速增长。

资料来源：佚名. 万达集团35亿美元并购传奇影业[EB/OL]. http://culture.people.com.cn/n1/2016/0112/c172318-28042562.html，2016-01-12.

投资银行在企业兼并与收购中处于不可或缺的地位，投资银行作为最贴近资本市场的中介组织，引发和推动了20世纪以来的几次兼并浪潮。若没有投资银行介入企业并购，也许至今都不会看到某些行业的"超级巨无霸"企业，企业运营的层次也可能达不到今天这么高的水平。兼并与收购业务原本并非投资银行所应从事的业务，却是投资银行最擅长的业务。那么，什么是兼并与收购？企业为什么要实施并购？并购的业务流程是什么？并购与反并购策略有哪些？这些正是本章所要介绍的内容。

4.1 并购业务概述

4.1.1 并购的概念和形式

一般来说，企业成长的主要方式有两种：内部扩张和外部扩展。前者是指公司现有部门利用资本预算程序决定投资方案，使公司的规模呈现稳定渐进的扩张；后者则是激

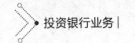

进的成长方式，也就是一般所称的并购。

1. 并购的概念

企业并购(Mergers and Acquisitions)包括兼并和收购两层含义、两种方式。国际上习惯将兼并和收购合在一起使用，统称为M&A，在我国称为并购，即企业之间的兼并与收购行为，是企业法人在平等自愿、等价有偿的基础上，以一定的经济方式取得其他法人产权的行为，是企业进行资本运作和经营的一种主要形式。

2. 并购的形式

企业并购主要包括兼并、联合、收购三种形式。

(1) 兼并(Mergers)，也称吸收合并，是指两个或两个以上的公司通过法定方式重组，重组后只有一个公司继续保留其合法地位。例如，A公司兼并B公司后，A公司依然保留法人地位，B公司的法人地位则被取消，这情况可以用"A+B=A"的公式来表示。

(2) 联合(Consolidation)，又称新设合并或创立合并，是指两个或两个以上的公司通过法定方式重组，重组后原有公司都不再继续保留其法人地位，而是组成一家新公司。例如，A公司与B公司联合后组成了C公司，A、B两公司都不复存在，这种情况可以用"A+B=C"的公式来表示。

(3) 收购(Acquisitions)，是指一家公司在证券市场上用现金、债券或股票购买另一家公司的股票或资产，以获得对该公司的控制权，收购方和被收购公司的法人地位并不消失。例如，A公司收购B公司的股权或资产后，双方仍然存在，即"A+B=A+B"，不过等式两边的关系和内容已经完全不同。

收购可分为股权收购与资产收购两种。股权收购以目标公司的股权为标的，通过对目标公司的控股来控制其全部资产，股权收购的交易双方是收购公司与目标公司的股东。资产收购以目标企业的资产为标的，不涉及目标企业的控制权，资产收购的交易双方是收购公司与目标公司。在我国，收购是指任何法人通过获取上市公司发行在外的普通股而取得该上市公司控制权的行为。

3. 兼并、联合与收购的区别

(1) 兼并和联合是两家或多家企业结合为一家企业，被兼并或联合企业作为经济实体已不复存在；而收购则是一家企业通过收购资产或股权以实现对其他企业的控制，收购后两家企业仍为两个法人，只发生控制权转移，即被收购企业的经济实体依然存在。

(2) 兼并与联合是以现金购买、债务转移为主要交易条件；而收购则是以占有企业股份额实现控股或控制为依据，进而实现其对被收购企业的产权占有。

(3) 兼并与联合范围较广，任何企业都可以自愿进入兼并与联合交易市场；而收购则一般只发生在股票市场中，被收购的目标企业通常是上市公司。

(4) 兼并与联合发生后，其资产和业务一般需要重新组合、调整；而收购是以股票市场为中介进行的，收购后的企业变化形式比较平和。

(5) 兼并一般是善意的，而收购则多数是恶意的。

尽管人们对兼并与收购做出区分，但兼并与收购也有其共同点，实质上都是一个公司通过产权交易取得其他公司一定程度的控制权，包括资产所有权、经营管理权等，以实现一定经济目标的经济行为，它们产生的动因以及在经济运行中所产生的作用基本是一致的。在许多企业兼并收购的实际操作过程中，它们是很难区分的。所以，"并购"一词一般被当作对企业重组等相关活动的统称，并购企业一般也称为主并企业或并购方，被并购企业也称为目标企业。

4.1.2　企业并购的动因

企业作为一个资本组织，必然谋求资本的最大增值，企业并购的动力源于追求资本最大增值的内在动机，以及市场竞争的外在压力。但就单个企业的并购行为而言，又会有不同的动因，按照目的指向，并购的动因大致可以分为经济动因、管理动因和战略动因。

1. 经济动因

企业并购可以获得企业所需的资产，实行一体化经营，达到规模经济。

1) 追求经营协同效应

协同效应是指通过企业并购使企业生产经营活动效率提高所产生的效应。并购后企业的价值将大于并购前单个企业价值之和，整个经济效率将由于企业并购活动而提高，尤其是当目标企业的市场价值由于某种原因而未能反映其真实价值或潜在价值时，并购就会发生。这时，如果并购方拥有有关目标企业真实价值的内部信息，就会通过并购来挖掘被并购企业的真实价值。

2) 改善管理效率

具有较高效率的企业的管理能力超过企业日常的管理需求，因此它会并购有较低效率的目标企业，并通过提高被并购方的效率而获得收益。对于目标企业来说，之所以要出售，是因为它管理不善，并购方并购接管这种企业后，就可以更换管理班子，它能很好地融合并购方的经营管理效率，即在并购方注入管理资源后，目标企业能够最大限度地利用这种资源，并达到与并购方一样的高效率。

3) 并购可以获得经验共享和互补效应

并购可以取得经验曲线效应，在很多行业，尤其是对劳动力素质要求较高的行业中，企业在生产经营中经验积累越多，单位成本越有不断下降的趋势。经验的积累可以大幅度提高工人劳动熟练程度，使经验-成本曲线的效果显著，从而具有成本竞争优势。企业通过并购，不但获得了原有企业的资产，还可以分享原有企业的经验，形成有力的竞争优势。另外，企业通过并购可以在技术、市场、产品、管理，甚至企业文化方面取长补短，实现互补效应。

4) 财务协同效应

不同企业具有不同的财务状况，有些企业现金流量较大，但缺乏好的投资机会；而有些企业现金流量小，虽有好的投资机会却无力去投资。在分散的、专业化的经济体系中，资金是按来源进行分配的，这将导致市场信号被频繁地延误，或者资金分配

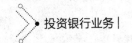

过于专断。在并购后形成的混合企业经济体系中，现金流量不管来源于何处，都不会被产生这些资金的部门自动留存，而是以收益前景为标准进行分配。合并后的企业的负债能力要大于两个企业合并前的负债能力之和，这将为企业节约税收、融资成本和交易成本等。

5) 节约交易费用

市场运作的复杂性会导致交易的完成要付出较高的交易费用。当市场的交易费用很高时，市场不再是协调经济活动和配置资源的一种有效方式，这时就应该通过企业将交易内部化来节约组织经济活动和配置资源的成本，这种动机促成了企业纵向的并购。随着并购活动的进行，企业规模越来越大，组织企业内部活动的费用也随之增加。当企业规模扩大到一定程度时，组织费用的边际增加额与交易费用的边际减少额相等，这时企业就不会再通过并购来扩大企业规模。

6) 税负考虑

税收上的好处能够部分解释收购的产生，尤其是体现在公司合并上。当公司有过多账面盈余时，合并另一家公司可以降低赋税支出。如果政府主动以减免税负的方式鼓励公司合并，好处将更加明显。

【典型案例】　　滴滴打车和快的打车，情人节成功牵手

曾经，滴滴打车和快的打车掀起烧钱大战，向乘客与司机发放大量补贴。但对于企业来说，这不是在做慈善，持续的价格战属于恶意竞争，对企业的发展极为不利。于是，本着共同发展的愿景，加之资本的推动，2015年2月14日，滴滴快的宣布合并。

2016年8月1日，滴滴出行宣布与Uber全球达成战略协议，将收购优步中国的品牌、业务、数据等全部资产在中国大陆运营。市场老大老二相杀后相爱，顺手解决了老三。

至此，在共享出行领域，滴滴已占据市场的绝对领先优势。

2. 管理动因

1) 代理问题

代理问题是由于公司的管理层与公司股东双方利益不一致而产生的。由于管理层没有或只有公司的小部分所有权，会偏向于非现金的额外支出，如豪华办公室、专用汽车等，而这些支出则由公司其他所有者共同负担。收购可以降低代理成本，公司的代理问题可经由适当的组织设计解决，如完善公司治理结构，将决策的拟定、执行与决策的评估和控制加以分离等。这是通过内部机制设计来控制代理问题，而并购事实上可以提供一种控制代理问题的外部机制。由于公司控制权市场(接管市场)的存在，使得外部管理者可以通过要约收购或代理权之争，战胜现有的管理者和董事会，从而取得对目标公司的决策控制权。另外，代理人的报酬取决于公司的规模，因此，代理人有动机通过并购使公司规模扩大而忽视公司的实际投资收益率。

2) 自由现金量

自由现金量是指公司支付了所有现值为正的投资计划后所剩余的现金量。在公司并购活动中，自由现金量的减少有助于化解经理人与股东之间的冲突。自由现金量应完全交付于股东，以降低经理人的权力，避免代理问题的产生。同时，再度进行投资所需的资金由于将在资本市场上重新筹集而再度受到监控。

3. 战略动因

作为战略动机，并购本身的收益已属次要，重要的是通过并购降低企业风险和占领市场份额。

1) 多角化并购

当并购方与被并购方经营不同业务、处于不同市场，且这些业务部门的产品没有密切的替代关系时，则称这种并购为多角化并购或混合并购。这类似投资者在资本市场上的分散投资，并购方企业需要把资源分散化，吸纳行业周期不同、相关性不高的各类企业，以避免一些不可预测的市场风险。因此，降低、规避风险是这种并购的主要目的。另外，以较低成本进入有发展潜力的新行业，甚至是撤离原行业实现战略转移也是多角化并购的一个重要目标。

> 🧠**思考**
>
> 一般来说，企业可以通过什么方式进入新领域？
> 提示：一是通过内部投资新建的方式进入；二是通过并购进入。对于第一种方式，由于企业对这个新行业还比较陌生，如果采用这种方式，企业将承担较大的市场风险和较高的产品开发成本，而采用第二种方式则可以降低风险和节约开发成本。

2) 获取市场势力

减少竞争对手，提高市场占有率，增加企业长期获利机会是企业并购的主要动机。大企业利润方面的变动要比小企业小，因为大企业市场势力较强，不容易受市场环境变化的影响。规模、稳定性和市场势力是密切相关的，并购取得了规模效益，增加了社会福利，同时，并购也会造成一定程度的垄断，损失一定的福利。所以，要判断并购对社会来说是好是坏，取决于并购造成的社会净福利是增加还是减少。

3) 获得科学技术上的竞争优势

科学技术在当今经济发展中起着越来越重要的作用，企业间的竞争也从成本、质量的竞争转化为科学技术的竞争。购买许可证或者通过国外技术转让途径得到的技术往往不是最先进的，技术转让涉及很多问题，如技术的评估定价、技术的保密、交易费用等。在这种情况下，企业通过并购拥有专有技术的公司，可以获得该企业最尖端的技术，增强企业技术上的竞争力。

4) 走向世界，实现跨国经营

在全球经济一体化的进程中，企业不仅要面向国内市场，更要考虑国际市场，所

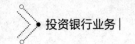

以跨国经营是必然的趋势和明智的选择。通过并购绕开各种政策壁垒，直接进入国际市场，可节省成本和缩短时间。

从企业并购的历史发展来看，全球的5次并购浪潮中，前4次几乎都是由经济动机引发的，而第5次则更多是由战略动机引发的。从20世纪90年代开始，战略性买家成为主流，公司管理者已经把兼并与收购视为保持竞争力的关键手段。从全球范围来看，企业并购的动机正从经济动机向战略动机过渡，其中偶尔夹杂着一些管理因素引发的并购动机。

4.1.3 企业并购的作用

并购在企业发展中越来越具有战略意义，而这种重要性也被企业普遍认同。对于并购双方来说，企业并购往往会获得双赢：并购方可能获得经营、财务的协同效应，扩大市场份额，减少交易成本，分散投资风险，取得税负收益等；而目标企业则可能实现价值的回归、潜力的挖掘，甚至获得并购企业价值的转移。总体来说，企业并购的宏观作用主要体现在规模经济、资源配置、结构调整和科技进步4个方面。从企业的整体发展上看，兼并与收购的积极作用主要体现在以下4个方面。

(1) 兼并与收购有利于企业通过外部发展战略实现自身的迅速扩张，对于从事生产或贸易的企业来说，仅仅依靠自身生产或贸易规模的扩张很难在短期内发生规模上的飞跃，要进入新的领域更是有许多障碍。企业如果借助兼并与收购的方法，以资本经营的形式达到上述目的，就可以加快企业的发展速度。

(2) 在市场经济环境中，竞争出现优胜劣汰的局面是司空见惯的，而兼并与收购正是企业发展竞争的结果。兼并与收购能够促进市场环境中企业整体经营效率的提高。一方面，经营好的企业，效益好，发展快，而经营较差的企业就会在竞争中被收购或兼并，这样在新的市场环境中企业的经济效益和效率都会得到提升。另一方面，企业在被兼并和被收购的压力下，也会千方百计地去改善经营和提高效益，这样对于促使企业内部主动变化也是有积极作用的。

(3) 通过规模的迅速扩张，可以提高企业资源的使用价值。资源的合理配置向规模效益提出更高的要求，而这一问题也越来越被现代企业提上议事日程。小型企业很难有资源投入到研究开发中，而现代技术的发展对这类投入的要求越来越高。因此，通过规模的迅速扩张，可以提高企业资源的使用价值，而兼并与收购是实现这一目的的最好手段。

(4) 兼并与收购有利于产生财务方面的协同性。从企业自身发展来看，经过兼并与收购产生的新企业在财务方面具有更好的协同性，这样更有利于企业发展。

因此，在企业发展过程中，为快速扩大规模，实现产业转移，越来越多的企业选择通过并购途径来实现战略目标。

思考

企业并购有哪些消极作用？

提示：并购不当会造成社会资源浪费；并购过程中易产生内幕交易和投机行为；过度并购会形成垄断，阻碍技术进步。

4.2 企业并购形式与反并购策略

4.2.1 企业并购形式

企业并购形式多种多样，特别是在并购迅速向纵深发展的今天。并购在不同行业里发生，在不同地域甚至不同国家之间发生，并购的方式和手段也在不断创新。

1. 从行业角度划分

(1) 横向并购。横向并购是处在同一行业中的两家从事相同业务或生产相同产品、具有一定替代性的公司之间发生的并购行为。这种并购最大的优点是可以快速实现生产上的规模经济，节约共同费用；提高通用设备的使用效率，便于在更大范围内实现专业分工协作；便于采用先进工艺、统一技术标准，从而提高企业效益。对小企业来说，这种并购一般是为了抵御来自外部的竞争；而大企业之间或大企业与小企业的并购则是为了形成规模效应或形成垄断，以期获得超额利润。19世纪末至20世纪初，美国出现了以横向并购为主要特征的并购浪潮，在此期间出现了众多规模庞大的企业，形成了如炼钢、化工、机械等相当集中和垄断化的行业。

(2) 纵向并购。纵向并购是指在同一产业和经营环节中互相衔接、密切联系的企业之间的并购。这种并购往往是兼并公司与原材料供应公司、产品销售公司之间的并购，以保证"原材料—生产—销售渠道"的畅通。纵向并购具体又分为向前并购和向后并购两类。纵向并购可以扩大生产经营规模，节约设备费用；可以加强生产过程各环节的配合，有利于协作化生产；可以改进生产流程，缩短生产周期，节省运输仓储资源等。20世纪20年代，西方资本主义国家掀起了以纵向并购为主的第三次并购浪潮。

(3) 同源并购。同源并购是指一家公司以自身的产品和市场作为中心，通过并购同产业中与自身业务性质不相一致且没有业务往来的相关公司，将业务逐渐渗透到相关领域，以达到产品多元化经营的目标。例如，银行与保险公司或证券公司之间的合并。这种并购方式有利于拓宽公司在同一产业内的生产经营范围，形成规模经济。同时，一些大企业为了追求长期经营业绩，需要退出行业内前景暗淡的经营领域，进入本行业内前景被看好的领域，往往采用这种并购方式。

(4) 混合并购。混合并购又称多角化并购，是指并购公司在几个主要的不相关产业

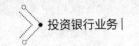

内进行并购，逐渐形成几个核心，以扩大其生产规模的并购方式。混合并购秉承"不要把鸡蛋放在一个篮子里"的风险分散思想，其优点主要体现在降低财务风险和提高管理上的规模经济和效率。但由于混合并购的目标公司的业务性质和收购公司完全不同，其风险也相对较大。

2. 按企业并购的支付方式划分

(1) 现金并购。这是指并购公司使用现金购买目标公司部分或全部资产或股票，以实现对目标公司的控制。

(2) 股票支付并购。这是指并购公司向目标公司发行并购公司自己的股票，以交换目标公司的大部分或全部资产或股票，从而实现并购的目的。一般来说，并购公司向目标公司的股东发行股票，至少要达到并购公司能控制目标公司所需的股票。

(3) 综合支付方式并购。这是指并购公司对目标公司的出价由现金、股票、优先股、可转换债券等多种融资方式组成的一种并购方式。

3. 按并购的融资渠道划分

(1) 杠杆并购。这是指并购公司以目标公司的资产及运营所得为抵押进行大量的债务融资，以此来并购目标公司。在杠杆并购中，并购公司不必拥有巨额资金，只需准备少量现金(用以支付收购过程中必需的律师、会计师等费用)，即可并购任何规模的公司。由于此种并购方式在操作原理上类似杠杆，故而得名。

(2) 非杠杆并购。这是指不用目标公司资金及运营所得来支付或担保支付并购价款的并购方式。早期并购风潮中的并购形式多为此类。但非杠杆并购并不意味着并购公司不用举债即可负担并购资金，实践中，几乎所有的并购都是利用贷款来完成的，所不同的只是贷款数额的多少而已。

【经典案例】 PAG杠杆收购好孩子

2006年1月底，总部设在东京的海外私人投资基金"太平洋同盟团体"(PAG)以1.225亿美元的总价值购得原来由中国香港第一上海投资有限公司、日本软银集团(SB)和美国国际集团(AIG)持有的67.5%、市场价值超过1.7亿美元的好孩子集团股份。

为了实现既定的400%的高额投资回报率，PAG确定用自有资金支付的金额不超过1200万美元。经过精心测算和设计，通过资产证券化及间接融资等手段，在确定收购意向后，PAG先通过由好孩子管理层组成的集团筹集收购价10%的资金；然后以好孩子公司的资产为抵押，向银行借入过渡性贷款，相当于整个收购价50%的资金；同时向PAG的股东们推销约为收购价40%的债券。2005年12月13日，股权转让协议正式签署，此次收购前后耗时不到4个月。

资料来源：PAG杠杆收购好孩子集团评鉴. 国际融资[EB/OL]. http://www.doc88.com/p-489420269528. html, 2009-03.

4. 按并购企业的行为划分

(1) 善意并购。这是指并购企业通常给出比较公道的价格，提供较好的并购条件，这种并购主要通过并购企业与目标企业之间的协商，取得理解和配合，目标企业的经营者提供必要的资料给并购企业，双方在相互认可、满意的基础上制定并购协议。

(2) 敌意并购。这是指并购企业未先与目标企业经营者协商而通过秘密并购目标企业分散在外的股票等手段，对其形成包围之势，使目标企业不得不接受条件，将企业出售从而实现控制权的转移。在敌意并购的情况下，并购企业通常得不到目标企业的充分资料，而且目标企业常常制造障碍阻止并购。

(3) 狗熊式拥抱。这是介于善意并购和敌意并购之间的并购方式。在这种方式下，并购方先向目标企业提出并购建议，而不论目标企业同意与否，并购方都会进行并购。如果目标企业接受并购建议，并购方将以优惠的条件进行并购；否则，并购企业将在二级市场上大举购入目标方股票，以恶劣的、敌意的条件完成并购。

5. 按并购人在并购中使用的手段划分

(1) 要约并购。这是指并购人通过向目标公司的股东发出购买其所持该公司股份的书面意图表示，并按照其依法公告的并购要约中所规定的并购条件、价格、期限以及其他规定事项，并购目标公司股份的并购方式。要约并购不需要事先征求目标公司管理层的同意，而是由并购方提出统一的并购要约，并由受要约人(目标公司股东)分别承诺，从而实现并购人的并购意图。

(2) 协议并购。这是指并购人通过与目标公司的股东反复磋商，并在征得目标公司管理层同意的情况下，双方达成协议，并按照协议所规定的并购条件、价格、期限以及其他规定事项，并购目标公司股份的并购方式。协议并购必须事先与目标公司的股东达成书面转让股权的协议，据此协议受让股份，实现并购目的。

发达国家的市场上，通行的成熟做法是要约并购，而协议并购由于不符合上市公司的公开原则，许多国家和地区不鼓励协议并购。我国的并购实践恰好相反，大多数上市公司并购以协议并购方式进行。

> 🧠 **思考**
>
> 要约收购和协议收购的区别主要体现在哪些方面？
>
> 提示：一是交易场地不同；二是持有股份比例限制不同；三是收购态度不同；四是收购对象的股权结构不同。

【知识链接】　　　　　　买壳上市

买壳上市又称"后门上市"或"逆向收购"，是指有优势的非上市公司通过收购债权、控股、直接出资、购买股票等手段以取得上市公司(壳，Shell)的所有权、经营权及上市地位，然后注入自己有关业务及资产，实现间接上市的目的。同时，买壳公司还要加强对壳公司的经营管理，改善经营业绩，以此推动壳公司的股价上涨，通常该壳公司会被改名。目前，在我国进行买壳、借壳一般都通过二级市场并购或者通过国家股、法

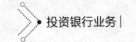

人股的协议转让进行。

1. 与借壳上市的比较

借壳上市和买壳上市的共同之处在于，它们都是一种对上市公司壳资源进行重新配置的活动，都是为了实现间接上市；它们的不同点在于，买壳上市的企业首先需要获得对一家上市公司的控制权，而借壳上市的企业已经拥有了对上市公司的控制权。

从具体操作的角度看，当非上市公司准备进行买壳或借壳上市时，首先碰到的问题便是如何挑选理想的壳公司。一般来说，壳公司具有这样一些特征：所处行业大多为夕阳行业，具体主营业务增长缓慢，盈利微薄甚至亏损；公司的股权结构较为单一，便于对其进行收购控股。

在实施手段上，借壳上市的一般做法是：

第一步，集团公司先剥离一块优质资产上市；

第二步，通过上市公司大比例的配股筹集资金，将集团公司的重点项目注入上市公司中；

第三步，通过配股将集团公司的非重点项目注入上市公司实现借壳上市。

与借壳上市略有不同，买壳上市可分为"买壳—借壳"两步，即先收购控股一家上市公司，然后利用这家上市公司，将买壳者的其他资产通过配股、收购等机会注入。

2. 买壳上市与首次公开发行(IPO)上市的比较

在美国资本市场，上市可分首次公开发行(IPO)上市和间接上市(反向收购)两种。

1) 与首次公开发行上市相比，买壳上市的优点

(1) 上市操作时间短。办理买壳上市需要3~9个月的时间，收购仍有股票交易的壳公司需要3个月，收购已停止股票交易的壳公司至恢复其股票市场交易需6~9个月，首次公开发行上市一般所需时间为1年。

(2) 上市成功有保障。首次公开发行上市有时会因承销商认为市场环境不利而导致上市推迟，或由于上市价格太低而被迫放弃，而前期上市费用如律师费、会计师费、印刷费等也将付之东流。买壳上市在运作过程中不受外界因素的影响，不需承销商的介入，只要找到合适的壳公司即可，相对而言成功上市有保障。

(3) 上市费用低。买壳上市的费用要低于首次公开发行上市的费用。首次公开发行上市费用一般为75万~100万美金，另加约8%的承销商佣金。买壳上市费用一般为50万~70万美金，视壳公司的种类不同而定。

2) 买壳上市和首次公开发行上市的不同

(1) 首次公开发行一般先由承销商组成承销团；而买壳上市则要聘请金融公关公司和做市商共同运作，以推动股价上涨，进而二次融资。

(2) 首次公开发行一旦完成，公司可立即实现融资；而买壳上市要待收购成功后，即公司成为上市公司后，通过有效运作推动股价，然后才能以公募或私募形式增发新股或配股，进行二次融资。承销商在公司二次发行融资时才开始介入。一般二次发行或私募的融资金额在200万~2000万美元之间。

3．买壳上市的步骤

1) 股权转让，即买壳

通过在股市中寻找那些经营发生困难的公司，购买其一部分股权，从而达到控制企业决策的目的。购买上市公司的股权，一般分为两种：一种方式是购买未上市流通的国有股或法人股，这种方式购买成本一般较低，但是存在许多障碍。一方面是不确定原持有人是否同意，另一方面是这类转让要经过政府部门的批准。另一种方式是在股票市场上直接购买上市公司的股票，这种方式适合于那些流通股占总股本比例较高的公司。但是这种方法一般成本较高，因为一旦开始在二级市场上收购上市公司的股票，必然引起公司股票价格的上涨，造成收购成本的上涨。

2) 资产置换，即换壳

将壳公司原有的不良资产卖出，将优质资产注入壳公司，使壳公司的业绩发生根本转变，从而使壳公司达到配股资格。如果公司的业绩保持较高水平，就能以很高的配股价格在股票市场上募集资金。

买壳上市继1999年底国内企业在美国上市的浪潮之后，于2002年下半年开始，掀起国内民企海外买壳上市的又一波热潮。新亚洲食品、山东宏智、托普、蓝带啤酒、天狮国际、中国汽车系统等企业纷纷通过买壳登陆海外资本市场。与此同时，以美国沃特财务公司为代表的一批提供买壳服务的中介机构，通过媒体大力宣传到海外买壳上市的种种好处。

上市的诱人之处实在很多，但在我国，上市额度是一种稀缺资源，并不是所有的企业都有上市的机会。目前，我国管理层为扶持和发展国有大中型企业，帮助这些企业走出困境，主要将上市额度分配给这类企业。高科技产业和IT企业一般都是最近几年发展起来的，其中大部分是民营企业或小型企业，这样的企业很难获得上市额度。因此，买壳上市成了目前企业成功上市融资的一剂"偏方"。

4.2.2　企业反并购策略

目标企业面临并购时，可能同意也可能反对。如果目标企业反对被并购，就会采取相应的反并购策略。

1. 并购发生前的反并购策略

1) 构造合理的股权结构——限制袭击者所能得到的股份

一家上市公司为了避免被并购，应该重视建立相应的股权结构，使公司股权难以"足量"地转让到并购者的手上。建立合理的股权结构是反收购的第一道防线，一般有以下几种做法。

(1) 自我控股。这是指公司的发起组建人或其后继大股东为了避免公司被他人并购，必须拥有足够的股份，在公司中居于控股地位。自我控股又分为两种情况：一种情况是在一开始设置公司股权时就让自己控有公司的"足量"股权；另一种情况是通过增持股权，加大持股比例来取得控股地位。如果自我控股达到51%的比例，敌意并购就不可能发生。

(2) 交叉持股。这是指关联公司或关系友好公司相互持有对方股权，在其中一方受到并购威胁时，另一方施以援手。如A公司购买B公司10%的股份，B公司又购买A公司10%的股份，它们之间达成默契，彼此忠诚，相互保护。在A公司沦为并购目标时，B公司则锁住A公司的股权，加大并购者吸纳"足量"筹码的难度。同时，B公司在表态和有关投票表决时支持A公司的反并购。反之，B公司受到并购威胁时，A公司也采取同样的做法。交叉持股除了能起到反并购效果，也有助于双方公司形成稳定、友好的交易关系。

(3) 员工持股计划。这是指由公司内部员工个人出资认购本公司部分股份，并委托公司的持股会或其他机构进行集中管理的产权组织形式。员工持股计划在西方国家十分流行，一般而言，目标公司被并购后，并购方的整合行动往往不利于目标公司的员工，比如大规模裁减员工、压低工资福利待遇以减少成本开支、强制推行不同的企业文化等，都侵犯了目标公司员工的既有利益，因此，员工在投票表决时，往往倾向于原有的管理层，反对并购方。

2) 合理修订公司章程——限制袭击者所拥有股份的表决权

并购方要成功地并购目标公司，最终要通过控制董事会来完成，因此，在法律允许的范围内，目标公司可以在公司章程里设置反并购条款，通常被称为"拒鲨"条款。

(1) 董事轮换制。这是指在公司章程中规定，每年只能更换一定比例的董事(一般为1/3)，这意味着即使并购者拥有公司绝对多数的股权，也难以获得目标公司董事会的控制权。目前，美国标准普尔指数的50家公司中的一半以上采用了这种反并购对策。由于这种反并购方法阻止了并购者在2年内获得公司的控制权，从而使并购者不可能马上改组目标公司，为目标公司争得宝贵的、采用其他反并购手段的时间，这样就降低了并购者的并购意向，并提高并购者获得财务支持的难度。

(2) 绝对多数条款。这是指在公司章程中规定，公司合并需要获得绝对多数的股东投赞成票，这个比例通常为80%，同时，对这一反并购条款的修改也需要绝对多数的股东同意才能生效。这样，敌意并购者如果要获得此类目标公司的控制权，通常需要持有公司很大比例的股权，这在一定程度上增加了并购的成本和难度。

(3) 限制董事资格。在公司章程中，目标公司可依企业的性质，自行就法律未规定的董事资格加以限制，以增加收购难度。如从持有本公司股份年数上限制收购方取得本公司董事资格，或就增补董事的人数作百分比的限制等。这样，即使收购方取得很大部分股权，也无法控制公司决策，从而放弃收购计划。

(4) 双重资本化。这种反并购对策是将公司股票按股票权划分为高级和低级两等，低级股票每股拥有普通一票的投票权，高级股票每股拥有多票的投票权，但高级股票派发的股息较低、市场流动性较差，低级股票的股息较高、市场流动性较好。高级股票可以转换为低级股票。如果经过双重资本化，公司管理层掌握了足够的高级股票，即使敌意并购者获得了大量的低级股票，也难以取得公司的控制权。与董事轮换制和绝对多数条款相比，采取双重资本化反并购对策的公司很少。

3) 设置"毒丸"计划——增加袭击者的并购成本

"毒丸"是指公司为避免敌意收购对股东利益的损害，而给予公司股东或债权人的特权，这种特权只有在敌意并购发生时才生效。"毒丸"主要有以下几种方法。

(1) 优先股购股权计划。这种购股权通常发给老股东，并且只有在某种触发事件发生时才能使用。优先股购股权计划一般分为"弹出"计划和"弹入"计划。"弹出"计划通常指履行购股权，股东可凭权证以优惠价(通常是市价的50%)认购目标公司或并购公司的股票。"弹出"计划最初的影响是提高股东在并购中愿意接受的最低价格。在"弹入"计划中，目标公司以很高的溢价购回其发行的购股权，通常溢价高达100%。也就是说，100元的优先股以200元的价格被收回，而敌意并购者或触发这一事件的大股东则不在回购之列。这样就稀释了并购者在目标公司的权益。"弹入"计划经常被包括在一个有效的"弹出"计划中。优先股购股权计划对于敌意并购来说是一项有力的反并购对策，它能在很大程度上阻止并购。

(2) 管理层补偿计划，也称"金银锡降落伞"计划，即将企业内部人员的等级划分为"金""银""锡"三个级别。"金降落伞"计划是指根据公司的董事会决议，一旦公司股权发生大规模转移，公司的高层管理人员的任用合同即行终止，公司将提供高层管理人员巨额的补偿金。这些补偿金就像一把降落伞一样让高层管理人员从高职位上安全着陆，又因其收益丰硕，故名"金降落伞"。"银降落伞"计划是指向中层管理人员支付费用。"锡降落伞"计划是指公司的职工如果在公司被并购后2年内被解雇，收购公司需支付职工遣散费，这也是一笔不小的费用。"金银锡降落伞"策略不但帮公司的高层和中层管理人员、企业员工减少了后顾之忧，而且额外增加了并购公司的并购成本或增加了目标公司的现金支出，使并购者蒙受损失，从而阻碍并购。

(3) 兑换毒债。这是"毒丸"的变种，即公司在发行债券或借贷时订立"毒药条款"，在公司遭到并购时，债权人有权要求提前赎回债券、清偿借贷，将债券转换成股票。这样，目标公司可能要在短期内偿付大量现金，导致财务恶化或者债转股，增加不少股票，令并购难度加大。

【典型案例】　　　　　　　新浪"毒丸计划"反收购

2004年5月，盛大集团在美国纳斯达克股票市场成功上市后，开始实施大规模的收购计划，希望通过收购新浪完成其数字家庭娱乐帝国的梦想，但遭到新浪的抵制，新浪反收购计划具体措施如下所述。

(1) 2005年3月7日当日记录在册的每位股东，均将按其所持的每股普通股获得一份购股权，购股权由普通股股票代表，不能于普通股之外单独交易。

(2) 一旦新浪10%或以上的普通股被收购(就盛大及其关联方而言，再收购新浪0.5%或以上的股权)，购股权的持有人(收购人除外)将有权以半价购买新浪增发的普通股。

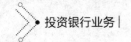

(3) 每一份购股权的行使价格是150美元。

(4) 在一般情况下，新浪可以每份购股权0.001美元或经调整的价格赎回购股权，也可以在个人或团体获得新浪10%或以上的普通股以前(或其获得新浪10%或以上普通股的10天之内)终止该购股权计划。

该计划可简要概述为：如果盛大继续购买新浪股权，总数超过20%，除盛大外的其他股东将有权以半价购买新浪公司的股票。这样一来，盛大持有的19.5%股权就会贬值为2.28%。

盛大集团经过近两年的努力未果，只能选择放弃。

资料来源：案例-反并购-新浪毒丸计划. 豆丁网[EB/OL]. https://www.docin.com/p-951365287.html.

2. 并购发生后的反并购策略

1) 防御性公司重组

当公司面临并购时，可通过重组降低公司的吸引力，或增加并购的难度和成本来阻止并购。防御性公司重组对反敌意并购非常有效，但必须全面权衡利弊。

(1) 出售"皇冠上的明珠"。在公司内经营最好的企业或某项资产常被喻为"皇冠上的明珠"，它们对于并购公司的发展起着很好的互补作用或者构成竞争威胁，通常会诱发其他公司的并购欲望，成为被并购的目标。在目标公司没有其他更好的反并购手段时，上策就是出售"皇冠上的明珠"，使并购者失去并购兴趣。

(2) 推行"焦土政策"。这是指目标公司以自残为代价驱退敌意并购者的措施。这些措施包括：大量举债买入一些无利可图的资产；故意进行一些低效益的长期投资；将公司的债务安排在合并后立刻到期；并购其他更小的公司，等等。这些政策使并购方在并购成功后得到一个烂摊子，并购者可能会因为"焦土政策"而不得不停止并购。但是这种政策的推行，往往导致股价的下跌，而且明显地损害了公司股东和债权人的利益，故各国法律对此均有所限制。

(3) 资本结构重组。这是指通过改变资本结构，提高债务和降低股权比重来实现反并购。目标公司向股东发放数量可观的现金或债券来向股东返还部分投资，改变并购者对自身财务状况的预期，能有效地驱退敌意的杠杆并购。这种策略对已进入成熟期、经营比较稳定的公司更加有效。

(4) 公司分拆。公司分拆和子公司上市本来是公司经营专业化并提高股价的战略措施，但也常常被用作公司反并购的策略之一，原因在于：分拆和子公司上市后，由于"注意力效应"，原母公司和子公司的股价均可能被推高，从而增加收购公司二级市场的收购成本；另外，子公司上市可以筹得大量资金，有助于母公司采取反并购策路。

(5) 股票回购。当并购公司发出并购要约、并购目标公司的股票时，目标公司可以大规模买回本公司发行在外的股份来改变资本结构。股份回购的基本形式有两种：一是目标公司将可用的现金或公积金分配给股东以换回后者手中所持的股票；二是公司通过发售债券，用募得的款项来购回它自己的股票。股票一旦大量被公司收回，就可使其在外的股份数量减少。这样，一方面使并购公司无法并购到足够实现控制的股票，另一方面使并购公司不得不提高要约价格来并购股票，从而提高并购公司的并购成本，也会有效地抑制并购的进行。在我国，股票回购的运用还存在诸如法律规定、公司股权结构复杂、证券市场不规范等问题，其发展受到一定的限制。

(6) 管理层收购。管理层收购是指公司管理层通过负债融资购买本公司股权以达到控股重组公司的一种财务型并购方式。管理层之所以收购自己经营的公司，一方面是因为他们深知公司价值和发展潜力；另一方面是因为当公司面临被并购的危险，目标公司无法通过其他方法驱除袭击者时，管理层只有自己挺身而出，实现管理层收购，维护自己的利益。在美国，由于垃圾债券的存在，管理层收购曾风靡一时。在我国，尽管管理层收购呼声很高，也成为各上市公司管理层心照不宣的计划，但由于我国目前还存在不少诸如融资问题、股权定价问题及法律问题等不利因素，管理层收购还不能成为反并购的有效手段。在国外，管理层收购屡屡为人们所反对，反对者称之为纸面游戏、财富的重新分配和大规模的内幕交易。

【温馨提示】

管理层收购(Management Buy-Out，MBO)是杠杆收购(Leveraged Buyout，LBO)的一种表现形式。在大多数杠杆收购案例中，这些公司的管理人员也参与了收购活动，所以大多数杠杆收购同时也是管理人员收购。杠杆收购使处在边缘的MBO成为公司治理的主流工具。在MBO中，由于收购活动的发生，使得管理人员的管理动机发生了根本性改变，他们开始更加关注股东价值的增加，能够有效降低企业代理成本，优化公司治理结构。

2) 寻求股东和外部的支持

(1) 寻求股东支持。要进行有效的反收购，企业首先要提高管理素质和经营效率，给股东以较好的回报，使股东充分信任公司高层管理人员的能力。如果遇到收购公司的袭击，目标公司的董事会可以发表"拒绝被收购声明"，或刊登广告向股东表示其反对收购的意见，说服股东放弃接受该项收购要约。一般股东最关心的是接受收购要约有利还是继续保留股票有利。所以，经营者在对股东提出反对收购要约的表示时，必须针对股东最关心的问题做出一定承诺，以期得到股东的帮助和支持，从而使收购公司知难而退。

(2) 邀请"白衣骑士"。当目标公司遭到敌意并购时，为了不使公司沦为并购者的囊中之物，目标公司可以邀请一个友好公司，即"白衣骑士"作为另一个并购者，以更优惠的条件达成善意并购。优惠条件包括以更高的价格购买公司的股票，以及对目标公司的人事安排给予保证等。并购目标公司的竞争者增加，可以迫使并购者提高并购价格或者放弃并购。

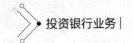

(3) 诉诸法律。诉诸法律是最普通的反并购对策。在西方国家，企业并购往往要受到反托拉斯法的限制，因此，公司在受到攻击时，可以向法院提起诉讼。目标公司提起诉讼的常见理由有：公开并购手续不完备，并购要约公开内容不充足等。目的为：一是拖延并购时间，从而鼓励其他竞争者参与并购，为其他反并购手段的运用赢得时间；二是通过法律诉讼迫使收购者提高并购价格，迫使并购公司为了避免法律诉讼而放弃并购。

> **思考**
>
> 为什么邀请"白衣骑士"战略在我国具有很好的实用性？
>
> 提示：一方面，我国上市公司多数具有母公司背景，当子公司遭到敌意并购时，为了这个宝贵的融资渠道，母公司及其关联公司一般会救助子公司以免被并购；另一方面，上市公司被并购一般会导致当地税款的流失转移，并且可能会因下岗失业等问题引发当地社会的不稳定，因此，当地政府也可能组织当地其他企业对目标公司进行并购。

3) 采取针锋相对的策略

(1) "帕克曼"防御战略。"帕克曼"防御战略又称"小精灵防御术"。"帕克曼"源于20世纪80年代初流行的一部电子游戏的名称，在该游戏中，电子动物互相残杀，任何没有吞下敌手的一方将遭到自我毁灭。在这里，"帕克曼"是指当敌意并购者对目标公司提出并购时，目标公司针锋相对地对并购者发动进攻，也向并购公司发出公开收购要约，或者策动与目标公司关系密切的友邦公司出面并购，使收购公司被迫转入防御，从而达到"围魏救赵"的目的，这种策略通常以杠杆并购的方式进行。

"帕克曼"反并购战术的实施，不但使原来的进攻者变成防御者，而且可使实施此战略的目标公司处于进退自如的境地。若反攻有力，"进"可以使目标公司反过来并购袭击者；若反攻失败，"退"可以使袭击者无力再向目标公司挑战，而迫使对方放弃并购，或者即使目标公司被并购，也能分享到并购公司的部分利益。

但是，"帕克曼"战略也有缺陷：一是它要求实施方有大量的闲置资金或广泛的融资渠道，反并购的条件比较高；二是目标公司如果使用这种反并购战略，就必须放弃一些其他的反并购手段，比如放弃反垄断控诉等，因为这种战略的运用意味着目标公司也赞同两公司的合并，只是对哪家公司充当并购方表示异议而已。在我国现有的融资环境中，目标公司很难获得必要的杠杆并购资金，这就限制了这种并购战略在我国的实用性。

(2) 绿色邮件和停滞协议。绿色邮件(Green Mail)是指目标企业通过私下协商从并购者手中溢价购回其大量股份，作为交换条件，收购方承诺放弃并购。绿色邮件是反并购中一种代价高昂的方法，它要付给收购方较高的价格来回购股份，这可能会损害股东的利益，同时也要求目标公司有较强的资金实力。

停滞协议是在收购方公司获得一些酬金，并同意限制其在目标企业的控制权时签订的协议。作为协议的一部分，收购方常常会承诺在收购方卖出股票时目标公司有优先认购权。该协议可以防止股票落入下一个潜在收购方手中。

4.3　投资银行在并购重组中的作用及收费

并购是一项十分复杂且专业技术性很强的工作。通常，并购双方都选择投资银行充当其顾问和代理人。投资银行的信息比较灵通，对企业比较熟悉，具有较丰富的并购经验；投资银行的财务管理与分析能力较强，能确定较合理的收购价格；投资银行具有较强的融资能力，能为企业并购提供资金保障。因此，在并购中，投资银行已成为不可缺少的角色。

4.3.1　投资银行在并购重组中的作用

在企业并购中，存在并购企业和目标企业，两者一般都要根据并购交易的金额、难度、特点选择投资银行，企业应该选择实力雄厚、信誉良好、经验丰富的银行合作。企业在选定投资银行后，要与其签订协议，协议通常包括服务内容、费用安排、免责事项和终结条款。

1. 投资银行为并购企业提供的服务

投资银行为买方提供服务旨在帮助客户以最优的交易结构和并购方式，用最低的成本购得最合适的目标企业。投资银行为买方客户提供的服务包括以下几个方面。

(1) 帮助并购公司进行战略分析，帮助收购方明确收购目的，拟定收购标准。寻找合适的并购机会与目标公司，分析并购目标企业的可行性。

(2) 以企业财务顾问的身份，全面参与并购活动的筹划，设计并购方式和交易结构。

(3) 根据并购公司的战略评估目标企业，帮助确定公平价格，拟定可接受的最高出价，向买方董事会提供关于价格的公平意见书。

(4) 评估并购对买方的影响。基于预测审定对并购后企业的影响，评估财务及经营上的协同作用，分析可能造成的影响，了解并购后企业的财务需求。

(5) 组织和安排谈判。制定谈判的策略技巧，拟定明确的收购建议。与目标公司大股东和董事等接触，恰谈收购条款。投资银行在与目标公司谈判前应该准备一份完整的材料，阐明此次并购的利弊，并要有详尽的理由和数据说明标价是公平的。

(6) 设计一套保障买方权益的机制，明确适当的"锁定协议"、悔约费、期权或签订换股交易协议，以保障议定的交易得以完成。

(7) 游说目标企业所有者及目标企业管理层、职工接受买方收购，做好公关活动和舆论宣传，争取有关部门和社会公众的支持。

(8) 针对目标企业可能的反收购行为，采取防范措施。

(9) 帮助并购公司编制收购财务计划，策划并购融资方案，承销发行并购融资证券或提供收购资金。

(10) 在善意并购的情况下，与律师一起拟订合约条款，协助买卖双方签订并购合约，办理产权转移手续。

(11) 在公开股票市场上收购上市公司的情况下，帮助买方分析市场情况，策划并实施市场操作方案，与交易所、管理层及各有关当事人进行沟通和协调，发出收购要约，完成收购。

(12) 改组目标企业董事会和经理层，实现买方对目标企业的真正控制和接管。

(13) 就接管后的企业整合、经营发展等问题提出咨询意见，帮助买方最终实现并购目标，其中包括接管后帮助买方清理资产与债务、控制财务支出、安排财务计划，确定临时性财务困难的应急措施，避免可能出现的财务危机。

2. 投资银行为目标企业提供的服务

投资银行作为卖方客户的顾问，要帮助卖方以最优的条件将标的企业卖给最合适的买主。投资银行为卖方客户提供的服务包括以下方面。

(1) 帮助卖方明确销售目的。

(2) 策划出售方案和销售策略。

(3) 分析潜在买主的范围，寻找最合适的买方企业。

(4) 评估标的企业，制定合理售价，拟定销售底价，向卖方企业董事会提出关于售价的公平意见。

(5) 编制招标文件，组织招标或谈判。

(6) 积极推销标的企业，游说潜在买方接受卖方企业的出售条件。

(7) 帮助企业编制合适的销售文件，包括公司说明备忘录和并购协议等。

(8) 与有关各方签署保密协议。

(9) 做好有关方面的公关和说服工作。

(10) 监督协议的执行直至交易完成。

3. 投资银行在反敌意并购中提供的服务

投资银行在敌意并购中作为目标企业及其控股股东顾问，其主要目的是帮助目标企业及其控股股东以尽可能小的代价实现反并购成功。投资银行提供的服务内容主要有以下几项。

(1) 帮助发现潜在收购者，尽早发现企图收购者和收购意图，调查、分析和预测收购者的行动目的和方案，监视其行动过程。

(2) 积极与目标公司董事、股东、经理制定反并购策略，并具体策划和实施反并购行动。

(3) 针对并购双方的具体情况确定拟用的反并购策略，分析各种可用反并购措施的利弊及其后续影响,帮助企业采取有效的反并购措施,如帮助寻找"白马骑士",阻止敌意并购。

(4) 目标公司成为"猎物"的原因通常是公司本身存在弱点或缺陷,投资银行首先要找到这些弱点或缺陷,并协助目标公司从调整公司组织结构、加强管理、改善财务系统入手进行整顿,制定有效的防御策略,如安排目标企业的分拆或者管理收购的买者。

(5) 筹措反并购资金,安排目标企业在反并购期间的财务活动,控制财务支出,保证反并购活动顺利进行。

(6) 评价并购方的并购条件是否公平,抨击其不合理之处。

(7) 为目标企业策划和制订防御计划,防止下次再遭袭击。

当然,并非每一笔并购业务,投资银行都要担当上述全部角色,究竟担当其中的哪些角色,要视具体情况而定。

4.3.2 投资银行参与并购重组的环节

1. 分析公司战略

并购是企业的战略行为,它关乎企业的成长。所以投资银行在帮助企业寻找并购机会与并购目标之前,必须帮助企业进行战略分析,包括分析企业的外部环境、并购能力等。在企业实施的发展战略的指导下,寻找合适的并购机会。

1) 对企业外部环境的分析

企业外部环境分析包括对政治、经济、社会、文化等因素的分析。对企业并购有较大影响的有国家的经济政策、法律环境以及重大机会。

(1) 国家的经济政策。国家的经济政策对国民经济运行的影响是不容忽视的,企业应该了解国家在企业并购中的引导、监督、中介及服务功能,熟悉国家颁布的各项政策,寻求有利政策的支持,避免不利政策的管制。

首先,要对产业政策进行分析。产业政策一般包括产业结构政策、产业组织政策等。产业结构政策对今后产业结构调整、优化及产业发展顺序做出了规定。这种规定实际上给出了资产存量结构调整与变化的目标,因而给出了并购的有效范围。产业组织政策则主要对市场结构、市场行为的调节作出规定。由于企业并购的结果将提高企业集中度,改变市场结构,产业组织政策对企业并购具有重要的引导与制约作用。

其次,要对金融政策进行分析。金融政策通过对不同产业、不同项目、不同类型的企业实行不同的信贷发放准则和利率优惠准则,起到引导或抑制并购在某一领域发生和发展的作用。

再次,要对财政补贴政策进行分析。在国家产业政策鼓励的范围内,并购方可以在一定时期、一定范围内享有财政贴息,从而引导并购的开展。

最后,要分析对特殊行业的限制。对某些关系国计民生的特殊行业,或特殊企业的并购,并购方不能忽视得到有关部门批准的可能性及难易程度。

(2) 法律环境。市场经济是一种法制经济，并购作为一种市场行为，必须受到法律的约束。并购方了解法律环境主要是为了避免企业并购中可能遇到的法律障碍。企业并购的法律体系包括兼并法、证券法、反垄断法、公司法、知识产权法、社会保障法等。我国的证券法已经出台，随着法制的不断健全，法律环境对企业并购的影响会越来越大。

(3) 重大机会。当市场出现重大变动时，如某种生产要素的价格突然提高、某种原材料的供应大幅度减少、外汇市场上汇率涨跌等，会使一些企业陷入突发性的困境，处于劣势地位，或使并购方企业的优势骤然强大，从而为优势企业并购劣势企业提供了重大机会。

2) 对并购企业并购能力的分析

投资银行在帮助并购企业做出并购决策前，要对并购企业进行诊断和并购行为评估，确认其是否真正需要通过并购来寻求发展，以及企业是否具有并购的能力。对并购企业并购能力的分析，主要有以下两个方面。

(1) 资金运筹能力。企业并购需要较多的资金，因此，要求并购企业必须有良好的资金运筹能力。企业并购所用的资金可能是企业的自有资金，也可能是凭借企业和商业银行、投资银行以及其他金融机构的良好关系、较高的资信等级筹措的资金，还可能是通过发行债券募集来的资金。不管用哪种方式筹集资金，都需保证资金能及时到位。

(2) 经营管理能力。企业并购的目的是完成目标企业的并购后，合理、有效地运用其资产，与并购企业产生协同效益，服务于并购企业的发展战略。只有企业自身具有科学、高效的经营管理系统，才能把目标企业纳入组织系统中，从而在新的企业整体组成后提高生产效率。这就要求企业有良好的经营机制、优秀的管理人才以及适合企业发展的企业文化等。HP公司总裁维·帕卡德在《惠普之道》中曾形象地写道，许多公司死于消化不良，而不是饥饿。如果企业不具有良好的经营管理能力，很可能并购企业后，不但不能收到预期目标，还可能拖累原有企业。

2. 选择目标企业

1) 目标企业初选

目标企业的选择，一般是从并购企业的发展战略来考虑。例如，为了避开行业发展的局限性而步入另一行业；随着国家宏观战略布局重点的转移而进行资本空间结构的转移；选择业务相近的企业并购以扩大市场占有率；发展多种经营，以减少经营风险；被并购企业的地理位置良好，预测将来在地价上获利丰厚；利用并购企业的专业技术，进行优势互补等。并购方在明确并购目的的同时，也就确定了选择目标企业的标准。这些标准包括产业类别、规模、地理位置、市场地位、技术水平等。目标企业的初选就是按照这些标准，寻找那些对自己有价值的目标。

并购企业的动机不同，要寻求的目标企业也不同，但一般而言，具有以下特征的企业最容易被收购企业看中：企业发展前途好，但管理班子比较弱；股东比较分散；高层管理人员掌握股票不多，大量股票分散在机构性股东手中；企业股票的账面价值高于市场价值；很少或没有发行在外的债券，等等。收购企业通常会围绕自身的发展战略，通过比较分析，列出多个候选并购对象。

2) 目标企业审查

确定目标企业是一项难度较大的工作，必须从收集资料信息开始，对资料进行广泛、深入的分析和研究，一般要对候选对象进行专门的调查研究。

(1) 目标企业的出售动机。了解目标企业的出售动机，有助于把握对目标企业的审查重点，估算企业价值，拟定谈判策略。一般而言，企业出售动机分为以下几种。

① 股东或企业发生资金困难。比如，目标企业大股东急需资金，需要出售所持有的股权，并不是目标企业经营不善；集团企业在整体运营不佳而需要资金时，被迫出售赚钱的子企业或部门；目标企业本身急需外界资金投入，只能通过外界认购增资股或股东低价出售全部股权等来解决。对于发生这类财务危机的目标企业，若有把握投入资金后能渡过危机，则是较好的收购机会。

② 目标企业获利能力低。企业经营不善是股东欲出售股权的主要动机。导致目标企业经营不善的原因很多，除经营环境恶化，还可能由于无法掌握该行业营运的关键性资源，如管理人才、关键技术、营销网络等，而使其市场竞争能力被削弱。买方只有在认定自己具备这些关键资源时，才应考虑收购该企业。

③ 策略性投资组合的调整。混合经营企业经常通过买卖战略经营单位对投资组合进行调整。企业常将获利不佳的战略经营单位出售，而收购获利较佳的战略经营单位；有时又会将目前盈利尚好但未来看淡的战略经营单位高价出售，而收购未来看好但目前尚在萌芽期的一些新单位。

④ 其他动机。企业乐于出售，也可能会有一些不便道出的动机。例如，在被收购企业需要资金转产的表面动机的背后，实际隐瞒了新法规将颁布不利于企业继续经营的条文；在法律诉讼方面，企业将面临严重的问题；在市场竞争中，企业将受到极大的威胁；在原材料供应上，企业将面对巨大的困难，等等。如果事先没有调查清楚这类动机，在完成收购后，将使收购方企业陷入困境。

(2) 目标企业所处的行业分析。一个企业所处的行业环境，对企业影响最直接、作用最大。因此，在并购中，投资银行要帮助买方企业对目标企业所处行业进行深刻分析，以弄清行业的总体趋势，发现环境中存在的威胁，寻找并购后重整的发展机会等。

行业分析包括：行业状况分析，即行业所处的发展阶段，行业在社会经济中的地位和作用以及行业的基本状况等；行业特点分析，主要包括该企业商品特点及市场特征、需求变动、技术革新的水平等；竞争对手分析，主要包括该企业的竞争者状况、市场占有率状况、产品开发能力等；相关的政策法规分析，包括与该企业有关的政策、行业管理条例、国家法令等。

(3) 目标企业总体经营状况及财务评价。目标企业总体经营状况包括：企业在行业中的位置，企业适应行业未来技术与竞争的发展变化的能力，竞争水平和竞争实力，财政隶属关系，资产总体状况，固定资产规模，设备先进程度，生产工艺情况，研究开发能力，企业地理位置，占地面积，企业人员结构，管理水平，职工素质，企业文化，商誉等。

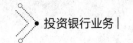

对目标企业财务状况的分析，主要包括：目标企业近几年的财务状况及以后年度财务状况预测，是否存在或有负债和或有成本，资产收益率，资本收益率，主要股东投资收益情况，流动性及偿债能力，盈利能力，增长能力等。对目标企业财务状况分析的信息来源主要是目标企业公布的年终报表、中期业绩以及提供的财务报表等。这些材料是否真实，有待投资银行经过一定的技术分析和经验去审查，其目的在于使买方确定卖方所提供的财务报表是否公正地反映该企业的财务状况。

3) 目标企业的审慎调查

利用有关书面资料或信息对目标企业做出分析与评估，以确定其是否适于作为并购目标，这只是审查的一个方面或一个阶段。在买卖双方已草签协议或其他不太具约束力的契约后，还要进行较深入的审查，称为审慎调查或"听证"(Due Diligence)，重点检查卖方提供资料的真实性及拥有资产的合法性。审查的重点及程度，主要视买方对目标企业本身及行业的了解程度而定，一般包括营运、法律、财务等方面的审查。审查的目的是协助买卖双方定价或协商交易条件，以及供日后营运规划参考，并可确定收购后影响营运及企业价值的机会与障碍，从而决定是否进行收购。

3. 分析并购风险

并购是一种高风险与高收益相伴的业务，投资银行应该帮助客户分析并购风险，常见的并购风险有以下几类。

1) 经营风险

经营风险指并购后无法形成协同效应，并购方未能达到预期目的而产生的风险。它产生的原因可能是并购前期的预测有误，也可能是外部条件发生意外变化。

2) 多付风险

尽管被收购企业运作良好，高收购价格仍然使收购者无法获得满意的投资回报。

3) 财务风险

并购一般需要巨额资金的支持，企业可通过银行贷款、发行债券、发行新股等方式融资。如果融资方式欠佳造成融资失败，就会提高融资成本，造成企业并购后沉重的偿债负担，可能使并购计划无法完成，还可能使并购方破产。

4) 反收购风险

并购方在发动敌意收购时，目标企业可能反对并会采取一系列反并购行动，由此可能造成并购活动的失败。

5) 法律风险

国家法律一般对并购都有严格的限制，如反垄断法。例如，如果并购方被控违反公平竞争，进行行业垄断，就可能受到法律制约，从而使并购失败。再如，一些相关的法律规定，当并购方持有被收购企业一定比例的股份后，必须举牌并向全体股东发出收购要约，这会使并购成本上升，从而降低了并购成功的可能性。

6) 信息风险

如果在并购中，投资银行及并购方无法获得目标企业的完全信息，就难以制定科学周密的行动方案，从而造成并购失败，尤其在敌意并购中，信息风险会很大。

4. 目标企业估值及出价

企业并购是一项复杂的经济行为，其中一个重要环节是正确估计目标企业的价值并据以确定交易价格。在很多大型并购中，交易双方都要聘请投资银行来为目标企业估价，帮助制定公平价格，尤其是在买卖双方对企业价值的认定差异较大时，投资银行与双方的协商和谈判则更为重要，双方的谈判能力往往是影响成交价格的主要因素。

1) 目标企业的价值评估模式

对目标企业价值评估的目的是为收购者提供一个谈判协商时的参考报价，或者提供一个公开并购时出价的主观标准。如果采用股权交换方式，收购者还必须注意自身价值的估算。企业价值评估具有较强的科学性和艺术性，需要依据金融理论和模型，同时也依赖投资银行家的经验和洞察力。根据并购者的动因与目的以及目标企业的具体情况，常见的价值评估方法有以下几种。

(1) 贴现法。贴现法是在目标企业持续经营的前提下，通过对目标企业被并购后各年预期的现金净流量，按照适当的折现率所折现的现值作为目标企业价值的一种评估方法。这一模式包括收益贴现法和现金流量贴现法，其优点是将企业的价值与盈利能力结合起来，从动态的角度对企业价值进行评定，但对目标企业的盈利预测缺乏准确性。贴现法的基本公式为

$$V = \sum_{t=1}^{n} \frac{C_t}{(1+i)^t}$$

式中：V——目标企业价值；C_t——贴现对象，即现金流量或收益；i——贴现率。

(2) 市盈率法。市盈率法是指根据上市企业行业的市盈率并结合企业的实际情况，来确定上市企业合理的市盈率，然后由企业近期盈余计算出上市企业的股票价值及企业价值。采用市盈率法评估目标企业的优点是比较简洁，但前提是要有完善的资本市场，信息要完全对称，而且主观性较强。市盈率法的计算公式为

$$V = ELN$$

式中：V——目标企业价值；E——市盈率；L——每股盈余；N——企业发行在外的股份总数。

例如：某企业发行在外的股本总数为1000万股，本期每股盈余为2元，行业平均市盈率为18，考虑到该企业经营情况略好于行业平均水平，将其市盈率确定为20，则该企业的价值为

$$V = 1000 \times 2 \times 20 = 40\ 000(万元)$$

(3) 资产基准法。资产基准法是指对目标企业的每项资产进行评估，然后将各类资产的价值加总，得出目标企业的总资产，再减去各类负债总和，就得到目标企业的价值。该方法一般忽略目标企业的无形资产，主要适用于以购买资产方式进行并购的并购企业，通常包括账面价值法、清算价值法及重置成本法，其计算公式为

$$V = A - L$$

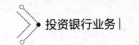

式中：V——目标企业价值；A——目标企业资产总值；L——目标企业负债总值。

例如：经评估，目标企业的资产总值为5000万元，负债总值为1600万元，以购买资产进行并购时，目标企业的价值为

$$V=5000-1600=3400(万元)$$

(4) 市场比较法。市场比较法是指对于非上市企业的评估，先找出在营运和财务上与其可比的上市企业作为参照企业，然后按照参照企业的主要财务比率来推断非上市企业的价值，具体计算公式为

$$V=ER$$

式中：V——目标企业价值；E——目标企业市盈率；R——目标企业的收益总额。

例如：在A企业收购B企业的案例中，A企业为非上市企业，但其与C企业处于同行业，两者的财务指标、经营情况也大致相同，因而取C企业20倍市盈率作为B企业的市盈率。又知B企业的当期收益总额为400万元，则B企业的价值为

$$V=400×20=8000(万元)$$

2) 交易价格的确定

企业并购交易价格的确定是以目标企业价值评估为基础的，是实施企业并购的关键环节。影响交易价格的因素众多，所以确定交易价格是非常复杂的。并购双方应根据并购程序中的不同阶段确定不同的交易价格。

(1) 基本价格的确定。基本价格也称交易底价，是企业在价值评估基础上所确定的价格。

(2) 谈判价格的确定。谈判价格也称浮动价格，是指并购双方围绕基本价格进行谈判，根据目标企业的资产状况、经营情况、稀缺程度、发展潜力以及并购方的需求程度、市场竞争程度确定浮动价格和浮动范围。一般情况下，最初收购要约价格以目标企业股价为下限，以目标企业预计价值为上限。为了使目标企业的股东能够接受，保证并购活动的顺利实施，要约价格不宜过低，并购方也可提出一个收购价格的区间。

(3) 并购价格的确定。并购价格也称成交价格。从基本价格开始，经过浮动价格谈判，并购双方共同认可的交易价格，即为可以成交的并购价格。并购双方完成谈判的一切手续，通过法律确认后，并购价格才正式确定。

🧠 思考

影响并购交易价格的因素有哪些？

提示：①供需双方在产权市场的供求状况；②并购双方在并购中的地位；③并购双方对资产预期收益的估计；④并购双方对机会成本的比较；⑤未来的经营风险估计；⑥控制溢价(收购时每股支付价格高出在市场上购买零星股票价格的部分)；⑦其他附加条件。

5. 并购实施

1) 发出要约及签订并购协议

除敌意收购外，收购企业都应在并购开始时向目标企业发出并购要约，提出并购条件、收购价格等。收购企业发出要约后，应主动与目标企业管理层及主要股东接触。如果并购双方在基本问题上达成一致，就会签订并购协议。并购协议中，应明确时间表、价格、支付工具、双方在并购期间的权利与责任、对目标企业历史遗留问题的处理方法、中介机构费用等基本内容。

2) 制定融资方案及选择并购支付方式

融资是并购中必须考虑的一个重要问题，考虑融资方案时应该处理好成本、风险及收益的关系，分析采取何种方式融资才能做到成本低、风险小、收益高，通常在并购中可以制订一揽子融资计划。由于并购融资方式与并购支付方式密切相关，不同支付方式对于并购融资的要求也不一样，根据对并购方现实流动性的不同要求，并购支付方式分为现金支付方式和非现金支付方式。

(1) 现金支付方式。在企业并购实践中，现金支付方式因为并购速度快、目标企业来不及筹措现金和竞争对手相抗衡而被普遍采用。但由于并购交易金额较大，当企业确定以现金方式支付时，就要选择适当的方式进行融资。

一是内部融资，就是从企业内部筹集并购所需资金，通常有三种渠道，即企业的自有资金，企业的应付税款、利息、股利或其他应付款，及未使用或未分配的专项基金。

二是银行贷款，对于并购巨额的现金支付，靠内部积累往往只是杯水车薪，外部融资是必要的渠道，而银行的贷款非常重要。可由投资银行出面安排，大多由并购企业通过资产抵押向银行贷款。

三是过桥贷款，是指在存在商业银行并购贷款的前提下，并购方依然存在资金缺口，其优质资产大都已抵押给商业银行，向投资银行申请的贷款。过桥贷款一般没有抵押资产，其利率高于商业银行的贷款利率，期限在6个月左右，并购完成后筹集资金偿还。当过桥贷款到期而并购企业无力偿还时，投资银行一般会要求并购企业发行垃圾债券或出售被并购方资产来偿还，这将产生额外的融资费用。

四是发行债券，并购方还可以通过在公开市场上发行债券的方式，在获得并购资金的同时，取得与上述三者相同的财务杠杆效应。

五是发行股票，当并购方无法获得贷款或发行债券时，只能考虑股权融资方式。

六是卖方融资，是指被并购方股东以合同协议或应收票据的形式，允许并购方分期支付并购款项的行为。这事实上是被并购方股东为并购方流动性不足而提供的一种信用。

(2) 非现金支付方式，一般包括以下几种方式。

一是以股票换股票，即按照协商的比例，以并购方股票换取目标企业股东的股票，从而使目标企业股东转变为并购后企业的股东。

二是以债权换股权，是指并购方以原先持有的债权或向目标企业股东定向发行并购方债券以换取目标企业的股权。

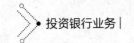

三是定向发行可转换债券，是指向债券持有者提供一种选择权，其在某一给定时间内可以某一特定价格将债券换为股票。

四是定向发行认股权证，是指发行企业所发行的一种有价证券，持有人拥有于证券上所约定的有效期内，以某一固定价格向发行企业认购特定数量的普通股票的权利。在并购中，并购方可以通过向目标企业定向发行认股权证，从而抵偿一部分收购价款。

由于并购交易的时间有一定的不确定性，融资方案必须考虑到并购活动的时间要求，同时还要考虑融资结构问题。融资结构包括融资渠道构成及规模结构，它们对企业的经营风险都有很大的影响。

6. 并购后的整合

企业并购后的整合(Integration)是指当并购企业获得目标企业的资产所有权、股权或经营控制权之后进行的资产、人员等企业要素的整体系统性安排，从而使并购后的企业按照一定的并购目标、方针和战略组织运营。并购整合需要将原来不同的运作体系(管理、生产、营销、服务、企业文化和形象等)有机地整合成一个运作体系，是整个并购过程中最艰难也是最关键的阶段。在并购整合中，投资银行可以协助并购后的企业做以下工作。

1) 制订整合计划

根据企业发展战略的要求，确切规划在什么时候、以什么方式平静有效地合并双方企业的主要资源、资产、业务，以达到并购后新企业的战略目标。

2) 协助企业沟通整合计划

并购后的整合涉及多方面的实际利益，要保证并购活动的成功，需要与和并购活动相关的所有人进行有效沟通。这些相关利益者包括股东、员工、管理层、供应商、产品服务的用户、公众、政府等。

3) 战略整合

战略整合即将目标企业的运行纳入并购企业整体发展战略中来。

4) 管理及组织整合

这主要包括：管理制度(如财务、工资制度)的整合；管理观念的融合；管理组织的调整；管理优势的嫁接；运营管理的整合，等等。这种整合可以使目标企业纳入并购企业整体的管理体制框架结构之中。

5) 人力资源整合

人力资源是企业中的重要资源。人力资源整合是对现有人员进行优化配置，留住并购双方的关键人员，对企业各层次的人员进行合理的调配和安排，最大限度地减少被收购企业员工的抵触情绪，调动员工的积极性。

6) 财务资源与有形资产的整合

完成并购资产/股权的接管后，需要重新对并购后企业的有形资产，如厂房、设施、设备、存货等进行配置，以实现并购的战略目标。

7) 商誉与其他无形资产的整合

商誉等无形资产是最珍贵的，也是最易受损的。如何使并购前的两家企业的无形资产在并购后不受到损害，是并购整合过程中极为重要的一项活动。这些资产的整合、保值、增值需要由专业人士来完成。

8) 文化整合

这是典型的"软重组"过程，是资产重组的内在灵魂。由于每个企业都有自己的企业文化与经营理念，在这方面重组双方可能存在很大差异，需要进行企业文化与理念的对峙、碰撞、渗透与磨合，特别是在资产重组实施的初期，重组双方的相互磨合与适应是相当重要的。先进的企业文化渗透到企业的管理和运行之中，会对企业运行产生辐射作用。"软重组"的成功是并购活动取得成功的前提，也是并购后彼此实现融合的基础。

4.3.3　投资银行并购重组业务的收费

投资银行从事并购业务的报酬主要有两种情况：一种情况是先向客户企业收取一笔费用，然后向客户提供顾问服务，类似常年顾问；另一种情况是投资银行就某一单特定的并购业务收取顾问费。投资银行就特定的并购业务收费包括以下两类。

1. 前端手续费

大型投资银行在接受客户委托订立契约时，通常会要求先收一定的费用。前端手续费(Front End Fee)有两种意义，对于投资银行来说，可以补偿牺牲精力的损失，同时又是委托人对于并购抱有决心的证明，如此投资银行才能放心而认真地筹划工作。不管并购结果如何，委托人必须付给投资银行前端手续费。

2. 成功酬金

并购成功后，委托人按照交易额支付成功酬金(Success Fee)。这是对投资银行服务支付手续费的普遍方式，通常有以下三种主要计费方式。

1) 固定比例佣金

无论并购交易金额是多少，投资银行都按照某一固定比例收取佣金。固定比例由投资银行和客户谈判确定，并购交易的金额越大，这一固定比例越低。

2) 累退比例佣金

累退比例佣金是指投资银行的佣金随着交易金额的上升而按比例下降。累退比例佣金可以通过莱曼公式计算，参见表4-1。

表4-1　用莱曼公式计算累退比例佣金

金额等级	佣金比例
第一个100万美元	5%
第二个100万美元	4%
第三个100万美元	3%
第四个100万美元	2%
超出400万美元部分	1%

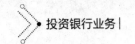

例如：如果某一个并购项目的交易金额为500万美元，则按莱曼公式计算的佣金为

$$100×5\%+100×4\%+100×3\%+100×2\%+100×1\%=15(万美元)$$

以莱曼公式为基础，投资银行可以与客户协商对交易金额等级和佣金比例进行调整。例如，以每300万美元作为一个级别，依次每增加300万元则降低一个百分比。另一个常用的以莱曼公式调整计费的办法是对第一个500万美元收取5%，对第二个500万美元收取2.5%，对超过1500万美元的部分收取0.75%。

3) 累进比例佣金

投资银行与客户事先对并购交易所需金额做出估计，除按此估计交易金额收取固定比例佣金外，如果实际发生金额低于(或高于)估计额，则给予累进比例佣金作为对投资银行的奖励(或惩罚)。

如估计收购目标公司约需5000万美元，如果投资银行实际只用4900万美元就获得了控股权，那么就可获得1个百分点的奖励；如果用了5100万美元，就要减少1个百分点的佣金。对于并购方的投资银行来说，成交金额越低，获得佣金的比例越高，这样可以激发投资银行工作的创新能力。

本章关键词

并购　杠杆收购　狗熊拥抱　要约收购　协议收购　金降落伞　毒丸
锡降落伞　焦土策略　白衣骑士　管理层收购　帕克曼防御

问题讨论

华源兼并事件：从纺织龙头企业到农机航母再到中国最大的医药集团，华源在产业领域的整合一直未见起色。到2000年，华源在纺织品总量上已跃居全国第一位，但始终看不到自己的核心竞争力，没有突出的品牌，也没有"单打冠军"。农机业也无法实现整合的协同效应，亏损严重，华源最终在2005年5月全线退出。华源进入上药集团和北药集团，虽力求实现纺织和医药的整合效应，却由于纺织板块日渐衰落，医药板块内部也难有协同，仅是"兼而不并"，使并购流于形式。

思考：通过华源兼并事件讨论分析并购动机对并购成败的影响，以及如何进行并购风险防范和控制。

延伸阅读

1. 对比一般企业并购程序和上市公司并购程序的异同。

2. 中国证券监督管理委员会. 上市公司收购管理办法(2020年修订版). 郑州外资企业服务中心[EB/OL]. https://www.waizi.org.cn/doc/82649.html，2020-03.

3. 百年并购浪潮. 金融界[EB/OL]. https://baijiahao.baidu.com/s？id=1644077578385568505，2019-09-08.

案例分析

蘑菇街、美丽说与淘世界合并成立美丽联合集团

2016年1月11日，蘑菇街与美丽说宣布合并。蘑菇街和美丽说通过内部邮件的模式宣布合并，整个交易将以换股的方式完成。蘑菇街和美丽说按2：1对价(双方最近一轮的融资估值)，新公司的整体业务估值近30亿美元。同时，此次合并不涉及股东退出，腾讯作为重要现有股东之一，对合并后的新公司进行了追加投资。

双方合并之后，蘑菇街和美丽说两大品牌将保持独立运营。蘑菇街和美丽说并未采取联席CEO制，合并后的新公司将直接由蘑菇街CEO陈琪接管，美丽说原CEO徐易容带领旗下海淘平台HIGO抽身离开。

6月15日，蘑菇街、美丽说、淘世界正式对外宣布合并消息，合并的新集团为"美丽联合集团"。合并之后，几个平台形成了对不同用户提供不同产品和服务的协同关系。陈琪出任新集团CEO，他坦言，这三个品牌的差异化解决了蘑菇街当年"要不要做适合更大年龄跨度的女性时尚社交电商"的困扰，"从拉长用户年龄段这一点来看，美丽联合集团的合并是成功的"。

资料来源：佚名.蘑菇街、美丽说与淘世界合并成立美丽联合集团[N].经济参考报，2016-06-17.

思考：1.分析蘑菇街、美丽说抱团取暖的价值动因。

2.案例中的合并采用的是哪种方式？

分析提示：这是一个典型的通过并购重组，改善经营效率、提升企业价值的案例。

实践训练

1.收集反并购案例，并分析案例中都用了哪些反并购手段。

2.查找当地企业并购案例，分析其并购动因。

第5章　理财顾问业务

▶学习目标

- 掌握理财顾问的含义和对象
- 了解理财顾问的业务范围
- 熟悉财务顾问业务的分类
- 了解企业财务顾问与政府财务顾问业务
- 了解投资咨询业务
- 了解证券投资咨询业务的形式与类型

▶知识结构图

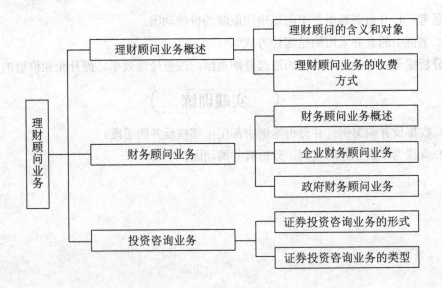

理财顾问业务

- 理财顾问业务概述
  - 理财顾问的含义和对象
  - 理财顾问业务的收费方式
- 财务顾问业务
  - 财务顾问业务概述
  - 企业财务顾问业务
  - 政府财务顾问业务
- 投资咨询业务
  - 证券投资咨询业务的形式
  - 证券投资咨询业务的类型

导入案例

宝洁公司始创于1837年，是世界知名日用消费品公司之一，在全球80多个国家设有工厂及分公司，所经营的300多个品牌的产品畅销160多个国家和地区，包括织物及家居护理、美发美容、婴儿及家庭护理、健康护理、食品及饮料等。

吉列公司成立于1901年，总部位于美国马萨诸塞州的波士顿，销售一系列日用消费产品，包括吉列剃须刀、金霸王电池、欧乐-B手动及电动牙刷、博朗剃须产品及小家电，在全球14个国家的31个地区建有生产基地。

自2004年世界经济强劲复苏以来，美国很多大型企业都想通过并购的方式来扩大企业规模，其中宝洁公司并购吉列公司绝对是最知名的一例。宝洁拥有16个市值10亿美元以上品牌，吉列拥有5个市值10亿美元以上品牌，合并后将拥有21个市值10亿美元以上品牌，宝洁希望通过收购吉列来获得更快的增长。在本次并购中，宝洁一方的并购顾问由投行业内知名的投资顾问美林公司担当主角，而吉列一方的并购顾问团队更是实力强劲，大名鼎鼎的瑞银、高盛和Davis Polk & Wardwell联袂登场。美林公司作为宝洁的财务顾问策划了该次并购，提出了许多具体的收购建议，包括选择收购方式和支付工具、对吉列的估价、确定要约收购价格、协作宝洁与吉列进行谈判等。两方知名的投资顾问经过多次商务谈判，最终宝洁按照每股54美元的价格成功收购吉列公司股份，这笔涉及570亿美元的并购案绝对是投资银行作为财务顾问最成功的案例。

资料来源：宝洁并购吉列案例分析. 豆丁网[EB/OL]. https://www.docin.com/p-1988666677.html.

财务顾问业务是目前我国证券公司的创新业务之一，在我国发展比较缓慢。但在国外，财务顾问业务给国外投资银行带来了巨额收入，已发展成为投资银行的核心业务之一。并购顾问业务作为境外投资银行主要的财务顾问业务，被欧美国家誉为低风险、高收益的"金奶牛"。那么，投资银行如何开展财务顾问和投资咨询业务呢？这是本章要分析探讨的问题。

5.1 理财顾问业务概述

5.1.1 理财顾问的含义和对象

1. 理财顾问的含义

理财顾问是指投资银行利用自身拥有的智力和信息资源为筹资者和投资者提供市场

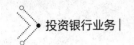

信息、设计融资与投资方案、出具咨询报告、提出公正意见、开展委托理财等服务，是一种新型创收业务。随着资本市场的日益发展和金融创新的不断深入，各类金融市场主体对专业化顾问与理财服务的需求在广度及深度两个方面不断发展，而投资银行又在人力资源、信息生产和技术支持等方面具有不同寻常的优势，这就使得理财顾问业务作为投资银行新型业务具有非常大的发展空间。

2. 理财顾问的对象

理财顾问的服务对象有两大类：一类是筹资者，包括国内外各类企业和各级政府部门等；另一类是投资者，包括中小投资者和机构投资者。为筹资者提供的顾问服务即财务顾问；为投资者提供的顾问服务即投资顾问(也称为投资咨询)。作为筹资者和投资者的中间人，投资银行发挥着融资中介和理财顾问的作用。

以资金筹集者为对象的理财顾问业务由来已久，形成了投资银行重要的业务来源。现在，以个人投资者为服务对象的理财顾问业务发展十分迅速，呈现与企业财务顾问和政府财务顾问业务并驾齐驱、同步发展的局面。实际上，为个人投资者提供专业的理财顾问服务已成为一个蓬勃发展的新兴职业，即个人理财师或独立个人理财顾问。他们根据个人财务收支情况、中长期财务目标、风险承受能力，为投资者制订储蓄计划、保险计划、投资计划、退休计划、税务计划等方案，支持个人合理规划不同阶段的财务目标。在美国，独立理财顾问兴起于20世纪90年代，现已成为一个相对成熟的新兴行业。"特许财富管理师"(CWM)是美国金融业最具影响力和发展前途的职业，由美国金融管理学会管理资格认定及相关事宜。

我国自改革开放以来，人民的整体生活水平大大提高，一部分先富裕起来的群体更是积累了可观的个人财产，对理财顾问的需求逐渐上升。理财专业网站PA18网的调查显示，有78%的被调查者表示愿意接受有偿理财顾问服务。可见，投资银行充分利用自身的信息生产能力和智力资源优势，积极开展理财顾问服务，将会有越来越大的盈利空间。

在国外，理财顾问业务既可以由大型投资银行的专门部门独立运作，也可以融合到投资银行的其他业务之中，还可以由众多中小中介机构来承担。我国的情况也是如此。除了由专业的证券公司和信托投资公司担当客户的理财顾问，还存在大量的投资咨询公司或投资管理公司提供理财顾问服务。这些投资咨询公司和投资管理公司的业务拓展往往取决于个人能力与客户关系，开展业务比较灵活，客观上活跃了资本市场，对专业投资银行也能起到有益的补充作用。

世界各国对财务顾问和投资咨询相关行业的监管并无统一模式，主要是采取依法监管与行业自律相结合的方式。如美国、法国成立了证券注册分析师协会，定期对申请成为注册分析师的人员进行考试，只有通过考核，才能获得注册分析师认证，取得独立执业资格。在依法监管方面，美国1940年通过了《投资顾问法》；中国证监会于1997年12月颁布了《证券、期货投资咨询管理暂行办法实施细则》，并于1999年实施了首次证券投资咨询资格考试，只有通过该考试，才能向中国证监会申请从事证券投资咨询业务的资格认证。

【知识链接】　　　　　　　　　**证券投资咨询**

证券投资咨询是指从事证券投资咨询业务的机构及其投资咨询人员为证券投资人或者客户提供证券、期货投资分析、预测或者建议等直接或者间接有偿咨询服务的活动。

从事证券投资咨询业务，必须依照《证券、期货投资咨询管理暂行办法》的规定，取得中国证监会的业务许可。未经中国证监会许可，任何机构和个人均不得从事本办法第二条所列各种形式证券投资咨询业务。

申请从事证券投资咨询业务应当具备下列条件。

(1) 通过改革前证券基础知识和证券投资分析科目考试取得证券从业资格，或者通过改革后专项业务资格考试。

(2) 被证券公司、投资咨询机构或资信评级机构聘用；

(3) 具有中华人民共和国国籍；

(4) 具有完全民事行为能力；

(5) 具有大学本科以上学历(教育部认可)；

(6) 具有从事证券业务两年以上的经历；

(7) 未受过刑事处罚；

(8) 未被中国证监会认定为证券市场禁入者，或者已过禁入期；

(9) 品行端正，具有良好的职业道德；

(10) 法律、行政法规和中国证监会规定的其他条件。

5.1.2　理财顾问业务的收费方式

投资银行在开展理财顾问业务时，可采用两种收费方式。

一种是独立的收费方式，即投资银行接受客户委托，为客户提供各类独立的顾问服务，顾问费用由双方商定，也可由投资银行根据该项目所耗费的时间和人力自行确定。

另一种是非独立收费方式，即投资银行提供的顾问服务包括在其他业务中，如证券承销、企业并购和风险管理等，顾问报酬列入其他业务费用当中计算。

上述两种方式的区别仅在于顾问项目是否单独计费，而顾问业务的标的则往往不是完全独立的，它总是或多或少地与其他业务相关联。过去，人们往往认为财务顾问业务不是投资银行主要的、稳定的收入来源，提供顾问服务的主要功能在于加强与客户的关系。但目前发展方向是顾问业务逐步采取单独收费，而且顾问业务收入在投资银行整体收入中所占的比重呈现上升趋势。

【知识链接】　　　　**投资银行开展理财顾问业务的注意事项**

第一，投资银行为了科学、准确、规范、有序地开展理财顾问业务，必须组建咨询业务专家委员会。由于多数企业并不具备全面掌握行业系统专业知识的能力，需要

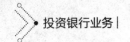
向投资银行寻求理财顾问的帮助。本着对客户负责的态度，投资银行应当聘请行业内既有丰富经验，又紧跟时事变化的理财咨询业务专家，在专家委员会的帮助下，以科学发展观为指引，制定专业的理财方案，为企业谋福利。

第二，要建立金融咨询业务的资料信息库。做好基础资料的收集工作，一定要掌握切实可靠的资料，以保证资料选取的全面性、重要性、客观性和连续性。对于收集的基础资料，要按照客观情况进行论证评价，如实反映客观经济规律，从客观数据出发，通过科学分析，得出实证性的结论。

第三，要加强对金融咨询业务人员的岗位培训。与传统银行业务相比，投资银行的理财顾问业务涉及面更广、专业性更强、预见性更好，因而对业务人员的素质要求更高。业务人员要有扎实的金融学基础，要能全面及时地掌握趋势，才能给客户制定最优方案。

第四，切忌草率出具咨询意见，注意咨询结论的权威性。先论证，后决策，做好理财项目的可行性研究，多方案比较，择优选取。为保证理财顾问工作的质量，投资银行应保证相关工作人员有足够的工作周期，防止不负责任、草率行事。

5.2 财务顾问业务

近年来，我国金融市场不断发展，市场环境发生了较大变化，投资银行的业务结构、收入结构也在不断调整。随着投行业务的发展，财务顾问业务已逐渐成为投资银行重要的中间业务之一，服务内容愈加丰富，涉足领域更加宽广，由最初的单一品种发展成为涵盖理财及项目融资顾问、私募财务顾问、资本市场类财务顾问、债券发行财务顾问等多种服务的财务顾问业务，业务收入占银行收入的比重也在不断提高。财务顾问业务在不断创新、快速发展的同时，也面临诸多风险，这对投资银行健康持续拓展该业务提出了更高的经营管理要求。

5.2.1 财务顾问业务概述

1. 财务顾问业务的概念

财务顾问业务是指经中国证监会核准具有财务顾问业务资格的机构，为上市公司的并购重组、证券交易、投资活动等对上市公司资产、负债、收入、利润和股权结构产生重大影响的相关业务活动提供交易估值、方案设计、出具专业意见等专业服务。财务顾问机构应为符合规定的证券公司、投资咨询公司、具有独立法人资格的财务顾问公司。近些年来，各类金融市场主体对专业化顾问和理财服务的需求在广度和深度两个方面不断发展，投资银行的人力资源和信息资源优势使得财务顾问业务具有较大的发展空间。

财务顾问是根据客户需要，站在客户的角度，为客户的投融资、资本运作、资产及债务重组、财务管理、发展战略等活动提供咨询、分析、方案设计等服务的，具体包括投资顾问、融资顾问、资本运作顾问、资产管理与债务管理顾问、企业诊断与发展战略顾问、企业常年财务顾问、政府财务顾问等。财务顾问业务是定位于企业、金融机构和各级政府，通过对资产交易活动的合理安排和运用，提供全方位的中长期财务规划和战略咨询等服务，以达到目标客户的收益最大化和风险最小化等预期目标。

2. 投资银行开展财务顾问业务的动因

1) 外在压力

(1) 从投资银行的服务对象来看，近年来，企业专业化经营趋势不断加强，投融资环境也在不断变化，企业越来越注重利用交易型战略来发展壮大自己，即主要通过兼并重组等形式寻求持续稳定的发展。企业的资本运营是一项相当复杂的工作，企业本身不具备这方面的专业化水平，需要有专业的中介机构去完成目标企业的前期调查、财务评估、方案设计、协议执行、条件谈判以及相应配套的融资安排、重组规划等高度专业化的工作。可见，客户对投资银行提出了越来越高的要求。作为投资银行，如果还停留在企业证券承销经纪等传统业务上，远不能满足企业对专业化、多样化服务的需要。

投资银行作为资本市场上主要的中介机构，具备强大的金融信息收集能力和广泛的信息收集渠道，与其他金融机构相比，具有明显的信息优势。投资银行充当企业财务顾问，发挥了它的特长，降低了企业间的交易费用，也体现了专业化分工的行业发展趋势。

(2) 从投资银行的同业竞争者来看，目前，金融市场上提供投资银行类业务的各类机构逐渐增多，如专业类投资咨询与财务顾问公司、商业银行、保险公司、信托投资公司以及其他一些金融机构等。在分业经营的环境下或金融管制较严格的时代，投资银行业被视作一个垄断行业，但随着全球混业经营时代的到来，投资银行的这一优势逐渐丧失，证券市场从卖方市场到买方市场的转变，使投资银行面临巨大的挑战，投资银行的同业竞争将不断加剧。这些巨大的变化促使投资银行转变经营理念，变被动服务为主动服务，不断拓宽业务范围，提高服务质量，为客户提供个性化的服务，唯有如此，才能在激烈的竞争中脱颖而出。财务顾问业务是投资银行增强其竞争力不可缺少的重要手段。

2) 内在动力

投资银行应及时为客户提供全面的资料，并在此基础上为客户出谋划策，充当"参谋"或"战略设计师"的角色，以满足客户需要。投资银行能否成功开办财务顾问类业务，关键要看其是否具备优秀的专业人才，专业人才是投资银行取胜的重要条件。投资银行的专业人才不仅要具备良好的职业道德，遵守行为准则，而且应具备财务顾问所必需的数量统计分析、经济学、财务分析、企业金融、证券分析、投资组合管理等方面的专业知识与技能，还应具备丰富的社交经验和灵活应变的能力。这些人才为投资银行开展财务顾问业务奠定了坚实的基础。正是由于这些精英的存在，投资银行可以在巩固传统业务的基础上开展各种创新型业务，以增加利润来源，进而使传统业务利润占所有利润的比重呈逐渐下降趋势，而创新业务的比重呈上升趋势。

思考

投资银行开展财务顾问业务有什么意义？

提示：①财务顾问业务能够提高投资银行的声誉；②财务顾问业务能够大大增加投资银行利润；③财务顾问业务能够造就技术与能力素质较高的专业人才。

3. 投资银行开展财务顾问业务的方式

1) 直接式

这种方式是指投资银行直接向重要客户派遣自己的股东担任非股东董事，由非股东董事充当财务顾问，为企业出谋划策。有的投资银行还进一步投入成本，由自己的股东直接参与企业的业务经营。

2) 间接式

这一方式以"股东应专心经营自己的公司"为原则，禁止自己的股东兼任别家公司的董事职位。对于重要客户，均以近似责任顾问的形式，为企业提供服务。投资银行一般多采用间接式财务顾问。

4. 投资银行开展财务顾问业务的内容

财务顾问服务分为日常咨询服务和专项顾问服务两大类，如图5-1所示。其中，日常咨询服务为基本服务，按年度收取一定的顾问费用；专项财务顾问为选择性服务，是在日常咨询服务的基础上，根据客户需要，利用投资银行专业优势，就特定项目所提供的深入财务顾问服务。

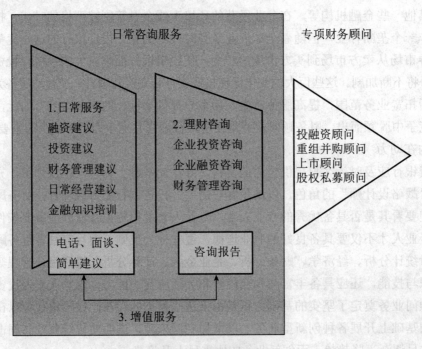

图5-1　财务顾问业务

5.2.2　企业财务顾问业务

投资银行为企业提供财务顾问服务，既包括为企业融资提供全方位的设计方案和协调安排相关活动，也包括在企业并购和反并购等资产重组活动中充当顾问。20世纪50年代以来，随着西方发达国家资本市场的迅速发展，企业资产重组和并购活动日益频繁，而且与金融工具的创新联系在一起，模式不断翻新。特别是进入20世纪90年代以后，重组和并购的个案不但保持上升趋势，而且个案的规模越来越大。随着资产重组和并购规模的日益扩大及形式的日趋复杂，需要运用多种金融工具，并进行金融创新，这就更离不开投资银行从专业角度提供的支持与帮助。同时，为企业提供财务顾问服务也成为投资银行重要的创收来源。

1. 证券发行、交易财务顾问

发行证券的公司通过二级市场以现金买回已发行的证券，或者发行新证券交换已发行的证券，其目的主要是改善公司的财务指标，从而为再融资创造条件。投资银行在证券发行、交易财务顾问业务中提供咨询服务的重点在于确定双方都能接受的条件。一般来说，新证券交换旧证券的条件是以旧证券的到期收益率为基础，参考偿债顺序以及最近的市场价格而确定的，其步骤如下所述。

(1) 拟定新发行证券的息票利率，利率水准必须接近市场行情，确保能够吸引投资者。

(2) 计算旧证券的到期收益率。

(3) 计算并确定新发行证券的面额，使得新旧证券的到期收益率恰好相等。

证券发行、交易财务顾问要做到既能改善公司财务指标，又能为原有投资者所接受，关键是确定适当的交换条件。只要条件适当，证券发行与交易无论对投资者还是对发行公司而言都是有利的。

2. 并购财务顾问

投资银行可以在公司的各项融资活动中充当财务顾问，但更多情况下是在公司并购和反并购等资产重组活动中充当财务顾问。在公司并购活动中，并购公司和目标公司一般都要聘请投资银行等作为财务顾问。投资银行作为财务顾问既可以为并购公司服务，也可以为目标公司服务，但不能同时为并购公司和目标公司服务。

1) 财务顾问为并购公司提供的服务

(1) 寻找目标公司。替并购公司寻找合适的目标公司，并从并购公司的战略和其他方面评估目标公司。

(2) 提出并购建议。提出具体的并购建议，包括并购策略、并购价格与其他条件、并购时间表和相关的财务安排。

(3) 商议并购条款。与目标公司的董事或大股东接洽，并商议并购条件。

(4) 其他服务。帮助并购公司准备要约文件、股东通知和并购公告，确保准确无误。

2) 财务顾问为目标公司提供的服务

(1) 预警服务。监视目标公司的股票价格，追踪潜在的并购公司，对目标公司提供

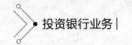

预警服务。

(2) 制定反并购策略。制定有效的反并购策略，阻止敌意并购。

(3) 评价服务。评价目标公司和它的组成业务，以便在谈判中达成一个较高的要价；提供对要约价格是否公平的建议。

(4) 利润预测。如有需要，帮助目标公司准备利润预测。

(5) 编制文件和公告。编制有关文件和公告，包括新闻公告，说明董事会对并购建议的初步反应和他们对股东的建议。

3. 合资财务顾问

在企业合资中充当代理人和财务顾问角色的投资银行，可以代表国外当事人在国内寻找投资者，也可以受国内当事人的委托寻找国外投资者。投资银行的任务不仅是把两者联系在一起，而且要协助商议合资条款和条件。在合资企业建立的过程中，财务顾问的职能主要体现在以下几方面。

(1) 市场调查与寻找合伙人。一方面，在合资企业组建前期要做好市场调查，对投资环境进行分析；另一方面，应根据实际情况尽可能同时与几个可能成为合作方的对象接触，分析每个投资者的条件，权衡利弊，选择最佳合作对象，推荐给委托方作为合伙人。

(2) 对合资项目的可行性进行研究，仔细评估，编制项目建议书和初步可行性研究报告。

(3) 提供信誉资料，包括客户资信和技术资料，也包括市场信息和法律资料。

(4) 作为财务顾问参与谈判及商议合资的条款和条件，拟订合资经营企业协议、合同和章程。

(5) 与政府接触，督促政府批准或给予新的合资企业以投资优惠特权，尤其是利息、税收方面的优惠。

4. 资产重组财务顾问

企业资产重组是一项复杂的系统工程，有并购、分拆重组、股份互换和对公有制企业的私有化等多种类型。如果把资产重组的形式与金融工具的创新联系在一起，重组模式会不断翻新。目前，企业重组数量不仅保持上升趋势，而且单个重组案例的规模越来越大。随着资产交易规模的不断扩大、交易方式的不断增加，以及交易工具和手段的不断复杂化，资产重组的过程越来越离不开投资银行的参与。在企业资产重组活动中充当财务顾问成为投资银行的重要创收业务。

1) 投资银行开展资产重组财务顾问业务的步骤

投资银行作为公司的财务顾问，可以通过以下步骤帮助公司进行资产重组。

(1) 认真分析公司的财务状况，找出目前的危机所在，并提出应解决的问题。

(2) 帮助公司重新制定发展战略和经营战略，内容应该比较保守，侧重在生存中求发展，而不能期望高增长。

(3) 协助公司安排股票或长期债券的私募活动，补充发展所需的经营资本。

(4) 帮助公司重新分析经营计划，根据公司的客观实际重新排列主次，剔除一些不太实际的部分，以便集中利用有限的资金和其他资源。

(5) 深入、细致地审查公司的业务分支机构，对公司发展没有影响或者没有作用的机构应予以撤销。

(6) 对于部分可以出售的分支机构，根据该分公司或子公司的现状确定适当的出售条件，寻找潜在的购买者，并代理公司与其协商、谈判，对整个销售过程做出安排。

(7) 帮助公司同债权人分别进行协商，介绍公司当前的困难处境，提出由专家制订的公司债务重组计划，争取债权人的信任，以帮助公司渡过难关。

2) 财务顾问在重大资产重组中的作用与职能

根据相关法规，对于重大资产重组交易中的一些特定问题，必须有财务顾问参与和发表意见。财务顾问包括一般财务顾问和独立财务顾问两种情形：一般财务顾问是指上市公司聘用的财务顾问，其作用是为上市公司的重大资产重组方案提供财务及相关环节可行性等专业意见，并协助上市公司完成整体方案的实施；独立财务顾问则不同，他必须在没有参与重大资产重组谈判、设计等环节，与公司没有任何利害冲突的前提下，对重大资产重组交易发表独立的财务顾问意见。

在重大资产重组交易中，独立财务顾问在以下情况下可依法出具意见。

(1) 董事会须为公司聘请财务顾问，其出具的专业意见随同董事会决议一起公告，供大股东和投资者参考。

(2) 重大重组涉及关联交易的，独立财务顾问必须针对关联交易出具独立财务顾问意见，说明该关联交易是否损害非关联股东权益。

(3) 为挽救上市公司财务危机而进行上市公司收购时，中国证监会规定必须参照重大资产重组的模式上报文件，收购方也应聘请财务顾问针对财务危机出具专业意见，同时，在向中国证监会提交豁免要约的申请文件中提出切实可行的重组方案，上市公司应聘请独立的财务顾问对该方案发表专业意见。

3) 独立财务顾问发表意见时需注意的问题

独立财务顾问必须站在客观、公正的立场上，对重大资产重组交易是否符合上市公司和全体股东的利益发表意见。独立财务顾问在对重大资产重组发表意见时，应包括以下几个方面。

(1) 需出具对《上市公司重大购买出售置换资产报送材料内容与格式》第四条第六至第十二项内容逐一进行核查的说明。

(2) 如该项购买出售置换资产行为必须提供资产评估报告，财务顾问还应对所评选的评估方法的适当性、评估假设前提的合理性发表独立意见。

(3) 对上市公司负债结构是否合理，以及本次重大资产重组交易是否能为上市公司带来大量负债或者没有负债等发表意见。

(4) 对重大资产重组交易实施后，上市公司在人员资产、业务、财务和机构方面的独立性发表意见。

(5) 对重组方与上市公司的同业竞争问题及关联交易问题发表意见。

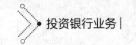

(6) 对重组方是否存在侵害上市公司利益发表意见。

5. 发展战略顾问

(1) 为企业提供完善的法律顾问咨询,提交有关企业发展方向的投资建议和资产重组方案,使企业利用资本市场迅速发展;帮助企业完善信息披露制度,熟悉资本市场的运作;为企业的经营管理决策、行业信息交流、分配方案设计、企业形象包装、产业政策咨询、公共关系协调等方面提供良好服务;为企业建立信息档案,以保证业务的连续性,定期向企业通报国内外的行业发展趋势、产品市场信息,充分掌握企业的发展动态和业务需求。

(2) 利用自身在宏观经济环境和行业分析方面的优势,帮助企业制定长期发展战略并选择具体的实现方式,包括企业资本运营方式以及内部组织结构改进,围绕企业并购活动开展有效的工作。

5.2.3 政府财务顾问业务

1. 政府财务顾问业务的内容

投资银行担当政府财务顾问的业务内容主要包括为国有企业所有权结构重组及改制上市充当财务顾问、充当政府经济决策部门的财务顾问和充当大型基础设施建设项目的融资顾问三个方面。

1) 为国有企业所有权结构重组及改制上市充当财务顾问

自20世纪80年代以来,以英国为代表的西方国家纷纷开展国有企业私有化运动。20世纪90年代,苏联、东欧国家也大规模地对国有企业进行改制重组。为了有效实施国有企业所有权结构重组及改制上市,政府聘请投资银行作为财务顾问,进行私有化方案的整体设计和相关操作,如为改制企业寻找战略投资者,设计合理的股权结构与融资方案,提供全面的财务顾问服务等。投资银行作为国有企业所有权结构重组及改制上市的顾问,通常提供以下服务。

(1) 国有企业出售后,由于失去其国有的特殊身份可能导致一些负面变化(比如经营成本增加、经营方式转变等),投资银行要考虑这些变化,帮助政府判断私有化企业的未来前景及其对投资者的吸引力等。

(2) 分析国有企业当前的经营状况,对改制后的企业未来的现金流进行预测,分析其未来的盈利能力,并据此确定合理的出售价格。

(3) 对国有企业的规模、总价值和证券市场的现状和承受能力进行分析,确定出售成功的可能性,确定一次性发售还是分批发售,以及每次发售的总价值,以此制定相应的促销办法。

(4) 分析不同类型投资者对国有企业的兴趣,根据公众投资者和机构投资者的购买力情况来确定是采用私募还是公募发行方式。

(5) 为了确保达到政府希望的股权分散化目标,投资银行有时还会设计一些细节性的条款，比如在公募发行中允许中小股东享有优先认购权，或者在私募发行中规定机构投资者的最高认购上限等。

2) 充当政府经济决策部门的财务顾问

各级政府在产业政策和区域经济政策的实施、经济体制和经济结构的转型、国际借款以及各级公共工程建设中，由于缺乏充分的金融知识和在金融市场上运作的娴熟技巧，需要一些经济机构充当地区经济发展的"经济顾问"或"智囊团"，投资银行可担当这一角色。投资银行通过对一系列地区宏观经济指标资料的收集、整理和分析，可为政府提供宏观经济形势的分析以及预测服务，这些指标一般包括经济增长率、通货膨胀率、货币发行量、失业率、各大产业增长指标等。在此基础上，投资银行可以为政府提出适合本地区的宏观经济政策和经济发展战略的建议。

3) 充当大型基础设施建设项目的融资顾问

在国际资本市场上，各国政府主导的大型基础设施建设项目大多需要进行各种筹资活动。在选择金融工具、规避汇兑风险、国有资产估价及出售和资产转换等问题上，投资银行对政府决策均有重大影响。例如，日本多家投资银行在新日铁的私有化过程中提供基础的财务方案；摩根士丹利为加拿大地方政府提供水力发电项目的财务顾问服务，保证了这一项目的顺利完成。我国国有经济改革过程中非常需要投资银行发挥顾问作用。实际上，国内一些券商已在这方面先行一步，它们帮助地方政府制定经济发展战略，就区域经济和行业经济的整合提出决策方案。

投资银行作为政府的财务顾问，可以在政府进行项目融资的过程中发挥如下作用。

(1) 进行基础设施项目的可行性分析。

(2) 根据项目涉及的投资规模进行筹资安排，筹资额度依据项目建成后的资金回收方式和能力来确定。比如高速公路项目，要根据未来高速公路的费用收取预期量来确定筹资规模和偿还期限。

(3) 安排资金的运用，并对财务状况进行审核。

(4) 如果融资过程涉及国际融资，则要设计特定的汇率风险规避方案。

🧠 思考

投资银行在充当政府财务顾问时，能带来哪些好处？

提示：投资银行在充当政府财务顾问时，不仅可以拓展自己的业务，还可以更方便地获取当地的宏观经济资料和率先了解宏观经济政策，从而为开展其他业务创造良好条件。

---

2. 我国投资银行开展政府财务顾问业务的情况

1) 投资银行与深化国有企业改革

在我国国有企业的战略性重组中，投资银行扮演着十分重要的角色。

(1) 作为专业性咨询机构，投资银行是资产重组的总体规划师。国有经济的战略性重组包括两个层次的运作:一是战略上的总体安排;二是战术上的具体操作。

战略上的总体安排是国有企业总体布局的战略性调整,关系经济结构、产业结构、企业结构、产品结构等诸多层次,非常复杂而且专业性很强。投资银行作为现代经济中知识、信息、人才、技术高度集中的专业性机构,能够把握生产力合理布局和资源有效配置的客观规律,能够在借鉴发达国家经济发展成功经验的基础上,紧密结合我国实际,提出科学、规范的国有企业资产重组战略。

(2) 在国有企业资产重组的具体操作方面,投资银行也是不可或缺的专业性机构。资产重组的重点和难点不仅在于战略上的总体规划,也在于战术上的具体操作。要完成国有企业战略重组的艰巨任务,需要进行国有资产存量配置和国有企业组织结构的创造性革命,需要为国有资产配置创造市场化流动机制。这涉及国有企业的制度创新、资产评估、法律关系调整、资产转移方式设计、企业组织结构改进、资产剥离与处置、债务重组、职工安置、社会保障等多个方面,需要投资银行作为专业性机构积极参与。投资银行的全面介入,可以大幅度降低重组成本,提高重组效率,缩短重组时间,保证整个重组工作的顺利完成。

(3) 投资银行的参与和运作,可以在一定程度上消除国有资产流动的各种障碍,解决国有企业组织构造等方面的一系列更深层次的问题。国有经济的重组不是为重组而重组,而是为了创造出国有资产的流通市场和资本经济机制,从而从根本上消除国有资产流动和国有企业重组的障碍。投资银行作为专业的市场中介机构,其职能之一就是完成上述市场和机制的改造。

(4) 投资银行还可为单个企业的资产重组和组织结构优化担当参谋及助手。企业的成功运作包括产品市场运作和资本市场运作两个方面,需要实施企业内部管理型战略与外部交易型战略。投资银行是资本经营的专业机构,可以帮助国有企业在资本经营方面有所作为。

2) 投资银行与地方政府科学决策

在我国,投资银行可以帮助地方政府制定经济发展战略,就区域经济和行业经济的整合提出决策方案,进行公共工程项目的可行性分析、筹资安排、资金运用及财务状况的最终审核。

我国投资银行可接受地方政府的委托,对当地有影响的重点项目(如工业、商业、基础设施、旅游项目等)或其他项目进行可行性研究和项目评估工作。为保证地方政府直接投资活动的安全高效,促进地方经济健康、有序地发展,投资银行可以接受委托对拟投资项目进行技术可行性和经济合理性方面的研究评估工作,提出比较权威、科学的评估结论,提供给地方政府作为重要的决策依据。

另外,我国投资银行可接受地方政府的委托,进行已实施重点项目后评价工作,认真总结经验教训,为今后类似项目打下良好的基础。"项目后评价"是世界银行首创的在项目执行完毕的事后检查和评价制度,它将对正确评价与认真总结项目实施情况起到十分重要的作用。投资银行开展对政府或企业已实施项目后评价业务,既有利于提高有关投资主体的决策科学化水平，实现经济效益和社会效益最大化；也有利于投资银行及时修正项目可行性研究和项目评估阶段的有关参数，完善评估方法及手段，提高评估质量。

> **思考**
>
> 财务顾问业务有何亮点？
>
> 　提示：①财务顾问业务没有本金受损的风险；②财务顾问业务是其他业务的前站；③财务顾问业务是公司综合实力的体现。

5.3　投资咨询业务

根据《证券、期货投资咨询管理暂行办法》的规定，证券投资咨询业务是指从事证券投资咨询业务的机构及其咨询人员为证券投资人或者客户提供证券投资分析、预测或者建议等直接或者间接有偿咨询服务的活动。证券公司可以经营证券投资咨询业务。

5.3.1　证券投资咨询业务的形式

2010年10月9日，中国证监会公布了《证券投资顾问业务暂行规定》和《发布证券研究报告暂行规定》，进一步确立了证券投资咨询的两种基本业务形式。

1. 证券投资顾问业务

按照《证券投资顾问业务暂行规定》，证券投资顾问业务是证券投资咨询业务的一种形式，是指证券公司、证券投资咨询机构接受客户委托，按照约定，向客户提供涉及证券及证券相关产品的投资建议服务，辅导客户做出投资决策，并间接获取经济利益的经营活动。投资建议服务内容包括投资的品种选择、投资组合以及理财规划建议等。

证券公司从事证券经纪业务，附带向客户提供证券及证券相关产品的投资建议服务，就该项服务没有与客户单独做出协议约定、单独收取证券投资顾问服务费用的，其投资建议服务行为参照执行《证券投资顾问业务暂行规定》有关要求。

投资顾问业务包含以下4个要素。

(1) 主体：证券公司、证券投资咨询机构。

(2) 形式：要以协议为基础。

(3) 行为：给投资者提供投资建议，辅助投资者做出投资决策。

(4) 性质：一种经营行为，是盈利的。

以上4个要素界定证券投资顾问业务，是比较证券投资顾问业务与其他业务的区别与联系的关键点。

【延伸阅读】　　　　国内外投资顾问业务对比

1. 国外证券投资顾问业务的类型

发达国家的资本市场历经近百年发展，形成了非常成熟的投资顾问服务体系，不同券商根据市场细分和自我战略定位，形成了各自的经营模式，主要有3种经典类型。

第一种是贵族俱乐部型，以高盛为代表。针对资产在2500万美元以上的富豪提供多对一的团队专属服务，相应的收费也极其高昂。

第二种是综合服务型，以美林为代表。针对资产在50万美元以上的个人和家庭提供一对一投资顾问服务，其中拥有100万～500万美元资产的是核心客户。

第三种是折扣经纪商，以嘉信和e-trade为代表。仅向客户提供成本低廉的网上交易通道和公共咨询信息，不提供差别化、个性化的咨询服务，针对的客户群体主要是以自主投资为主的、对交易费用非常敏感的客户。

2. 我国证券投资顾问业务的现状

我国证券投资顾问业务自2011年1月1日试点以来，各家券商尤其是具有规模优势和资源优势的行业领跑者，都进行了积极的探索和实践，在平台搭建、服务模式优化、产品创新、人员配备上逐步进行完善。根据不同侧重点，我国券商的证券投资顾问服务模式大致可分为以下4种。

第一种模式是通过提高客户经理的专业化水平，以提供证券投资咨询服务为手段开展营销工作。这类券商的投资顾问其实就是专业性较强的客户经理，他们的职责和绩效考核仍然以客户开发、新增资产、金融产品营销为核心；工作内容仍然是通过银行网点、社区等渠道开展营销工作，对客户辅以一定的资讯服务并进行金融理财产品的销售。绝大多数的券商目前主要采用这种模式。

第二种模式是客户选择不同等级的产品、提供不同的服务、应用不同的费率。低等级的产品仅通过群发短信、邮件等形式提供新股申购提示、市场点评等广普化资讯；中等级的产品加入部分深度研究报告；高等级的产品配备一对一服务的投资顾问。

第三种模式偏重于提升存量客户的服务，盘活营业部现有资源。这种模式主要应用在存量客户资源比较丰富的营业部，采用投资顾问签约制，将投资顾问与客户进行绑定，通过投资顾问推荐股票，增加存量客户的交易周转率，提高现有客户交易量和佣金率。

第四种是建立在综合信息平台上的品牌投资顾问服务模式。目前，国内仅有很少几家综合实力强的大型券商在探索这种模式。这种模式的基础是：一个强大的综合信息共享和客户服务平台，一批专业水平和综合素质较高的投资顾问。这类券商旗下包括专业的研究部门、咨询部门、资产管理部门、投资银行部门、固定收益部门、信用交易部门、数量众多的全国性营业网点等，每个部门都有各自的信息、资源和业务优势，集中到一起，成为投资顾问的强大后台，为客户提供全方位的投资咨询和财富管理服务。

2. 发布证券研究报告

按照《发布证券研究报告暂行规定》，发布证券研究报告是证券投资咨询业务的一种形式，是指证券公司、证券投资咨询机构对证券及证券相关产品的价值、市场走势或者相关影响因素进行分析，形成证券估值、投资评级等投资分析意见，制作证券研究报告，并向客户发布的行为。证券研究报告主要包括涉及证券及证券相关产品的价值分析报告、行业研究报告、投资策略报告等。

【温馨提示】

投资评级是基于基本面分析而做出的估值定价建议，不是具体的操作性买卖建议。

1. 发布证券研究报告的流程管理

证券研究报告由专门的研究部门制作。研究部门的研究人员负责撰写、制作证券研究报告。证券研究报告制作完成后，通过证券公司的证券研究报告发送系统或者电子邮件等方式，同时发送给基金、资产管理机构等机构客户和公司的投资顾问团队以及公司内部部门。证券研究报告的发布流程通常包括5个主要环节。

(1) 选题，即选择和覆盖研究对象，部分证券公司的研究部门建立了研究人员选择研究对象的内部审批程序。

(2) 撰写，包括数据资料收集、研究分析和报告写作。

(3) 质量控制。研究报告撰写完成后，研究部门的质量审核人员对分析前提、分析逻辑、使用工具和方法等进行审核，控制报告质量。

(4) 合规审查。由公司的合规管理人员或者研究部门的合规人员负责，审查证券研究报告是否符合法律法规规范，是否涉及非公开信息、利益冲突情形等。

(5) 发布。一般通过研究报告发送系统同时向公司确定的发布对象发送，系统自动留痕。实践中，有部分证券公司的研究部门指定岗位负责发送，也有公司的研究部门授权机构客户服务部门向机构客户发送。

2. 发布证券研究报告的业务模式

研究部门向机构客户提供证券研究报告的报酬，主要有三种收入实现方式。

(1) 向基金等机构客户提供证券研究报告。证券投资咨询机构与证券公司签订协议，向租用证券公司交易席位的基金等机构客户发送证券研究报告，由证券公司将出租交易席位产生的佣金收入的一部分，作为证券研究服务费转移支付给证券投资咨询机构。

(2) 向基金之外的保险、私募等机构投资者销售证券研究报告，收取销售收入。

(3) 与证券公司签订协议，向证券公司的经纪客户(除基金外的客户)发送证券研究报告，由证券公司统一向证券投资咨询机构支付费用。

3. 发布证券研究报告的合规管理问题

大部分从事发布证券研究报告业务的证券公司、证券投资咨询机构，根据自身实际情况，建立了内部控制机制和隔离墙制度。部分公司已经建立清晰合理、运转有效的证券研究报告合规审查、证券分析师跨越隔离墙管理制度。实践中，在证券研究报告发布前，部分证券公司由合规管理部门对研究报告进行合规审查；部分证券公司由研究部门的合规专员进行合规审查。合规管理部门和相关业务部门负责证券分析师跨越隔离墙行为的审批和监控，防止证券分析师利用跨墙接触的非公开信息发布研究报告，以及投行部门干涉证券研究报告的独立性。《发布证券研究报告暂行规定》对合规管理、利益冲突防范机制等提出明确要求。证券公司和证券投资咨询机构应当按照规定，完善合规管理制度和机制，切实规范发布证券研究报告行为。

3. 证券投资顾问与发布证券研究报告的联系与区别

1) 两者的联系

服务流程上，证券研究报告一般是证券投资顾问服务的重要基础，证券投资顾问团队依据证券研究报告以及其他公开证券信息，整合形成有针对性的证券投资顾问建议，再依据协议约定向客户提供。

2) 两者的区别

两者的区别主要表现在立场不同、服务方式和内容不同、服务对象不同、市场影响不同4个方面，详见表5-1。

表5-1 证券投资顾问业务与发布证券研究报告的区别

区别	证券投资顾问业务	发布证券研究报告
立场不同	基于特定客户的立场，遵循忠实客户利益的原则，向客户提供适当的证券投资建议	证券分析师基于独立、客观的立场，对证券及证券相关产品的价值进行研究分析，撰写并发布研究报告
服务方式和内容不同	在了解客户的基础上，依照合同约定，向特定客户提供适当的、有针对性的操作型投资建议，关注品种选择、组合管理建议以及买卖时机等	向不特定客户发布，提供证券估值等研究成果，关注证券定价，不关注买卖时机选择等操作性投资建议
服务对象不同	服务于普通投资者，强调针对客户类型、风险偏好等提供适当的服务	一般服务于基金、QFII等能够理解研究报告和有效处理有关信息的专业投资者，强调公平对待证券研究报告接收人
市场影响不同	与特定客户的证券投资及其利益密切相关，但通常不会显著影响证券定价	向多个机构客户同时发布，对证券价格可能产生较大影响

5.3.2 证券投资咨询业务的类型

证券投资咨询业务主要包括债券投资咨询业务和股票咨询业务两大类。证券投资咨询业务与投资银行的其他业务往往交叉在一起，具有附属性质，但随着证券市场的发展，投资银行的证券投资咨询业务越来越重要，其在投资银行业务中的比重也不断上升。

1. 股票或债券选择的投资咨询

投资银行通过深入细致的分析，向投资者提出对股票或债券进行投资的建议。

从总体上看，股票是一种高收益、高风险的证券，债券是一种收益固定、风险较小的证券。投资银行根据客户情况，在帮助投资者选择这两种证券时，既要考虑收益，又要考虑风险。如果投资者十分看重收益并甘愿承受较大的风险，建议其选择股票投资；如果投资者希望把收益的获取建立在稳定可靠的基础上，甚至只是为了实现保值目标，不愿冒太大风险，建议其选择债券投资。此外，也要考虑当时所处的政治环境。一般来说，在政治稳定、经济发展时期，股票收益增长较快，相对风险也较小，建议证券投资者投资股票；反之，在政治不稳定、经济衰退时期，债券投资收益率虽低但风险较小，建议证券投资者投资债券。

2. 股票投资咨询业务

1) 帮助投资者分析股票市场行情

投资银行通常专门设立部门对股票市场行情动态进行跟踪和分析，向投资者提出投资建议。由于客户的类型和实际情况千差万别，投资银行的分析要适合投资者的操作风格，做到有针对性。投资银行主要帮助客户进行基本面分析和技术面分析。

(1) 基本面分析主要包括对政治因素、经济因素、产业因素、区域因素和公司因素的分析，从而形成对公司股票投资价值的基本判断。

(2) 技术面分析是指运用各种技术分析理论和手段对股市走势进行分析，并提出具体的操作意见。

2) 帮助投资者树立正确的投资理念

投资银行应帮助投资者克服各种不良心态，如急于求成、贪得无厌、"羊群效应"等。具有这种心态的投资者通常容易被市场的气氛感染，发出错误的操作指令，频繁地短线操作，增大了造成损失的可能性。投资银行可以帮助投资者在充分分析基本因素的基础上，获得经济发展和公司成长所带来的巨大利益，避免过于频繁的操作所引起的巨额交易成本。

投资银行通过这种咨询服务可以塑造良好的市场形象，带来其他无形资产，从而稳定和扩大客户群，有利于一级市场的发展。

3. 指导投资者选择正确的投资方式

投资银行在咨询服务中根据自己的专业分析和判断，帮助客户选择正确的投资方法，使客户在风险一定的情况下尽可能获得更多的收益。主要投资方法有以下几种。

1) 顺势投资操作法

顺势投资操作法是投资银行建议证券投资者顺着股价的趋势进行股票买卖的操作策略。

股市的行情变化有一定的规律性，行情的上涨或下跌趋势一旦形成，就会强劲地持续一段时间。如果投资者逆着趋势买卖股票，必然会导致损失。因此，静观行情发展，伺机而动，顺应股市变化的趋势进行操作是一种明智的选择。当股市呈坚挺趋势时，进

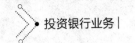

行买入操作；当股市呈下跌趋势时，则卖出股票。

采用这种方法的前提是，尽可能早地发现趋势的变动迹象，而不是在一种趋势已快到尽头时再操作，否则，不仅难以获利，还可能蒙受巨大损失。因此，顺势操作方法要注意两点：一是必须真正看清行情大趋势。无论股市处于上升趋势还是下跌趋势，价格都可能出现与大势相反的暂时性反向表现，如果被其迷惑，看错了股市变动趋势，就成了事实上的逆势操作。二是必须把握时机，即要注意趋势的反转，及时操作，如果市场趋势开始转向上升时应及时购入，市场趋势将要转向下落时及时抛出。

投资银行一般建议小额投资者采取顺势投资操作法，因为小额证券投资者本身谈不上操纵行情，可以跟随股市走势操作。

2) 拨档子操作法

拨档子操作法是投资银行建议投资者用以降低投资成本的操作策略，是指投资者在股价较高时，卖出所持股票，等价位下降以后，再予以补回的投资方法。投资者采取拨档子策略，旨在降低自身的投资成本，保持实力，并及时赚取买卖价差。做拨档的投资者虽然要实施卖出，但并非真正对股市前景持悲观态度，也不是为了获利了结，只是希望趁价位较高时，先行卖出，在价位较低时再买回，这样就可以先赚一笔差价，并降低所持股票的成本。

拨档子一般可以分为两种：一种为行情上涨一段后卖出，回降后补进的"挺升行进间拨档"；另一种为行情挫落时，趁价位仍高时卖出，待跌落后再予买回的"滑降间投档"。"挺升行进间拨档"多为主力大户在推动行情上涨之时，见价位已涨升不少，或遇到沉重的上升阻力干脆自行卖出，迫使股价短暂冷却，以化解涨升阻力，一旦股价小幅回落，再行大批补回，以使行情再度猛升。"滑降间拨档"是指投资者在高价套牢或做多头者自知实力弱于卖方，在股价下跌或尚未跌低以前，先行将所持股票卖出，待价位跌落后，再予以补回，从而降低投资成本，达到转败为胜的目的。

通常拨档时在卖出与买回之间所花的时间不会太长，短的可能只有两三天，长的也不过一两个月。拨档可以反复操作，如果成功，则投资增值会相当明显。

投资银行一般建议大户采用拨档子操作方法，而不建议一般投资者采用该方法，因为一般投资者在行情再度急剧回升时，如果没有及时补进，就达不到高卖低买的目的。

3) 保本投资操作法

保本投资操作法是避免投资者血本耗尽的一种投资方法。一般是在经济不景气、股价趋势难以确认时，投资银行帮助投资者利用此法，避免投资者的本金遭受损失。

这里所说的"本"，并不是指投资者用于购买股票的总金额，而是指投资者认为在最坏的情况下，不愿意被损失的那部分金额，即处于停止损失点的基本金额。由于不同的投资者对风险的承受力不同，有的投资者的投资资金中"本"的比重会大些，而有的投资者的"本"的比重会小些。

采用此法最重要的不在于买进的时机选择，而在于卖出的时机选择，因此，获利卖出点和停止损失点的制定是采用保本投资法的关键。

　　获利卖出点是投资者获得一定数额投资收益时，毅然将所持的一部分股票卖出的那个时点。这时卖出的不是所有的股票，而是卖出所要保"本"的那部分。

　　例如，某投资者以每股50元的价格买进100股某种股票，投资总额为5000元(50×100)，如果该投资者心目中的"本"为总投资的50%，那么，该投资者要保本金额为2500元(50%×5000)，即在行情上升时，当价格上升到使其所持有的股票的总值达到投资总额加上其所要保的"本"时，即达到获利卖出点。那么，获利卖出点为7500元(5000+2500)，即75元/股(7500÷100)，也就是说，当股价上涨到每股75元时就达到了获利卖出点。这时，投资者可卖出2500元保"本"，即可卖出原持有股的1/3。保本之后的持股数量为66.67股(100-100÷3)，股价总值为5000元(7500-2500)。保本后，持股数量虽然减少了，但其持股价值与其最初投资总金额一样。实际上，投资者所收回的"本"2500元，可看作投资利润。

　　投资者第一次保本之后，所持有股票的市价总值与最初的投资金额相同，这时投资者可以再定其所要保的第二次"本"，其比例可按第一次保本的比例来确定，也可另定不同的比例。一般说来，第二次保本比例可定低一些，等到价格上涨到获利卖出点再卖出一部分，行情如果持续上涨，可继续卖出获利，依此类推，可多次获利卖出。

　　此外，投资银行还要建议投资者制定停止损失点以防范过分亏损。停止损失点就是行情下跌到只剩下股票投资人心目中的"本"时，即予卖出以保住最起码的"本"的那点。假定某一投资者制定的"本"是其投资金额的80%，那么当股价下跌20%时，就是投资者采取"停止损失"措施的时候了。在前例中，假设股价不是上升而是下降了，当股价下降到40元[(5000-1000)÷100]时，就是停止损失点。这时将所持股票全部卖出，正好保住要保的"本"，即4000元(100×40)。

　　投资银行在股市行情走势怪异的情况下会建议投资者采用保本投资策略法，因为此时没有把握预测行情的涨落及转折。

4) 以静制动操作法

　　以静制动操作法是投资银行在股市处于换手和轮做阶段，行情走势呈东升西跳、此起彼落时，投资银行一般会建议投资者不被某些强势上涨的股票吸引，而是选择涨幅较小，或者未调整价位的股票买进持有，并静待时机脱手变现的方法。

　　证券投资者一般愿追涨，或跟主力进出。但在股市处于轮做阶段时往往吃亏，因为追涨的做法可能买到上涨的股票，而这些股票可能就要停止上涨或要回落了，而没有持有的股票却又开始回升，使投资者既蒙受损失，又失去较好的投资时机。采取以静制动操作，买进涨幅较小或者尚未调整价位的股票则具有获取较大收益的潜在可能性。因为在股市轮做阶段，尚未调整价位的股票一般是平时交易较少，大户尚未注意到的股票，或是价位长期偏低，尚未使人们普遍认识其增长潜力的股票，一旦股市主力发现其股价偏低并予大量购进，其股价将会出现强劲的涨升。

　　采用这种方法时，投资者应善于发现股价平静且有发展潜力的股票，并具有良好的心理素质。

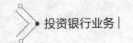

5) 摊平操作法

摊平操作法是指投资银行建议投资者上档加码和下档摊平的投资操作方法。所谓上档加码就是买进股票后，股价上升了，再加码买进一定数量的股票，以使持股数量增加，扩大获利比率。所谓下档摊平，即在股价下跌过程中，分批买进，股价越低，买进数量越多，达到降低投资成本的目的。

下档摊平的操作方式分为三种。

(1) 逐次平均买进摊平法，即将资金分为三部分，每一次都以1/3的资金买进，而不论股价行情的变化。这样做的目的是避免太大的风险。

(2) 加倍买进摊平法，一般又分二段式和三段式两种。二段式是将总投资资金分成3份，第一次买进1/3；如行情再下跌，则利用另外的2/3买进。三段式是将总资金分成7份，第一次买进1/7；如行情下跌，则第二次买进2/7；如行情再下跌，则第三次买进4/7。

(3) 加倍卖出摊平法。它是将资金分成3份，第一次卖出1/3的资金；如发现股市逆转，行情已下跌，则第二次卖出2/3的资金，即要多卖出一倍的股票，这样可尽快摊平，增加获利机会。

采用摊平操作法，投资银行一般要求投资者灵活运用，既重视过去的操作经验，又不死板、教条，才能获得较满意的投资收益。

4. 债券投资咨询业务

1) 帮助客户选择债券类型

投资银行帮助客户进行债券投资时，应先对债券按期限长短、还本付息方式、收益率水平和可转换性等进行分类。不同类型的债券，投资者承担的风险和获得的收益也相应不同。投资银行可以根据各种债券的风险收益特点，以及客户的自身情况和偏好，选择合适的债券品种进行投资。

投资银行在帮助客户选择投资债券的类型时，没有统一的模式，而是根据收益和风险两方面的情况权衡决定。例如，国债的安全性好、收入稳定、变现能力强，但没有资本溢价，并且无法抵御通货膨胀和利率变动的风险；公司债券收益率虽然较高，但安全性较低，变现能力不强；外国债券收益水平高低不一，而且存在较大的汇率风险及政治、经济风险。

此外，投资银行在推荐债券投资品种时还要参考有关机构对债券的信用评级。

2) 帮助客户选择债券价格

在债券发行时，投资银行应根据不同的发行价格计算出相应的收益率水平，然后把分析结果提供给投资者参考。债券的转让可以通过债券市场进行，也可以进行协议转让，但前者的流动性大大高于后者，其交易成本也较低。所以，投资银行不仅应计算出债券在当前价格下的收益率，而且要针对债券的质量、期限、流动性以及市场利率的走势，向投资者提出投资建议，供投资者进行综合判断。

3) 帮助客户分析债券投资风险

投资银行首先要让投资者认识到债券相对而言有固定的收益且风险较小，但是不能因债券的固定回报而忽视其风险。债券的投资风险非常复杂，主要有政治风险、经济波动风险、通货膨胀风险、再投资风险、违约风险等。提供咨询服务的投资银行不仅要帮助投资者树立风险意识，而且要帮助投资者有效地规避风险。

投资银行提供投资咨询服务时，一般向投资者提供各种债券的风险分析报告，进行债券信用评级，以帮助投资者做出正确决策；指导客户分散投资，确定债券投资组合的比例，以分散风险；指导客户进行组合投资，对债券的期限、收益率、安全性和变现能力进行组合；指导客户对债券投资采取套利方法，利用市场基差来消除风险。

投资银行应尽力提高从业人员的素质，保证咨询服务的高质量和高水平。如果投资银行向投资者提供债券投资咨询建议严重失误，那么就会给投资者带来很大的损失，从而影响投资银行的信誉，甚至危及投资银行的生存。

本章关键词

理财顾问　财务顾问　企业财务顾问　证券发行交易财务顾问　项目融资
并购财务顾问　合资财务顾问　资产重组顾问　政府财务顾问　投资咨询

问题讨论

监管部门于2019年10月发布《关于修改〈上市公司重大资产重组管理办法〉的决定》(简称"新规")，以优化重组上市制度。在上市公司重组上市过程中，券商投行将主要承担财务顾问角色。

思考：此次规则松绑将对券商财务顾问业务的未来发展产生什么影响？对承销、并购重组业务的整合以及券商大投行业务的转型有什么意义？

延伸阅读

1. 财务顾问服务内容和工作流程。
2. 财务顾问业务存在的主要问题及风险。

案例分析

联想收购IBM

2004年12月8日，中国最大的电脑制造商、在中国个人电脑市场占有30%市场份额的联想集团，以12.5亿美元的价格，并购了IBM的全球个人电脑业务，包括台式机和笔记本电脑，以及与个人电脑业务相关的研发中心、制造工厂、全球经销网络和服务中心。新联想将在5年之内无偿使用IBM品牌，并永久保留使用全球著名的"think"商标的权利。这宗收购堪称太平洋两岸商务往来历史上的一座里程碑，这是中国大陆企业首次在美国进行十几亿美元的收购。

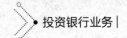

IBM是全球第一台PC机的缔造者(1981年)，但是，电脑在全球范围内的普及导致PC机价格持续走低，也带来了巨大的竞争压力。继IBM之后，全球已经造就无数IT巨头，包括英特尔、微软、HP、DELL等。因为竞争的加剧，这个PC缔造者在PC市场上陷入亏损的泥潭。2003年，IBM的PC部门的销售收入为95.6亿美元，但净亏损高达2.58亿美元，且在全球排名由第一位后移到第三位。将PC机的生产分包出去，尤其是分包给中国无疑是IBM降低生产成本的首选。

在中国PC市场上，联想在2000年左右已经占有30%的市场份额，但是如果想再往上提高一个百分点，联想将要付出巨大的代价。联想决定充分发挥在PC领域的特长，通过走国际化的道路寻求发展。2003年，联想做出重大战略调整，决定重新回归PC主业，确立个人计算机业务及相关业务作为集团的核心业务，并出售全部的IT服务和IT咨询业务。然而，2003/2004财年的营业额由2002/2003财年的202亿港元提高到231亿港元，而利润却由0.7亿港元微降到0.2亿港元。在国内，联想面临DELL、HP及国内众多中小品牌的激烈竞争，营业额、利润停滞不前，严重困扰着一直追求发展的联想管理层。如何突破PC业务发展的瓶颈做精做大，成了联想管理层首要考虑的问题。

联想收购IBM全球PC业务时，过桥贷款是其重要融资方式。在获得过桥贷款之前，联想账面上有4亿美元现金。高盛在收购中担当了联想的财务顾问，并为在2005年中期即将到来的资产交割向联想提供5亿美元的过桥贷款。在整个财务安排上，当时自有现金只有4亿美元的联想为减轻支付6.5亿美元现金的压力，与IBM签订了一份有效期长达5年的策略性融资附属协议，而后在IBM财务顾问高盛的协助下，从巴黎银行、荷兰银行、渣打银行和工商银行获得6亿美元国际银团贷款。

思考： 从联想收购IBM的案例中，不难发现高盛作为财务顾问起到了举足轻重的作用，讨论分析投行参与并购的益处有哪些。

分析提示： 一是降低技术关系上的信息成本。投资银行能够解决并购过程中的信息不对称问题，使信息生产专业化，创造有效的资本市场，使投资者的资产转移费用减少，使企业的并购能够顺利进行。二是降低利益关系上的讨价还价成本。产权是人们利益关系的集中体现，企业并购是以产权有偿转让为基本特征的，所以交易价格难以确定。在产权交易的过程中，兼并方和目标方需要经历一个讨价还价的过程，因此，投资银行对目标企业评估值的客观性、公正性和准确性十分重要。投资银行据此与双方谈判，使交易费用降低。

实践训练

1. 选择一家投资银行，咨询其开展理财顾问业务的形式。

2. 查找我国近几年著名的并购案，指出财务顾问在其中发挥了什么作用。

第6章 投资管理业务

▶ **学习目标**

- 了解资产管理业务的定义和特征
- 掌握资产管理业务的种类及分类依据
- 熟悉投资银行资产管理业务
- 了解基金的分类
- 掌握基金资产管理的运作

▶ **知识结构图**

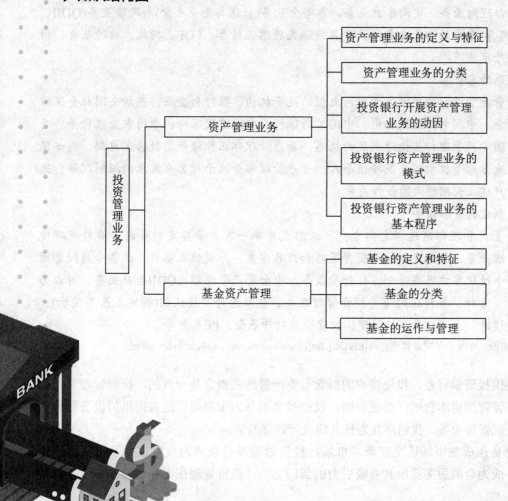

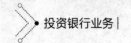

导入案例

中金公司资产管理部及其业务介绍

中金公司资产管理部成立于2002年，参照国际行业标准与国内监管要求，构建了面向境内外市场统一的资产管理业务平台，致力于为境内外客户提供全方位优质服务，实现客户资产的长期稳步增值。

1. 全面的业务类型

中金资产管理业务牌照齐全、产品丰富，拥有全国社保基金管理人、企业年金投资管理人、境内集合/定向资产管理(定向专户)、QDII集合/定向资产管理、人民币境外合格机构投资者(RQFII)等多项业务资格，并在中国香港设立了独立的资产管理子公司，获得中国香港资产管理牌照。作为内地和香港地区的专业投资管理机构，资产管理部已建立了包括集合理财业务、定向专户业务、养老金业务(社保与企业年金)和跨境业务(QDII、RQFII、离岸)在内的四大业务线，产品线涵盖股票、债券、FOF、指数、对冲基金、衍生品、海外市场等。

2. 优质的客户

中金资产管理部主要服务于国内大型的投资机构、银行和企业，包括全国社会保障基金理事会、中国电信集团公司、中国工商银行、中国建设银行、中国农业银行等。为了抓住中国资产管理行业快速发展的机遇，资产管理部正积极开发新的客户群，例如保险公司、地方养老机构以及高净值个人。资产管理部专注于对客户需求的深刻理解，致力于与客户建立长期稳定的合作关系。

3. 定制化的金融服务

中金资产管理部通过"定向专户"的形式为单一客户量身定制境内、境外或跨境的资产管理业务，包括定制化的投资策略和产品方案、开设独立账户、配备专属投资团队、提供个性化客户服务等全方位金融服务。中金资产管理部的QDII专户业务，可以为客户提供全方位、多样化的海外投资管理服务，包括海外新股认购(锚定或基石投资)、上市公司增持、上市公司市值管理，投资境外对冲基金、PE基金等。

资料来源：中金公司财富管理官网[EB/OL]. http://www.ciccs.com.cn/about/index.xhtml.

在美国投资银行业，投资管理的概念与资产管理的概念是一致的，投资管理常常被称为资产管理或资本管理；而在中国，仅把投资银行为中高端投资者提供的投资管理业务称为资产管理业务，我们称其为狭义的资产管理业务。

不论是在成熟市场还是在新兴市场，投资管理都已经成为投资银行不可或缺的业务组成，成为金融服务业中具有吸引力的部门之一。投资管理在国外已经发展出多种形式，如投资基金、私募基金、独立账户管理、现金管理账户、经纪人管理等。在这些管理形式中，投资基金因其管理规范、信息披露及时充分、客户基础面广、控制的资金量大等独特的优势日益受到普通大众的青睐。2009年底，全球的共同基金近23万亿美元，在美国管理的共同基金达1.12万亿美元。中国的共同基金虽然起步较晚，但管理的资产也达到3812亿美元。

几乎所有的美国投资银行都拥有为富裕的投资者服务的投资管理业务，美林证券把任何拥有超过100万美元流动金融资产的客户定义为"高净值个人"，为其建立个人账户，该账户可以由投资银行直接管理，也可以由投资银行提供建议。对相对不太富裕的人群，投资银行则提供共同基金。

6.1 资产管理业务

6.1.1 资产管理业务的定义与特征

1. 资产管理业务的定义

资产管理业务，从一般意义上讲，是指所有者将其合法拥有资产(既可以是货币资产，也可以是实物资产)的运作与管理权以合法的形式委托给具有专业运作管理能力的机构和个人，以期获得最大的投资回报率。我们经常讲的"投资银行的资产管理业务"，则主要是指投资者(包括机构投资者和个人投资者)将其合法持有的现金或证券委托给专业的证券经营机构(主要是指投资银行)，通过金融市场的运作，有效降低市场风险，赢得较高投资回报的一种新兴的金融业务。

【知识链接】　　　　　　我国资产管理业务的相关法规

2012年10月19日，证监会对2003年的《证券公司客户资产管理业务试行办法》进行修订后，正式发布了《证券公司客户资产管理业务办法》(以下简称《管理办法》)、《证券公司集合资产管理业务实施细则》及《证券公司定向资产管理业务实施细则》，证监会在多个项目上松绑券商资产管理业务。

新发布的《管理办法》把券商集合理财计划由原来的行政审批改为事后由证券业协会备案管理。这一修改有利于证券公司根据客户需求及市场情况，灵活设计产品，并及时推出，及时满足客户多样化、个性化的需求，将大大提高券商应对理财市场需求变化的能力。

《管理办法》还适度扩大了券商资产管理业务的投资范围。券商可根据客户认知能力、投资偏好及风险承受能力，对大集合、小集合和定向资产管理区别对待，将投资范围逐渐放宽，将有助于增强券商资产管理投资的灵活性，有望提高资产管理产品的收

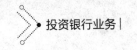

益率。

2013年6月28日,中国证监会再次修订并公布了《证券公司客户资产管理业务管理办法》《证券公司集合资产管理业务实施细则》。本次修订就是为了贯彻实施2013年6月1日公布的《中华人民共和国证券投资基金法》(以下简称《证券投资基金法》),修改与《证券投资基金法》相冲突的条款,保持法规一致性。除此之外,其他条款未作修改。

2. 资产管理业务的特征

1) 资产管理体现了金融契约的委托代理关系

在资产管理业务中,客户是资产的所有者,当其与投资银行签订《资产委托管理协议书》以后,委托投资银行代其管理资产,投资银行便成为资产的受托方,享有在协议规定范围内按委托人的意愿和在授权范围内对受托资产进行经营管理的权利。在这种委托代理关系中,由于委托代理契约对资产使用目的和条件有约定,委托人和代理人的市场风险都能得到有效控制。

2) 资产管理服务体现个性化的特征

委托人委托的资产具有不同的性质,他们对投资银行管理资产的要求千差万别,因此在资产管理协议中赋予投资银行的权利也不尽相同。作为受托人的投资银行必须区别对待,对各个客户的资产分别设立账户,根据客户的不同要求,提供个性化服务。

3) 投资银行的受托资产具有多样性

投资银行接受客户委托管理的资产主要是金融资产,金融资产具有多样性,不仅包括现金资产,还包括股票、债券和其他有价证券。在所有的金融资产中,投资银行受托管理的资产主要是现金和国债。

4) 投资银行承担责任风险

客户承担投资风险,但证券公司、资产托管机构在客户资产管理业务活动中违反合同规定或未切实履行职责并造成损失的,客户可依法要求证券公司、资产托管机构给予赔偿。

5) 资产管理业务体现了一对一的信息披露

由于受托资产具有一定的保密性,客户的谈判能力有差异,在契约中利益分配条款也存在一定的差异。资产管理业务较自营业务具有保密性,只要委托方和受托方不因利益纠纷而主张权利,法律取证就相当困难。这就使得资产管理业务的信息披露是以一对一的方式进行的,而不是向社会公众进行公开信息披露。

另外,投资银行在从事其他业务的过程中积累了丰富的经验、信息和资源,这些都在客户来源、资金投向、运作经验、研究咨询等方面为资产管理业务的开展提供了资源和便利。

6.1.2　资产管理业务的分类

1. 按委托管理资产形态分类

1) 现金管理

现金是指能够立即投入流通的货币或者货币等价物，是流动性最强的资产。现金的收益率通常不高，但这是低风险投资者所必备的武器，因为拥有了现金，就拥有在市场极端恶劣的情况下买入的权利。

现金管理是指对现金进行管理，使其在保证高安全性及高流动性的前提下，还能获得一定的收益。现金管理的好处在于代理企业实现余额(流动资金)的效益优化。

2) 企业年金基金管理

企业年金作为由企业发起，企业和员工个人共同缴费的养老金，将积累形成数量庞大的企业年金资产。投资银行通过管理企业年金基金，将其投资于银行存款、国债和其他具有良好流动性的金融工具，从而实现企业年金基金的保值增值。

在国外，资产管理的形态非常广泛，如美林的资产管理就包括代客管理现金、流动资产、营运资本、组合投资等。与之相比，国内投资银行的资产管理内容则非常单一，基本上就是代理客户进行投资，对象也一般是风险较大的股票市场，收益较稳定的债券市场、基金市场。

2. 按资产管理服务方式分类

根据2013年6月26日证监会发布的《关于修改〈证券公司客户资产管理业务管理办法〉的决定》，我国投资银行可以开展三种形式的资产管理业务。

1) 为单一客户办理定向资产管理业务

定向资产管理业务是指证券公司接受单一客户的委托，这里所说的"客户"可以是自然人、法人或者依法成立的其他组织，通过该客户的账户为客户提供资产管理服务的一种业务。该业务中，接受单个客户的资产净值不得低于人民币100万元。这种业务有以下几个特点。

(1) 投资银行与客户必须是一对一的。

(2) 具体投资方向应在资产管理合同中约定。

(3) 必须在单一客户的专用证券账户中经营运作。

2) 为多个客户办理集合资产管理业务

集合资产管理业务是指证券公司通过设立集合资产管理计划，与多个客户签订集合资产管理合同，将客户的资产交由具有客户交易结算资金法人存管业务资格的商业银行或者中国证监会认可的其他机构进行托管，通过专门账户为客户提供资产管理服务的一种业务。证券公司办理集合资产管理业务，只能接受货币资金形式的资产。该业务具有以下几个特点。

(1) 集合性，即投资银行与客户是一对多，但合格投资者累计不得超过200人。

(2) 客户资产必须进行托管，个人合计资产不低于100万元人民币，机构合计净资产不低1000万元人民币。

(3) 通过专门账户投资运行。

(4) 信息披露严格。

【知识链接】　　集合资产管理业务与证券投资基金的区别

(1) 管理主体不同。集合资产管理业务的主体是依法设立并经监管部门核准可以从事此项业务的投资银行，证券投资基金的管理主体是依法成立的基金管理公司。

(2) 行为规范不同。投资银行设立集合资产管理计划、开展集合资产管理业务，应当基于集合资产管理合同、有关法律行政法规和《证券公司客户资产管理业务试行办法》(以下简称《试行办法》)的规定进行。证券投资基金的设立和运作则按照《证券投资基金法》等有关法律、行政法规和部门规章的规定进行。

(3) 市场定位和客户群体不同。集合资产管理业务面向具有一定投资经验和风险承担能力的特定投资者，而证券投资基金则主要面向广大的公众投资者。

(4) 推广方式不同。与证券投资基金不同，集合资产管理计划不得公开销售或推广。根据《试行办法》的规定，投资银行及推广机构不得通过广播、电视、报刊及其他公共媒体推广集合资产管理计划。同时，参与集合资产管理计划的客户，应当是有关投资银行或推广机构的客户。

总之，集合资产管理计划与证券投资基金虽然都属于资产管理业务类型，但是相互之间有明显的差异，在业务开展上有很强的互补性，可以满足不同投资者的投资偏好。

3) 为客户特定目的办理专项资产管理业务

专项资产管理业务是指投资银行与客户签订的专项资产管理合同，针对客户的特殊要求和基础资产的具体情况，设定特定的投资目标，通过专门账户为客户提供资产管理服务。定向资产管理与专项资产管理的区别在于，定向资产管理业务只接受单一客户的委托，而专项资产管理业务通常业务目的比较特殊，且业务参与者可以是多人。

2013年，监管层放宽了专项资产管理计划的审批，证券公司可以通过设立专项计划发行资产支持证券，证券公司的专项资产管理计划的投资范围扩大，这极大地拓宽了证券公司的发展空间，促进了证券公司业务开展和产品设计差异化，使证券公司能充分利用现有托管市值、客户资产等资源。未来证券公司产品创新将高潮迭起，证券行业的发展将迎来新的春天。

【典型案例】

广发证券的专项资产管理计划
—— "莞深高速公路收费收益权专项资产管理计划"

管理人本着应有的注意和谨慎，将专项计划资金投资于东莞控股名下的莞深高速

(二期)公路收费权中的18个月的收益权。预期收益率为3.0%~3.5%。专项计划目标规模为5.8亿元。专项计划期限为18个月,自专项计划成立之次日起计算。

参与投资者应保证其为参与专项计划的合格投资者。合格投资者必须满足以下条件:

(1) 具有足够的证券投资经验,对复杂的证券产品有很好的分析能力。

(2) 参与本专项计划时已充分理解专项计划风险,具有足够的风险承受能力。

(3) 参与专项计划的资金系参与投资者的自有资金或具有合法处分权的资金,资金来源合法。

(4) 参与投资者承诺拥有的合法资产50万元(含50万元)以上。

(5) 参与投资者需持有深圳A股账户卡或基金账户卡,参与费率为0.2%。最低认购金额为15万元,在推广期内可多次参与专项计划,且每次投资金额必须是万元的整数倍。

资料来源:莞深高速公路收费收益权专项资产管理计划、广发证券网站.

3. 按收益分配方式分类

1) 全权委托型

全权委托型是指客户与投资银行签订全权委托协议,由投资银行对客户委托的资产进行全权操作,若有损失由客户承担,若有收益则按一定比例由投资银行和客户共同分享。

2) 固定回报型

固定回报型是指客户将资产交给投资银行全权运作,客户不管实际运作过程中的盈亏,只要求获得固定的回报;投资银行运用委托资产投资产生的超出固定回报的收益由投资银行单独享有或者与委托方共同分享。

3) 投资顾问型

投资顾问型是指投资银行不接受客户的全权委托,不直接替委托方操作,而只是凭借其专业优势向委托方提供研究报告、操作建议和咨询服务等,并按照一定的比例向客户收取顾问费。

4. 按委托资产的运作方式分类

1) 基金式资产管理

基金式资产管理是一种"批量化"的资产管理方式,其运作方式是将客户的资金汇集到"资金池",形成统一的基金账户,然后在基金投资目标和原则的指导下,通过金融市场按照一定的规则和程序进行组合投资,以获得收益,如图6-1所示。

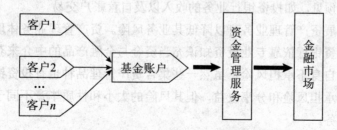

图6-1 基金式资产管理模式

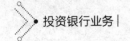

2) 独立账户式资产管理

资产管理业务在资金运作上则是为每一个投资者设立专门的账户,按各个客户的投资目标,实行账户分开管理,是一种提供"个性化"服务的资产管理方式,如图6-2所示。

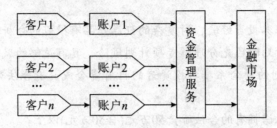

图6-2　独立账户式资产管理模式

6.1.3　投资银行开展资产管理业务的动因

资产管理业务是投资银行的核心业务,在未来有巨大的发展空间。从资产管理业务的需求环境来看,资产管理业务的开展具有现实的动因:一方面,随着经济的发展,社会财富不断增加,居民对资本保值增值有着巨大的需求。对于普通投资者而言,由于缺乏专业知识,通过投资成功实现保值与增值的可能性不大,因而需要委托专业机构来管理。另一方面,随着市场环境的改变,投资银行的经纪业务和证券承销等传统业务已无法满足其盈利和发展的要求,资产管理业务的开展具有紧迫性。从资产管理业务的供给环境来看,投资银行已初步具备为客户提供资产管理服务的业务能力和专业技巧,《证券公司客户资产管理业务试行办法》的实行为投资银行开展资产管理业务提供了制度供给环境。

投资银行开展资产管理业务可以整合并拓展其传统业务,提高其核心竞争力。资产管理业务自身的特点,要求投资银行全面了解各类投资者的需求,掌握投资者的个性和风险偏好,对投资者进行分类并给予指导,进而将委托资金进行组合投资。在资产管理业务中,投资银行与市场投资者密切的业务关系为其开展其他业务打下了良好基础。

投资银行开展资产管理业务能够提供相对稳定的现金流,能平衡投资银行收入的波动性。资产管理不仅能获得管理费,而且往往还有业绩收入。这些收入比其他来源的收入更加平稳和可预见,如投资银行业务的收入以及自营账户交易。

投资银行开展资产管理业务可以降低其业务风险。资产管理业务体现的是一种委托与代理关系,投资银行依靠专业投资知识充当资金与金融产品的中介来获取管理费和一定的业绩报酬,自身不承担风险。虽然一些集合资产管理品种也有投资银行部分资金参与,与客户共同承担风险和分享收益,但其风险的大小和性质毕竟不同于用自身资本金去博弈的自营业务。

6.1.4　投资银行资产管理业务的模式

目前，投资银行开展资产管理业务主要采取三种模式。

1. 设立下属部门经营资产管理业务

设立下属部门经营资产管理业务有一定的优势，但也存在一些弊端。优势在于投资银行在长期发展过程中已经积累了一定的人力、物力和财力，现有的品牌优势、智力资源和交易系统都可以为资产管理部门所用，这一方面可以节省资产管理成本，另一方面可以使投资银行资源发挥最大的效用。弊端在于资产管理部门只是投资银行下属的一个分支机构，并不是独立的法人机构，所以资产管理部门与投资银行的其他部门之间极有可能产生一些不规范的行为。例如，投资银行的自营业务部门可能为了追求更大的利益挪用资产管理部门的资金从事内部交易，这可能会给投资者造成巨大的损失。因此，采用此种模式的投资银行必须严格规范资产管理业务与其他业务之间的关系，这就对投资银行的规范化程度提出了很高的要求。

2. 设立资产管理公司经营资产管理业务

将资产管理业务与投资银行的其他业务分离开来，从制度上消除混合操作和内部交易的行为，有效弥补了第一种模式的不足。资产管理人作为独立的机构在操作上更加自由，拓展的空间更加宽广，这种模式为中小投资银行从事资产管理业务开辟了一条新的道路。但是与第一种模式相比，独立的资产管理公司也存在明显的先天不足，必须拥有自己的人力资源系统、交易系统，重新创设自己的品牌，成本较高。因此独立的资产管理公司应扬长避短，一方面致力于建立完备的组织机构，另一方面不断加强与外界的合作与交流，以增强自身的实力。

3. 设立基金实现资产管理

第三种模式是目前运用得较为广泛的模式，它在一定程度上弥补了前两种模式的不足，兼顾了资产管理操作的规范性与独立性，将资产管理的委托者与受托者紧密结合，有效地实现了利益共享、风险共担的目标。

6.1.5　投资银行资产管理业务的基本程序

1. 申请阶段

在客户递交申请以及相关的文件资料后，投资银行要进行严格审查，并结合有关的法律限制决定是否接受委托。委托人如果是个人，应具有完全的民事行为能力；委托人如果是机构，必须是合法设立并有效存续，对其所委托的资产具有合法所有权，一般还必须达到受托人要求的一定数额。一些按法规规定不得进入证券市场的资金，不得用于资产委托管理。

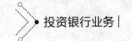

2. 签订协议

经过审查合格后，投资银行将与客户签订资产委托管理协议。协议中将对委托资金的数额、委托期限、收益分配等做出具体规定。

3. 管理运作

通常，投资银行都通过建立专门的附属机构来管理投资者委托的资产。投资银行在资产管理过程中，应该做到专户管理、单独核算，不得挪用客户资金或骗取客户收益。同时，投资银行还应该遵守有关法律规定，防范投资风险。

4. 返还本金及收益

委托期满后，按照资产委托管理协议要求，在扣除受托人应得的管理费和报酬后，将本金和收益返还委托人。

【知识链接】 **解读"大资管时代"**

随着国内机构与个人财富的迅速积累，急需更丰富、多元化的资产管理渠道，中国的资产管理行业因此得以迅猛发展。在此背景下，自2012年5月以来，中国的资产管理行业迎来了一轮监管放松、业务创新的浪潮。新一轮的监管放松，在扩大投资范围、降低投资门槛以及减少相关限制等方面，均打破了证券公司、期货公司、证券投资基金管理公司、银行、保险公司、信托公司之间的竞争壁垒，使资产管理行业进入竞争、创新、混业经营的大资管时代。

据前瞻产业研究院统计，近几年，我国资产管理行业规模发生跳跃式增长，包括理财、信托、基金、债券、期货、保险等在内的资产管理业务发展极快。2012年我国资产管理规模为27万亿元；到2016年资产管理规模已达到116万亿元。按现有复合增长率预测，到2020年我国资产管理业务总规模将突破200万亿元。资管业务的角逐者主要包括商业银行、基金公司、信托公司、证券公司、保险公司、期货公司，其中基金公司可细分为公募基金、私募基金、基金子公司。在2016年资管业务存量市场中，商业银行理财产品余额为29.05万亿元，占比25.06%；基金公司合计管理资产规模为26.05万亿元，占比22.47%；信托公司管理的资产规模为20.22万亿元，占比17.44%；证券公司资管业务规模为17.31万亿元，占比14.93%；保险公司资管产品存量为15.11万亿元，占比13.04%。

2018年是资管行业的变革之年，监管体制重大改革纷纷落地，重塑资管行业产业链；金融业对外开放重重加码，内资资管外部强敌环伺。不禁要问：大资管时代即将终结吗？

答案恰恰相反。

大资管的"大"，绝不仅指规模大，更多样的产品、更多元的参与者才是名副其实的大资管；大时代的"大"，绝不是金融系统空转的自繁荣，而必须回归资管本质、服务实体经济。

根据波士顿咨询报告，预计2020年，我国高净值人群与一般家庭的可投资资产总额将分别达到97万亿元与102万亿元，也就是说，每年有1.5万亿的增量。

对比美国，我国资管机构的渗透率显著偏低。以工商银行为例，中国高净值家庭所拥有的财富占总体个人财富的43%，而工行私行客户资产规模占整体零售客户资产规模的比例仅为10%，有极大的提升空间。

过去，资管行业内存在大量的"伪"资管产品，事实上形成了"劣币驱逐良币"的不公平竞争环境，也积累了极大的金融风险。

去伪存真后，2018年，大资管时代并未结束，而是换场，破而后立，返璞归真。2019年，大资管将迎来真正意义的大时代！

资料来源：任泽平. 券商资管传记："银行的影子"和监管套利. 中国经营网[EB/OL]. http://www.cb.com.cn/renzeping/

变革之年 迎接统一监管下的大资管时代. 中国日报网[EB/OL]. https://baijiahao.baidu.com/s?id=1622142932667998929.

6.2　基金管理业务

2013年2月18日，中国证监会公布《资产管理机构开展公募证券投资基金管理业务暂行规定》(以下简称《暂行规定》)，该规定自2013年6月1日起施行。根据规定，符合条件的证券公司资产管理子公司或资产管理部门可在《暂行规定》实施后申请开展基金管理业务。

证券公司开展公募基金管理业务有三条路径：一是证券公司将派驻人员从参股基金公司撤回，由母公司持有公司公募业务牌照，以独立一级部门形式开展公募业务；二是设立资产管理子公司，比照基金公司管理模式，在子公司下设立独立的公募业务部门，开展公募业务；三是控股基金管理公司，将母公司和基金公司公募牌照合二为一，将现有资产管理大集合整合入基金管理公司。

由于投资基金管理业务是投资银行一项非常重要的资产管理业务，有必要在此进行专门阐述。

6.2.1　基金的定义和特征

1. 基金的定义

基金有广义和狭义之分，广义的基金分为专项基金和投资基金。

专项基金是指通过国民收入的分配和再分配形成的具有指定用途的资金，主要包括各类福利基金、发展基金、保险基金、养老基金、救济基金等。这些基金大致分为三类：一是社会福利基金，它主要由企业、职工和国家财政拨款三部分构成，用于保障职工的生活福利；二是保险基金，这类基金主要来源于投保人的保费，用于补偿自然灾害或意外事故造成的损失；三是慈善基金，其资金主要来源于社会捐助，用于科教文化和社会治安等方面。

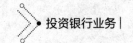

投资基金指一种利益共享、风险共担的集合证券信托投资方式，即通过发行基金单位，将具有相同投资目标的众多投资者的闲散资金集中起来，由专门的基金托管人托管基金资产，并由专门的基金管理人在基金契约或基金公司章程规定的框架内管理和运用资金，从事某种或一篮子金融资产投资，并将投资收益按基金投资者的投资比例进行分配的一种间接投资方式。狭义的基金专指投资基金，本节所讲的基金是指投资基金。

2. 基金的特征

1) 集合理财，专业管理

基金将众多投资者的资金集中起来，委托基金管理人进行共同投资，表现出一种集合理财的特点。通过汇集众多投资者的资金，积少成多，有利于发挥资金的规模优势，降低投资成本。基金由基金管理人进行投资管理和运作。基金管理人一般拥有大量的专业投资研究人员和强大的信息网络，能够更好地对证券市场进行全方位的动态跟踪与分析。将资金交给基金管理人管理，中小投资者也能享受到专业化的投资管理服务。

2) 组合投资，分散风险

为降低投资风险，我国《证券投资基金法》规定，基金必须以组合投资的方式来运作，从而使"组合投资，分散风险"成为基金的一大特色。"组合投资，分散风险"的科学性已为现代投资学所证明，中小投资者由于资金量小，一般无法通过购买不同的股票分散投资风险。基金通常会购买几十种甚至上百种股票，投资者购买基金就相当于用很少的资金购买了一篮子股票，某些股票下跌造成的损失可以用其他股票上涨的盈利来弥补，因此，可以充分享受到"组合投资、分散风险"的好处。

3) 利益共享，风险共担

基金投资者是基金的所有者。基金投资者共担风险，共享收益。基金投资收益在扣除由基金承担的费用后的盈余全部归基金投资者所有，并依据各投资者所持有的基金份额比例进行分配。为基金提供服务的基金托管人、基金管理人只能按规定收取一定的托管费、管理费，并不参与基金收益的分配。

4) 严格监管，信息透明

为切实保护投资者的利益，增强投资者对基金投资的信心，中国证监会对基金业实行比较严格的监管，对各种有损投资者利益的行为进行严厉打击，并强制基金进行较为充分的信息披露。在这种情况下，严格监管与信息透明成为基金的一个显著特点。

5) 独立托管，保障安全

基金管理人负责基金的投资操作，本身并不负责基金财产的保管。基金财产的保管由独立于基金管理人的基金托管人负责。这种相互制约、相互监督的制衡机制保护了投资者的利益。

6.2.2 基金的分类

根据不同的标准，可以对基金进行不同的分类。

1. 按组织形态划分

按组织形态，基金可以划分为契约型基金(Contractual Type Fund)和公司型基金(Corporate Type Fund)。

1) 契约型基金

契约型基金是根据基金投资人、管理人(包括发起人)和托管人之间所签署的基金合同而设立，交由管理人根据信托契约进行投资管理的基金，又称单位信托基金。英国、日本、新加坡、中国台湾和中国香港等国家和地区的基金多是契约型基金。

契约型基金是基于契约原理而组织起来的代理投资行为，参与基金各方的行为受到基金契约的约束。基金发起人通过发行收益凭证将资金筹集起来组成信托财产，并认购一定基金单位份额；基金管理人作为基金的代管理者，根据基金契约以及相关法律法规对基金资产进行管理；基金托管人主要负责保管基金资产，办理基金名下的资金往来以及监督基金管理人；基金托管人通过购买基金单位参加基金投资，承担投资风险并分享投资收益。契约型基金根据信托契约建立和运作，随着契约期满，基金运营也宣告终止。

2) 公司型基金

公司型基金是依据公司法成立的、以营利为目的的股份有限公司形式的基金。这种基金通过发行股份的方式筹集资金，具有独立的法人资格，投资者通过购买基金公司的股票成为公司股东，按照公司章程规定享受权利、履行义务。基金公司成立以后一般由专业的基金管理公司进行管理，管理公司通过与基金投资公司签订管理契约，向其提供专业资料、技术和咨询服务，收取佣金。基金资产的托管则委托另一家金融机构，一般由银行或者信托公司担任，通过与投资公司签订托管契约，托管公司主要从事投资证券的保管、核算当日每股资产净值、配发股息以及办理过户手续等业务。基金资产独立于基金管理人和托管人的资产之外，即使受托的金融机构破产，受托保管的基金资产也不在清算之列。

> **思考**
>
> 契约型基金与公司型基金的区别是什么？
>
> 提示：① 资金性质不同。契约型基金的资金是信托财产；公司型基金的资金是公司法人的资本。
>
> ② 投资者地位不同。契约型基金的投资者既是基金的委托人，又是基金的受益人；公司型基金的投资者购买基金公司的股票后成为该公司的股东。
>
> ③ 基金营运依据不同。契约型基金依靠合同营运基金；公司型基金依据公司章程营运基金。
>
> ④ 基金的筹资工具不同。契约型基金主要以受益凭证、基金单位为筹资工具；公司型基金主要以股票为筹资工具。

2. 按交易方式划分

按交易方式划分，基金可以分为开放式基金(Open-End Fund)和封闭式基金(Close-

End Fund)。

1) 开放式基金

开放式基金指根据市场供求情况可以随时无限地向投资者发行新份额或赎回份额的基金。投资者只需要支付一定的手续费即可以售出或赎回基金单位。为了满足投资者中途抽走资金的需求，开放式基金会保持一定比例的现金资产，这虽然会影响基金的盈利水平，但同时增强了基金的变现能力。

2) 封闭式基金

封闭式基金是指基金资本总额和发行份数在发行之前已经固定下来，在发行完成和规定的时间内，基金资本总额及发行份数都保持不变。由于封闭式基金的股票或收益凭证不能被追加或赎回，投资者只能通过证券经纪商在证券交易市场进行买卖，基金收益包括红利和可实现资本利得。

🧠 思考

封闭式基金与开放式基金主要有哪些区别？

提示：① 期限不同。封闭式基金有固定的存续期，一般为10年或15年，当期满时，要进行基金清盘，在基金持有人大会通过并经监管机关同意的情况下，可以延长存续期。开放式基金没有固定的存续期，只要基金的运作得到基金持有人的认可，基金的规模也没有低于规定的最低标准，基金就可以一直存续下去。

② 规模限制不同。封闭式基金在存续期内，如果未经法定程序认可，不能扩大基金的规模。开放式基金的规模是不固定的，一般在基金设立3个月后，投资者随时可以申购和赎回基金单位。业绩好的开放式基金，规模会越来越大；而业绩不佳的开放式基金，会遭到投资者的抛弃，规模逐渐萎缩，直到规模小于某一标准时，开放式基金就会被清盘。

③ 交易场所不同。封闭式基金的投资者不能向基金管理公司赎回自己的投资，但可在交易所将其持有的基金单位转让给其他投资者。开放式基金一般不上市，投资者可以直接与基金管理公司或其代理人进行基金买卖，交易在投资者与基金管理人之间完成。

④ 价格形成方式不同。封闭式基金在证券交易所挂牌买卖，其价格随行就市，直接受到基金供求关系、其他基金的价格以及股市、债市行情等的共同影响，总是偏离基金的单位资产净值。开放式基金申购赎回的价格是每日计算出的该基金单位资产净值，这个价格不受市场供求关系变化的影响。

⑤ 流动性要求不同。封闭式基金可以根据预先设定的投资计划进行长期投资和全额投资。开放式基金为满足投资者基金赎回的要求，必须保留一定的现金资产，并高度重视基金资产的流动性。

⑥ 信息披露要求不同。封闭式基金每周公布一次单位资产净值，而开放式基金要求基金管理公司每个开放日公布基金单位资产净值。

3. 按基金的投资标的划分

按照投资对象的不同，基金可分为股票基金、债券基金、货币市场基金和衍生证券投资基金等。

1) 股票基金

股票基金是指以上市股票为主要投资对象的证券投资基金。股票基金的投资目标侧重于追求资本利得和长期资本增值。股票基金是最重要的基金品种。在我国，根据《证券投资基金运作管理办法》的规定，60%以上的基金资产投资于股票的为股票基金。

2) 债券基金

债券基金是指一种以债券为主要投资对象的证券投资基金。由于债券的年利率固定，这类基金的风险较低，适合于稳健型投资者。债券基金的收益会受市场利率的影响，当市场利率下调时，其收益会上升；反之，收益则下降。在我国，根据《证券投资基金运作管理办法》的规定，80%以上的基金资产投资于债券的为债券基金。

3) 货币市场基金

货币市场基金是指以货币市场工具为投资对象的一种基金，其投资对象期限在1年以内，包括银行短期存款、国库券、公司短期债券、银行承兑票据及商业票据等货币市场工具。在我国，根据《证券投资基金运作管理办法》的规定，仅投资于货币市场工具的，为货币市场基金。货币市场基金的优点是资本安全性高、购买限额低、流动性强、收益较高、管理费用低，有些还不收取赎回费用。因此，货币市场基金通常被认为是低风险的投资工具。

4) 衍生证券投资基金

这是一种以衍生证券为投资对象的基金，包括期货基金、期权基金、认股权证基金等。这种基金的风险较大，因为衍生证券一般是高风险的投资品种。

💭 思考

若某基金资产的50%用于购买股票，50%用于购买债券，该基金为什么类型的基金？

提示：混合基金是指资金资产同时投资于股票、债券和货币市场等工具，但没有明确的投资方向的基金。混合基金根据资产投资比例及其投资策略再分为偏股型基金(股票配置比例为50%～60%，债券比例为20%～40%)、偏债型基金(与偏股型基金正好相反，债券配置比例为50%～60%，股票比例为20%～40%)、平衡型基金(股票、债券比例比较平均，为40%～60%)和配置型基金(股票、债券比例按市场状况进行调整)等。因此，该基金为混合基金中的平衡型基金。

---

4. 按其他标准划分

1) 成长型基金、收入型基金、平衡型基金

按照投资目标的不同，基金可分为成长型基金、收入型基金和平衡型基金。成长型

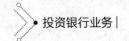

基金是指以追求资本增值为基本目标，较少考虑当期收入的基金；收入型基金是指以追求稳定的经常性收入为基本目标的基金；平衡型基金则是既注重资本增值又注重当期收入的基金。一般而言，成长型基金的风险大、收益高；收入型基金的风险小、收益也较低；平衡型基金的风险、收益则介于成长型基金与收入型基金之间。

2) 在岸基金和离岸基金

按照基金的资金来源和用途的不同，基金可分为在岸基金和离岸基金。在岸基金是指在本国募集资金并投资于本国证券市场的证券投资基金；离岸基金是指一国的证券基金组织在他国发行证券基金份额，并将募集的资金投资于本国或第三国证券市场的证券投资基金。

3) 伞型基金和基金中的基金

伞型基金是指多个基金共用一份基金合同，子基金独立运作，子基金之间可以进行相互转换的一种基金结构形式。基金中的基金是指以其他证券投资基金为投资对象的基金，其投资组合由其他基金组成。

4) 保本基金

保本基金是指在一定时期后，通常为3～5年，投资者会获得投资本金的一定百分比的回报，同时，视基金运作情况，投资者还会获取额外收益的基金。保本基金具有部分"封闭式基金"的特点，通常具有一定的封闭期，如投资者在封闭期内赎回份额将无法得到基金管理公司的保本承诺，所以保本基金也被称为"半封闭式基金"，是一种理想的避险品种。

6.2.3　基金的运作与管理

1. 基金的当事人

1) 基金投资者

基金投资者(又称基金持有人)是指持有基金份额或基金单位的自然人或法人，是资金的出资人、基金资产的所有者和基金投资回报的受益人。基金投资者是整个投资基金制度的基石，因此，维护投资者利益往往是各国投资基金立法的宗旨之一。

> **思考**
>
> 基金投资者具有哪些权利和义务？
>
> 提示：基金投资者享有的权利包括：分享基金财产收益；参与分配清算后的剩余基金财产；依法转让或者申请赎回其持有的基金份额；出席基金投资者大会；并对大会审议事项行使表决权；查阅或者复制公开披露的基金信息资料；基金合同规定的其他权利。
>
> 基金投资者应承担的义务包括：遵守基金契约；足额缴纳基金认购申请款项以

及承担基金合同规定的费用；承担基金亏损或者终止的部分损失；不从事任何有损基金或者其他基金当事人利益的活动。

2) 基金管理人

基金管理人是负责基金具体投资事宜以及日常管理的机构，一般由基金管理公司或法律规定可以从事基金管理业务的其他基金机构担任。各国法律对于基金管理人有不同的规定，大多数国家规定基金管理人必须符合以下条件：通过政府规定的主管当局的资格审核，资本规模不得低于规定数额，有合格的基金管理人才、完善的内部控制制度以及固定场所和必备设施等。

我国《证券投资基金法》规定，基金管理人由依法设立的公司或者合伙企业担任。公开募集基金的基金管理人，由基金管理公司或者经国务院证券监督管理机构按照规定核准的其他机构担任。

基金管理公司的主要职责包括：依照委托管理契约或者公司章程规定拟订可行的投资计划；自营或委托其他机构进行基金宣传和推销；编制基金财务会计报告；办理与基金有关的信息披露事项；指示基金托管人按照投资计划处置基金资产并监督托管人的行为(不能直接经手基金)；代表基金投资者行使基金所投资公司股东大会的表决权。

3) 基金托管人

基金托管人是与基金管理人订立托管契约，负责保管基金财产、执行基金管理人的划款或清算指令、监督基金管理人的投资运作以及复核、审查基金资产净值等业务的金融机构。基金托管人通常由信誉卓著的投资银行、商业银行或信托投资公司担任。我国《证券投资基金法》明确规定，基金托管人由依法设立的商业银行或者其他金融机构担任。商业银行担任基金托管人的，由国务院证券监督管理机构和国务院银行业监督管理机构核准；其他金融机构担任基金托管人的，由国务院证券监督管理机构核准。

根据《证券投资基金法》的规定，申请取得基金托管资格，应当具备下列条件，并经国务院证券监督管理机构和国务院银行业监督管理机构核准：①净资产和风险控制指标符合有关规定；②设有专门的基金托管部门；③取得基金从业资格的专职人员达到法定人数；④有安全保管基金财产的条件；⑤有安全高效的清算、交割系统；⑥有符合要求的营业场所、安全防范设施和与基金托管业务有关的其他设施；⑦有完善的内部稽核监控制度和风险控制制度；⑧法律、行政法规规定的和经国务院批准的国务院证券监督管理机构、国务院银行业监督管理机构规定的其他条件。

4) 其他重要的当事人

其他重要的当事人主要有基金承销机构、基金代理商、会计师和律师等。

基金管理公司和托管机构都对基金发行、交易、赎回和分红派息等日常工作负责，但随着金融领域专业化分工的深化，这些工作一般委托基金承销机构来办理。基金承销

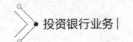

机构几乎完全由投资银行来担任。基金代理商主要负责办理基金投资者的过户手续、基金单位登记以及红利发放等事项。会计师和律师主要负责提供专业、独立的会计和法律服务，并为基金管理人出具内部控制审计报告等。

2. 基金的发起、设立和发行

1) 基金的发起

投资银行是最主要的发起人。对发起人的资格要求，各国法律都做出了一定的限制，即只有具备一定条件的个人或企业才能作为发起人申请设立基金。

申请设立开放式基金时，必须在人才和技术设施上能够保证每周至少一次向投资者公布基金资产净值和申购、赎回价格。

基金发起人在筹划设立投资基金之前，通常就基金是否符合国家产业政策、基金运营是否可行等基本问题展开调查研究，在得出肯定结论后，便着手设计基金的总体方案。总体方案经充分论证完善，成为基金设立与运作的指导性文件。

基金的设立必须由发起人向政府主管部门申请并获得政府主管部门的批准。基金发起人提出申请时应递交相关的法律文件，包括设立基金的申请报告、发起人协议、基金契约或公司章程、基金管理协议、基金托管协议和基金招募说明书等。申请报告的内容主要包括基金名称、拟申请设立基金的必要性与可行性、基金类型、基金规模、存续期间、发行价格、发行对象、基金的交易或申购与赎回安排、拟委托的基金管理人和基金托管人等。发起人协议应包括拟设立基金的基本情况、发起人的权利和义务、发起人认购基金单位的数量、拟聘任的基金管理人和基金托管人、发起人对主要发起人的授权等内容。基金契约、公司章程是基金的说明性文件，是使投资者进行投资及其利益得到保护的法律依据。基金管理协议是规范基金公司和基金管理人双方权利、义务的契约。基金托管协议又称委托保管协议，是规范基金公司与基金托管人双方权利、义务的契约。基金招募说明书是经主管机关批准同意后，为基金公司公开发行基金券，向社会提供有关基金的详细资料的文件。

政府主管部门收到发起人上报的文件后，对基金发起人资格、基金管理人资格、基金托管人资格以及基金契约、托管协议、招募说明书和上报资料的完整性、准确性进行审核，如符合有关标准，则正式下文批准基金发起人公开发行基金。

2) 基金的设立

投资基金正式成立后、基金管理公司便正式承担基金管理的责任，使用募集资金进行投资运作，基金资产则交由基金托管公司保管。对基金管理公司的设立，不同国家和地区的法律规定不尽相同，但一般都要求基金管理公司的设立与运行必须符合投资基金法规，经政府证券主管部门审核批准。在我国，申请设立基金管理公司，必须经中国证监会审查批准，并按照中国证监会的要求提交有关文件。根据《中华人民共和国证券投资基金法》第十三条的规定，设立管理公开募集基金的基金管理公司应当具备下列条件，并经国务院证券监督管理机构批准。

(1) 有符合本法和《中华人民共和国公司法》规定的章程。

(2) 注册资本不低于1亿元人民币，且必须为实缴货币资本。

(3) 主要股东具有经营金融业务或者管理金融机构的良好业绩、良好的财务状况和社会信誉，资产规模达到国务院规定的标准，最近3年没有违法记录。

(4) 取得基金从业资格的人员达到法定人数。

(5) 董事、监事、高级管理人员具备相应的任职条件。

(6) 有符合要求的营业场所、安全防范设施和与基金管理业务有关的其他设施。

(7) 有良好的内部治理结构、有完善的内部稽核监控制度和风险控制制度。

(8) 法律、行政法规规定的和经国务院批准的国务院证券监督管理机构规定的其他条件。

3) 基金的发行

投资基金的发行是指在基金发行申请经主管机关批准同意后，将基金券(公司型基金)或基金受益凭证(契约型基金)向广大投资者推销出去的经济活动。基金发行是证券投资基金整个运作过程中的一个基本环节，也是基金市场的一个重要组成部分。

基金的发行方式也有公募和私募两种。在基金规模较小、基金投资范围比较窄、发行总额在规定的范围内且在特定的投资者认购的情况下，采用私募发行方式；在发行总额较大、急需募集基金或对所发行基金的受欢迎程度把握不准，并出于公开公正原则考虑的情况下，采取公募发行方式。

基金的发行一般有中介机构的介入，由承销商将基金单位承销下来，再分销给零售商，由零售商分售给投资者，也可以不经过任何专门的销售机构，而直接面向投资者销售。直接销售方式是最简单的发行方式。目前，基金的承销发行日益普遍，投资银行作为承销商在其中发挥了重要作用。

在规定的期限内认购到足额的资金后，投资基金就可以成立。《证券投资基金法》规定：基金募集期限届满，封闭式基金募集的基金份额总额达到核准规模的80%以上，开放式基金募集的基金份额总额超过核准的最低募集份额总额，并且基金份额持有人人数符合国务院证券监督管理机构的规定，基金管理人应当自募集期限届满之日起10日内聘请法定验资机构验资，自收到验资报告之日起10日内，向国务院证券监督管理机构提交验资报告，办理基金备案手续，并予以公告。若基金不能成立，基金发起人必须承担基金募集费用，并将募集的资金连同活期存款利息返还给投资者。

3. 基金的投资目标和投资政策

1) 基金的投资目标

基金的投资目标应表明该基金投资所具有的风险与收益状况，募集时必须在基金招募说明书中对投资目标加以明确，以供投资者选择。

目前，投资基金的投资目标大致分为三类：第一类是追求长期的资本增值；第二类是追求当期的高收入；第三类是兼顾长期资本增值和当期收入。投资目标不同，主要投资工具就不同，基金获取收益的方式也不同。收入型基金会有较高的当期收入，平衡型基金在得到利息和股利的同时也能够实现一定的资本利得，成长型基金只注重长期的资本利得，对当期的股利和利息收入并不注重。

2) 基金的投资政策

基金的投资政策是指投资基金为指导其证券投资活动而制定和实施的原则性、方针性措施，其中最为重要的是对各类证券投资进行选择的原则和方针。基金投资管理是基金管理公司的核心业务，基金管理公司要实现基金运作的科学性和稳健性，就必须建立一个理性、有效的投资决策机构，这个决策机构被称为"投资决策委员会"，属于基金管理公司的内设机构。投资决策委员会的功能是为基金投资拟定投资原则、明确投资方向、制定投资策略以及投资组合的整体目标和计划。

基金的投资政策具有相应的基本特征。

(1) 保持证券组合的类型，这在一定程度上反映了基金投资所追求的目标。

(2) 注意证券分散化的程度，由该基金所持证券的种类以及基金总值中不同类型证券的比重决定，各个基金的分散化政策是不相同的。

(3) 把握证券组合质量的高低，注意基金充分投资的程度和投资目标的稳定性。

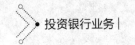 **知识百科**

投资决策委员会

投资决策委员会是基金管理公司非常设机构，是基金管理公司最高投资决策机构，它以定期或不定期会议的形式讨论和决定基金管理公司投资的重大问题。投资决策委员会一般由公司总经理、分管投资的副总经理、投资总监、研究总监等相关人员组成。

投资决策委员会的主要职责：①制定公司投资相关制度；②根据公司投资管理制度和基金合同，确定基金投资的基本方针、原则、策略及投资限制；③审定基金资产配置比例或比例范围；④确定基金经理可以自主决定投资的权限；⑤审批基金经理提出的投资额超过自主投资额度的投资项目；⑥定期审议基金经理的投资报告，考核基金经理的工作绩效。

4. 基金投资政策的制定和执行

1) 基金投资政策的制定

基金投资政策的制定通常要经过以下几步：首先，公司研究发展部出具研究报告；其次，投资决策委员会审议和决定基金的总体投资计划；再次，基金投资部制定投资组合的具体方案；最后，风险控制委员会提出风险控制建议等。

2) 投资决策实施

基金管理公司在确定了投资决策后，就进入决策实施阶段。根据投资决策中规定的投资对象、投资结构和持仓比例等，在市场上选择合适的股票、债券和其他有价证券来构建投资组合，并根据市场实际情况的变化及时对投资组合进行调整。

证券组合管理是一种以实现投资组合整体风险——收益最优化为目标，选择纳入投资组合的证券种类并确定适当权重的活动。资产配置是证券组合管理决策制定步骤中最重要的环节。不同的资产配置具有自身特有的理论基础、行为特征和支付模式，适用于不同的市场环境和客户投资需求。从范围上看，资产配置可分为全球资产配置、股票证券资产配置和行业风格资产配置；从时间跨度和风格类别上看，资产配置可分为战略性资产配置、战术性资产配置和资产混合配置；从资产管理人的特征与投资者的性质来看，资产配置可分为买入并持有策略、恒定混合策略、投资组合保险策略和战术性资产配置策略。

3) 基金的投资限制

基金的投资决策和投资方案等都是由基金管理人做出的，为了保护基金持有人的利益，各国基金监管部门对基金投资活动规定了很多限制，包括基金的投资对象、投资数量以及基金的运作方法。

投资数量的限制，可以分散投资、降低风险。投资数量的限制包括两个方面：一是对投资某一种股票的数量限制，即规定基金投资于任何一家公司股票的股份总额不得超过该公司已发行股票股份总额的一定比例；二是对某一种股票的投资总额在基金资产净值中所占比例的限制，即规定基金对于某一种证券的投资额不得超过该基金资产净值的一定比例。

投资方法的限制包括禁止基金与基金关系人交易；限制同一基金管理人的多只基金之间的相互交易；禁止信用交易等。

5. 基金收益来源及其分配

基金净收益是基金收益扣除按照国家有关规定可以在基金收益中扣除的费用后的余额，是基金收益分配的基础。其中，费用包括基金管理费、基金托管费、基金交易费、基金运作费等。

在我国，基金收益分配遵循以下原则。

1) 关于封闭式基金的收益分配

根据有关法律规定，封闭式基金的收益分配，每年不得少于一次，封闭式基金年度收益分配比例不得低于基金年度已实现收益的90%。封闭式基金当年收益应先弥补上一年的亏损，如当年发生亏损则不进行收益分配。封闭式基金一般采用现金分红方式。

(2) 关于开放式基金的收益分配

开放式基金的基金合同应当约定每年基金收益分配的最多次数和基金收益分配的最低比例。实践中，许多基金合同规定每年至少分配一次。开放式基金当年收益也应弥补上一年的亏损，如当年发生亏损则不进行收益分配。分红方式有现金分红和红利再投资转换为基金份额两种。

本章关键词

资产管理　委托管理　现金管理　基金管理　全权委托　固定回报
投资顾问　公募　私募　发起人　管理人　投资基金

问题讨论

1. 在当今市场竞争加剧和客户需求提升的背景下，传统业务模式已无法满足投资银行的生存和发展需求。资产管理业务正是投资银行依靠其强大的智力资源和信息储备开展的一项新兴业务。如何开拓新兴业务、增强盈利能力已成为投资银行当前面临的主要问题。

思考：当今形势下，投资银行如何开展新兴业务？有哪些具备可行性的新兴业务？

2. 2010—2017年是资管的大时代，金融机构资产管理总规模从十万亿元扩张到百万亿元。但是，这种指数式增长累积起来的规模却让人有种不真实感，并在发展过程中不断滋生风险，许多大事件更是让这种风险暴露在阳光下。2017年后，随着经济企稳，防风险、严监管成为主心骨。金融监管机构发布了一系列文件，打出了一记以资管新规为主，同业、非标、通道监管等为辅的组合拳，百万亿元的资管格局面临重整。刚兑不再、资金池不再、通道不再的禁令让不少机构和从业者一筹莫展。有人认为，资管的大时代、好时代似乎迎来了终结。

思考：你对此有何看法？

延伸阅读

1. 私募基金的运作模式。
2. 我国首家获批的投资银行资产管理公司。

案例分析

南方证券：成就中国最大证券公司破产案

南方证券股份有限公司的前身为南方证券有限公司，成立于1992年12月21日，注册资本10亿元人民币。

1998—2001年，是中国证券市场牛气最盛的时候，南方证券恰恰是这一时期中国证券市场中光芒四射的主力之一。统计显示，1999年南方证券公司取得了"A股＋基金"交易总额位列全国同行第二名、主承销募集资金总额位列第三名的好成绩。

2000年，较好的市场行情促使南方证券吸收了大量的委托理财业务，签订了大量保底合约，这是南方证券增资扩股的开始，也为后来南方证券背上包袱埋下了伏笔。

随后，证券市场的行情不断下跌，南方证券的包袱越来越重，不断传出南方证券出现支付困难的消息。2002年1月19日，南方证券有限公司获得中国证监会批准进行增资扩股并改制为股份有限公司。同年6月，原申银万国总裁阚治东临危受命，出任南方证券总裁。

在自营业务上，南方证券泥足深陷，截至2003年6月30日，南方证券位列26家上市公司前十名大股东，其持股量的账面总额达到33.45亿元，但数月来股市交投殊无亮点。更可怕的是，据南方证券2002年的资产负债表披露，南方证券挪用客户保证金19.17亿元，而实际上挪用的客户保证金金额很可能会更多。

至2003年10月，南方证券爆发大范围信用危机，委托理财客户纷纷上门索要投资本金和收益，南方证券生死悬于一线。当时，南方证券客户保证金存款约为80亿元，委托理财规模也为80亿元。

2004年1月2日，因挪用客户保证金等违法违规经营行为，南方证券被行政接管。其后央行注入80多亿元再贷款，南方证券客户保证金安全得到保障，其经纪业务得以正常运转。

2005年4月29日，中国证监会关闭南方证券，开始清算。

2005年8月1日，建银投资宣布以3.5亿元接手南方证券74家营业部和投资业务。

2005年9月28日，中国建银投资证券有限责任公司宣布成立，南方证券正式退出历史舞台。

南方证券公司从辉煌的证券公司最终沦落到申请破产清算，不仅是因为业务扩张速度过快，还因为其多种业务存在违规行为，比如擅自挪用客户款项，加之监管力度不足，致使南方证券不得不进行内幕交易，影响金融市场的正常秩序。

资料来源：南方证券：成就中国最大证券公司破产案. 腾讯财经[DB/OL]. http://finance.qq.com/a/20101106/001783.htm，2010-11-06.

思考：南方证券的危机是怎样形成的？我国投资银行市场应如何完善市场体制，才能使信息透明化、公开化，真正为所有客户负责？

分析提示：列举违规行为。列出证监会出台的一系列有关资产管理的法规和条文，明确我国投资银行为规范市场和防范行业风险都做了哪些努力。

实践训练

1. 选择一家投资银行，了解其公司组织结构、业务范围，列举其创新业务产品。

2. 选择开放式基金和封闭式基金各一只，查看信息披露数据，并分析两只基金披露的信息有何不同。

第7章　风险投资业务

▶ **学习目标**

- 了解风险投资的定义和特征
- 掌握风险投资的运作主体
- 熟悉风险投资的基本阶段
- 了解风险投资的主要风险

▶ **知识结构图**

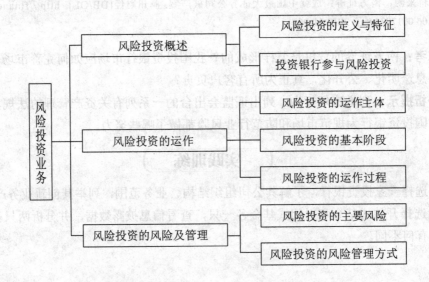

导入案例

"苹果"的奇迹

1976年，在一个平凡的日子里，21岁的史蒂夫·乔布斯和26岁的史蒂夫·沃兹尼亚中途退学，在一间空荡荡的车库里，靠卖掉汽车和计算机筹得的1300美元，创立了苹果计算机公司，他们凭着过人天资和执着精神研制出能改变大机型统治计算机领域的苹果I型计算机。他们的目的是为那些对计算机感兴趣，但又买不起计算机的业余爱好者生产出个人使用的、成本低廉的计算机。

随着技术问题一道一道地解开，资金问题接踵而来。乔布斯回忆道："大约是在1976年秋，我发现市场的增长比我们想象得要快，我们需要更多的钱。"1977年，苹果I型计算机销售非常好，苹果II型也即将进入市场，然而扩大发展需要资金、需要经验。尽管乔布斯在经营方面已略有经验，但把苹果公司建成大企业，他们还有些心有余而力不足，乔布斯便决定引进外资和外援。

乔布斯首先劝说曾在英特尔公司和仙童半导体公司担任销售经理的电子工程师马克·马库拉加盟苹果计算机公司。马库拉当时34岁，因英特尔公司股票发财，便提前退休。他是著名的风险投资家，他个人给苹果公司投资9.1万美元，另外还给公司筹资60万美元，担任苹果计算机公司董事长，苹果计算机公司在引进第一笔风险资本后便开始了光辉的历程。

1980年12月可以说是苹果计算机公司最辉煌的日子，也可以说是风险投资最震撼人心的日子，苹果计算机公司公开上市了。公司以每股22美元的价格向社会公众发售22万股股票，第一天股价就从22美元/股上涨到29美元/股，从上市到销售完毕仅用了12分钟，公司的市场价值上升到12亿美元。其中，风险企业家乔布斯所持的股份价值达到1.65亿美元，风险投资家马克·马库拉所持的股份价值达到1.54亿美元。苹果计算机公司在短短一个月之内产生了40多个百万富翁，时间之快，令人始料不及。至此最初的风险资本已从苹果计算机公司满载而归，风险投资家和风险企业家实现了各自的梦想。

资料来源：苹果公司风险案例分析[EB/OL]. https://wenku.baidu.com/view/e48de4e7bdeb19e8b8f67c1cfad6195f312be8ec.html.

在这一案例中，苹果引入风险投资的成功，无疑为知识经济时代的高新技术企业的发展提供了一个有益的启示。我们都期待，在知识经济时代，中国的高新技术企业能够在风险投资的帮助下，获得更快的发展。投资银行是风险投资的积极参与者，几乎涉及风险投资领域的各个方面。

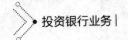
7.1 风险投资概述

现代风险投资始于美国，是美国发展高新技术战略的一部分。1958年，美国国会通过了《国内所得税法》和《中小企业投资法》两项法案，对美国风险投资业的发展起到很大的推动作用。它们从法律上确立了风险投资基金制度，并且在税制方面规定风险投资税率从49%下降到20%。制度环境和政策环境的营造不仅极大地推动了高新技术的发展，同时也为风险投资公司的规范和成熟提供了保证，风险基金步入了高速发展时期。在美国的带动下，其他发达国家的风险基金业逐步建立和发展起来，甚至一些新兴工业化国家也效法发达国家建立了风险基金。

在技术的产业化过程中，资本是不可缺少的条件。美国、欧洲和日本等国家和地区的高技术产业发展的经验表明，风险投资的发展和高技术产业水平具有高度的相关性，风险投资是高技术产业的"孵化器"，是一国经济发展的"助推器"。

【扩展阅读】 我国风险投资的产生与发展

中国风险投资发展历程大致可以分为以下5个阶段：启蒙阶段，缓慢发展阶段，非理性快速发展阶段，调整和再次快速发展阶段，由回落又转向高速增长阶段。

1. 启蒙阶段

1985年，中央发布《关于科学技术体制改革的决定》，拉开了中国风险投资的序幕。同年9月，中国第一家风险投资机构——中国新技术创业投资公司正式挂牌成立。与此同时，以高新技术开发区为依托的创业风险投资机构也相继成立。此后，各级地方政府相继成立了高新技术产业开发试验区，并在区内成立配套的风险投资基金。

2. 缓慢发展阶段

邓小平"南方讲话"后，中国经济体制开始迈入市场经济的新阶段，在鼓励高新成果转化的支持指引下，截至1994年，创业投资公司总数达到26家，但随着国家宏观调控的收紧，发展陷入低潮。与此同时，国际创业风险资本开始进入中国市场，美国国际数据集团(IDG)于1992年在中国设立了第一家由外商独资的风险投资基金——美国太平洋技术风险投资基金(PYV-CHINA)，广泛活跃在中国高新技术投资市场。

3. 非理性快速发展阶段

1998年3月，民建中央《关于尽快发展中国风险投资事业提案》的"一号提案"引起了决策层的高度重视，为风险投资破题。此后，中国创业风险投资进入了快速发展阶段。中金公司(CICC)宣布建立"种子基金"；北京正式启动了规模达2亿元的"高新技术产业发展担保基金"，随后又成立了北京市科技风险投资公司；各地方政府纷纷出台法规支持本地风险投资业的发展；国务院也拨出10亿元专门设立中小企业创业基金的启动资金。截至2002年，风险投资公司的数量达到366家，管理资本总额达到688.5亿元人民币，比1996年增加了633.5亿元人民币。

4. 调整和再次快速发展阶段

21世纪初，美国互联网泡沫破灭，纳斯达克股票指数下跌超过50%，国内资本市场也从2100多点快速回落至1000点，股票市场泡沫破灭，资本市场陷入低迷，暂时失去融资功能。大量创业风险投资机构因不能收回前期投资而倒闭，风险投资领域陷入调整期。

2005年，上市公司股权分置改革的进程使得国内资本市场进入全流通时代，由此拉开了新一轮牛市的序幕。在政府的政策鼓励和资本市场牛市的合力下，我国创业投资开始二次腾飞，机构数从2005年的319家增加到2007年的383家，管理资本总额从2005年的631.6亿元人民币增加到2007年的1051.5亿元人民币。

5. 由回落又转向高速增长阶段

2008年的金融危机重创了全球的股权投资活动，国内资本市场也概莫能外，赴境外上市企业数目开始下滑，作为风险投资资本退出渠道之一的境外上市日趋狭窄。同时国内资本市场"跌跌不休"，风险投资机构的回报大幅下滑。从2012年三季度开始，中国国内资本市场IPO退出的渠道又暂时关闭。在这种情况下，风险投资的投资额在2009年又略微下降之后，在2010年和2011年逐步趋于稳定，而2012年又进入短期的低谷，到2014年初，创业板市场恢复了公开上市进程，风险投资又开始呈高速发展状态，而且远远突破了前期的高点，大量的创投资金进入了风险投资市场。以2016年与2013年比较，我国股权市场的投资金额从1887亿元增长到9124亿元，增长了近4倍。投资的案例数从1751例增加到7449例，增长了3倍多。随着中国经济规模的增长，全国居民人均可支配收入从2012年的7311元增加到2016年的23 821元，年均实际增长7.4%。全国居民恩格尔系数也从同期的33%下降到30.1%，下降2.9个百分点，接近联合国划分的20%~30%的富足标准。这些指标都说明中国能够参与风险投资和私募股权投资的人群在不断扩大，资金量也在迅速增加。

7.1.1　风险投资的定义与特征

1. 风险投资的定义

风险投资(Venture Capital，VC)是指投资人将风险资本投向刚刚成立或快速成长的、蕴含较大失败危险的未上市的创业企业，特别是高新技术企业，在承担巨大风险的基础上，为融资人提供长期股权投资和增值服务，培育企业快速成长，数年后再通过上市、兼并或其他股权转让方式撤出投资，取得高额投资回报的一种投资方式。

充分理解风险投资概念，还需要弄清楚两个问题。

(1) 风险还是冒险？风险投资中的风险(Venture)不是通常意义上的风险(Risk)，Venture原意是冒险创新，而风险投资(Venture Capital)多指人们对较有意义的冒险创新活动或冒险创新事业予以资本支持，有一种主动的意思。与此相反，一般的风险(Risk)是指人们在从事各项活动中所遇到的不可预测又不可避免的不确定性，它的含义里没有主动的成分。从某种意义上说，风险投资的含义恰恰道出了风险投资家的个性与气质，基于经验、知识、信息和判断的冒险与随心所欲、不负责任的冒险绝不相同。

（2）投资还是融资？风险投资中的投资（Capital）也不是通常意义上的投资（Investment）。投资（Capital）不是一种借贷资金，而是一种权益资本，它既包括投资，又包括融资；既是一种投资的过程，又含有经营管理的内容。风险投资在现实中是指融资与投资相结合的过程，而风险这一概念不仅体现在投资上，也体现在融资上。风险投资过程中最重要的是在融资方面。风险投资是以融资为首的投资和融资的有机结合，融资中有投资，投资中有融资。没有一定的投资目标或投资方向很难融到资金，投资过程往往伴随第二轮或第三轮的融资。融资和投资构成了不可分割的有机整体。

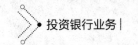 **知识百科**

美国硅谷的大拇指定律

在美国，如果风险资本一年投资10家高科技创业公司，在5年左右的发展过程中，会有3家公司垮掉；另有3家停滞不前；有3家能够上市，并有不错的业绩；只有1家能够脱颖而出，迅速发展，成为一颗耀眼的明星，给投资者以巨额回报，即"大拇指"。

据统计，美国风险投资基金的投资项目中有50%左右是完全失败的，40%是不赚不赔或有微利，只有10%能大获成功。

2. 风险投资的特征

作为一种权益资本，风险投资不同于一般意义上的投资，它本身具有非常鲜明的特征。

（1）高风险性。风险投资主要用于支持刚刚起步或尚未起步的高新技术企业或高新技术产品。这些领域未来的经营、技术、发展和市场前景都存在很大的变数，想要通过发行股票、债券或其他金融工具等传统融资渠道获取资金是不可能的，而风险投资的投资对象正是一般投资机构所害怕投资、不愿投资的高新技术领域。风险投资在技术、市场、决策、管理等方面都有较大的风险，即使在发达国家，高新技术企业的成功率也只有30%左右。

（2）高收益性。风险投资有着比其他投资工具更高的预期回报率，一旦投资成功，就会为投资者带来几倍甚至几百倍的收益。风险投资的收益不是来自风险企业本身的分红，而是来自风险企业成熟壮大以后的股权转让。风险投资是把资金投向蕴藏失败风险的高新技术及其产品的研究开发领域，这些领域具有独特的高成长性和高获利能力。风险投资是旨在促进高新技术成果迅速商品化，以取得高收益的一种投资行为。

从图7-1可以看出，在各种投资方式中，风险投资处于风险较高、预期收益也较高的位置。

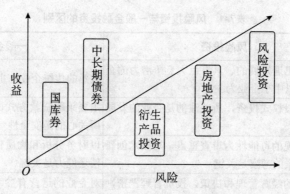

图7-1 不同投资工具的收益和风险组合

(3) 权益性。风险投资不是一种借贷资本，而是一种有别于普通股权投资的权益投资。风险投资家以股权方式投入受资公司，与创业者共担风险，其着眼点不在于投资对象当前的盈亏，而在于它们的发展前景和资产的增值，以便通过上市或出售达到退资并取得高额回报的目的。

(4) 长期性。风险投资往往是在风险企业初创时就投入资金，一般需经3～8年才能通过退资取得收益，而且在此期间还要不断地对有成功希望的企业进行增资。由于其流动性较小，因此有人称之为"呆滞资金"。

(5) 专业性。风险投资的管理不仅涉及自身资金的管理，还涉及所投资项目的管理，所以是一种专业投资。风险投资不仅向项目提供资金，还提供知识、经验、社会关系资源等，并参与投资项目的经营管理，努力使项目获得最大成功。

(6) 组合投资。风险投资项目的选择往往决定着风险投资的成败。由于风险投资的失败率较高，为了分散风险，风险投资通常对包含10个项目以上的项目群进行组合投资，利用成功项目所取得的高回报来弥补失败项目的损失并获得收益，从而保证总体收益。

(7) 专家投资。高科技企业的创业者大多数只是技术专家，对经营管理并不在行。对于这些创业企业来说，不但需要资金，更需要管理。风险投资家积极地参与风险企业的管理，用他们所积累起来的学识帮助风险企业成长。据调查，有57%的高科技企业认为，如果没有风险投资，他们的企业早就不存在了，原因之一就是这些风险投资家为他们提供了一种增值的管理服务。

【知识链接】 风险投资与一般金融投资的区别

除了高风险、高收益和主动参与管理这三个显著特点，风险投资与其他一般金融投资的显著差异还体现在：风险投资是私人权益投资的重要形式之一，是一种中长期投资，一般采取投资组合方式。风险投资与一般金融投资的区别详见表7-1。

表7-1 风险投资与一般金融投资的区别

项目	风险投资	一般金融投资
投资对象	新兴的、迅速发展的、具有巨大竞争潜力的企业，主要以中小企业为主	成熟的传统企业，主要以大中型企业为主
投资方式	通常采取股权式投资，所关注的是企业的发展前景	主要采取贷款方式，需要按时偿还本息，所关心的是安全性
投资审查	以技术实现的可能性为审查重点，对技术创新和市场前景的考察是关键	以财务分析和物质保证为审查重点，有无偿还能力是关键
投资管理	参与企业的经营管理和决策，投资管理严密，是合作开发关系	对企业的运营有参考咨询作用，一般不介入企业决策系统，是借贷关系
投资回报	风险共担，利润共享，企业若获得巨大发展，可转让股权收回投资	按贷款合同期限收回本息
投资风险	风险大，投资的大部分企业可能失败，但一旦成功，收益足以弥补全部亏损	风险较小，到期如收不回本息，除追究经营者责任外，所欠本息不能豁免
人员素质	懂技术、管理、金融和市场，能进行风险分析和控制，有较强的承受力	懂财务管理，不要求懂技术开发，可行性研究水平较低
市场重点	未来潜在市场，难以预测	现有成熟市场，易于预测

当今世界各国综合国力竞争的核心，是知识创新、技术创新和高新技术产业化。我国要成为经济强国，必须加快科学技术发展并加速高科技产业化的进程。风险投资作为在市场经济条件下科技成果和高新技术产业化的主要"推进器"，对我国科教兴国战略的实施、经济增长方式的转变、综合国力的提高都具有非常重要的现实意义。

7.1.2 投资银行参与风险投资

1. 投资银行参与风险投资的方式

投资银行参与风险投资主要有以下两种方式。

(1) 直接参与风险投资。投资银行自己发起建立风险投资基金，并成立专门的分支机构作为普通合伙人进行管理。

(2) 只作为中介机构为风险投资提供金融服务。主要业务有帮助风险投资家进行风险投资基金的融资，协助和参与创业家和风险投资家进行交易构造(Deal Structuring)的设计和谈判，通过为风险企业提供IPO和并购等金融服务以协助风险资本退出。

2. 投资银行参与风险投资的收益

(1) 投资银行直接参与风险投资可以获得风险投资高风险所对应的高回报。风险企业所生产的产品，一旦与市场需求符合，往往能迅速带来高收益。

(2) 参与风险投资还可以拓展投资银行业，以期获得后续收益。投资银行业务大多为关系导向型业务，投资银行一旦在风险企业中获得董事地位，可以赢得更多后续的投资银行业务。比如，在所支持的风险企业IPO的过程中，投资银行就可以顺理成章地承揽到风险企业首次公开发行时的一级市场股票承销业务，还可以开展相应的二级市场业务，为上市后的风险企业提供其他一系列金融服务。

此外，信息对于金融中介机构特别是投资银行来讲至关重要，投资银行直接参与风险投资还有利于及时掌握和了解高新技术的发展动态，使其有能力将最新技术运用到其他业务领域中。这不仅可以提高投资银行的研究报告质量，也可以提高投资银行在机构客户中的地位。

3. 投资银行参与风险投资的风险

投资银行参与风险投资存在一定的风险，主要表现在以下几方面。

(1) 运营风险。尽管投资银行和风险投资机构都属于服务于直接金融的金融中介机构，但是投资银行的证券业务和风险投资的投资业务存在许多差别。它们在所需资金的性质、专业知识、组织结构、项目评估、资本退出和风险控制等方面都存在较大的差异。这也使得投资银行在参与风险投资时不可避免地要面临许多运营性风险。

(2) 财务危机导致的风险。风险投资是一种权益性投资，一般都要经过3～7年的时间才能够获得收益进而实现资本退出。然而，投资银行的财务结构往往是高财务杠杆的，其资金绝大多数都是短期资金。如果投资银行直接参与风险投资，短期资金长期使用，往往容易引发财务危机。

(3) 保荐责任风险。风险企业即使成功地在二板市场IPO，实现风险资本退出，但投资银行所保荐的风险企业如果出现了严重问题，投资银行的保荐责任自然不可推卸，声誉难免要受到影响。

不论投资银行是直接参与风险投资还是仅为风险投资提供金融中介服务，如何有效地进行风险控制都是非常重要的。

🗨 思考

投资银行参与风险投资的动机和目的是什么？

提示：① 分享风险投资的高收益。尽管风险投资是高风险、高收益的投资，但投资银行受利益的诱惑和驱使，往往参与其中，把风险投资作为其投资组合中的一部分，力图分享创业资本带来的高收益。

② 投资银行参与风险投资运营，有利于取得创业企业公开发行的承销权。通过投资，投资银行与创业企业建立了非常紧密的联系。风险投资退出创业企业时，以公开发行股票的方式退出，其股票的承销一般由参与创业资本的投资银行负责。

③ 投资银行参与风险投资活动，可以给投资银行融资部门之外的其他部门创造更多的机会。

7.2 风险投资的运作

7.2.1 风险投资的运作主体

1. 风险投资的主要当事人

风险投资的主要当事人是指风险投资过程中的投资实体，包括：风险资金供给者——风险投资者；风险资金运作者——风险投资机构；风险资金使用者——风险企业。

1) 风险资金供给者——风险投资者

这是指提供风险资本的出资人，是向其他企业投资的企业家。他们拥有所投入资本的所有权，其投资目的不是控股、获得企业所有权或是经营企业，而是要通过投资和提供增值服务把被投资企业做大，然后通过上市、兼并或其他方式退出，在产权流动中实现投资回报。他们的投资意向是建立在自己丰富的实践经验和准确的判断力上的，是经过深思熟虑才得以确定的。以美国为例，风险投资者主要包括以下几类。

(1) 个人投资者。总投资额在200亿美元左右，其中相当一部分投到早期风险企业。

(2) 机构投资者，包括养老准备金、大学后备基金、各种非获利基金会。这些机构投资者传统上相当保守，主要投资于债券和高红利股票，一方面是因为政府出于谨慎考虑所制定的法规限制；另一方面是因为人们一般认为投资于新兴企业风险过高，难以监控。但自1979年以后，风险投资可能带来的丰厚回报促使政府放松了这方面的管制，如允许将2%~5%的养老基金投资于新兴企业，于是这些机构投资者成了风险投资的主要来源之一。为了减轻这些机构投资者的风险顾虑，风险投资公司常采用利润分享和投资限制协议等方式及有限合伙制组织形式控制风险。

(3) 大公司投资者。出于战略考虑，大公司常投资于与自身的战略利益有关的风险企业，以合资或联营的方式注资。

(4) 私募证券基金。私募证券基金通常将一部分资金投资于接近成熟的风险企业，以期得到高额回报。

(5) 共同基金。某些投资于高新技术产业的共同基金被允许将不超过基金总额的1%~2%的少量资金投入变现性低的企业，尤其是即将上市的企业。

20世纪70年代以前，美国风险投资的资金来源以富有家庭和个人、金融机构为主；20世纪80年代以后，风险投资的资金来源转向养老基金、大公司等机构投资者，养老基金、大公司、家庭和个人成为美国当前风险投资资金的三大主要来源，其所占比例超过80%。

2) 风险资金运作者——风险投资机构

风险投资体系中的核心机构是风险投资机构，即风险投资公司或风险投资基金，它们是连接资金来源与资金运作的金融中介，是风险投资的直接参与者和实际操作者，同时也直接承受风险、分享收益。

在风险投资市场上，一方面是具有巨大增长潜力的投资机会，另一方面是寻求高回报、不怕高风险的投资资本。风险投资机构是运作管理风险投资基金的组织，主要职责是发现两者的需求，并使机会与资本联系起来。在风险投资这种特殊的金融方式下，资金从投资者流入风险投资机构，通过风险投资机构流入风险企业。这时，风险投资创造了决定其成败的两个结合：风险资本与增长机会(通常是高科技企业)相结合，风险投资家和风险企业家相结合。资本和机会的结合是外部结合，而风险投资家与风险企业家的结合是内部结合，是决定风险投资成败的关键。风险投资要达到预期收益，这两个结合缺一不可。

一般情况下，风险投资机构的核心作用在于解决好下述问题。

(1) 筹措资金。要为风险企业(项目)提供直接的资金支持，并通过风险企业的迅速成长使投资者获取收益。因此，风险投资公司一般会作为风险投资的发起者和投资工作的枢纽，负责风险投资的运营，并参与所投资的风险企业(项目)的管理和决策。

(2) 参与投资企业风险管理。风险投资机构一般需要有能力分析和做出对风险企业的投资决策，并在投资之后监测风险企业并参与管理。

(3) 盈利的退出。风险投资机构要对投资者负责，使不同类型投资者的利益得到保护。

【知识链接】　　　　　美国风险投资机构类型

1. 有限合伙制风险投资机构

美国的风险企业通常采用有限合伙制，合伙方的主要来源为养老基金、大学和慈善机构等免税实体，采用合伙制保证它们的免税地位。在这种有限合伙制风险投资机构中，合伙人分两类：有限合伙人和普通合伙人。投资者一般作为有限合伙人，风险投资家一般作为普通合伙人，共同组成风险投资基金。投资者不直接参与基金的运作，只承担有限责任；而风险投资家则直接经营管理风险投资基金，并在风险投资中占有很小的份额，对基金负无限责任。

有限合伙人通常是富有的家庭和个人、养老基金、捐赠基金、银行持股公司、投资银行、其他非金融公司等。普通合伙人通常是有科技知识、管理经验和金融专长的风险投资家，统管有限合伙企业的业务以及决策风险投资的成败，责任重大。

有限合伙的集资有两种形式：一种是基金制，即大家将资金集中到一起，形成有限合伙基金；另一种是承诺制，即有限合伙人承诺将提供一定数量的资金，但起初并不注入全部资金，只提供必要的机构运营费，待有了合适的项目再按普通合伙人的要求提供必要的资金。与公司制相比，有限合伙制具有以下几个方面的优点。

(1) 税收利益。有限合伙制形式中，企业的全部盈利和损失都分摊到各个合伙人，计征个人所得税，合伙机构自身不交税；公司制中，公司的收益既要缴纳公司所得税，分配给股东和管理人员的盈利，还要再缴纳个人所得税，税负较重。

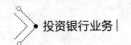

(2) 组织灵活性。合伙企业可以按合伙之初确立的经营范围和期限经营，到期后可清算解散；公司不能轻易解散。

(3) 风险收益承担机制。公司制的经理不得接受股票选择权或其他以经营业务为基础的报酬；合伙制企业的管理者不受这一限制，可以得到高额报酬。

2. 公开上市的风险投资公司

这类风险投资机构一般由专业基金经营机构发起，在公开的资本市场向大众筹措资金，股东只承担有限责任，可通过董事会直接参与管理，并可参与选举风险基金经理。公开上市的风险投资公司与有限合伙制风险机构的运作是基本相同的。

3. 合作风险投资公司

它是由较大的公司和包括投资银行在内的金融团体建立的独立或附属机构。投资银行在风险投资中主要充当资金运作者的角色，这些大公司的风险投资公司不全是为获得高额利润，还为了求得新技术、新市场或进行多种经营。

4. 小企业投资公司

它是政府直接向私人提供资金所建立的，旨在向技术密集型小企业进行风险投资的公司。它们也向有潜在利益的企业做长期投资，然而与独立风险投资公司不同的是，它们只提供债务资金，且主要参与高新技术企业的发展阶段。

5. 企业发展公司

企业发展公司是私人投资者拥有的，州政府颁发许可证，由证监会监控的公共机构。有的企业发展公司提供风险投资，并得到小企业委员会的许可监控和资助，也有的像银行和其他金融机构一样提供贷款等融资服务。拥有企业发展公司的个体风险投资家通常提供管理服务。

3) 风险资金使用者——风险企业

风险企业简称创业企业，是运用风险投资资金的企业，通常是一些具有发展潜力的、新兴的高新技术中小企业。

在美国，高新技术一般是指微电子、生物工程、新材料、核能以及航空与航天等方面最新发展起来的科学与技术。日本的高新技术标准更多地强调研究与开发支出以及科学家、工程师及技术专家所占的比重。

20世纪80年代后期，美国风险资金主要投向计算机软件、医疗卫生、电子数据通信、生物技术领域。进入21世纪，风险投资在各个行业的投资项目数量都有所增加，增加幅度较大的行业为计算机软件、生物技术、电信、医疗设备和仪器以及其他电子产品。一般风险资本投资于年轻公司，经营时间在10年以内的公司占全部公司的83%，其中5年以内的公司占全部公司的51%，超过一半。

风险企业具有以下特点。

(1) 风险企业一般属于高新技术领域。

风险企业是先有科研人员的研究成果，然后建立企业推广产品。因此，风险企业一般属于那些蓬勃发展的、新兴的高新技术领域。高新技术领域具有高增长潜力，能较快带来较高的投资回报，因而能吸引风险投资。

(2) 风险企业一般是中小企业。

首先，高新技术处于研究创新阶段，存在较大风险，只能进行小规模的投资及生产；而大企业由于惧怕风险，不愿接受尚未成熟的设想来投资发展新产品，即使一些发明创造来自大企业，而当其成为风险企业时，也是以另一个独立的小企业的身份出现的。

其次，小企业生产及经营机制灵活，市场应变能力强，有了发明创造可以很快研制出新产品；而大企业在产品生产及经营管理方面都已定型，应变能力差。

最后，科技含量高、市场前景好的小企业才能吸引风险投资，因为小企业成长为大企业时，风险资本就该退出了。

(3) 风险企业中的投资者和技术人员是合作伙伴关系。

投资者以投资获得股份，而技术人员则以其技术创新获得相应的股份。创业阶段主要靠风险投资维持企业的生存，而当产品投入市场后，企业符合发行上市条件，其股票就可以上市，扩大资金来源。

(4) 高收益与高风险并存。

风险企业所生产的产品，一旦与市场需求相符合，往往能迅速带来高收益。同时，风险企业也可能由于产品不成熟等原因而失败，造成巨大损失。

2. 风险投资中介机构

风险投资的健康发展离不开中介机构，中介机构是否健全是一国风险投资业务是否发达的重要标志之一。根据服务对象的不同，风险投资中介机构大致可分为以下几类。

1) 风险企业的代理人

风险企业的代理人就是帮助风险企业从风险投资家那里筹集股权资本的代理人，代表风险企业与潜在的投资者谈判。从事风险企业代理业务的主要是投资银行。风险企业代理人的作用主要有：一是提供研究与评估服务，论证风险企业获得风险投资支持的可能性，收集该企业的各种信息供风险投资家选择；二是提供谈判服务，代表风险企业与风险投资家谈判，帮助创业企业获得较优条款。

2) 风险投资公司的代理人

一般风险投资公司筹资时并不需要代理人，但对那些需要筹集大规模资金或没有资金筹集经验的风险投资公司以及那些专营传统或对机构投资者不熟悉的风险投资公司来说，就需要代理人的帮助。风险投资公司利用代理人开展筹集资金的活动，是为了把主要精力放在投资活动本身，从而避免陷入筹集资金的具体事务。但过度依靠代理人，容易引起潜在投资者的不信任感，他们会认为风险投资家能力不足。

3) 风险投资顾问公司

风险投资顾问公司是专门为风险投资者评估和推荐可参与风险投资的机构，其主要客户是养老基金、捐赠基金和基金会等机构投资者。

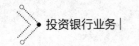

顾问公司筛选和评估的主要内容包括以下几方面。

(1) 风险投资公司的审计报告和大量的补充信息，包括风险投资公司每一笔投资的现金流量，依次计算每笔投资的收益率并用来证实以前风险投资公司的总收益率。

(2) 对风险投资公司管理者记录的审查。从每笔投资的领域和行业中收集信息，了解风险投资公司在每个风险企业中拥有的股份比例，风险投资公司在风险企业董事会中所占的席位以及该风险投资公司的投资特性，据此推断风险投资公司的管理者以前的记录是否属实，其成功靠的是能力还是运气。

(3) 检查风险投资公司的组织机构和激励机制，包括过去创造了高回报率的普通合伙人是否还在风险投资公司中。

(4) 顾问公司也向客户提供谈判服务。顾问公司可以根据目前的市场条件来评估出售条款，在决定是否对某风险投资公司进行投资时，顾问公司还应考虑将来可能产生的对其他风险投资公司的投资机会。

4) 风险投资保险机构

许多国家都建立了风险投资保险机构，如设立风险投资保障协会，要求所有注册的风险投资基金或风险投资公司必须成为该协会会员，并按照经营毛利的一定比例交纳会费，以建立保险基金，用于风险投资和风险投资公司、风险企业财务困难或破产时的账务清偿。

风险投资保险机构的职责主要体现在以下几方面。

(1) 监督各风险投资经营机构的风险状态与经营状况，对各风险投资经营机构所提供的各种资料进行分析评估，以便及时地发现问题。

(2) 妥善地管理风险投资保险基金。

(3) 对风险投资经营机构之间的兼并进行监督，以防止在兼并过程中发生损害投资者利益、危害风险投资市场稳定发展的行为。

(4) 在风险投资经营机构发生严重亏损、有可能造成财务危机时，风险投资保险机构应根据具体情况采取相应的措施。

(5) 给风险投资经营机构融资，以帮助其摆脱经营困难。如果确认风险投资经营机构已经难以摆脱经营困难，无法向投资者承担经济责任，风险投资保险机构可通过法院宣布其破产，与此同时，负责该风险投资经营机构的债务清偿，并负责处理破产的有关善后工作。

此外，中介机构还包括律师事务所和会计事务所，以便在合同文件谈判过程中，协调各方利益，了解风险企业的资本结构、财务状况等。

7.2.2　风险投资的基本阶段

根据高新技术的产业化过程，可将风险企业的发展划分为种子阶段(Seed Stage)、创建阶段(Start-up Stage)、成长阶段(Expansion Stage)和成熟阶段(Mature Stage)。在不同阶段投资，投资人所面临的风险及与之相对应的投资报酬均不同。

1. 种子阶段

在种子阶段，创业只是有技术的一个新创意，但不能保证其在技术上和商业上的可行性。要将创意变为现实，创业者需制造出样机或样品，并对产品的市场营销情况和利润情况进行详细的调查和研究，形成报告以供投资者进行投资决策。

这个阶段的风险投资就被称为种子资本，它主要来源于创业者自筹的资金、政府技术开发资金的资助及风险投资。对种子资本具有强烈需求的往往是一些高科技公司，它们在产品定型和得到市场认可之前，需要定期注入资金，以支持其研究和开发。对创意进行可行性分析，风险投资者将提供不超过总投资额10%的资金作为创业的启动资本。

本阶段的投资会面临三大风险。

(1) 高科技的技术风险，即生产过程中可能出现失败的风险。

(2) 高新技术产品的市场风险。作为新兴事物的高科技产品不一定会被消费者接受，这其中包含一定的风险性。

(3) 高新技术企业的管理风险。创业者往往只是精于技术的开发、研究，而缺乏企业发展所必需的管理经验。

在风险投资过程的4个阶段中，种子阶段的不确定因素最多，面临的风险最大，但这一阶段的收益率也最高。

2. 创建阶段

创建阶段是指从形成产品到中试结束。这一阶段的资金需求量会显著增加，以支持企业的初创产品开发、原型测试。同时，还要进入市场试销，听取消费者的意见反馈。创建阶段的投资主体是风险投资公司。该阶段的技术风险被逐渐排除，市场风险和管理风险开始突显。这是投资公司参与风险投资的关键阶段，其中的风险因素也较多，因此，风险投资的参与者需要参与风险企业的经营和决策。

3. 成长阶段

在成长阶段，风险企业的生产线已基本建立，但缺少商标形象和销售网点，工作重点应转向提高产品质量、降低成本和开发新一代产品。该阶段的资金投入，一方面是用于扩大生产和销售，另一方面是开拓市场，增加设备投资和生产、销售的流动资金。成长阶段的资金称为成长资本，主要来源于原有风险投资公司的增资以及企业前期运营所得收益，银行的稳健资金也会择机进入。在这一阶段，由于技术已经成熟，竞争者开始仿效，会失去一部分市场，从而加大了市场风险。同时，创业者多为技术出身，不善于管理企业和扩大销售，容易在技术先进和市场需求之间取舍不当，从而引致管理风险。

该阶段风险企业能够获得相对稳定和可预见的现金流，而且企业管理层也具备良好的业绩记录，可以减少风险投资的成本，因而此阶段对风险投资公司而言具有很大的吸引力。但随着投资回报的下降，风险投资公司在参与决策的同时也要考虑退出风险企业。

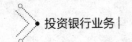

4. 成熟阶段

到了这一阶段，技术已基本成熟，产品进入大规模工业化生产阶段，企业开始多元化经营，利润增加，风险减少。本阶段尚需要大量资金以扩展规模，但风险资本很少会再增加。因为企业的生产销售本身已能解决相当一部分的资金需求，同时，由于该阶段的技术成熟、市场稳定，企业已能通过银行贷款、发行债券或发行股票得到资金。加之该阶段技术风险、市场风险和管理风险已经基本排除，投资回报也会大幅度降低，从而失去对风险投资公司的吸引力。

成熟阶段是风险投资的退出阶段，风险投资公司会通过帮助风险企业公开化，选择适当的时机退出，并兑现投资。

7.2.3 风险投资的运作过程

整个风险投资的运作过程包括风险资本提供者(投资者)、风险投资机构(风险投资家)和风险企业(创业家)三个主体的融资与投资两个方面。简单而言，首先，由风险投资家从风险资本提供者那里募集资金，成立风险投资基金，设立风险投资机构，这就是"融资"过程；其次，风险投资家通过层层筛选，决定将风险资金投资于那些具有成长潜力但缺乏发展资金的企业；再次，风险投资家积极参与风险企业的经营与控制，以便于企业的良好发展；最后，风险投资家通过协助风险企业投资全过程，并开始新一轮的风险投资。

风险投资机构通过创立风险投资基金获取风险投资资本后，每天会接到大量的创业者计划书。首先要评估计划书；然后与被选中的创业者会晤，对创业者的经营情况和投资项目进行详细考察，签订合同；最后是进行投资后的监管直至退出风险企业。一般而言，风险投资基金的运作流程包括以下几个基本阶段。

1. 初审

计划书的编制是由企业或申请人独立完成的，企业或申请人可以求助顾问机构协助编写商业建议书，但主题思想和具体要求必须由企业或申请人反复核实。申请一经递交，企业和申请人便开始了吸引风险投资基金的历程。

1) 风险企业经营计划书的内容

(1) 摘要。摘要是全部计划的基本框架，它的基本功能是吸引投资者的注意力，所以摘要不宜过长，一般不超过两页篇幅，越短越好，风险投资者在看过摘要后便可以决定是否仔细研究计划书的整体或部分。

(2) 公司(项目)状况及其发展。这部分包括公司的自然情况、公司的历史、公司的未来、唯一性、产品或服务、用户或产品经销商、行业或市场、竞争情况、市场营销、生产、劳动强度与雇员、供应情况、设备、资产和资金、特许权和商标、研究与开发、诉讼、政府管制、利益冲突、储备、保险、税、公司类别与隶属关系、公共关系等。

(3) 公司管理。这部分包括公司的组织形式和组织架构、董事和关键雇员、薪金、股权分配、认股计划、公司机密和外部支持(顾问、会计师、律师、银行家)及其他。

(4) 项目介绍。这部分包括项目起因、项目内容、销售对象、市场容量、原料供应、生产、竞争力、特许权、研究与开发、产品标准等。

(5) 投资说明。这部分包括投资的必要条件、估价、投资类型、资本结构、担保、投资者的权力、公司报告、资金使用计划、投资者介入公司业务的程度等。

(6) 项目风险。这部分包括经营限制、管理限制、资源限制、重要人员限制、市场的不确定性、生产的不确定性等。

(7) 投资报酬。这部分主要说明风险投资者如何收回投资并获得投资回报。

(8) 财务计划。这部分包括财务条件假设、近几年经审计的财务报表、未来几年的财务预测以及经营成果的分配等。

(9) 附录。这部分包括产品样本与说明书、销售报单、顾客清单、新闻报道与采访媒体、工业出版物的剪辑材料、专利证明、市场调研数据、以往的广告活动、使用的设施和仓库的图片等。

2) 初审阶段的一般性标准

(1) 投资规模。风险投资的总规模决定了它投资于每个项目的资金量。风险投资既不会把资金集中投入到个别的机构项目中，也不会把资金过于分散地投入到数量太多的项目中。一般来说，风险投资对单个项目的投资限制在总资金量的10%左右，也就是说，每个风险投资组合大约投资10个项目。

(2) 发展阶段。风险投资要考虑被投资项目处于什么发展阶段，由于每个阶段对资金的要求、运营管理和获利空间都不同，从而会对投资效果产生重大影响。对项目发展阶段的偏好，与风险投资机构所处的地区、资金来源、自身经验和行业竞争程度有关。

(3) 地理位置。风险企业地理位置相对集中是风险投资机构投资组合的一个显著特征，这样有利于风险投资机构参与风险企业的后期管理，但地理位置并不是风险投资的决定性因素。

(4) 市场前景。风险投资家需要分析投资对象的市场竞争能力有多强，能达到多大的市场份额，要判断创业家的产品或技术上市之前或同时是否有其他同类产品或技术出现，以及竞争能力等。

2. 磋商和面谈

1) 磋商

在大型风险投资公司中，相关人员会定期聚在一起，对通过初审的项目建议书进行讨论，决定是否需要面谈，或者回绝。

2) 面谈

风险投资家如果对企业家提出的项目感兴趣，便会与企业家进行首次会晤，这是整个过程中最重要的会面。如果进行得不好，交易便告失败；如果面谈成功，风险投资家会希望进一步了解更多有关投资项目的信息。风险投资者会根据计划书中的内容提出一些更深入的问题，重点仍然集中于管理、独特性、预测与投资报酬以及退身之路等几个

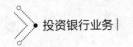

方面，同时还可以面对面地考核企业家的素质。

3. 尽职调查或专业评估

1) 尽职调查

假如初次会面较为成功，风险投资家会对企业的经营情况进行考察并尽可能多地对项目进行了解。这一程序通常包括：参观公司，对仪器设备和供销渠道进行估价，与潜在的客户接触，向技术专家咨询，与管理队伍举行几轮会谈。

2) 专业评估

通过审查程序对创业企业的技术、市场潜力和规模以及管理队伍进行详细评估，评估结果将决定是否投资、如何投资以及投资多少。此过程由风险投资家或外聘专家进行，评估小组通常包括会计师和律师等专业人士。

风险投资对项目的评估是理性与灵感的结合，其理性分析如市场分析、成本核算方法以及经营计划内容等，与一般企业基本相同；所不同的是，灵感在风险投资中占有一定比重，如对技术的把握和对人的评价等。

4. 谈判并缔结协议

1) 交易谈判

交易谈判是协调风险投资家和创业者双方的不同需求，对交易结构进行的谈判。在谈判中，风险投资家主要考虑相对于投资风险赚取合理的回报，对风险企业施加足够的影响，在任何情况下都要保证投资顺利撤出；而创业者更关心对风险企业的领导权和企业未来的发展前景。风险投资者与创业者的谈判内容主要包括以下几方面。

(1) 金融工具的种类、组合以及资本结构。金融工具的确定最为关键，一般考虑投资变现能力、投资保护和企业控制等因素。普通股多用于企业发展的成长期或之前，债务用于扩张期或之后，由这两者组合产生的组合工具有优先股和可转换债，这些组合工具可用于创建期和创建期之后的所有阶段。

(2) 交易定价。定价主要是确定可接受的期望收益率，通常风险投资家对种子期和创建期企业要求50%以上的年收益率；对成长期企业要求30%～40%的年收益率；对扩张期企业则要求25%～30%的年收益率。

(3) 确定企业控制权、对未来融资的要求、管理的介入和资金撤出方式的安排等内容。

2) 签订协议

双方通过讨价还价，签订最后的协议。一旦协议签订完成，企业家就可以得到资金，以继续实现其经营计划中拟定的目标。

5. 参与管理与监管

1) 参与管理

风险投资机构完成投资后，一般还要参与被投资企业的管理与辅导，其目的是为投资者创造资本利得，解决可能出现的问题，及时提供决策信息，使损失最小化和收益最大化。基本做法是追踪企业的经营管理并提供专业建议，如帮助设计企业高级管理人员的收入结构，必要时撤换管理人，安排外部融资，制定公司长期发展战略等。

2) 监管

投资生效后，风险投资公司还要对风险企业进行监管，风险投资家拥有风险企业的股份，并在董事会中占有席位。多数风险投资家在董事会中扮演咨询者的角色，他们一般同时介入几家企业，并定期同企业相关部门接触，以了解企业的经营状况、财务状况等。为了加强对企业的控制，还常在合同中写明可以更换管理人员和接受合并、并购等条款。

6. 退出阶段

风险投资公司经过前几个阶段后，最终希望将营运状况良好、财务结构健全以及具有成长潜力的投资企业，出让给愿意接手的其他投资人，并因此得到高额的投资报酬。一般经过3～8年的运作，风险企业才会成长壮大起来，这时风险投资公司可将自己所占股份增值转让，使风险投资获得最大限度的回报。但如果风险企业的经营状况不如预期，风险投资公司为减少损失也要出售股权退出经营。

风险投资公司资金退出的方式和时机选择，取决于被投资企业本身的业绩和当时的宏观经济环境以及股票市场走势。风险投资主要有以下几种退出方式。

1) 公开上市

公开上市是风险投资退出的最佳渠道，投资者可得到相当好的回报。因为股票公开发行是金融市场对该公司业绩的一种承认，而且这种方式保持了公司的独立性，又获得了在证券市场上持续筹资的渠道。然而由于过程烦琐，严格的上市条件使得小企业在股票交易所上市非常困难，因此一些国家专门设立了转让小企业股票的交易所(二板市场)，如美国的大多数风险投资支持的上市企业首先在纳斯达克即柜台交易市场上交易。

2) 被兼并收购

这是指风险投资家单方面将所持有的企业股份转让出去，由其他企业或风险投资机构兼并收购风险投资家在风险企业的股份。这时风险企业通常都拥有高水平的产品或创新技术，容易被大公司购买。这种方式能使风险投资家尽快收回现金或可流通证券，完全退出风险企业，因此对风险投资的退出有相当的吸引力。

3) 风险企业回购

在风险企业走向成熟、企业内部运营状况良好的情况下，风险企业家希望直接由自己控制企业，会向风险投资家回购股份，风险投资家则可借机套现。虽然获利通常不如上市，但时间短、费用少、操作简便，风险投资家不再承担企业以后发展中的风险。这种方式通常是事先签订强制性回购条款和确定股权价值的计算方法，比较适合那些投资额较小的创业项目。

4) 清算和破产

一旦确认风险企业失去了发展的可能性或成长太慢，不能得到预期的高回报，甚至血本无归，风险投资家就要果断宣布企业破产或解散，对公司资产进行清理，将能收回的资金用于其他项目。

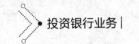

美国风险投资的退出方式及其占比分别为：公开上市占20%，兼并与收购占35%，风险企业回购占25%，破产清算占20%。

【知识拓展】   风险投资公司的调查内容

(1) 考察商业计划书。一是考察商业计划书是否一致明确、切实可行；二是考察商业计划书是否显示了企业的竞争优势，是否具备了成功的条件和获得高额收益的可能。

(2) 与创业者交流。投资者可以由此来考察创业者的品格、能力和管理团队的素质。调查显示，绝大多数的投资者都认为这一点非常重要，其重要程度有时甚至超过项目本身。

(3) 咨询有关人士。有关人士既包括创业者的雇员、伙伴、债权人、供货商、顾客等，同时包括有经验的会计师、律师、咨询顾问等，以此来了解企业的背景、经营情况、管理水平、财务状况和法律事务等情况。

(4) 参观创业企业。参观创业企业可以更加真实和完整地了解企业的各种情况，以便进一步评估企业和创业者的能力。

(5) 分析技术、市场和竞争力等。对于处于早期的创业企业，投资者一般比较注重对其技术的可行性和先行性的分析，以此来了解产品的潜在顾客、潜在竞争者、替代品出现的速度等相关问题。

(6) 调查融资和法律事务。这是为了考察企业的资金需求情况和可能出现的各种法律问题。

7.3 风险投资的风险及管理

7.3.1 风险投资的主要风险

不同阶段的企业有不同的风险，企业建立之初的风险最大，收益也最大。风险企业在经营过程中主要面临以下风险。

1. 技术风险

风险企业在新技术能否成功、技术能否完善、产品能否成功生产、技术是否会被替代等方面都存在不确定性，由此给企业带来的风险称为技术风险。

(1) 新技术能否成功的风险。风险企业在研制之前和研制过程中对于一项创新技术能否按预期目标实现其应达到的功能是难以确定的，因此，需要面对技术失败而使创新终止的风险。

(2) 技术能否完善的风险。新技术在诞生之初都是不完善的，开发者和进行技术创新的企业家更是不敢确定在现有技术知识条件下，该技术能否很快完善起来，因此，风险企业需要面临技术前景不确定的风险。

(3) 产品能否成功生产的风险。如果风险企业由于配套材料和生产工艺的限制而不能将开发出来的产品成功地生产出来并推向市场，创新活动还是会归于失败。

(4) 技术是否会被替代的风险。高新技术的发展日新月异，风险企业的创新产品极易被更新的技术产品替代。如果更新的技术比预期提前出现，原有技术将面临提前被替代甚至被淘汰的风险。

2. 管理风险

管理风险是指高新技术企业在创新过程中因管理不善而导致创新失败所带来的风险。这类风险主要包括以下几种。

(1) 观念落后风险。一些高新技术企业的高管人员尚未认识到专业化分工的优势和现代企业制度的优越性，只顾产品项目创新，而忽视管理创新、工艺创新，使企业创新战略单一，由于观念落后，加大了创新风险。

(2) 决策失误风险。高新技术具有投资大、产品更新换代快的特征，这些特征决定了高新技术项目的决策尤为重要，决策一旦失误，必然给风险企业造成惨重损失。

(3) 内部组织结构不合理风险。高新技术具有收益大、见效快的特点，成长速度超乎寻常，往往产生企业规模高速膨胀与组织结构相对落后的矛盾，最终导致企业经营失败。

3. 市场风险

市场风险是指市场主体从事经济活动所面临的亏损的可能性和盈利的不确定性，主要表现为以下几种风险。

(1) 市场接受能力风险。风险企业在推出高新技术产品后，顾客可能对产品持怀疑态度，并会做出错误的判断，因而对市场能够接受以及能接受多少难以做出准确估计。

(2) 市场接受时间风险。风险企业高新技术产品的推出时间与经诱导产生有效需求的时间存在时滞，如这一时滞过长，将导致企业开发新产品的资金难以收回。

(3) 竞争风险。由于风险企业推出的产品市场竞争非常激烈，如果形成供过于求的局面，风险企业的预期利润则很难达到，甚至会面临亏损。

4. 信息风险

在科技成果转化的项目选择、方向决策过程中需要收集大量的信息，如果信息不对称，会造成对收益和风险判断失误，就会导致风险企业最终的失败。

5. 资金风险

资金风险主要是指因资金不能适时供应而导致创新失败的可能性。当高新技术企业发展到一定规模时，风险企业对资金的需求迅速增加。由于高新技术产品具有寿命周期短、市场变化快、获得资金支持的渠道少的特点，使得高新技术产品在某一关键阶段不能及时获得资金而失去时机，导致被潜在的竞争对手超过或风险企业经营失败。

7.3.2　风险投资的风险管理方式

风险投资专家每年要从众多的企业计划中选择若干家最有发展前景的企业进行风险投资，由于回避风险的需要，他们必须采取多种方式管理风险投资。

1. 组合投资

风险投资企业在进行投资时往往按一定的比例将资金投向多个风险企业，这样，如果一家风险企业投资失败，就可以从另一家风险企业的投资收益中得到补偿，从而达到分散和降低风险的目的。组合原则是以投资组合的经济效益来保证资金的回收，以盈补亏。

2. 分段投资

高新技术企业从初创到成长的不同阶段具有不同的特点，其中的不确定因素较多，因此，需要确定适当比例，分期、分批投入资金，一旦发现失败将难以避免，就应尽早果断采取措施，终止继续投资，以避免后续资金风险。

3. 分类管理

风险投资家可以把风险企业分为成功、一般、失败三类，对于成功企业加大投资，强化经营管理，促使它们尽快成熟，尽早在股票市场公开上市，使收益达到最大化；对一般企业应保持其稳定发展，促成企业间的收购、兼并活动；对于失败企业，则必须尽早提出警告，协助其改变经营方向，或者干脆宣布破产，把风险降到最低。

4. 风险投资主体多元化

风险投资主体多元化可分散和降低单个风险投资家的风险。在美国，风险资金来源相当广泛，既有政府、财团法人的资金，也有来自大众游资、民间企业和海外的投资，还有养老保险基金的积极参与。

5. 限制盲目投资

风险投资家要建立严格的投资标准和专家审核机制，防止盲目投资带来的风险。

本章关键词

风险投资　风险投资者　风险投资机构　风险企业　风险投资中介机构
种子阶段　创建阶段　成长阶段　成熟阶段　风险投资运作过程

问题讨论

1. 1995年4月，美国红杉资本的Sequoia风险投资基金给Yahoo注入第一笔资金，Yahoo公司正式成立。1995年8月，开始了新一轮融资活动。从1995年4月第一次投资到此时，在短短4个月内，专家对Yahoo的估价已升至400万美元，Yahoo身价翻了10倍。1996年，Yahoo开始筹备上市工作，并于当年4月正式上市，股票上市报价13美元/股，一开盘就上升到24.5美元/股，最高冲向43美元/股的高位，当日收盘价33美元/股，几乎是上市价的3倍。Yahoo的市值达到8.5亿美元，是一年前Sequoia估价的200倍。杨致远也在短短2年之内由一介书生变成亿万富翁，Yahoo的成长让人看到了"天使投资"的魅力。

思考：分析"天使投资"的作用及风险。

2. 通常早期阶段的投资者在投资一家公司之后，都希望能吸引后续投资者加入其中，借此造势并促进投资取得成功。最终，在初创企业的股权结构表中，可能出现5～6位风投。这一点很常见，以至于这些投资轮通常被称为"轰趴融资轮"。但WhatsApp(瓦次普)和红杉资本则采取了不同的策略。WhatsApp是一款可供手机用户使用的、用于智能手机通信的应用程序，在2011年价值8000万美元的A轮融资中，红杉资本是唯一的投资者，当时它给WhatsApp的估值是7840万美元。在随后的B轮融资中，投资方依然只有红杉资本。最终，这项投资大获成功。在2014年Facebook以220亿美元收购WhatsApp的时候，红杉资本的总投资达到6000万美元，持有18%的股权。最终，回报超过30亿美元，相当于50倍的回报。

思考：对于这种反传统的融资方式你有什么看法？

延伸阅读

1. 212天风险投资过程记录投资界，2019-01-04.
2. 戴夫·贾沃斯基. 微软风云[M]. 杭州：浙江大学出版社，2019.

案例分析

软银投资阿里巴巴狂赚71倍的业界神话让很多人羡慕不已，但这"神话"背后的来龙去脉并不简单。当马云等阿里巴巴高管在中国香港举杯欢庆上市大获成功时，雅虎酋长杨致远和软银创始人孙正义也一定喜上眉梢。作为阿里巴巴集团的两个大股东，雅虎和软银在阿里巴巴上市当天账面上获得了巨额回报，虽然他们都未套现。"这次没有一个股东套现。"马云告诉记者。

"我从2000年开始担任阿里的董事会成员，当时以常常在会议室里大胆地给大家描述阿里未来成功的蓝图而'臭名昭著'，而马云总是提前打破我的预测。"软银中国控股公司总裁及首席执行官薛村禾对媒体称，"我预测，3～5年内阿里巴巴的市值将至少是现在的5倍。"

软银两次投资8000万美元，它不是阿里巴巴的第一个风险投资商，却是坚持到最后的那个。

1999年10月，马云私募到第一笔天使投资500万美元，由高盛公司牵头，联合美国、亚洲、欧洲一流的基金公司，如Transpac Capital Investor AB of Sweden，Technology Development Fund of Singapore的参与。在阿里巴巴的第二轮融资中，软银开始出现。按照马云此前的说法，他能结识孙正义，事后看来纯属偶然。2000年10月，摩根士丹利亚洲公司资深分析师印古塔给马云发来一封电子邮件，称"有个人想和你见个面，这个人对你一定有用"，地点就在北京富华大厦。此人正是孙正义。在这次约会中，来自软银、摩根士丹利以及国内众多互联网企业的CEO均在座——有人为融钱而来，有人为投钱而来。孙正义提出投资阿里巴巴3000万美元，占公司30%的股份，马云同意了。薛村禾在接受国外媒体采访时回忆，当时中国B2B领域共有四大公司，除阿里巴巴，还有8848、MeetChina和Sparkice，他选择阿里巴巴的重要原因是马云及其团队的坚定信念，尤其是18个创业合伙人。软银方面认为，这显示了马云有一种独特的分享意识以及不平凡的领导才能。可是一回到国内，马云就后悔了，因为太多资金的注入会削弱管理层对公司的控制。于是，马云向孙正义提出："按照我们自己的思路，我们只需要2000万。"

就这样，2000年，马云为阿里巴巴引进第二笔融资，2500万美元的投资来自软银、富达、汇亚资金、TDF、瑞典投资等6家VC，其中软银投资2000万美元，阿里巴巴管理团队仍绝对控股。

2004年2月，阿里巴巴第三次融资，再从软银等VC手中募集到8200万美元，其中软银出资6000万美元。马云及其创业团队仍然是阿里巴巴的第一大股东，占47%股份；第二大股东为软银，约占20%；富达约占18%；其他几家股东合计约占15%。

阿里巴巴挂牌当天，软银的投资在账面上已经升值了近70倍。"仅仅这一项投资，就有几十亿美金的投资回报，相比之下，当时的投入非常小。"薛村禾说。

思考： 这个非常著名的风险投资案例中，用到了哪些投资策略？

分析提示： 私募股权投资人通常采取的投资策略有联合投资、分段投资、匹配投资和组合投资。在投资阿里巴巴的案例中，投资人显然运用了联合投资、分段投资的策略。分段投资体现在阿里巴巴在上市前共进行了三轮融资，联合投资体现在阿里巴巴在上市前的第一轮和第三轮融资都是投资者一起投资的。

实践训练

1. 收集2018年我国与国外风险投资的行业分布情况，填入表7-2中。

表7-2　风险投资的行业分布情况

国家	合计	互联网	通信	计算机软件和服务	半导体/其他电子	医疗/保健	生物技术	计算机硬件	消费相关产品	工业/能源
中国										
美国										
英国										
日本										

2. 了解我国近5年风险投资资金募集情况，填入表7-3中。

表7-3　我国近5年风险投资资金募集情况

时间	2015年	2016年	2017年	2018年	2019年
金额					

第8章 资产证券化业务

▶ **学习目标**

- 了解资产证券化的定义、特征和分类
- 熟悉资产证券化的参与主体
- 掌握资产证券化的运作流程
- 熟悉资产证券化在我国的发展

▶ **知识结构图**

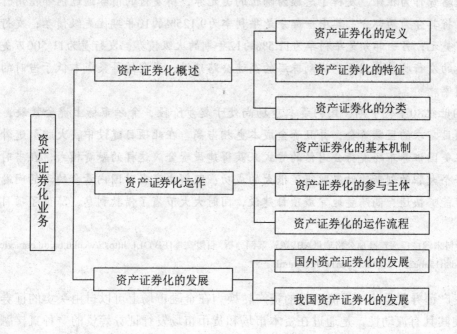

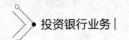

第8章 资产证券化业务

广深珠高速公路PPP项目证券化

广深珠高速公路是我国大陆第一条成功引进外资修建的高速公路。1987年4月，部分项目开工建设；1994年1月，部分路段试通车；1997年7月，全线正式通车。以项目公司——广深珠高速公路有限公司(以下简称公司)为主体负责项目的建设、营运。项目经营期为15年，期满时整个项目无偿收归国有。

在项目的建设过程中，1996年8月，珠海市人民政府在开曼群岛注册了珠海高速公路有限公司，成功地根据美国证券法律144A规则发行了资产担保债券。该债券的承销商为摩根士丹利公司。珠海高速公路有限公司以当地机动车管理费及外地过往机动车所缴纳的过路费作为担保，发行了总额为两亿的美元券，所发行的债券通过内部信用升级的办法，将其分为两部分：其中一部分是年利率为9.125%的10年期优先级债券，发行量为8500万美元；另一部分是年利率为11.5%的12年期的次级债券，发行量为11 500万美元。该债券的发行收益被用于广州到珠海的高速公路建设，资金的筹集成本低于当时的银行贷款利率。

20世纪80年代中期，国内资本市场尚处于起步阶段，金融市场上资金紧缺，很难满足项目需求的巨额资金，并且资金成本也相当高。在此项目建设中，大胆引进外资，通过在美国证券市场发行公司债的方式来获得建设资金。这样的融资模式，在当时的确算是一个大胆的创新，结果取得了很大的成功：既解决了当时国内资金缺乏的问题，又保证了能够快速、高质量地完成项目建设，同时大大节省了借款利息，降低了项目建设成本。

资料来源：广深珠高速公路项目ABS融资案例分析. 百度文库[EB/OL]. https://wenku.baidu.com/view/2089fd39d5d8d15abe23482fb4daa58da1111c15.html.

资产证券化是将缺乏流动性的资产转换为在金融市场上可以自由买卖的证券的行为，使其具有流动性，是通过在资本市场和货币市场发行证券筹资的一种直接融资方式。资产证券化在国际上已有近50年的发展历史，从1968年美国最早的住房抵押贷款支持证券问世发展至今，资产证券化已成为国际资本市场上发展最快、最具活力的金融创新之一。资产证券化是创立由资产担保的证券的融资过程，是一项创新的融资技术。投资银行在资产证券化中扮演着多重角色，体现了其发现价值、创造价值的能力。

8.1　资产证券化概述

8.1.1　资产证券化的定义

随着金融创新的发展，金融产品的外延不断扩展，在金融工程的支持和推动下，新工具层出不穷。资产证券化就是金融创新的结果。从本质上讲，资产证券化是一种金融工具，是一种筹资的金融证券。

资产证券化是储蓄者与借款者通过金融市场得以部分或全部匹配的一个过程或工具。这一定义包括两个层次。

其一是融资证券化。这是指资金需求者在货币市场和资本市场上通过发行证券直接从资金供给者那里获得资金的融资方式，如发行股票、债券、商业票据等。这种证券化被称为"一级证券化"或"初级证券化"，也称为企业证券化。这一层次的概念涉及资产证券化融资的本质特征，认为金融资产更多地表现为证券而不是贷款，或者融资活动更多地采取发行证券的方式。

其二是资产支持证券化。这是指以一定的存量资产为支持，通过一定的结构安排，对这些缺乏流动性但能够产生可以预见的现金流的资产的风险与收益要素进行分离和重组，通过发行证券的方式把这些资产转换成在金融市场上流通的证券的过程。这种存量资产证券化被称为二级证券化。这一层次的概念涉及资产证券化流动性的本质特征，强调将非流动性资产转变为流动性资产，并可在二级市场进行交易。

本章所讲的资产证券化就属于二级证券化。

尽管融资证券化(企业证券化)和资产证券化都表现为直接融资，但从投资者的角度来看，它们是完全不同的两种证券化。融资证券化是根据发行证券企业的价值判断证券的价值；资产证券化是根据证券化基础资产的价值来判断证券的价值，并不评估资产所有人的价值。

从交易过程来看，资产证券化过程中，融资人将依据破产隔离的原理将某些流动性较差但具有确定的存续期限，并且在存续期限内能够产生稳定的或者可预见的收入的资产剥离转移给特殊目的体(Special Purpose Vehicle，SPV)，由SPV将该等资产汇集成具有一定规模的资产池，通过应用一些特有技术对资产池内各项资产的期限、风险、收益等组成因素进行分割与重组，并辅以必要的信用增级措施，以确保资产池未来产生可控收入现金流，进而以该收入现金流作为担保发行证券，或直接将该收入现金流以委托收益凭证、优先股股票等所有者凭证为载体在金融市场上出售，募得资金作为资产转移对价支付给融资人，以实现其融资目的。

资产证券化并不适用于所有的资产，具体而言，可证券化资产的特点是：能在未来产生可预测的稳定现金流；有持续一定时期的低违约率、低损失率的历史记录；本息的偿付分摊于整个资产的持续期间；原所有者已持有该资产一段时间，有良好的信用记录；金融资产抵押物有较高的变现价值或它对于债务人的效用较高；金融资产具有标准化、高质量的合同条款。

一般而言，国内使用较普遍的定义表述为：资产证券化是将金融机构或其他企业持有的缺乏流动性，但能够产生可预见的、稳定的现金流的资产，通过一定的结构安排，对其风险与收益进行重组，以原始资产为担保，创设可以在金融市场上销售和流通的固定收益证券，据以融通资金的技术和过程。

8.1.2 资产证券化的特征

资产证券化是一种有效融合间接融资方式和直接融资方式的创新金融工具，资产证券化有着区别于传统融资方式的特征。

1. 资产证券化是一种结构型融资方式

资产证券化融资的核心是构建严谨、有效的交易结构。这种交易结构资产的偿付能力与原始权益人的资信能力分割开来，以保证即使原始权益人破产也与资产证券化无关。同时，这一结构能使发起人利用金融担保公司的信用级别来改善资产支持证券的发行条件，并充分享受政府的税收优惠。

2. 资产证券化是一种表外融资方式

利用资产证券化技术进行融资不会增加发行人的负债，是一种不显示在资产负债表上的融资方式。通过资产证券化，将资产负债表中的资产剥离改组后，构造成为市场化的投资工具，发行人资产负债表上的资产和负债同时发生变化，即资产存量减少。由于资产证券化是在资本没有发生变化的情况下进行的，它可以提高发行人的资本充足率，降低发行人的资产负债率。同时，由于发行人获得了一笔资产销售收入，有能力扩大资产规模，能够以原有的名义资本运作更大的资产规模，获得更大的收益。

3. 资产证券化是一种无追索的融资方式

资产证券化是融资者将其资产出售给中介机构，由中介机构进行包装、重组，以发行证券的方式进一步出售给投资者的过程。在这个过程中，当融资者售出其资产之后就与资产不发生任何联系，所有的与售出资产相关的权利与义务都转移到中介机构，这就是资产证券化中"资产真实出售"的原则。显然，如果支持证券化的资产是真实出售的，那么融资者今后的经营业绩将不再影响售出的资产，即使融资者破产也一样。

4. 资产证券化是一种收入导向型融资方式

传统的融资方式是依赖于资金需求者本身的资信能力来融资的。投资者在决定是否进行投资或提供贷款时，主要依据的是资金需求方的资产、负债、利润和现金流状况，而对公司拥有的某些特定资产的质量关注较少。但是，资产证券化融资方式则主要依赖于支持证券化资产的质量和现金流状况，外来的投资者可以完全撇开发行公司的经营业务来决定是否进行投资。在具体操作中，它将一些项目的资产作为支持，以资产的未来收入能力作为保证，来发行证券。

5. 资产证券化是一种低成本的融资方式

资产证券化利用成熟的交易结构和信用增级手段改善了证券的发行条件，可以使发行利率降低；同时，它不需要其他权益的支持，财务费用较低。因此，虽然其支出费用种类较多，但由于融资交易额较大，其费用比例相对较低。

8.1.3　资产证券化的分类

资产证券化作为一种新型的融资工具，经过几十年的发展，产生了很多种类。按照不同的标准，资产证券化可以划分为不同的类型。

1. 根据基础资产分类

1) 住房抵押贷款证券化

住房抵押贷款证券化(Mortgage-Backed-Securitization，MBS)是最早的资产证券化品种。它的基本结构是：把贷出的住房抵押贷款中符合一定条件的贷款集中起来，形成一个抵押贷款的集合体，利用贷款集合体定期发生的本金及利息的现金流入发行证券，并由政府机构或有政府背景的金融机构对该证券进行担保。

住房抵押贷款证券化可以把银行等金融机构持有的流动性较低的长期住房抵押贷款转化为流动性较高的证券，极大地改善了这些机构的资产流动性。如果选择的是表外融资方式，就不会增加这些机构的负债率，还可以释放资本金。此外，由于住房抵押贷款支撑的证券化的基础资产是违约率较低的抵押贷款，现金流量比较稳定且易于预测。

实施住房抵押贷款证券化必须具备一定的市场条件。首先，要有相当规模的住房抵押贷款市场，大量的购买者以所购住房作为抵押向贷款机构申请贷款，使贷款余额迅速增加，这是初级抵押贷款市场存在的基础。由于抵押贷款年限较长，贷款人总是希望将这些缺乏流动性的资产在二级市场顺利出售，这需要有良好的信誉，这种信誉有相当一部分来自政府的担保。其次，要有多品种的抵押贷款，如期限不同的抵押贷款、偿还方式不同的抵押贷款、利率不同的抵押贷款、不同担保机构的抵押贷款。

2) 资产担保证券化

资产担保证券化(Asset-Backed Securities，ABS)是指除住房抵押贷款证券化以外的证券化的统称。它实际上是MBS技术在其他资产上的推广和应用。与住房抵押贷款证券化不同，资产担保证券化的资产没有从政府那里得到担保，而是通过统计手法测算出风险后，再由信用级别较高的银行提供部分担保，或进行优先/滞后部分安排，对滞后部分的风险进行控制，使优先部分取得高信用评级后卖给一般投资者。从广义上来讲，住房抵押贷款证券化属于资产担保证券化的一种，但是由于住房抵押贷款证券化出现最早、规模最大，将其单独予以说明，但从本质上来看，两者没有重大区别。

目前，比较成熟的资产担保证券化主要有汽车贷款证券化、信用卡证券化、贸易应收款证券化。此外，它还包括：基础设施收费证券化、设备租赁费证券化、学生贷款证

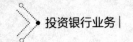

券化、门票收入证券化、俱乐部会费收入证券化；各种有固定收入的贷款，如航空机票收入、收费公路或桥梁和其他公用设施收入等的证券化；各种商业贷款，如商业房地产贷款、各类工商企业贷款、汽车贷款等的证券化。随着资产证券化技术的不断发展，证券化的范围在不断扩大。

2. 根据对现金流的处理方式和证券偿付结构分类

1) 过手型证券化

过手型证券是以组合资产池为支撑所发行的权益类证券，它代表具有相似的到期日、相似的利率和特点的组合资产的直接所有权。基础资产池中的典型资产是住宅抵押贷款和消费者的应收款(如汽车贷款和信用卡应收款)，这些资产从贷款发起人的资产负债表中剥离，出售给一个信托机构，随着贷款的出售，发起人把资产的各项权利，如资产所有权、利息以及收取所有到期款的权利，都转让给信托机构，然后该信托机构向投资者发行所有权凭证，即过手证券。证券持有者将按比例获得资产池所产生的所有现金流减去相关费用支出(如服务费、担保费和过手费等)后的余额。这些现金流包括由借款人按计划支付的月利息、按计划偿还的本金和提前偿还的本金，投资者要承担相关的风险。过手证券基本上不对资产所产生的现金流进行特别处理，而是在扣除有关"过手"费用后，将剩余的现金流直接"过手"给投资者。因此，过手证券所获得的现金流完全取决于基础资产所产生的现金流状况。

2) 转付型证券化

转付证券是根据投资者的偏好，对证券化资产产生的现金流进行重新安排而发行的证券。它与过手证券的最大区别在于：前者根据投资者对风险、收益和期限等的不同偏好，对基础资产组合产生的现金流进行重新安排和分配，使本金与利息的偿付机制发生变化；而后者则没有进行这种处理。

目前，广泛使用的转付型证券化产品有抵押担保债券(Collateralized Mortgage Obligation，CMO)、仅付本金债券(Principal Only，PO)、仅付利息债券(Interest Only，IO)等。它们的重要特征就是采用分档技术。所谓分档是指根据投资者对期限、风险和收益的不同偏好，将证券设计成不同的档次，每档证券的特征各不相同，从而满足不同投资者的偏好。转付证券也被用于非抵押资产证券化，如汽车贷款证券化、信用卡贷款证券化、无担保的消费者信贷证券化等。在私募中，转付证券也被用作寿险投保人贷款的证券化。

3. 根据基础资产卖方数量分类

1) 单一借款人型证券化

基础资产卖方数量只有一个。值得注意的是，这里的"借款人"是指基础资产的卖方，即证券化的融资方，也就是原始权益人，而不是指抵押贷款借款人(即原始债务人)。单一借款人是一种习惯用法，更确切的提法应该是单一卖方和多卖方。

2) 多借款人型证券化

基础资产卖方数量有两个或两个以上。

4. 根据基础资产销售结构分类

1) 单宗销售证券化

在单宗销售证券化交易中，卖方一次性地将基础资产出售给买方。

2) 多宗销售证券化

在多宗销售证券化交易中，随着原始债务人对债务本息的不断偿付，基础资产池的未清偿余额也不断下降，资产规模不断缩小。这种情况下，买方将通过备用协议、可再投资的信托结构、主信托结构等向卖方进行基础资产的循环购买，以不断对资产池进行填充，使资产池的未清偿余额保持在一个合理的水平上。

5. 根据发起人与特别目的机构的关系分类

1) 单层销售证券化

发起人与特别目的机构(Special Purpose Vehicle，SPV)的关系不同，以及由此引起的资产销售的次数也不同。单层销售结构由基础资产的卖方向与其有合并会计报表关系的子公司SPV转移资产，而不论这种资产转移是一次完成还是循环进行。由于这种资产销售结构是在母、子公司的层面上进行的，被称为单层销售结构。

2) 双层销售证券化

按照严格的会计标准，需要将被转移资产从母公司的资产负债表中剔除，这就要求将已销售给子公司SPV的资产再次转移给与母公司无合并关系的第三方SPV。这种由子公司SPV再向无关的独立第三方SPV销售的结构被称为双层销售结构。

6. 根据贷款发起人与交易发起人的角色是否重合分类

1) 发起型证券化

当贷款发起人同时又是证券化交易的发起人时(即由原始权益人自己来构造交易结构、设立SPV并发行证券，完整地参与整个证券化过程)，这种证券化交易结构就被称为发起型证券化。

2) 载体型证券化

如果贷款发起人只发起贷款，然后将这些资产销售给专门从事证券化交易的证券化载体，由后者架构证券化交易并发行证券，这种证券化交易结构就是载体型证券化。

7. 根据证券产生过程和层次分类

1) 基础证券化

以抵押贷款或应收款等基础资产为支撑发行的证券统称为基础证券。

2) 衍生证券化

衍生证券是指以基础证券组合为支撑所发行的证券。衍生证券化反映了证券化交易的未来发展趋势，即根据不同投资者的需求，不断进行产品创新，设计出满足特定投资者需求的个性化产品。投资银行为了吸引那些对由发起人创立的SPV所发行的证券不感兴趣的投资者，创造出独立的SPV，它的吸引力是成分相对单一的基础资产担保证券无法比拟的。

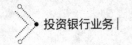

8.2 资产证券化运作

8.2.1 资产证券化的基本机制

1. 一个核心原理

可预期的现金流是资产证券化运作的核心。证券化表面上以基础资产为支撑，实际上以资产未来所产生的现金流为基础。资产证券化的本质是资产的变现，只有能产生现金流、具有流动性和收益价值的资产，才能够吸引投资者购买，实现资产证券化，否则就很难实现资产变现。换句话说，资产证券化所"证券化"的不是资产本身，是资产所产生的现金流，这是其核心所在。

2. 三个关键技术

1) 资产组合技术

资产组合是资产所有者或支配者为实现发行证券并能够被投资者所购买的目的，通过资产重组，运用一定的方式与手段，对其资产进行重新整合的行为。关键在于对资产中的风险和收益要素进行分离和重组，使其定价和重新配置更为有效，从而使参与各方均受益。对于发起者来说，目的是能够实现资产的变现并获得资金，因此就必须让资产能够吸引投资者购买；而对于投资者来说，能够在未来通过投资获得利润才是他们购买产品的理由。因此通过资产组合机制，可以使得资产得以优化配置，吸引投资者投资，从而达到双赢的目的。

以贷款为例，对某一笔贷款来说，对于其风险和收益，人们往往很难把握，而对于一组贷款而言，情况就不同了。尽管整个组合的风险和收益在很大程度上取决于组合中每一笔贷款的风险和收益，但在大数定律的作用下，整个贷款组合中的风险和收益的变化能呈现一定的规律性。因此，尽管预测单笔贷款的可能性是不现实的，但人们可以基于对历史数据的把握，对整个组合的现金流量的平均数做出可信的估计，根据这种可信的估计，可以有效地规避贷款中的提前偿付风险、信用风险等。

2) 风险隔离技术

与传统融资方式相比，资产证券化的革命在于它的信用基础仅仅是被证券化的那部分财产，而非企业的整体信用，是一种只依赖证券化基础资产信用的融资方式，它是通过风险隔离机制来完成的，即让拟证券化的基础资产远离发起人及证券化交易的相关主体的财务及破产风险，使得该笔基础资产具有某种程度的独立性，从而保证和提升基础资产的信用，达到融资的目的。归根结底，风险隔离机制就是一种"破产隔离机制"，即把要证券化的部分资产同企业之间隔离开来，使其没有必然联系，从而提高投资的安全性。

所谓破产隔离，是指发起人(原始权益人)破产与否与证券化资产没有一点相关性，即如果发起人真的进入破产程序，被证券化的资产也不能被列入清算范围内。破产隔离使证券化的资产质量与发起人(原始权益人)自身的信用水平分离开来,投资者不会再受到发起人(原始权益人)的信用风险影响。

资产证券化的破产隔离包括两个方面:SPV自身的破产隔离以及与发起人的破产隔离。SPV自身的破产隔离主要通过一些法律限制来实现,例如,规定SPV职能;SPV除了证券化交易中的债务外,不得发生其他债务;对于治理机构的设定;法律上的独立性;与母公司的资产和经营活动必须隔离,等等。另外,财产所有人把要证券化的资产从整体资产中撤出,以真实出售的方式售给SPV,从而实现要证券化的资产与发起人的完全隔离。通过破产隔离,保证了证券化资产以及现金流的安全性,使得投资者不能获得利益的可能性降到最低,从而能够吸引投资者购买,这是资产证券化得以顺利进行的保证。

3) 信用增级技术

信用增级技术是从信用的角度来考察现金流,即通过各种手段来保证和提高整个证券资产的信用级别,以吸引投资者并且降低发行成本。只有信用等级较高,才能让投资者相信将来能够获得可靠的收益回报,才能够实现资产变现的本质。

信用增级的方式主要有外部信用增级和内部信用增级。外部信用增级主要由第三方提供信用支持;内部信用增级主要由资产证券化交易结构设计来完成。

8.2.2　资产证券化的参与主体

在资产证券化的过程中,涉及多个主体。一般来说,一个完整的资产证券化过程涉及的主体有发起人、服务商、发行人、发行承销商、信用增级机构、信用评级机构、受托管理人、投资者等。其中,基本的当事人有发起人、发行人、投资者。典型的资产证券化过程及参与主体如图8-1所示。

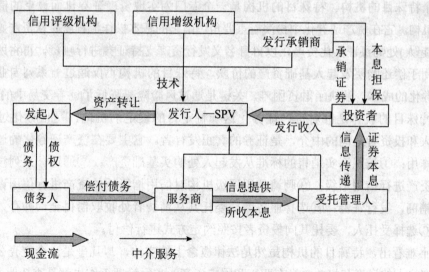

图8-1　典型的资产证券化过程及参与主体

由图8-1可以看出,资产证券化是一个复杂的系统工程,它涉及很多方面的参与者。

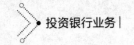

1. 发起人

发起人即原始权益人，是证券化的起点，它是把将要资产证券化的资产出售给中介机构而获得资金的一方(即资产的卖方)。发起人的作用是确定证券化的资产，并真实地出售给中介机构(SPV)。在实际操作过程中，凡是具有稳定的预期现金收入的公司或组织，均可作为资产证券化的发起人。

2. 服务商

在资产证券化有效期内，投资者要委托服务商对证券化资产项目及其所产生的现金流进行监督、管理。它的职能主要是向原始权益人收取到期的本金和利息，追收过期的应收账款，并转交给中介机构，以及向投资者提供有关证券化资产的财务报告。服务商一般由资产支持证券的发起人或发起人的子公司担任。

3. 发行人

发行人是证券化过程中介于发起人和投资者之间的中介机构，是证券的真正发行者。它在资产证券化中主要的作用是：发行人从许多发起人处购买证券化资产，然后将这些资产组成一个资产池，再以这些资产池中的资产为支持发行证券。在资产证券化中，发行人有个特殊的名称——特殊目的机构(Special Purpose Vehicle，SPV)。特殊目的机构的原始概念来自中国墙(China Wall)的风险隔离设计，它的设计主要是为了达到"破产隔离"的目的。

特殊目的机构的业务范围被严格限定，所以它一般是不会破产的高信用等级实体。SPV在资产证券化中具有特殊的地位，它是整个资产证券化过程的核心，各个参与者都将围绕着它来展开工作。特殊目的机构是一个法律实体，组织形式有信托型、公司型和有限合伙型三种。

资产证券化运行机制中的核心设计是风险隔离机制，而风险隔离机制的典型设计是设立一个特殊目的机构。特殊目的机构是一个专门为实现资产证券化而设立的信用级别较高的机构，它在资产证券化中扮演着重要角色。它的基本操作流程就是从资产原始权益人(即发起人)处购买证券化资产，以自身名义发行资产支持证券进行融资，再将所募集到的资金用于偿还购买发起人基础资产的价款。特殊目的机构不仅通过一系列专业手段降低了证券化的成本，解决了融资困难，关键是通过风险隔离降低了证券交易中的风险。

特殊目的载体是针对资产证券化这一特定目的设定的机构，是证券化过程中介于发起人和投资者之间的中介，是证券的真正发行者。它主要在资产证券化的过程中起到以下作用：①按照真实销售的标准从发起人处购买基础资产；②通过一系列技术手段对基础资产进行信用增级；③聘请信用评级机构对信用增级后的资产进行信用评级；④选择承销商，发行证券；⑤选择服务商，委托其从消费者处收取偿付金，并存入受托人账户；⑥选择受托人，委托其向投资者按照约定方式进行偿付。

不难看出，特殊目的机构虽然是法律概念上的实体，却几乎是一个空壳公司，它只拥有名义上的资产和权益，没有职工和固定资产，实际管理工作也都是委托他人去完成。但是特殊目的机构是整个资产证券化的核心环节，几乎每一个过程都与其有着直接的关联，是整个资产证券化能够顺利进行的保证。它的组建目的是最大限度地降低发起人的破产风险对证券化的影响，实现证券化资产与发起人资产之间的风险隔离，从而保证资产证券化的顺利进行。

【知识链接】　　　　**资产证券化破产隔离的实现方式**

资产证券化的破产隔离是通过设立SPV，并将资产从原始权益人转移到SPV实现的。

资产转移方式具体有两种：信托和真实出售。与之相对应，SPV可以分为信托型和公司型两种。

信托型SPV又称为特殊目的信托(Special Purpose Trust，SPT)，在这种方式下，资产转移是通过信托实现的，即原始权益人将基础资产信托给作为受托人的SPT，成立信托关系，由SPT发行资产支持证券，代表对基础资产享有权利。在这样一个信托关系中，委托人为原始权益人；作为受托人的SPV是法律规定的营业受托人，即有资格经营信托业务的信托机构；信托财产为基础资产，受益人则为受益凭证的持有人。

公司型SPV又称为特殊目的公司(Special Purpose Company，SPC)，在这种方式下，资产转移是通过原始权益人将基础资产真实销售给SPC实现的，即原始权益人将基础资产的所有权完全、真实地转让给SPC，SPC向投资者发行资产支持证券，募集的资金作为购买基础资产的对价。真实销售旨在保证在原始权益人破产时，出售给SPC的资产不会被列为破产财产，从而实现破产隔离。

资料来源：佚名. SPV[EB/OL].http://baike.baidu.com/ink？url=attjezbhts9o3dqkqby3u7dzshx6fpxfojmaada1-lj2-jxz3gfcxn4l2u-gwmh_9QIWPEICLQRWLOWDOK，2017-04-13.

4. 发行承销商

证券化资产由投资银行承销。投资银行或者向公众出售其包销的证券，或者私募证券。作为包销人，投资银行从发行人处购买证券，然后出售给公众。对于私募证券，投资银行并不购买证券，而是作为发行人的代理人，为发行人提供更多的购买者。投资银行自始至终参与资产证券化交易的全部活动。通常，投资银行要向发起人推销这个交易，之后汇集和分析大量的信息以确定证券化的可行性，然后开始投入其他力量如会计师、法律顾问以及投资分析师等，并构造交易活动。最后，投资银行安排证券的初次发行，监控和支持这些证券，随后在二级市场上交易。投资银行需要很多技巧使整个程序的管理紧密衔接，尽量避免重复劳动，节省时间与费用。

5. 信用增级机构

信用增级是资产证券化过程中的关键环节。投资者的投资利益能否得到有效保护和实现，关键在于证券化所产生的信用保证。只有提高了信用级别，才可以使资产支持证券以较低的利率水平发行。一般而言，信用增级机构由发行人或第三方提供，资产支持证券的信用增级有多种，国际上发行资产支持证券的信用级别一般都在AAA级。

6. 信用评级机构

信用评级机构是一个独立单位，具体的评级程序和原则与对债券的评级相似。评级过程的主要依据为：第一，发行人违约的可能性；第二，发行人遵循的法律条款和特性；第三，发生破产时，发行人承担责任的程度。

7. 受托管理人

证券化过程中，受托管理人是服务人和投资者的中介，它代表发行人的利益向发起人购买资产，同时也是通过它向投资者发行证书。当债务人归还资产抵押的本金和利息时，服务人把收入存入发行人的账户，由受托管理人把它们转给投资者。受托管理人有责任对没有及时转给投资者的资金进行再投资。如果服务人取消或不能履行其职责，受托管理人应该并且能够取代服务人担当其职责。

8. 投资者

投资者是指购买资产担保证券的机构和个人，如银行、保险公司、养老金、其他投资基金、公司以及零星的散户投资者。一般这些投资者都具有丰富的经验，在研究了资产担保证券所具有的风险特征后，从承销商手中购买资产证券，所支付的资金通过承销商等机构返还给原始权益人，并按约由受托管理人支付证券本金和利息。

8.2.3 资产证券化的运作流程

资产证券化的运作流程主要包括以下几个步骤，详见图8-2。

图8-2 资产证券化的运作流程

1. 确定证券化的资产

资产证券化的发起人(即资产的原始权益人)在分析自身融资需求的基础上，从符合条件的可被证券化的资产里挑选并确定用来进行证券化的资产。尽管证券化是以资产所产生的现金流为基础，但并不是所有能产生现金流的资产都可以证券化。一般来说，那些现金流不稳定、同质性低、信用质量较差且很难获得相关统计数据的资产不宜被直接证券化。

2. 出售资产

发起人确定好将要进行证券化的资产之后，就要将此资产真实地出售给发行人。资产出售后，买方(发行人)拥有对标的资产的全部权利，而卖方(原始权益人)则相应地从买方得到资金，从而完成它的融资需求。但在资产真实地卖给发行人后通常由发起人(原始权益人)充当发行人的资产组合代理人，向债务人收回到期资产的本息，并交给发行人偿付资产证券的本息。在资产出售时，最为关键的就是要保证证券化资产的真实出售，只有真实出售，才能达到"破产隔离"的目的。

3. 组建资产池

发行人应该是单一的目的实体，它不能开展除资产证券化外的业务，不能建立任何子公司。发行人要对它购买的资产进行分析、调查，进而组成一个结构合理的资产池，之后基于这些资产发行证券。由于发行人购买的资产金额、期限、收益率各不相同，设计一个结构良好的资产池是一项很复杂的工作，但它也是极其重要的，直接影响以此资产支持的证券的发行难易程度、价格及信用级别。

4. 信用增级

为吸引投资者并降低融资成本，必须对资产证券化产品进行信用增级，以提高所发行证券的信用级别。信用增级可以使证券在信用质量、偿付的时间性与确定性等方面更好地满足投资者的需要，同时满足发行人在会计、监管和融资目标方面的需求。

信用增级可以分为内部信用增级和外部信用增级。内部信用增级常用的方式有划分优先与次级资产结构、建立利差账户、开立信用证、进行超额抵押等。外部信用增级主要通过保险或担保来实现。在设计中，一般会根据需要合理搭配几种信用增级方式，以得到所需。

5. 信用评级

在信用增级前，SPV一般会聘请评级机构对该资产支持的证券进行评级，以确定要达到发行人所需要的信用等级所需进行的信用增级方式；进行信用增级后，发行人要聘请评级机构再次对该资产支持的证券进行评级，而后将评级结果向社会公告。信用评级就是专门的评级机构通过一系列完整的评判系统向投资者客观而直接地展现证券按照合同偿付本息的可靠程度。信用等级越高，表明证券的风险越低，从而使发行证券筹集资金的成本越低。

6. 发行证券

SPV一般会将证券的设计工作委托给投资银行，投资银行作为有着丰富融资经验的承销商，在充分了解要证券化的资产后，会根据实际情况对现金流进行重组，选择适当的设计方式，形成最终的市场流通证券。在信用评级之后，SPV作为发行人向证券监管机构注册或经其核准后，发行资产支持证券，签订承销协议，委托证券承销商销售该证券。证券发行后，可以在资本市场上流通。

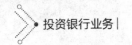

7. 向发起人支付价款

当承销商售出该证券后，将发行款项划归发行人SPV，发行人获得现金收入，用于支付给承销商、评级机构等专业服务机构的费用，而后发行人再向发起人支付资产的购买价格。这样发起人就达成了融资目的。

8. 管理资产池

发起人指定一个资产管理公司或亲自充当服务人，对证券化资产进行管理，负责收取、记录由该资产产生的现金流，并在证券偿付的规定时间内将该现金流存入由受托人保管的托管账户。

9. 清偿证券

到了约定的期限，受托人用账户中的资金支付投资者的本金和利息。如果该账户在付完本息后还有剩余，则按约定的方法在各个机构间分配。这样，资产证券化交易的全部过程也随即结束。

> **思考**
>
> 在资产证券化操作中，破产隔离是资产证券化的核心。资产证券化中的破产隔离的含义包括几个方面？
>
> 提示：一是资产的出售必须是真实的；二是SPV本身是隔离的，即发起人破产时，发起人的债权人对已转移的基础资产没有追索权。

8.3 资产证券化的发展

资产证券化在发达国家金融市场上处于重要地位，为融资效率的提升起到了很大作用。资产证券化起源于20世纪70年代的美国，自20世纪80年代起相继传入欧洲、亚洲和拉丁美洲等地，但受不同国家经济发展阶段和金融体制的影响，各国资产证券化实践呈现明显不同的地域性特征。

综观美国、欧洲、日本资产证券化的发展历程，其兴起主要是为解决金融市场流动性紧张问题，美国是由政府主导逐渐转变为由市场主导的商业化发展模式；欧洲源于市场力量推动，即私人部门对利润的追求；日本则主要由政府主导。从业务模式来看，三者也各具特色，美国是表外证券化模式；欧洲为表内双担保模式；日本除了采用美国模式外，还存在特有的信托银行模式。

2008年金融危机后，全球范围内均强化了相关金融监管，资产证券化产品结构更加简单透明，部分复杂结构设计及再证券化产品逐渐退出市场。

8.3.1 国外资产证券化的发展

1. 美国资产证券化的发展

美国是资产证券化的起源地，也是资产证券化产品规模最大的国家，其发展对于我国的资产证券化业务有着重要启示意义。概括而言，美国的资产证券化发展进程可分为三个阶段。

1) 起步阶段：20世纪70年代初期至80年代中期

资产证券化的出现有其特定的历史背景，20世纪70年代，两次石油危机爆发引起经济环境发生重大变化。与此同时，美国战后婴儿潮中诞生的孩子开始成年，房屋需求量的急剧增加使住房抵押贷款需求激增。在长期住房抵押贷款一级市场快速增长下，抵押贷款发放机构的住房抵押贷款资金来源呈现紧缺状态，表现为资金流动性严重不足，资金来源与运用期限不匹配带来的利率风险和流动性风险也在不断积聚。为改变这一状况，美国政府开始推动住房抵押贷款二级市场发展，旨在缓解贷款机构的压力。1968年，美国政府国民抵押协会首次公开发行抵押支持债券，开启全球资产证券化之先河。联邦国民抵押协会和联邦住房贷款抵押公司以及其他从事住房抵押贷款的金融机构，也随之将其所持有的住房抵押贷款按照年限、利率等组合打包，以此作为抵押或者担保，发行抵押支持证券，实现了住房抵押贷款的证券化(RMBS)。但是，由于最初发行的抵押支持证券多数属于"过手证券"，存在一些内在缺陷，包括期限过长、不确定性太大和定价困难等问题，难以引起投资者的兴趣，使其望而却步，影响抵押支持证券的销售，阻碍了抵押支持证券市场的进一步扩大。为了解决过手证券存在的问题，联邦国民抵押协会在1983年首次发行了担保抵押证券。担保抵押证券采用分档技术，每一档证券具有不同的期限和利率，从而可以满足具有不同风险偏好的投资者，因此，担保抵押证券得以迅速发展，成为抵押支持证券的主要产品类型。

2) 多元调整阶段：20世纪80年代中期至2007年

20世纪80年代中期之后，资产证券化逐渐走向成熟，开始在各个领域大量运用，资产证券化也得到普遍认可，开始在世界范围内发展。在住房抵押贷款证券化之后，证券化技术被广泛地运用于抵押债权以外的非抵押债权资产，出现了资产支持债券，CDO产品开始出现并蓬勃发展。20世纪80年代至90年代，监管层面的放松及机构投资者的迅速发展，使得美国资产证券化市场规模和产品种类呈现井喷式增长，并进入了黄金发展期。1985年，汽车贷款抵押证券开始发行；1988年，美国推出了以信用卡贷款为抵押的证券；1993年，针对学生贷款的抵押证券相继问世。目前，资产证券化遍及租赁、版权专利费、信用卡应收账、汽车贷款应收账、消费品分期付款等领域。资产证券化市场(包括抵押支持债券和资产支持债券)已成为美国仅次于联邦政府债券(包括国债、联邦机构债券和市政债券)的第二大债券市场，资产证券化成为美国资本市场上重要的融资工具之一。

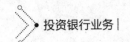

从市场规模来看，1985年，美国传统资产证券化市场总规模仅为39亿美元，1996年达到3256亿美元，11年间增长了82倍多，平均每年增长49.5%。近几年来，随着可证券化基础资产的扩展和交易结构的推陈出新，美国的资产证券化发展更加迅速。2007年，源自过度证券化的金融危机严重打击了高速发展的美国资产证券化市场，随后金融监管当局对相关业务的监管体系进行了重大改革。截至2008年，资产证券化产品余额达116万亿美元，约占美国债券市场全部余额的34%，为债券市场的第一大产品。

3) 恢复调整阶段：2008年至今

2008年金融危机后，美国重新审视资产证券化业务风险，不断健全市场机制；重视产品设计及信息披露环节，加强监管环节作用。经过恢复调整后的美国资产证券化市场，在交易架构搭建、基础资产池打包和监督、产品定价和评级等环节都已较为成熟。截至2017年底，美国资产证券化存量市场规模高达十余万亿美元，占同期债券总量的近30%；基础资产池呈现多样化发展，包括汽车贷款、信用卡贷款、助学贷款等多种形式。资产证券化业务已成为美国大型商业银行的战略性业务和重要的风险管理手段，是对传统直接融资和间接融资方式的重要补充。

【延伸阅读】　　　　　　　　**美国资产证券化产品体系**

美国资产证券化产品按基础资产主要分为住房抵押贷款支持证券(MBS)和资产支持证券(ABS)两大类。其中，MBS一直是美国资产证券化市场的主要品种，而ABS大致可分为狭义ABS(主要基于某类同质资产)和担保债务凭证CDO(对应的基础资产为一系列债务工具)两类。金融危机过后，美国对其资产证券化产品设计进行了深刻反思，并进行了一系列制度改进，如强化信息披露、要求发起机构风险自留、强化评级监管、简化产品设计、提高资产证券化风险资本计提要求等，这些改进措施使美国资产证券化重获投资者信任，不过发展速度也有所降低。美国资产证券化产品体系如图8-3所示。

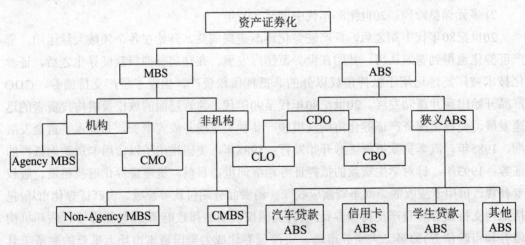

图8-3 美国资产证券化产品体系(按基础资产分类)

资料来源：公开资料、民生银行研究院整理.

2. 其他国家资产证券化的发展

20世纪80年代末，资产证券化由美国传入欧洲，从1987年全英住房贷款公司发行第一笔居民住房抵押贷款支持债券(RMBS)以来，历经欧元诞生后资产证券化业务的大发展，目前欧洲已成为仅次于美国的全球第二大资产证券化市场，并发展出一些具有欧洲特色的资产证券化业务。由于金融环境和法律体系不同，与美国资产证券化实践相比，欧洲资产证券化具有两个显著特征：一是表内资产证券化规模超过MBS和ABS等表外资产证券化产品；二是金融危机爆发后，发起人构造并保留证券化产品的主要目的是向中央银行申请再融资，以解决流动性短缺问题，进而使得欧洲的留置证券化(Retained Securitization)获得了快速发展。

英国在法律制度和文化环境方面与美国最为接近，受美国的影响比较大，也易于吸收美国的经验，所以在欧洲各国中，英国的资产证券化的发展最早、规模最大。在英国的住房抵押贷款市场，传统的住房协会势力大，而商业银行在很长一段时间内受到限制，在20世纪80年代住房制度改革之后，资产证券化开始起步，1985年由美洲银行发起了第一笔MBS。在经历了20世纪90年代初的短暂调整之后，从1996年开始又进入一个快速发展期。英国资产证券化的特色是产品设计复杂、对象广泛、创新性强、市场化程度高。

澳大利亚资产证券化市场的发展始于20世纪80年代中期，最初是由非银行的住房信贷机构(如Aussie Home Loans)发起的住房抵押贷款的证券化。当时为了给公共住房贷款计划融资，各州政府建立了第一批专业化的商业机构开展证券化。在这个过程中，政府的导向作用十分显著，后来又逐步扩展到商业用房抵押贷款、购车贷款、应收账款、设备租赁费、企业贷款、银行票据、基础设施项目等各类资产。从品种结构来看，澳大利亚的证券化产品主要分为三大类：住房抵押贷款支持证券(RMBS)，商业用房抵押贷款支持证券(CMBS)，资产支持证券(ABS)。其中，RMBS占据了绝大部分。

与美国和欧洲相比，亚洲资产证券化的起步整体较晚，亚洲资产证券化的快速发展始于1997年东南亚金融危机之后，日本是亚洲资产证券化发展最早、市场规模较大的国家。亚洲金融危机发生后，一方面，日本银行不良债权现象严重，银行业希望通过证券化来改善金融机构的财务报表和资产质量；另一方面，部分在资产证券化方面有着丰富经验的国际投资银行正积极在亚洲探索新业务，并根据亚洲企业需要和机构投资者偏好设计出多样的证券化融资工具，供需两方面因素共同推动了日本资产证券化的飞速发展。

印度、韩国的资产证券化发展也较为迅速。其中，印度资产证券化的最初尝试是在1992年，但初期发展并不顺利。随后，印度资产证券化市场构造了各种各样的抵押资产证券化产品，但交易的数量和规模都较小，投资者有限，发展非常缓慢。2000年之后，印度资产证券化进入指数级增长的快速发展阶段，2002—2005年，资产证券化市场迅速扩大，累计增长率接近100%。在印度，ABS占据了其资产证券化市场的最大份额，其中2005年一度达到72%。印度通过民间和证券市场的金融证券化，提升了配置和调动资源、利用现有资产和财富发展经济的能力。

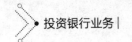

8.3.2　我国资产证券化的发展

1. 我国资产证券化的发展历程

1) 第一阶段：资产证券化业务的试点阶段(2005—2008年)

2005年3月，中国人民银行、中国银监会等十部委组成信贷资产证券化试点工作协调小组，正式启动我国信贷资产证券化试点。2005年12月，国家开发银行和中国建设银行分别发行了我国首只信贷资产支持证券和住房贷款支持证券，成为我国试点发行的首批信贷资产证券化产品。

2005年9月，证监会推出中国联通CDMA网络租赁费收益计划，是我国推出的首只企业资产证券化产品。2007年9月，我国启动第二批信贷资产支持证券试点。国际金融危机期间，我国出于宏观审慎和控制风险的考虑暂停了资产证券化试点。

2) 第二阶段：资产证券化业务常态发展阶段(2011—2014年)

2011年9月，证监会重启对企业资产证券化的审批。2012年5月，中国人民银行、中国银监会和财政部联合发布《关于进一步扩大信贷资产证券化试点有关事项的通知》，标志着在经历了国际金融危机之后，我国资产证券化业务重新启动，进入第三轮试点阶段，试点额度为500亿元。

2012年8月，银行间交易商协会发布《银行间债券市场非金融企业资产支持票据指引》，资产支持票据(ABN)正式诞生。至此，我国三种主要资产证券化产品类型(企业资产证券化、信贷资产证券化、资产支持票据)全部推出。

2013年3月，证监会发布《证券公司资产证券化业务管理规定》，证券公司资产证券化业务由试点业务开始转为常规业务。2013年7月，国务院发布《关于金融支持经济结构调整和转型升级的指导意见》，明确要逐步推进信贷资产证券化常规化发展，盘活资金支持小微企业发展和经济结构调整。2013年8月，中国人民银行、中国银监会推动国家开发银行、工商银行等机构开启第三轮试点工作，试点额度达到400亿元，我国资产证券化市场正式进入常态化发展时期。

3) 第三阶段：资产证券化业务快速发展阶段(2014年至今)

2014年年底，我国资产证券化业务监管发生了重要转折，完成了从过去的逐笔审批制向备案制的转变。通过完善制度、简化程序、加强信息披露和风险管理，促进市场良性快速发展。

信贷资产证券化方面，实施"备案制+注册制"。2014年11月20日，银监会发布《关于信贷资产证券化备案登记工作流程的通知》，宣布针对信贷资产证券化业务实施备案制；2015年1月4日，中国银监会下发批文公布27家商业银行获得开展信贷资产证券化产品的业务资格，标志着信贷资产证券化业务备案制在实操层面落地；3月26日，中国人民银行发布《关于信贷资产支持证券试行注册制的公告》，宣布已经取得监管部门相关业务资格、发行过信贷资产支持证券并且能够按照规定披露信息的受托机构和发起机构可以向央行申请注册，并在注册有效期内自主发行信贷ABS。

企业资产证券化方面，实施"备案制+负面清单管理"。2014年12月26日，中国证监会发布《资产支持专项计划备案管理办法》，开始针对企业资产证券化实施备案制，同时配套《资产证券化业务风险控制指引》和《资产证券化业务基础资产负面清单指引》，提出8类负面清单，大大拓宽了发行人及基础资产的可选范围，促进企业资产证券化在2015年以来的高速发展。

2. 我国资产证券化的三种模式

我国资产证券化的三种模式包括：银监会监管的信贷资产证券化，证监会监管的企业资产证券化，银行间市场交易商协会主导的资产支持票据。

1) 信贷资产证券化

信贷资产证券化(信贷ABS)是指银行业金融机构作为发起机构，将信贷资产信托给受托机构，由受托机构以资产支持证券的形式向投资机构发行受益证券，以该财产所产生的现金支付资产支持证券收益的结构性融资活动。信贷资产证券化主要包括以下几个环节。

(1) 基础资产，包括各类信贷资产。

(2) 信用增级，分为内部增级(优先级、次级分层结构、超额利息收入、信用触发机制)、外部增级(保险、外部担保)以及风险自留。

(3) 信贷资产出表。发起机构将信贷资产所有权上几乎所有(通常指95%或者以上的情形)的风险和报酬转移时，应当将信贷资产从发起机构的账上和资产负债表内转出，考虑到5%的风险自留，需计提62.5%的风险准备金。

(4) 交易场所。在全国银行间债券市场上发行和交易。

2) 企业资产证券化

企业资产证券化(企业ABS)是指以特定基础资产或资产组合所产生的现金流为偿付支持，通过结构化方式进行信用增级，在此基础上发行资产支持证券的业务活动。证券公司通过设立特殊目的载体开展资产证券化业务。企业资产证券化主要包括以下几个环节。

(1) 基础资产，包括企业应收款、信贷资产、信托受益权、基础设施收益权等财产权利和商业物业等不动产财产等。

(2) 资产出表。以专项资产管理计划作为SPV可以出表，也可以不出表，权益类不出表。

(3) 增级。相对于信贷资产证券化，更需要外部信用增级。

(4) 交易场所，包括交易所、证券业协会机构间报价与转让系统、柜台交易市场及中国证监会认可的其他交易场所。

3) 资产支持票据

资产支持票据(ABN)是指非金融企业在银行间债券市场发行的，由基础资产所产生的现金流作为还款支持的，约定在一定期限内还本付息的债务融资工具。

国内三种资产证券化模式对比见表8-1。

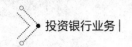

表8-1　国内三种资产证券化模式对比

项目	信贷ABS	企业ABS	ABN
主管部门	央行、银监会	证监会	交易商协会
发起人	银行业金融机构(商业银行、政策性银行、邮政储蓄银行、财务公司、信用社、汽车金融公司、金融资产管理公司等)	非金融企业(包括部分金融企业,如金融租赁公司)	非金融企业
发行方式	公开发行或定向发行	公开发行或非公开发行	公开发行或非公开定向发行
投资者	银行、保险公司、证券投资基金、企业年金、全国社保基金等	合格投资者,且合计不超过200人	公开发行面向银行间市场所有投资人;定向发行面向特定机构投资者
基础资产	银行信贷资产(含不良信贷资产)	企业应收款、信贷资产、信托受益权、基础设施收益权等财产权利或商业物业等不动产财产或财产权利和财产的组合	符合法律法规的规定,权属明确,明确产生可预测现金流的财产、财产权利或财产和财产权利的组合。基础资产不得附带抵押、质押等担保负担或其他权利限制
SPV	特殊目的信托	证券公司专项资产管理计划	不强制要求
信用评级	需要双评级,并且鼓励探索采取多元化信用评级方式,支持对资产支持证券采用投者付费模式进行信用评级	具有证券市场资信评级业务资格的资信评级机构,对专项计划受益凭证进行初始和跟踪评级	公开发行需要双评级,并且鼓励投资者付费等多元化的信用评级方式;定向发行则由发行人与定向投资人协商确定,并在《定向发行协议》中明确约定
交易场所	全国银行间债券市场	证券交易所、证券业协会机构间报价与转让系统、证券公司柜台市场	全国银行间债券市场
登记托管机构	中央国债登记结算有限责任公司	中国证券登记结算有限责任公司	上海清算所
审核方式	审核制	标准制	注册制

3. 我国资产证券化的展望

2017年2月23日,"2017陆家嘴资产证券化论坛"在上海陆家嘴金融城举行。在这个由上海金融业联合会、上海证券交易所与中国证券投资基金业协会共同主办的论坛上,众多业内人士为中国ABS发展之路建言献策。

1) 资产证券化可以提升金融服务实体经济效率

2016年12月,证监会与国家发改委联合发布了《关于推进传统基础设施领域政府和社会资本合作(PP)项目资产证券化相关工作的通知》,正式开启了PP项目资产证券化的大门。

我国资产证券化主要包括中央银行、银监会监管的金融机构信贷资产证券化,证监会基金业协会监管的企业资产证券化和交易商协会管辖的非金融企业资产支持票据。

传统经济是一个高污染的经济结构。据世界银行最新测算，中国环境污染成本大概相当于GDP的9%。据中国人民银行课题组测算，未来土地污染修复这一项所需要的投入可能就达50万亿元人民币。中国证券投资基金业协会党委书记、会长洪磊在论坛上表示，在此背景下转向绿色增长的动力主要来源于三个方面：一是大规模的国土整治和环境治理；二是城市公共设施改造升级和新农村建设；三是重大基础性技术创新。这三个方面都需要源源不断的长期资本提供支持，将公共治理形成的各类公共设施作为基础资产进行证券化，并上市交易，通过规范运营和风险管理获得稳定回报，实现长期资本与长期资产的对接，可以极大地提升金融服务实体经济的效率，推动供给侧结构性改革的深入发展。

2) 资产证券化有利于银行业可持续发展

随着供给侧结构性改革的深入推进，资产证券化在提高资金配置效率、盘活存量资产、降低企业融资成本等方面起到越来越重要的作用，成为我国新常态下遏制经济增速下滑、缓解金融机构与企业财务风险、提高直接融资占比和构建多层次资本市场的有效工具。值得一提的是，资产证券化对于我国银行业未来发展意义重大。

作为中国经济增长重要的资金支持力量，中国银行业功莫大焉。截至2016年末，我国银行业金融机构本外币负债总额已达215万亿元。作为资产证券化市场的重要参与者，商业银行具有客户基础、网络渠道、资金实力、品牌形象等资源，通过开展资产证券化业务，能够从信贷资金提供者，向交易安排者、资源整合者、资产创设者转变，共同促进市场的发展。大型银行可发挥客户众多、区域广泛、管理健全的优势，输出也是为市场引入客户、技能、风险控制、渠道资源，成为资产仓库，形成大银行创设资产与其他银行吸纳资产的良性互动格局。而商业银行实施风险控制，也是对项目进行评估和筛选的过程。

3) 上海证券交易所积极助推资产证券化

作为我国资本市场的重要基础设施，上海证券交易所目前已初步形成覆盖股票、衍生品、债券、基金等品种的产品体系，成为跨期现市场的综合性交易所。

自2014年证监会发布《证券公司及基金子公司资产证券化业务管理规定》以来，上海证券交易所资产证券化业务得到较快发展。上海证券交易所副理事长张冬科透露，2016年，在上海证券交易所市场完成发行及备案的资产支持证券项目共计250个，发行金额共计3097亿元，逐步形成了以租赁债权、信托受益权、消费贷款债权、收费收益权和应收账款债权等大类基础资产为主要构成的资产证券化业务市场。

上海证券交易所企业资产证券化市场紧扣宏观政策导向，有序推进产品创新，扶优限劣发展大类基础资产，践行了供给侧改革中推行的"三去一降一补"的政策，推动降低企业杠杆率，提升了上海证券交易所服务实体经济的广度和深度。具体包括：推动绿色领域证券化，支持服务绿色产业；结合国家相关政策，推进保障房、住房租赁、消费金融类资产的证券化；结合国家对于盘活商业地产存量的支持政策，积极扩

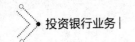

大权益型房地产信托投资基金(REITS)产品发行规模，同时新增抵押型REITS(CMBS)品种，丰富了交易所不动产证券化的产品线；盘活存量资产，推动供应链金融、票据、保单质押贷款等创新类基础资产的证券化；积极研究通过资产证券化方式支持国家重点领域建设，配合证监会做好与国家发改委联合推动传统基础设施PPP项目资产证券化的相关工作。

值得一提的是，在规则制度完善层面，上海证券交易所对资产证券化业务相关自律规则进行了修订和完善，进一步明确了挂牌转让流程及条件，并对涉及产能过剩行业、房地产行业与互联网借贷的资产及项目制定了更为严格的信息披露要求和审查标准，防范可能存在的系统性监管及信用风险。同时，上海证券交易所还建立了资产证券化业务外部咨询专家制度，汲取监管机构与市场智慧，提升资产证券化业务政策影响力与监管水平。

2017年，上海证券交易所将大力助推企业资产证券化业务发展，在中国证监会的工作部署与指导下，严格落实国家政策要求，完善监管执行标准，稳中求进，发展资产证券化业务。在完善资产证券化业务审核执行标准及信息披露政策方面，上海证券交易所将进一步明确和完善资产证券化大类资产的审查执行标准，并通过多种形式向市场公布、强化风险控制管理，提高监管标准的透明度。同时，上海证券交易所将研究、完善资产证券化业务信息检测监控体系与监管联动机制，强化市场风险的识别和管控，提高持续监管、风险监测和处置能力。

4) 资产证券化市场将爆发式发展

目前，我国资产证券化业务方兴未艾，经历了前期的布局与探索，我国资产证券化市场呈现快速扩容、创新迭出的良好发展态势；从小渐大的资产证券化创新试点如同雨后春笋般涌现，各类"首单"产品不断问世，市场存量规模突破万亿元，不良资产证券化、绿色资产证券化、PPP项目资产证券化等领域实现重要突破，法律法规及鼓励政策也不断出台。

未来，我国资产证券化市场机遇大于挑战，传统市场间的壁垒逐渐被打破，消费金融、供应链金融、PPP项目、绿色资产、票据、商业地产等领域都是未来资产证券化市场的新增长点，券商、基金子公司等各类企业参与资产证券化的积极性将更高。

本章关键词

资产证券化　风险隔离　特殊目的机构　信用增级　信用评价

问题讨论

1. 资产证券化有哪些作用？

2. 一般情况下，发起人会担任服务商，这种安排有何实践意义？

延伸阅读

1. 梁旭. 美国次贷危机中我国资产证券化获得的启示[EB/OL]. http://www.zgyhy.com.cn/zixun/2016-05-17/2074.html，2016-05-17.

2. 佚名. 楼市之火：中国居民住房抵押贷款支持证券高速膨胀[EB/OL]. http://money.163.com/16/0913/22/C0SHVAHJ002580S6html，2016-09-13.

案例分析

1992年，海南三亚市开展了我国首例资产证券化类产品的尝试，推出了"地产投资券"。在该项目中，三亚市政府以三亚市开发建设总公司作为发行人机构，以该市丹洲小区800亩土地为发行标的物，向持有该市身份证的居民及海南的法人团体发售了2亿元地产投资券，所筹集的资金用于土地开发，而后将地产销售收入及相应的存款利息扣除相关费用，作为偿付投资券收益的来源。

在该项目中，三亚市开发建设总公司作为发起人和发行人，获得发行地产投资募集的资金，并负责组织土地开发建设。同时，该公司要提供可供开发的土地，并对因开发数量不足导致的损失负责赔偿。

该地产投资券的投资管理人为海南汇通国际信托投资公司，其主要职责是设立专户管理地产财务，监管所筹集的资金，并根据地产开发的工程进度需要分期拨付资金。此外，该公司还负责销售标的地产，并收取管理费。与此同时，该公司需自行认购不低于发行总额15%的投资券，并且负责兜底包销，期满前任何时点上持有的余额不得低于该比例，同时还承担一定的连带赔偿责任。

该地产券投资者分为个人投资者和法人投资者，根据规定，个人投资者要求为三亚市内居民，法人投资者则面向海南全省。投资者不参与项目运作，但可获得收益分配，也要承担由于不可抗力或地产市场风险而导致的投资损失。由于当时房地产行业看涨，并且地方政府对此也给予了大力支持，投资券于1992年10月20日至31日之间发售，并取得了发行成功。其中个人投资者购买1912.4万元，占发行总额的9.56%，其余均为法人投资者。该投资券的成功发行，成功地为该项目建设开发募集了所需资金。

尽管发售成功，但由于该券发行后正好遇到国家宏观调控政策的出台，最终项目开发并不顺利，影响了投资者偿付。

资料来源：根据公开资料收集整理.

思考：三亚地产投资券的发行是真正的资产证券化吗？与资产证券化产品有哪些区别？对我国资产证券化发展有何意义？

分析提示：三亚地产投资券的发行属于我国最早的资产证券化业务领域的探索，尽管从规范的资产证券化产品结构和流程来看，尚无法称之为资产证券化产品，但其在交易设计、法律结构等各个环节初步体现了资产证券化理论，作为我国最早的资产证券化领域的尝试，意义重大。

实践训练

1. 比较典型国家资产证券化的运作模式与特点，填入表8-2中。

表8-2　典型国家资产证券化运作模式与特点

国家	运作模式	特点
美国		
英国		
法国		
意大利		
中国		

2. 比较我国居民住房抵押贷款资产证券化与其他典型国家资产证券化的区别。

第9章　金融衍生品业务

▶ **学习目标**

- 理解金融衍生品的定义、特征与类型
- 掌握期货、期权、互换等常见的金融衍生品交易
- 了解投资银行对金融衍生品的运用

▶ **知识结构图**

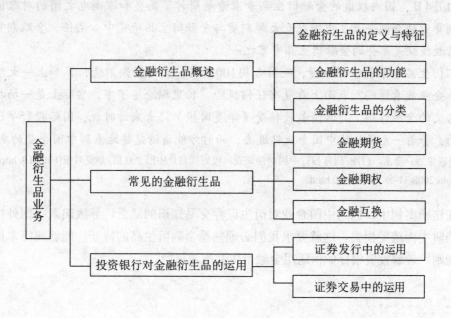

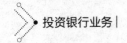

国际投行中国对赌调查：设好圈套让中国企业钻

国际投行在中国设立的赌局正不断浮出水面，一方是贪婪无知的中国企业，另一方是狡猾的国际投行。对赌背后是甜蜜的毒药，魔鬼就隐藏在对赌细节中，看似不可能的小概率事件引发的却是惊涛骇浪。那么，让中信泰富、深南电等中国企业深陷困境的魔鬼是什么呢？

11月7日，纽约商业交易所轻质原油价格盘中跌破60美元，已经跌破深南电与国际投行高盛旗下杰润公司对赌协议规定的62美元的触发价格。按照协议，深南电需要支付高盛80万美元的赔偿，今后国际石油每下跌1美元，深南电还需要追加40万美元。

来自华尔街的衍生品像埃博拉病毒一样传染到中国，由于法律监管的缺位和不熟悉衍生交易，深南电、太子奶、中国高速传动、碧桂园、国航和中信泰富等一批中国企业成为华尔街金融危机的买单者，在这场国际对赌中，国际投行是如何席卷这些中国企业财富的呢？

11月4日，国内权威的金融衍生品专家专题研讨了高盛和深南电之间的对赌协议，中国期货业协会副会长、中国农业大学期货与金融衍生品研究中心主任、金鹏期货董事长常清教授就是参会的金融衍生品专家之一。

"衍生品本来就很少人懂，一份合同100多页，表述模糊不清，再加上一大堆数学公式，企业能看懂吗？表面上看没有任何风险，稀里糊涂签了字，实际上是一场打着衍生品名义的金融诈骗。"常清教授接受《华夏时报》记者采访时说，国际投行早已做好一个局，等着一无所知的中国企业钻进去，而对方能清清楚楚地看到中国企业的底牌。

资料来源：金水，付刚．国际投行中国对赌调查：设好圈套让中国企业钻．华夏时报[EB/OL]．http://news.hexun.com/2008-11-08/110996120.html.

在这一案例中，因为中国企业对衍生证券交易知识的缺乏，导致陷入了国外投行设计的陷阱中而遭受损失。这就要求我们必须熟悉金融衍生品的特征，能够熟练掌握基本交易规则，理解投资银行如何运用金融衍生品规避风险。

9.1 金融衍生品概述

9.1.1 金融衍生品的定义与特征

1. 金融衍生品的定义

金融衍生品(Financial Derivative)是与基础金融工具相对应的一个概念，指建立在基础产品或基础金融变量之上，其价格取决于后者价格或指数变动的派生金融产品。

2. 金融衍生品的特征

从本质上看，金融衍生品都是一系列远期合约的组合。金融衍生品一旦出现，就呈现不同于基础商品的特点，具体归纳为以下几点。

(1) 联动性。金融衍生品是从基础工具派生出来的，所以其价值由基础资产的价值决定，基础价格的变化会影响金融衍生品的价格；反之，金融衍生市场价格的变化也会影响基础金融产品的价格。

(2) 跨期性。金融衍生品是对未来的交易，是在现时对基础工具未来可能产生的结果进行交易，交易结果要在未来时刻才能确定盈亏。

(3) 金融衍生品交易的对象并不是基础工具，而是对这些基础工具在未来某种条件下处置的权利和义务，这些权利和义务以契约形式存在，构成所谓的产品。

(4) 金融衍生品是一种现金运作的替代物，如果有足够的现金，任何衍生品的经济功能都可以通过现金交易来实现。

(5) 高杠杆性。金融衍生品交易可以用较少的保证金撬动现货市场上需较多资金才能完成的交易。

(6) 虚拟性。金融衍生品独立于现实资本运动之外，却能给持有者带来收益，是一种收益获取权的凭证，本身没有价值，具有虚拟性。

9.1.2　金融衍生品的功能

对于金融衍生品的投资者而言，金融衍生品的功能主要有以下几个方面。

(1) 规避风险。金融衍生品市场的首要功能是规避风险，这是金融衍生品市场赖以存在和发展的基础，而防范风险的主要手段是套期保值。

(2) 投机。与降低风险、进行套期保值相对应的交易就是投机，套期保值和投机涉及交易的双方，如果交易只有规避风险的一方，而没有风险偏好的一方，金融衍生品交易是无法完成的。衍生品为风险偏好者提供了一个高风险、高收益的机会。投机者通过承担风险获取利润，只要在公开透明的条件下进行，投机就有利于提高市场效率。

(3) 价格发现。金融衍生品市场集中了各方面的参加者，带来了成千上万种关于衍生品基础资产的供求信息和市场预期，交易所通过类似拍卖方式的公开竞价，形成了市场均衡价格。金融衍生品的价格形成有利于提高信息透明度，金融衍生品市场与基础市场的高度相关性，提高了整个市场的效率。

(4) 套利。金融衍生品市场存在大量具有内在联系的金融产品，在通常情况下，一种产品总可以通过其他产品分解组合得到。因此，相关产品的价格应该存在确定的数量关系，如果某种产品的价格偏离这种数量关系，就可以低价买进某种产品，高价卖出相关产品，从而获取利润。

(5) 构造组合。利用金融衍生品可以对一项特定的交易或风险暴露的特性进行重新构造，实现客户预期。

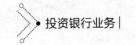

9.1.3 金融衍生品的分类

随着金融创新的发展，金融衍生品经过衍生再衍生、组合再组合的螺旋式发展，现在种类十分繁多。

1. 按基础资产划分

按基础资产的不同，金融衍生品可分为金融类衍生品和商品类衍生品。

金融类衍生品包括利率(债券)、股票、货币等基础资产的衍生品。

商品类衍生品包括农产品、有色金属、贵金属、能源、畜产品等基础商品的衍生品。

2. 按衍生品自身交易方法划分

按衍生品交易方法的不同，金融衍生品可分为远期合约、期货、期权、互换。

远期合约是在指定的未来时刻以确定的价格交割某物的协议。远期合约是其他三种工具的始祖，其他衍生品可以认为是远期合约的延伸或变形。

期货是一种标准化的远期合约，期货合约的交割日和交割物的数量都由期货交易所事先确定，期货交易只能在交易所进行，并实行保证金制度。

期权是一份选择权的合约，在此合约中，立权人授给期权的买方在规定的时间内以事先确定的价格从卖方处购买或卖给卖方一定商品的权利而不是义务。

互换是一种由交易双方签订的在未来某一时期相互交换某种资产的合约。互换中较常见的是利率互换合约和货币互换合约。互换合约中规定的交换货币是同种货币的，则为利率互换；交换货币是不同种货币的，则为货币互换。

3. 按交易地点划分

按金融衍生品交易地点的不同，金融衍生品可分为场内交易衍生品和场外交易衍生品。

场内交易衍生品，是指在有组织的交易所内进行集中交易的衍生品，其合约往往是标准化的(包括合约的实际价格、截止日期、数量等)。由于交易双方都是直接与交易所发生联系与结算，其买卖合约往往能得到严格执行，信用风险较小，且相对场外交易衍生品而言，流动性较强。在场内交易的产品主要包括金融期货与金融期权。

场外交易衍生品，是指在交易所外交易的衍生品，它是众多的金融机构、经纪人和顾客之间通过个别磋商而进行的无形的、组织松散的交易，主要通过电信设备的联系来完成。它的交易对象包括未在证券交易所上市的股票、债券，以及不在期货、期权交易所规定数量、日期和品种范围内的金融资产，如远期合约、互换、金融期权、利率封顶(或保底)期权、互换期权等。

4. 按金融衍生品形式划分

按金融衍生品形式的不同，金融衍生品可分为普通型衍生品和结构型或复合型衍生品。

普通型衍生品即远期合约、期货、期权和互换，其结构与定价方式已基本标准化和市场化。

结构型或复合型衍生品是将各种普通衍生品组合在一起，有时也与存贷款业务联系在一起，形成一种特制的产品。这类产品或方案是专门为满足客户的某种特殊需要而设计的，是投资银行根据其对市场走势的判断以及运用数学模型推算而创造出来的。它们的内部结构一般被视为一种"知识产权"，而不会向外界透露。因此，它们的价格与风险都难以从外部判断。

9.2　常见的金融衍生品

9.2.1　金融期货

1. 金融期货的定义和特征

1) 金融期货的定义

金融期货是交易所按照一定规则反复交易的标准化金融商品合约。这种合约在成交时双方对规定品种、数量的金融商品协定交易的价格，在一个约定的时间按协定的价格进行实际交割，承担在若干日后买进或卖出该金融商品的义务和责任。

2) 金融期货的特征

(1) 交易的间接性。金融期货交易均在交易所进行，交易双方不直接接触，而是各自跟交易所清算部或专设的清算公司结算。清算公司充当所有期货的买者和所有期货的卖者，因此交易双方无须担心对方违约。由于交易集中在交易所进行，这样就克服了远期交易所存在的信息不对称和违约风险高的缺陷。

(2) 具有提前平仓机制。金融期货合约的买者或卖者可在交割日之前采取对冲交易以结束其期货头寸(即平仓)，从而无须进行最后的实物交割，克服了远期交易流动性差的问题。由于通过平仓结束期货头寸比实物交割既省事又灵活，目前大多数期货交易都是通过平仓结束头寸。据统计，最终进行实物交割的期货合约不到2%。

(3) 标准化的交易。金融期货合约的规模、交割日期、交割地点等都是标准化的，唯一需要协商的就是价格，从而增加了期货合约的流动性。交易双方所要做的唯一工作就是选择适合自己的期货合约。同种金融工具的期货合约可以有不同的交割月份，但它是由交易所事先规定的，并在合约中事前载明，而不是由交易双方协商后载明。

【知识链接】　　　　　　　　**中国期货的发展历程**

中国期货的发展可以分成三个阶段。

1. 初创时期(1990年底—1993年)

1990年10月，郑州粮食批发市场成立，以现货为主，首次引入期货交易机制。由于没有明确的行政主管部门，期货市场的配套法律法规严重滞后，期货市场出现了盲目发

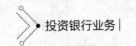

展的势头，国内各类交易所大量涌现，有50多家，期货经纪机构有1000多家，大多为兼营机构。一些单位和个人对期货市场缺乏基本了解，盲目参与境内外的期货交易，损失严重，造成了国家外汇的流失。境外地下交易层出不穷，期货市场虚假繁荣，引发了一些经济纠纷和社会问题。

2. 规范整顿(1993年底—2000年)

1993年11月，国务院下达《关于制止期货市场盲目发展的通知》。此后的发展又分为两个阶段：第一阶段，交易所从50余家减为15家，经纪公司从上千家减为330家；第二阶段，交易所从14家(1996年关1家)减为3家，即上海期货交易所、大连商品交易所、郑州商品交易所，经纪公司从330家减为180余家，交易品种保留12个。1999年，国务院颁布了《期货交易管理暂行条例》，与之相配套的规范期货交易所、期货经纪公司及其高管人员的四个管理办法陆续颁布实施，使中国期货市场正式步入法制轨道。

3. 规范发展(2001年—至今)

朱镕基总理在2001年九届人大会议上明确提出，要重点培育和发展要素市场，稳步发展期货市场，正式拉开了期货市场规范发展的序幕。2004年2月1日，国务院颁布了《国务院关于推进资本市场改革开放和稳定发展的若干意见》，提出我国要"稳步发展期货市场""在严格控制风险的前提下，逐步推出为大宗商品生产者和消费者提供发现价格和套期保值功能的商品期货品种"。2004年，期货市场扩容工作取得突破性进展，棉花、燃料油、玉米、黄大豆2号等品种先后上市交易。2006年初，期货品种又增加了豆油、白糖两大品种，使期货品种达到14个。

2. 金融期货的类型

根据金融期货合约标的物的差异，可将金融期货交易分为以下三种类型。

1) 利率期货

利率期货是指协议双方同意在约定的某个日期，按约定条件买卖一定数量的某种长短期信用工具的可转让的标准化协议。利率期货交易的对象有长期国库券、政府住宅抵押证券、中期国债、短期国债等。

2) 外汇期货

外汇期货是指协议双方同意在未来某一时期，根据约定价格买卖一定标准数量的某种外汇的可转让的标准化协议。外汇期货包括日元、英镑、欧元、瑞士法郎、加拿大元和美元等币种。

3) 股票价格指数期货

股票价格指数期货是指协议双方同意在将来某一时期按约定价格买卖股票指数的可转让的标准化合约。最具代表性的股票指数有美国的道琼斯股票指数和标准普尔500种股票指数、英国的金融时报工业普通股票指数、中国香港的恒生指数、日本的日经指数等。

💭思考

中国第一只金融期货品种是什么？

提示：中国在民国时期就曾出现金融期货，当时的公债期货和标金期货是世界上最早的金融期货。1992年12月，上交所面向机构投资者推出12只国债期货合约，1993年10月25日开始向个人投资者开放。2010年4月16，以沪深300指数为标的股指期货IF1005、IF1006、IF1009、IF1012开盘。

3. 金融期货交易的参与者

1) 金融期货交易所

金融期货交易所是专门进行各种标准化金融期货合约交易的场所。它不以营利为目的，按照章程规定实行自律管理。期货交易所是一种具有高度系统性和严密性、高度组织化和规范化的交易服务组织，自身不参与交易活动，不参与期货价格的形成，也不拥有合约标的金融商品，只是为客户提供一个进行交易的场所。

2) 期货经纪公司

期货经纪公司是指依法设立的以自己的名义代理客户的期货交易，并收取一定手续费的中介组织。作为交易者与期货交易所之间的桥梁，期货经纪公司具有如下职能：根据客户指令代理买卖期货合约、办理结算和交割手续；对客户账户进行管理，控制客户交易风险；为客户提供期货市场信息，进行期货交易咨询，充当客户的交易顾问。经纪公司一般都有结算部门、保证金部门、信息传递部门及现货交割部门等，为客户核对每宗交易，审核未平仓合约与结算所的记录是否一致，提供客户盈亏及资金情况，在客户与经纪人之间传递期货买卖单，负责未平仓期货合约的金融期货实物的交割，处理有关交收文件、贷款的往来等。

3) 期货结算机构

期货结算机构是期货市场的一个重要组成部分。期货结算机构对所有的期货市场上的交易者起到第三方的作用，即对每一个卖方会员而言，结算机构是买方；对每一个买方会员而言，结算机构是卖方。结算机构通过对每一笔交易收取交易保证金，作为代客户履约的资金保证，在制度上保证了结算机构作为期货交易最终履约担保人的地位。由于期货合约的买卖双方不必考虑交易对手的信用程度，因而使期货交易的速度和可靠性得到大大提高。期货结算机构的存在起到了计算期货交易盈亏、担保交易履约、控制市场风险的作用。

4) 投资者

投资者是指那些出于套期保值或投机考虑而买卖金融期货的个人或机构。多数投资者委托经纪公司代理买卖金融期货，并为此支付佣金，而一些资金实力雄厚、交易额大的期货交易大户以及频繁买进、卖出的中小投机商则一直在交易大厅进行交易。当然，期货经纪公司也可以作为投资者自营金融期货。

思考

在金融期货市场上，投资银行扮演哪些角色？

提示：投资银行既可作为咨询机构，为投资者提供咨询服务；又可作为经纪公司，为投资者的期货交易提供经纪服务；也可作为投资者，开展金融期货的自营业务。金融期货交易所、经纪公司、清算所及投资者是金融期货交易的直接参与者。

4. 金融期货市场的交易制度

金融期货市场的规则主要包括以下几个方面。

1) 期货合约规范化

金融期货交易合约具有法律约束力，因此必须规范化和标准化。通常必须达到的标准有：必须是双向合约，以此来保证流动性；必须简单明确，不得含糊其辞；要规定交割时间、合约品种数量及单位、价格变动单位、价位涨跌幅度的限制、每日交易限量罚款及保证金数额等事项；必须使交易程序公开化，买卖双方不能私下增减内容，必须严格按照交易所的规章制度进行交易，但不排除单方面转卖。

2) 保证金制度

买卖双方都必须向经纪公司交纳一定比例的保证金，主要作用是防止客户发生亏损时不予支付，并抑制投机过分增长。

保证金的数量因合约的性质、特定的交易价加浮动幅度以及客户的资信情况等而有所不同，在确定保证金时，交易所需考虑以下因素。

(1) 结算所对会员经纪公司每张合约的保证金收取标准。经纪公司征收的保证金是以合约的价格为基础的，一般情况下，交易所定的收费标准比结算所定得高。

(2) 不同金融证券期货合约价格变动幅度。价格变动幅度越大，风险也越大，因此收费越高。

(3) 期货合约的不同类型。当客户在不同月份同时买卖同一商品，风险小，保证金就比单买或单卖的客户低。

(4) 套期保值者的保证金比投机者低，因为套期保值者大多拥有实货。另外，资金雄厚的经纪公司对信誉好的、稳定的、长期的客户收取的保证金一般要低。

3) 逐日盯市制度

由于期货合约价格在每个交易日都有波动，投资者头寸的权益价值随之发生变化。盯市制度是在每一个交易日结束时，交易所决定期货合约的结算价格，据此来调整投资者头寸的价值，并将所发生的收益或损失很快地反映到投资者的权益账户中。权益账户中超出初始保证金的部分，投资者可以随意提取。如果投资者遭受损失，权益账户中的价值降低到初始保证金之下，即交易所允许的最低水平时，投资者必须立即追加保证金，使之恢复到初始保证金之上。如果投资者在24小时内不能按要求足额存入追加保证金，其经纪人将强行平仓，损失部分从其保证金中扣除。

4) 交割制度

每种金融期货合约者都规定了交割月份、交割日期和交易终结日。交割月份指的是在一年中哪几个月内进行交割；交割日期指到期合约进行现货交割的日期；在交易终结日到来之前，合约持有者可以在期货市场上通过"平仓"来抵消手中合约赋予的权利和义务。一旦过了这一天，交易所就没有这种合约的买卖，合约持有者只有等到交割日用现货进行交割。

> 💡 **思考**
>
> 金融期货交易具有怎样的风险与收益？
>
> 提示：期货市场上的交易者如果买进期货合约，该投资者被称为多头；反之，如果卖出期货合约，则该投资者被称为空头。
>
> 对于多头而言，如果预期标的物的未来期货价格将上涨，应买入期货合约，如果价格上涨，就可以获得买卖价差，否则将遭受损失。对于空头而言，如果预期未来期货标的资产的价格将下跌，应卖出期货合约，以便在未来可以较低的价格买进标的物的期货合约进行对冲，从而获得差价。但如果期货价格上涨，将遭受损失。

9.2.2 金融期权

期权又称选择权，是指其持有者能在规定的期限内按交易双方商定的价格购买或出售一定数量的某种特定商品的权利。期权交易就是对这种选择权的买卖。金融期权是指以金融商品或金融期货合约为标的物的期权交易形式。

1. 金融期权的种类

1) 按期权买者的权利划分

按期权买者的权利划分，金融期权可分为看涨期权、看跌期权和双向期权。

(1) 看涨期权。看涨期权是指期权的买方享有在规定的有效期限内按某一具体的敲定价格买进某一特定数量的相关商品期货合约的权利，但不同时负有必须买进的义务。期权的购买价格称为期权价格或期权费，它表示如果执行期权有利可图，买方为执行权利而付出的代价；卖方收到期权价格，来抵偿日后可能遭受的损失。

(2) 看跌期权。看跌期权是指期权的买方享有在规定的有效期限内按某一具体的敲定价格卖出某一特定数量的相关商品期货合约的权利，但不同时负有必须卖出的义务。

(3) 双向期权。双向期权是指期权的买方既享有在规定的有效期限内按某一具体的敲定价格买进某一特定数量的相关商品期货合约的权利，又享有在规定的有效期限内按同一敲定价格卖出某特定数量的相关商品期货合约的权利。双向期权的期权费为看涨期权的期权费加看跌期权的期权费。

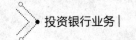
2) 按执行期限划分

按照执行期限来划分，金融期权可分为美式期权和欧式期权。

(1) 美式期权。美式期权是指期权买方在规定的有效期限内的任何交易日均可以行使权利的期权，既可以在期权合约到期日这一天行使权利，也可以在期权到期日之前的任何一个交易日行使权利。美国国内交易的绝大多数期权都是美式期权。

(2) 欧式期权。欧式期权是指在规定的到期日方可行使权利的期权。期权买方在期权合约到期日之前不能行使权利，过了期限，合约就自动作废。

3) 按标的物划分。按照标的物来划分，金融期权可分为股票期权、股票指数期权、货币期权、利率期权和金融期货合约期权。

(1) 股票期权。股票期权允许期权的买方在合同的有效期内以约定的价格购买或出售一定数量的股票。证券交易所内的股票期权有标准化的数量，一份合约是100股某种指定普通股。成为交易标的物的股票一般是上市公司股票，但一些场外交易活跃的大公司的股票也可成为股票期权的标的物。

期权清算公司对上市的期权都设计了标准的执行价间隔。例如，在美国，对于价格在100美元以上的股票，期权执行价格以10美元为一个间隔；对于价格在30美元以上、100美元以下的股票，执行价格以5美元为一个间隔；对于价格在10美元之上、30美元之下的股票，执行价间隔为2.5美元。

【拓展阅读】深交所股票期权规则落地，奠定场内衍生品稳健发展基础

2019年12月7日，深交所正式发布与股票期权业务相关的规则和指南。此次制度完善，顺应2019年11月8日股票股指期权试点扩大，并正式在深交所上市沪深300ETF期权，为深交所构筑一套与上交所匹配的内容齐备、体系健全、层次清晰的股票期权制度体系，也为场内股票期权品种扩容奠定基础。未来监管引导稳健丰富市场产品、完善交易机制，有助于激发市场深层活力，吸引长期资金，丰富投资者投资品种与策略，并为券商带来重要盈利增量。衍生品对券商综合实力要求较高，或将形成分化格局，优质券商有望把握先机。

(2) 股票指数期权。股票指数期权是指以股票指数为标的物，买方在支付了期权费后，即取得在合约有效期内或到期时以协议指数与市场实际指数进行盈亏结算的权利。股票指数期权是一种避险工具，没有可作为实物交割的具体股票，采取现金轧差的方式

结算。股票指数期权的交易标的为某种股票指数，每一份合约的金额为指数的10倍。

例如，投资者买入一份标准普尔100看涨期权，执行指数为500，当指数上涨到550时，决定执行期权，即以50 000美元买入指数，而以当时指数的市场价值55 000美元卖出，差价5000美元由交易所作为中介，从期权的卖方划拨给期权的买方。

(3) 货币期权。货币期权又叫外币期权、外汇期权，是指买方在支付期权费后即取得在合约有效期内或到期时以约定的汇率购买或出售一定数额的某种外汇资产的权利。货币期权合约主要以美元、欧元、日元、英镑、瑞士法郎、加拿大元及澳大利亚元等为标的物。

(4) 利率期权。利率期权是指买方在支付期权费后，即取得在合约有效期内或到期时以一定的利率(价格)买入或卖出一定面额的利率工具的权利。利率期权合约通常以政府短期、中期、长期债券，欧洲美元债券，大面额可转让存单等利率工具为标的物。

(5) 金融期货合约期权。金融期货合约期权是指以金融期货合约为交易对象的选择权，它赋予其持有者在规定时间内以协议价格买卖特定金融期货合约的权利。如果期货期权是买权，则期权买方有权以执行价从卖方买入指定的期货合约，即买方有权获得指定期货合约的多头寸。如果买方执行买权，则卖方会相应得到该期货合约的空头寸。

> 💭**思考**
>
> 　　期权交易与期货交易的区别？
>
> 　　提示：期权交易与期货交易都是为了在市场出现不利于交易者的逆转时提供最好的价格保护，但两者之间也有一定的差别。
>
> 　　◆ 期权交易是单向合同，期权的买方在支付一定的权价之后取得一种权利，但是它在交易确定后的任何时间有权放弃合同，即不履行这种权利。期货合约是双向合同，一旦自己的多头或空头地位确立以后，交易双方便承担起期货合同到期进行交割的义务。若不想交割，则必须在到期前对冲合约，了结其多头或空头地位。
>
> 　　◆ 期权的权价是根据市场情况由买卖双方共同确定的，由买方支付给卖方，期权买方放弃权利的最大损失只是最初缴纳的权价。
>
> 　　◆ 从风险来看，期权的买方风险仅限于事先决定的权价，而期货交易双方所面临的风险是无法精确预计的。

2. 金融期权的价格

期权的价格又称权价，是期权买方为了取得期权所赋予的权利，而支付给期权卖方的一笔期权费用。

1) 期权价格的构成要素

在一般情况下，期权的价格由内在价值和时间价值两部分组成。

(1) 内在价值。内在价值是指在期权合同马上就要到期时，期权所具有的价值或可获得的总利润。买方期权的内在价值是资产现价与结算价之差。如果结算价高于或等于现价，就没有内在价值，或者说，其内在价值为0。对于卖方期权，期权内在价值等于现价低于结算价的部分。在卖方期权中，若结算价高于或等于现价，其内在价值就为0。

(2) 时间价值。时间价值又称时间升水，是期权价格超过它的内在价值的部分。期权的购买者期望在到期日前，有关资产的市场价格有一定增加，并愿为此付出超过内在价值的升水。例如，如果有一买方期权的价格为9美元，结算价为100美元，其市场价格为105美元，这个期权的时间溢价就是4美元。如果现价不是105美元，而是90美元，那么，这个期权的溢价就是9美元，因为此时的内在价值为0。

2) 影响期权价格的各种因素

影响期权价格的主要因素有以下几个。

(1) 基础资产的现价。当基础资产价格变化时，期权价格相应发生变化。对于买方期权，资产价格上升时，如其他条件不变，期权价格将上涨；对于卖方期权，情况正好相反。

(2) 执行价格。执行价格在期权的整个有效期内是固定的，在其他条件不变的情况下，执行价格越低，买方盈利的可能性越大，则期权价格越高。

(3) 期权到期时间。期权到期时间越长，资产价格波动的可能性越大，利用期权获利的可能性越大，因此，期权价格越高；反之，期权的价格就越低。

(4) 预期基础资产价格的波动性。在其他条件不变的情况下，基础资产在期权的整个有效期内由标准差或方差测度的预期价格的波动性越大，投资者愿为期权支付的价格就越高。因为价格波动性越大，价格朝有利于自己的方向变动的可能性越大。

【典型案例】　　金融期权计算分析案例

某投资者在7月份以600点的权利金卖出一张10月到期、执行价格为9800点的恒指看涨期权，同时，他又以300点的权利金卖出一张10月到期、执行价格为9500点的恒指看跌期权。请问当恒指为多少时，该投资者能够获得300点的盈利？

分析：假设恒指为X时，可得300点盈利。

第一种情况：当X<9500，此时卖出的看涨期权不会被买方行权，而卖出的看跌期权则会被行权。600+300+X-9500=300，从而得出X=8900。

第二种情况：当X>9800，此时卖出的看跌期权不会被行权，而卖出的看涨期权则会被行权。600+300+9800-X=300，从而得出X=10 400。

3. 金融期权交易的风险与收益特征

金融期权交易赋予期权购买者一种权利，而不是义务，从而保证其在交易活动中能做到风险有限而利润无限。期权的风险和收益因金融期权的不同类型而定。下面分别分析看涨期权和看跌期权买卖双方的盈亏情况。我们假设每一期权头寸均持有至到期日，不提前执行。同时，为简便起见，这里忽略交易成本。

1) 看涨期权的盈亏分布

因为期权买卖双方是零和博弈(Zero-Sum Games)，买方的盈亏和卖方的盈亏正好相反。从图9-1可以看出，看涨期权买方的亏损是有限的，其最大亏损额为期权价格，而盈利可能是无限的；相反，看涨期权卖方的盈利是有限的，其最大盈利为期权价格，而亏损可能是无限的。期权的买方以较低的期权价格作为代价换取大幅盈利的可能性，而期权的卖方为赚取期权费而承担了大幅亏损的风险。

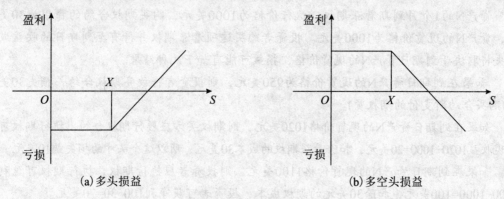

图9-1　看涨期权的盈亏分布

2) 看跌期权的盈亏分布

看跌期权的卖方的盈利和买方的亏损是有限的。从图9-2可以看出，当标的资产的价格跌至盈亏平衡点(等于执行价格减去期权费)以下时，看跌期权买方的最大盈利是执行价格减去期权费后再乘以每份期权合约所包含的合约标的资产的数量，此时合约标的资产的价格为0。如果合约标的资产价格高于执行价格，看跌期权买方就会亏损，其最大亏损是期权费总额，如图9-2(a)所示。看跌期权卖方的盈亏状况则与买方刚好相反，即看跌期权卖方的盈利是有限的期权费。亏损也是有限的，其最大限度为协议价格减去期权价格后再乘以每份期权合约所包括的标的资产的数量，如图9-2(b)所示。

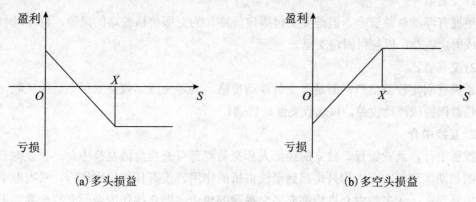

图9-2　看跌期权的盈亏分布

由此可以总结出到期日各类期权的损益状态。假设在计算时不包括初始期权成本，如果以X表示执行价格，S代表标的资产的到期日价格，则

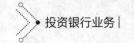

欧式看涨期权多头的损益为：$\max(S-X, 0)$

欧式看涨期权空头的损益为：$\min(X-S, 0)$

欧式看跌期权多头的损益为：$\max(X-S, 0)$

欧式看跌期权空头的损益为：$\min(S-X, 0)$

【典型案例】   **金融期权盈亏计算**

资产N的1个月到期看涨期权，执行价格为1000美元，购买期权合约的费用为30美元，资产N的现货价格为1000美元。投资者购买这项看涨期权并持有至到期日的收益或损失将取决于到期日资产N的现货价格，损益可能有如下几种结果。

如果在到期日资产N的现货价格为950美元，则投资者将放弃期权合约，损失30美元(购买合约所支付的期权费)。

如果在到期日资产N的现货价格1020美元，则期权买方应履行期权合约，执行期权可实现收益1020-1000=20美元，扣除看涨期权的成本30美元，所以这个头寸的损失是10美元。

如果在到期日资产N的现货价格1100美元，则投资者应执行期权，执行期权可盈利1100-1000=100美元，扣除30美元的期权成本，投资者可获净利100-30=70美元。

9.2.3 金融互换

金融互换是指两个或两个以上的交易当事人按照约定的条件，在约定的时间内交付系列款项的金融交易合约。金融互换是比较优势理论在金融领域的生动应用，根据比较优势理论，只要满足以下两个条件，互换就可能发生：一是双方对对方的资产或负债均有需求；二是双方在两种资产或负债上存在比较优势。

1. 金融互换的主体结构

1) 交易者甲

甲拥有浮动收益资产，但是要支付固定价格，为克服价格波动的风险，将浮动收益调换成固定收益，以应付固定支出。

2) 交易者乙

乙拥有固定收益资产，但是要支付浮动价格，为避免固定收益支付不足的风险，将固定收益调换成浮动收益，以求收支波动协调。

2. 互换中介

投资银行、商业银行、独立的经纪人和交易商都可充当金融互换中介。在金融市场发展的初期，这些中介机构只是起到牵线搭桥的作用，没有任何信用风险，只收取手续费。但是现在，大多数中介机构都充当交易商的角色，即直接作为金融互换交易的一方参与交易，赚取买卖价差。图9-3显示互换中介收取的固定价格要高于它付出的固定价格。对交易者来说，这种结构虽然成本较高，但是有利于加快成交速度，降低风险。金融机构资信状况总体来说比普通交易者要好一些。

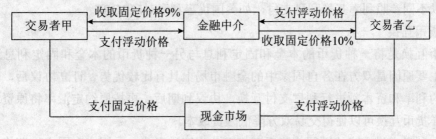

图9-3 金融互换交易的主体结构

【知识链接】 投资银行在互换中发挥的作用

由于互换交易涉及资信等级较高或较低的客户，前者就会担心后者违约。为了降低违约风险，早期的互换交易要求低信用等级的实体从高信用等级的金融机构获得担保。

随着交易规模的扩大以及交易频率的增加，投资银行类中介机构的角色发生了变化，他们成为交易的主体，而不再是简单的经纪人。只要有一个客户愿意进入互换，中介就乐于做交易的另一方。因此，利率互换成为中介产品库存的一部分。由于数理技术和期货产品的发展，投资银行类中介机构可以对复合头寸如互换交易进行套期保值，进而使得保护大量的库存头寸成为可能。投资银行由于具有买卖和保值的业务专长，能够提供具有竞争力的价格。

投资银行还注重对互换当事人所承受的风险进行管理。市场风险主要来自价格风险和信用风险。控制互换价格风险的有效办法是缔结一个对冲互换。如果对冲互换的流入量和流出量相当，投资银行除了能取得利差作为收入，还可达到风险保值的目的。对付利率敞口风险的另一种做法就是让互换柜台从另一地区购买内部套期保值。这样，互换柜台的作用就是处理来自其他部门或经纪交易人机构的分支机构的互换要求。较为有效的信用风险控制办法在于限制对方预期的敞口风险，对每段时期实际发生的风险进行定期监督管理，以及要求有某种可能提高信誉的方式(如信用证方式等)或取得对方的抵押品。

3. 金融互换的主要类型

1) 利率互换

利率互换是指双方同意在未来一定期限内根据同种货币的同样的名义本金交换现金流，其中一方的现金流根据浮动利率计算，而另一方的现金流则根据固定利率计算。互换期限通常在2年以上，有时甚至超过15年。与货币互换的不同之处在于，利率互换是在同一种货币之间展开的，并且利率互换一般不进行本金互换，只是互换以不同利率为基础的资本筹措所产生的一连串利息，并且即便是利息也无须全额交换，仅对双方利息的差额部分进行结算。

利率互换有两种形式：①息票互换，即固定利率对浮动利率的互换；②基础互换，

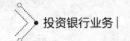
即双方以不同参照利率互换利息支付，如美国优惠利率对LIBOR。

2) 货币互换

货币互换是将一种货币的本金和固定利息与另一种货币的本金和固定利息进行交换，其主要原因是双方在各自国家中的金融市场上具有比较优势。订立协议后，每年按照约定的利率和资本额进行利息支付互换，协议到期后，再按原约定汇率将原资本额换回。这样货币互换可以使得交易双方降低融资成本。

根据利息支付方式的不同，货币互换可分为三种形式：①固定对固定，即将一种货币的本金和固定利息与另一种货币的等价本金和固定利息进行交换；②固定对浮动，即将一种货币的本金和固定利息与另一种货币的等价本金和浮动利息进行交换；③浮动对浮动，即将一种货币的本金和浮动利息与另一种货币的等价本金和浮动利息进行交换。

【典型案例】　　　　　　　　　**货币互换的计算**

如果欧元兑美元汇率为1:1.5，A公司想借入5年期的1500万美元借款，以浮动利率支付利息；B公司想借入5年期的1000万欧元借款，以固定利率支付利息。两公司在不同市场的信用等级不同，两国金融市场对A、B两公司的熟悉情况不同，因此市场向它们提供的利率也不相同，如表9-1所示。两家公司通过银行中介进行货币互换，并且支付给银行中介一定的利差。

表9-1　市场提供给A、B两家公司的借款利率

公司	欧元	美元
A公司	5.6%	LIBOR+0.2%
B公司	6.7%	LIBOR

从融资成本看，双方各有优势。A公司在欧元市场上具有融资优势，B公司在美元市场上具有融资优势，双方通过银行进行货币互换，即A公司以固定利率的欧元融资与B公司的浮动利率美元融资进行互换，这样双方都能通过互换获得利益。双方进行货币互换的过程如图9-4所示。

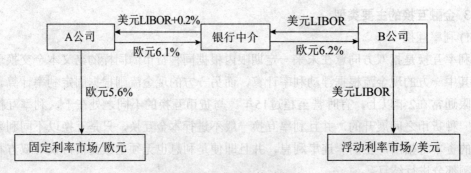

图9-4　货币互换过程

双方的融资方案为：A公司在欧元固定利率市场上以5.6%的利率借入5年期1000万

欧元借款，B公司在美元浮动利率市场上以美元LIBOR利率借入5年期1500万美元借款，双方互换本金，期间双方互换不同币种利息，并在期末再次交换本金。通过互换，两家公司的融资成本结果见表9-2，其中A公司能节约成本0.5%，B公司能节约成本0.5%，而银行中介从中赚取的利差为欧元0.1%和美元0.2%。两家公司通过货币互换降低了融资成本，获得互换利益。

表9-2　货币互换前后A、B两家公司融资成本

公司	互换前成本	互换后成本	节约的融资成本
A公司	美元：LIBOR+0.2%	美元：LBOR+0.2% 欧元：5.6%-6.1%=-0.5%	欧元：0.5%
B公司	欧元：6.7%	美元：LIBOR-LIBOR=0 欧元：6.2%	欧元：0.5%

😊 思考：

通过对上述互换案例的分析，总结确定互换方案基本操作过程。

提示：①建立成本和融资渠道矩阵；②确定各方比较优势；③划分互换利益；④为互换定价，即确定互换合约中各方应支付的利率。

9.3　投资银行对金融衍生品的运用

9.3.1　证券发行中的运用

投资银行可以利用金融期货或期权，以规避证券承销期间新购进的证券价值变动所导致的价格风险。

在包销情况下，投资银行一般先以固定价格购买由发行人发行的证券，这样从购进到发行这段时间内，由于市场条件的变化而导致证券价格的变化会给投资银行带来相应的价格风险。因此，投资银行会降低它的报价，但这会导致在承销条件竞争性投标中竞争地位的下降。这时，投资银行如果利用金融期货、期权交易可使风险降低。

1. 期货的运用

使用某种金融期货工具可以降低投资银行在承销过程中的价格风险，即通过在股票或债券实际发行前卖出相应期货的方式，为购入的证券套期保值。

假设一家投资银行承销1000万美元的某公司普通股，并以固定价格每股100美元购

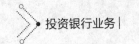

入。在投资银行购入该股当天，标准普尔500指数期货协定价为200点，每点代表500美元，即每份合约价值10万美元。投资银行希望通过出售100份标准普尔500指数期货合约来防止未售出股票部分的价格风险。在随后4天中，所有发行股票以每股90美元的平均价格售出，这样投资银行的价格风险损失就是100万美元，而此时标准普尔500指数期货的协定价也落至190点，即95万美元。投资银行通过买入合约平仓而在期货市场上获得50万美元[100×(100 000-95 000)]的收益，使得投资银行将承销的损失从100万美元降至50万美元。

同样，在债券承销中也可以采用类似的方法对承销债券做相应的套期保值。

2. 期权的运用

由于投资银行采用公开竞价方式报价，投资银行报出价格后，并不能肯定是否能承担证券销售工作，金融期货只能使投资银行降低价格风险，而没有考虑到承销过程中竞价的结果，投资银行购买一份看跌期权就可以满足在此情况下的风险管理需要。

如果争取到承销资格，这项看跌期权又可以帮助投资银行防范价格风险，因为一旦承销证券价格下跌，看跌期权合约允许投资银行以较高的价格卖出该证券。假设该证券价格上涨，投资银行也可不执行该期权合约，虽然付出了一笔期权费，但在承销市场上获得了收益。这样，投资银行便可一举两得。

如果投资银行在公开竞价后没有争取到承销资格，那么就可选择不执行看跌期权合约，它的损失也仅限于购买这项看跌期权的价格。

可见，期货和期权的运用，使投资银行的价格风险至少消除了一半，这种技术对那些多样化经营的公司的证券尤其有效，因为这些证券的非系统性风险较低，套期保值有效性高。

9.3.2 证券交易中的运用

1. 运用衍生品规避风险

投资者买卖证券时，如果没有做市商的存在，会出现有人想买却找不到卖方而有人想卖却找不到买方的情况。为此，做市商就必须起到牵线搭桥的作用，先卖出再买进。这样，在某一时点或时段，做市商的头寸就会发生变化，为这些净增加或净减少的头寸承担价格风险。投资银行可以利用金融期权期货市场的套期保值业务，来规避证券交易市场的证券价格风险。

例如，某做市商被迫隔夜持有大量敞口头寸，通过售出一份指数期货合约，做市商可以为其持有的敞口头寸非预期价格下跌予以保值。一旦价格真的下跌，做市商就可以通过期货市场的收益抵补现货头寸的损失。有时做市商卖空某一证券，在该证券被买进之前，他可以通过买入指数期货合约来预防该证券价格的上涨。

对于系统性风险，做市商可以根据所做股票的贝塔系数来确定应该进行风险抵补的头寸金额，然后买卖相应数量的股指期货或期权予以冲抵。

对于非系统性风险的管理难度较大，因为做市商必须寻找个别证券的期货或期权来预防风险，目前在市场上还不多。非系统性风险还有一条途径可以防范，即自然对冲，依靠多种证券所形成的庞大投资组合使各个证券的非系统性风险互相抵消，这对充当做市商的投资银行的实力提出了更高的要求。

在自营业务中，可利用衍生产品来管理其证券组合头寸面临的风险。投资银行业务基金中的养老基金、共同基金和对冲基金等都具有不同的负债性质，以不同的策略和交易目的参与到金融衍生产品交易中，其中对冲基金是金融衍生产品市场中较为活跃的参与者之一。在投资银行业务中，既需要利用衍生产品来管理其资产面临的风险，也需要利用衍生产品来管理其负债中隐含的风险。

2. 运用衍生品获取收益

由于投资银行具有强大的衍生产品开发能力，可利用自身技术及资源优势，对基础产品予以分解、组合，形成各种复杂的能满足客户特定需求的金融衍生产品，通过产品的开发和销售来获取收入和利润。

本章关键词

金融期货　金融期权　看涨期权　看跌期权　金融互换　利率互换　货币互换

问题讨论

1. 2015年1月9日，证监会批准上交所开展股票期权交易试点，试点上证50ETF期权，同时发布《股票期权交易试点管理办法》。2月9日，上证50ETF期权正式上线，股票市场在人们的期待中终于进入期权时代，这对机构来说分明又多了一样对冲风险的工具。2019年11月，证监会正式启动扩大股票股指期权试点工作，将按程序批准上交所、深交所上市沪深300ETF期权，中金所上市沪深300股指期权。这意味着上证50ETF期权运行4年多后，股票股指期权品种再获放开。

思考：回顾2010年的时候推出期指，到后来国债期货又重新出现，基于此讨论分析"为什么中国政府不积极发展金融衍生品市场"这个问题。

2. 讨论利率互换与货币互换的区别。

延伸阅读

1. 深圳证券交易所股票期权试点交易规则. 新浪财经[EB/OL]. http://finance.sina.com.cn/stock/y/2019-12-07/doc-iihnzhfz4242359.shtml，2019-12-07.

2. 鲁政委，郭嘉沂，张梦. 人民币国际化十年"三级跳". 中国首席经济学家论坛.

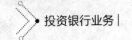

案例分析

中盛粮油豆油期市巨亏事件

中盛粮油的全称是中盛粮油工业控股有限公司。该公司于1999年在中国香港注册成立，2004年10月在中国香港交易所上市。中盛粮油是一家主要从事食用油产品(大豆、棕榈油)的精炼、分提、包装以及销售和贸易业务的企业。主要产品是食用油，以大豆油为主。公司的主要业务是从国际市场进口毛豆油，一部分转售给国内其他食品油加工企业，一部分利用集团生产设施加工为各类精炼大豆油产品后，在国内市场批发销售。

大豆油是交易非常活跃的商品，其价格波动频繁且幅度很大。作为食用油的生产商和销售商，中盛粮油所面临的主要市场风险是豆油价格下降。如果豆油价格下降，公司销售收入就要随着下降，从而影响公司利润。为了降低市场风险，中盛粮油决定采用豆油期货来进行对冲避险。

鉴于过去的成功经验，中盛粮油在2005年继续以在芝加哥商品交易所集团(Chicago Board of Trade，CBOT)做空大豆油期货合约来对冲国内成品豆油现货价格下跌的风险。香港联交所公布的中盛粮油2004年年报显示，该公司的豆油加工能力为140万吨，实际销售规模是53万吨。据估计，中盛粮油在2005年2月到4月在CBOT大概抛空了1万手左右的豆油期货，而每手期货合约的规模为60 000磅，约合27.2吨。如此算来，中盛粮油总共卖空了大约6亿磅、约27.2万吨豆油期货。如此大的头寸，如果期货价格下降或上升1美分，中盛粮油将盈利或亏损600万美元。

如果国内豆油价格和芝加哥的豆油期货价格同时下降，中盛粮油将亏于现货市场而赢于期货市场；如果国内豆油价格和芝加哥的豆油期货价格同时上涨，中盛粮油将赢于现货市场而亏于期货市场。由此可见，只要国内豆油价格和芝加哥的豆油期货价格同时上涨或者同时下降，中盛粮油的套期保值就会成功。

但2005年2月底至4月，CBOT豆油期货一路走强，而内地大豆油现货价格却出现下跌。这一价格走势使得中盛粮油的长期保值策略失去作用，它不但无法对冲价格波动风险，而且在期货市场和现货市场同时出现亏损。

在期货市场，受主要产豆区南北美洲上半年天气不好等因素的影响，导致大豆和豆油价格节节攀升。芝加哥商品交易所大豆豆油价格在2月份的最低点为18.82美分/磅，到4月初最高时上涨到24.75美分/磅左右，涨幅约6美分/磅。中盛粮油在4月份对大部分所持合约进行了平仓，估计亏损超过1.3亿港币。

在现货市场，2005年上半年，国内食用油价格整体下滑。如一级豆油的出厂价格由2005年初的6100元/吨下跌至6月末的5300元/吨，最大跌幅达到13.1%。2006年第2季度，国内豆油出厂价格甚至比进口豆油价格还低，而国内成品油从2月份的每吨5800元下跌到6月份的每吨5000元左右。以中盛粮油每年50多万吨的成品豆油销售规模来估计，其在现货市场上的亏损应在4000万元人民币左右。

由此可见，由于现货市场价格与用于对冲避险的期货价格的逆向运动，2005年中盛粮油的套期保值措施不但没有起到对现货保值的作用，反而放大了其在现货市场上的亏损，使该公司遭受了严重的金融灾难。

思考：中盛粮油套期保值失败的原因是什么？

分析提示：运用金融衍生品规避风险需要有很强的专业技能。

实践训练

1. 走访附近的期货交易网点，认识我国期货市场交易过程。

2. 了解我国期货交易市场的现状，并分析我国期货市场存在的问题，提出发展的建议。

下篇

中国投行业务发展实践

本篇导读

　　本篇介绍中国券商投资银行部的架构和岗位设置，券商投行业务的范围和业务格局，并分析讨论券商及券商投行业务的发展趋势；阐述中国商行投行业务的界定，中国商行投行业务的范围，商行投行业务的现状以及存在的问题，介绍中国商行投行业务的发展历程，并展望商行投行业务未来的发展趋势。

第10章 券商投行业务

▶ **学习目标**

- 了解我国券商投行部及投行业务部门的设置
- 了解券商投行业务的工作分工、职级分类和岗位职级
- 熟悉券商投行业务的范围
- 了解当前我国券商投行业务的格局
- 理解我国每种发行管理制度下券商投行业务的发展模式
- 掌握我国券商投行业务的发展趋势

▶ **知识结构图**

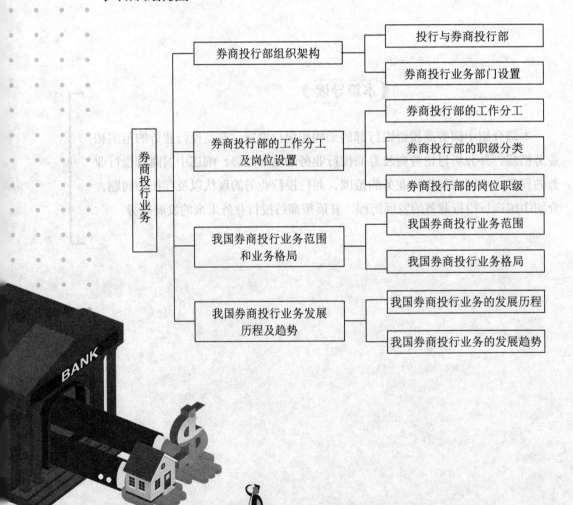

导入案例

中国式投行崛起

"金钱永不眠！"奥斯卡影帝迈克尔·道格拉斯在影片《华尔街》中的这句台词，是对投资银行业最生动的描述。

投资银行发展由来已久，现在所称的"投资银行业务"源于英国的商人银行。过去100多年里，美国华尔街成为现代投资银行业繁荣发展的"圣地"，美国金融史就是一部惊心动魄的华尔街投行发展史，也是美国在19—20世纪的金融脊梁。

中国现代意义上的投资银行业务诞生于改革开放后，由计划经济向市场经济转型的过程之中。因此，其与华尔街投资银行蕴含不同的基因，遵循不同的成长逻辑，处于不同的成长环境。但是，在某种意义上，似乎又殊途同归。在中国特殊的转轨经济发展进程中，中国投资银行业在发展过程中形成了具有自身特色的投资银行机构和投资银行业务，我们将其称为"中国式投行"。

中国式投行是在中国特殊的转轨经济环境下，伴随中国经济的崛起，而不断成长起来的，尽管实力尚显薄弱，但是这与第二次世界大战后，华尔街投行伴随美国经济恢复和经济增长而迅速崛起成为全球金融霸主几乎如出一辙。

罗伯特·劳伦斯·库恩在《投资银行学》中按照业务涵盖范围将投资银行业务分为4个层次。目前，金融实务和学术界均普遍接受的是第二层次的投资银行定义。这一定义比较准确地描述了当今世界金融市场上投资银行的主流业务内涵，在大类别上涵盖了国际主流机构的主要投资银行活动。投资银行是以资本市场为主的综合金融业务，主要包括证券承销与经纪、公司并购重组、基金投资管理、金融资产管理和风险投资等。

改革开放以后至今，中国经济总量和金融体量位居世界前列。在当前经济和社会转型的大背景下，利率市场化、汇率市场化改革进程进一步提速，国内的金融改革和金融创新也不断加速。近年来，随着混业经营成为世界潮流，中国"分业经营、分业管理"的金融体制也在持续调整中，整体来看，放松管制、鼓励竞争、壮大市场是政策改革的主导性取向，实现混业经营已经指日可待。

因此，在分业体制向混业体制转轨的过程中，各类金融机构在立足做大、做强本源业务的同时，都在积极地跨界布局与合作，为混业经营做准备。中国金融机构体系中，涉足投资银行业务的机构范围非常广泛。除了以证券公司为代表的证券类金融机构，还包括在信贷领域长期处于主导地位的商业银行，以及保险公司、信托公司等其他各类非银行金融机构，也包括不持有金融牌照，但深度介入投资银行业务的大量精品投行机构。

在这个意义上看，在经营体制由分业经营向混业经营转变，金融监管由分业监管向功能性综合监管过渡的进程中，伴随金融自由化和利率市场化、汇率市场化、资本管制放开的大时代潮流，中国金融业正迎来划时代的重大转变。这种转变可以与经济体制由计划向市场转轨的改革相提并论，或者说这一快速的转变过程是中国经济金融体制的"二次革新"，其影响将远超金融业本身，深刻影响中国经济发展的进程。特别是在当前经济结构调整和产业转型升级的关键时期，金融改革与创新的浪潮将为经济发展注入强大的动力。因此，我们看到，各类金融机构的创新此起彼伏，金融热点频现，中国各类金融机构几乎都涉足投资银行领域，我们把所有涉足投资银行业务的各类机构统称为"中国式投行"。

从演变历程和当前发展格局来看，中国目前的投行机构可以分为四大类：证券投行、商业银行投行、资管投行以及精品投行。其中，证券投行主要是指证券公司；商业银行投行是指商业银行的投行业务，在其内部涉及投资银行、资产管理、金融市场等部门；资管投行则包括信托公司、基金公司子公司、保险资管公司等众多资产管理类机构；精品投行主要是指那些虽然不持有金融牌照，但也主要从事投行业务的各类机构，包括民间投行、PE等。

中国金融市场中的投行机构群体以及持续活跃的金融创新表明，具有中国特色的投资银行机构及其金融活动已经被激活，并随着金融监管改革和金融市场环境的变迁，而迅速崛起为中国金融领域最具创新力的新力量。它们将会打破既有格局，创造中国金融业的新版图。同时，"中国式投行"的崛起还会融入中国金融资本进军世界金融市场的新征程，由此成为世界金融市场的强大新生力量。

资料来源：张立洲，刘兰香.中国式投行[M].北京：中信出版社，2015：40-47.

只有投资银行可以从事投行业务吗？从案例中可以得到答案：非也。在中国，投资银行只是一种业务。当前中国金融创新此起彼伏，金融自由化进程推动着金融机构不断突破分业经营体制的束缚，而走向综合化经营。大资管、大投行、大金融市场潮流裹挟着金融创新浪潮汹涌而来。在这场为获取竞争优势而展开的激烈角逐中，金融机构为建立强大的综合化经营能力，几乎都将发展大投行业务作为其战略性选择。但是，中国金融业尚处于分业体制的余晖中，金融机构并不能直接开展全面综合经营。因此，采取迂回方式、创新途径，有时甚至是采取"闯关"行为，在某种意义上已经成为机构市场行为的新常态。各类机构纷纷从不同维度参与到大资管、大投行、大金融市场的竞争之中，各显其能，各展所长。中国由分业经营体制向混业经营体制转轨进程中，不仅证券公司，商业银行、基金管理公司和信托公司等金融机构都从事投资银行业务。

10.1　券商投行部组织架构

10.1.1　投行与券商投行部

1. 投行与券商

投行与券商，即投资银行与证券公司。通过第1章的学习，我们知道国外把投资银行巨头称为Bulge Bracket，简称BB，这些BB都是一些我们耳熟能详的名字，如高盛、大摩(摩根士丹利)、小摩(摩根大通)、美银美林、DB(德意志银行)、UBS(瑞士联合银行，简称瑞银)、瑞士瑞信银行(简称瑞信，英文名为Credit Suisse)、花旗投行部、汇丰投行部等。小号的投行中的一部分以"专精"和"为企业客户量身定制服务"为特色，称为"精品投行"，在国外，称为Boutique或Elite Boutique，它们往往以客户实际发展需求为导向，帮助客户设计有针对性的方案，经由购并、募资，引进战略资金，扩大规模，从而发展出更强的竞争力。

欧美发达国家的金融体系是"大金融"的混合型金融体系，在这个体系下，以主营业务为依据，可将"投行"分为：①独立的投资银行，比如美国的高盛、摩根士丹利、第一波士顿，日本的野村证券。②商人银行(Merchant Bank)与全能银行(UniversalBank)。前者主要是商业银行对现存的投资银行通过兼并、收购、参股或建立自己的附属公司形式从事商人银行及投资银行业务。这种形式的投资银行在英、德等国非常典型。后者本身在从事投资银行业务的同时也从事一般的商业银行业务。这两类银行包括摩根大通、德意志银行、荷兰银行、瑞士银行、瑞士信贷、第一波士顿银行。

在中国，由于金融体制不同，各领域(保险、银行、投资)的金融机构可开展的业务都是比较独立的。比如，国家对于保险公司的险种投资方向有严格限制，原则上这些资金不允许涉足风险过多的金融市场。具体来说，以保险公司为背景的资产管理类业务部门中占最大头(约60%)的是固定收益部(风险相对较低)，其他的还有基金部、股票部、直接投资部等。股票与基金等高风险业务受到监管与政策约束，对于许多投资方向都有严格限制，比如股票与一些股票占比较高的基金投资总额、投资于不动产的金额、投资于债权的总额等。当然除了证券业外，在其他金融行业分支中我们也能找到类似的例子。以银行业为例，银行的金融市场部和投资银行部涉及的债券市场投资和交易只被允许小比例地投入信用风险较高的债券和票据，大部分业务局限在国债、央行票据、地方政府债、政策性金融债等低风险范畴。上述关于不同国内金融机构投资标的、投资额方面的限制内容，针对的是诸如保险公司、商业银行等金融机构无法像证券公司、基金公司等那样开展投资类业务的情况；反过来看，国内的券商、基金也同样不能像商业银行那样开展吸存放贷的业务，这些都体现了我国国情和金融制度的特殊性。

2. 投行与券商投行部

提到投行，大多数人的第一反应就是华尔街的摩根士丹利、美林。其实在中国，平时我们所称的"投行"指的是券商的一个业务部门——投行部。投行部(Investment Banking Department + Merge&Acquisition)一直以来以其"高富帅"的形象让许多人向往，那么投行部到底是做什么的呢？它主要负责做一级市场，即帮助客户开展融资、证券(股票＋债券)发行与承销、并购与重组(M&A)的财务顾问业务。有的投行单独成立一个M&A分支部门。发行证券的主要利润来源是承销额的1%～3%。以承销10亿元为例，如果有2000万元的收入，会计事务所、律师事务所、资产评估机构分500万元，剩下1500万元。在国内，对于上市、增发、并购等业务必须找有保荐资格的机构，而目前我国只授权部分券商负责办理这些业务。

国内的券商对应国外的投资银行，券商投行部对应的则是欧美投资银行的投行部。从开设业务的覆盖面来看，国内包括券商、信托、基金等在内的金融机构整体可以和欧美的大投行概念相对应(见图10-1)。要了解中国的投资银行，应注意以下两点。

(1) 如果在中国内地，一个人告诉你他是做"投行"的，那么这个人可能在证券公司总部的投资银行部工作，负责证券的发行和承销、并购重组的财务顾问等工作，也就是我们常说的券商投行部。中国的券商更多代表一种资质，从事不同的业务(经纪、自营、承销发行)需要有不同的资本注册金，这与欧美及中国香港很多公司没有很多的注册资本(如一些精品投行)依然可以从事承销和财务顾问业务是不一样的，其更深的原因是中国内地上市监管更加严格，所以需要对能从事相关业务的机构进行限制，以控制风险。

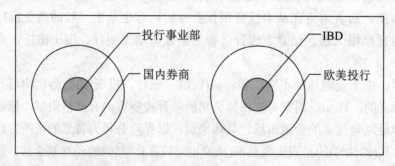

图10-1　中外"投行"概念对比

(2) 在国内，因为分业经营的关系，商业银行和证券公司其实都有投资银行部这个部门。从本质上看，两者其实没有区别，无非券商的投行有资格做IPO(证监会规定)，所以那些上市公司的保荐上市都是券商做的，是一种融资行为。商业银行的投行也一样，能够帮企业发行短期融资券和票据，也是一种融资。两者唯一的区别是产品，券商的产品是IPO、公司债、中小企业私募等，银行的产品是各类银行间市场工具，比如PPN、短融、中票、企业债等。但从表面来看，两者做的事情并不同。这主要是因为在分业管理下，商业银行的投行部要求风险适中，而券商的投行部的业务风险可以大一些。大家都知道投资股票的风险比固定收益类投资大，固定收益类的投资债券在国内还分公司债和企业债，后者风险低于前者，一般是以央企或大型国企为标的，商业银行投行部主要做固收类有价证券中风险较低的企业债，以及城投债、地方性政府债等。证券公司的投行部不做债券，只做权益类项目，债券由固定收益部负责。

10.1.2　券商投行业务部门设置

【知识链接】　　　　　　　　**券商各部门设置**

一、前台业务部门

前台业务部门属纯业务部门，以为公司创造利润为目的。

1. 经纪业务部

经纪业务部为投资者提供代理买卖证券的服务。一般有经纪业务总部，管理全国几十个或者几百个证券营业部。一般券商会在大城市设一个分公司(以前一般叫中心营业部)，由这个分公司管理几个营业部。营业部为客户提供现场或非现场买卖股票、基金、理财产品的平台。有些券商不叫经纪业务总部，分为机构客户部和零售客户部。

2. 投资银行业务部

投资银行业务部主要负责证券的承销与发行，可作为并购与重组的财务顾问，直接和发行股票、债券的公司打交道，也可负责IPO或债券发行的大部分前期工作。有的投行把固定收益部放在投资银行部之外，投资银行部只负责发行股票，但大部分投行还是把股票和固定收益合并为投资银行部。

投行的业务本质是"承揽—承做—承销"。有些券商将承销从投行部门业务中剥离，成立资本市场部。

3. 资本市场部

在投资银行部完成前期准备之后，由资本市场部负责调查买方客户(主要是机构投资者)的需求，确定究竟应该发行多少股票或债券，并确定价格区间。有的投行把销售与交易也放在资本市场部之内。在一般的投行，资本市场部是夹在投资银行部和销售与交易部之间的一层"奶酪"，发展前途相对较差。

4. 销售与交易部

在投资银行部和资本市场部完成一切准备工作之后，销售与交易部负责直接与买方客户打交道，顺利、圆满地完成股票或债券的销售任务。当股票或债券上市之后，销售与交易部还要负责稳定股价，协商决定是否增发等。

5. 资产管理业务部

资产管理业务部是为客户管理资产的业务部门，主要负责管理基金或独立账户，类似传统的基金公司。资产管理本质上就是信托业务，接受客户的委托，将投资结果返还给投资者，利润来源于管理费和业绩提成。20多年前，大部分投行都没有资产管理部，但现在投行业务和基金业务日益融合，有的基金也开始做投行业务。总之，资产管理部是大部分投行目前集中精力发展的部门。

如今，证券公司的资产管理业务类似"公募基金+私募基金+信托业务"的集合，具体包括三大类，即集合资产管理、定向资产管理和专项资产管理。

6. 证券自营业务部

证券自营业务部主要利用自有资金进行短期交易或长期证券投资。投行进行自营投资是很受争议的话题，因为这样很难顾全客户的利益。有的投行把自营投资、私人股权乃至资产管理等业务混合在一起，导致更大的利益冲突。

7. 行业研究业务部

行业研究业务部是那些宏观策略及市场、行业、公司等研究报告的提供者，写研究报告就是这个部门的主要任务。

行业研究业务部一般分为卖方和买方两类。

(1) 卖方。首先是写报告；然后将报告卖给基金公司、保险公司、社保基金等。券商的研究员一般每年都要研究业绩并进行财富评比。

(2) 买方。在一大批研究报告中，挑选可靠的，供投资参考。

8. 融资融券部

融资融券部是专职于融资融券交易运作和管理的部门，主要的业务职能是研究制定信用业务交易制度下的管理与风控模式，比如融资融券、股票质押等信用业务的交易管理与风控管理。

二、中台部门

1. 风险管理部

风险管理部负责监控各业务部门的运作情况。

2. 法律合规部/法务部

法律合规部/法务部负责合规管理、合规体系建设、合规宣导和防火墙建设。

三、后台部门

1. 清算托管部

2. 信息技术部

有些券商将信息技术部称为科技部，主要负责整个公司内部的IT系统建设及运营维护。

3. 人力资源部

人力资源部主要负责人员招聘、录用。

券商投行业务部门主要可以分为各业务部门、资本市场部门、质量控制部门、行政管理部门(或称综合管理部、运营管理部等)，如图10-2所示。

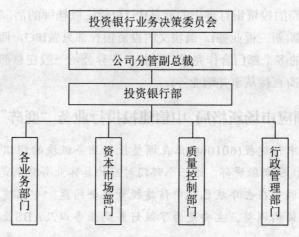

图10-2 券商投行业务部门设置

1. 各业务部门

投行各业务部门一般属于前台部门，主要从事投行业务的承揽和承做。大部分证券公司习惯按照业务性质对投行部门进行细分，一般可分为股权融资部、债权融资部(固定收益部)。部分证券公司将债权融资部独立在投资银行部之外，投资银行部只负责发行股票，大部分投行还是把股票和债券合并为投资银行部。

2. 资本市场部门

投行的业务本质是"承揽—承做—承销"。在投资银行部完成前期准备(承揽—承做)之后，由资本市场部完成承销任务，负责调查买方客户(主要是机构投资者)的需求，确定究竟应该发行多少股票或债券，并确定价格区间。资本市场部负责撮合投资银行部和机构销售部，协调双方的利益冲突，起到防火墙的作用。资本市场部常常被称为是夹在投资银行部和销售与交易部之间的一层"奶酪"，发展前途相对较差，有的投行把销售与交易也放在资本市场部之内。

3. 质量控制部门

质量控制部门属于投行业务的中台部门，有的券商又将其称为风险控制部门、内核部门等，具体工作内容是对投行一线业务部门承做的项目做质量审核和风险控制。比如，某个IPO项目是否能够立项、是否能报出，都要经质量控制部门审核并提出审核意见。质量控制岗的任务就是通过去企业现场以及查阅一线业务部门的工作材料，提出项目存在的问题，最终判断项目是否可以报出，还包括对已上市公司的持续督导工作的检查。质量控制部门属于中台岗位，因此不用频繁出差，工作节奏较为稳定。

4. 行政管理部门

行政管理部门负责投行部门的日常行政工作，主要负责小部分投行业务。

券商投行部只是从事投行业务的多个部门之一，按照大投行业务体系来看，主要负责证券发行、承销，兼并重组和收购，以及与固定收益相关的业务，如发债、帮助企业直接融资等。但是现在很多国内的券商都在设立投资银行部的同时设立了固定收益部，

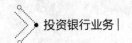

狭义上来说国内券商的投资银行部干的就是IPO和新三板挂牌的活,有的投行部还在底下设立了场外市场部(新三板业务)。最狭义的投资银行部只做IPO,而券商投行业务往往需要除投行部之外的多个部门合作完成。例如,证券公司一般在总部设置投资银行部、企业融资部、并购部(直接从事并购业务)。

【拓展阅读】　顺应市场新格局　中信建投投行业务"变阵"

上证报获悉,中信建投(601066)正在调整投行业务板块的组织架构,新设立并购部、结构化融资部、创新融资部。这三个部门对应的具体业务分别是并购、ABS业务、新三板业务。此次调整在去年底已获中信建投董事会同意。中信建投内部人士向记者表示,投行部门的架构调整,主要是为了做好并购业务以及ABS业务,加强综合拓展力度。

2018年,尽管证券行业整体景气度不高,中信建投业务板块的业绩仍位居行业前列。数据显示,中信建投2018年的股权承销额为1523.03亿元、债券承销额为6072.93亿元,均位居行业第二。

上证报了解到,在中信建投此前的部门设置中,涉及投行业务的主要是投资银行部与债券承销部等,这次三个部门的增设是在原有框架基础上的整合。

例如,在结构化融资业务方面,此前是由投行部、债券承销部分做。"2018年这块市场比较好,资产证券化业务(ABS)量比较大,所以我们就将其整合在一起,成立新的结构化融资部,以便更专注强化该业务。"中信建投内部人士向上证报表示。

数据显示,2018年ABS的市场总承销规模达1.97万亿元,增长了40%。中信建投2018年的ABS承销规模为1125.41亿元,排名行业第五。在2017年,中信建投ABS承销规模是805.05亿元,行业排名第四。

对2019年的ABS市场,某大型券商ABS业务研究负责人表示:"融资人和投资者都在推动这一市场发展,2019年的增长空间不小。"

再看并购业务,中信建投原有的并购部门职责以指导为主,即将各业务单元组织在一起讨论、交流。"以前并购业务做得比较分散,现在重新设立部门是想把这块业务做起来,作为'重中之重'来做。"中信建投内部人士向上证报表示。

2018年,并购市场完成交易额3.29万亿元,减少34%。作为财务顾问的中信建投2018年所完成并购案的总额是1060亿元,行业排名第四,与2017年基本持平。对2019年的并购市场,新时代证券研究所所长孙金钜表示,并购重组和再融资政策在经历了2016到2017年的收紧后,自2018年三季度开始再次迎来宽松周期,这将驱动并购重组市场加速回暖。

至于新三板业务,中信建投此前有一个专门团队在做。另外,经纪业务部下属的中小企业融资部也在做。"现在将它们合在一起,专注新三板业务。"中信建投相关人士向记者介绍道。

资料来源:刘艺文.顺应市场新格局 中信建投投行业务"变阵"[N].上海证券报,2019-01-08.

10.2 券商投行部的工作分工及岗位设置

10.2.1 券商投行部的工作分工

1. 纵向分工(职能分类)

投行部的纵向分工分为承揽、承做和承销。承揽，即负责挖掘和说服客户促成项目；承做，即负责项目的分析工作，包括尽职调查和一部分估值定价；承销，即将金融产品出售给买家。

1) 承揽

一般情况下，投行部的承揽和营业部拉经纪业务客户没本质区别，不过营业部拉到的可能是一个资金只有几千元的散户，而投行拉到的是市值几百亿甚至千亿元的大客户，如长江电力。

2) 承做

承做，就是投行到拟上市公司现场帮助制定完整的方案。比如说把一家公司从有限责任改制成股份公司，可不是改个名字那么简单，需要遵循相关规定，如遵循《公司法》的基本规定，公司的财务状况要符合上市条件等。所谓的尽职调查，也就是把这家公司的历史沿革、股权结构、核心优势、财务状况等了解清楚。在这个过程中，会计师事务所和律师事务所可以参与。接下来开始准备材料，辅导改制。辅导期结束，材料完成并报到证监会发审委，便可等候质询。

3) 承销

有些公司把承销业务剥离出来，改为资本市场部，具体负责定价(确定发行价格和发行数量)，同时以这个价格和各类买方接触(比如基金公司、证券公司自营部、保险公司等)。

我国投行内部主要分两块：一部分是占主体的金融部门(Corporate Finance)，负责上述三方面工作；另一小部分是资本市场部(Equity Capital Market & Debt CapitalMarket)，这个部门的总人数只占整个投行部的六分之一甚至更少，作为券商总部多个部门的枢纽，专门负责证券的定价和推介。

2. 横向分工(职务分类)

投行部的横向分工按照行业或地域划分项目组，项目组成员包括项目负责人、签字保代、现场负责人、核心成员、其他项目组成员。

在实际业务中，前台业务部门人员最常接触的单位还是项目组。每个项目组有3~4人或5~6人，也可安排1~2人或者10人以上。这部分人员构成的项目组具体负责一个项目的工作，由一个项目负责人负总责(通常也掌握最终奖金的分配权)。由于项目负责人一般是承揽人，不具体负责现场工作，还会有一个现场负责人，负责组织项目现场的工作以及与企业、各中介机构的协调工作。项目组核心成员一般是有一定经验的业务人员，主要参与现场工作，并配备若干项目组成员，一般是新员工或者实习生，辅助完成各项工作。涉及需要保荐签字的项目，还要配备两名签字保代/财务负责人以及一名项目协办人，这几名成员一般不会在前期就确定。保代是项目风险的直接负责人，而项目协办人是注册保代的必要先决条件，且协办一经确定不得再更换，因此这三名签字人员的确定一般会比较慎重，券商也会有具体的规程来决定谁去签字。

总结以上论述，新人被分到特定项目组后，往往先从基础的尽职调查(Due Diligence)开始做起，1~2年后尝试独立；2年之后开始成为项目现场主要工作协调人；再经过一段时间的积累，可以开始尝试独立承揽项目(拉项目)；此后可以考虑报考保代(通过保荐代表人胜任能力考试)。

【知识链接】　　　　　　　保荐人与保荐代表人

保荐人是二级市场特有的证券公司，这种证券公司的特点从其名称"保荐"二字即可反映出来，保荐人既是担保人，又是推荐人。具体而言，保荐人就是为二级市场的上市公司的上市申请承担推荐职责，为上市公司的信息披露行为向投资者承担担保职责。除此以外，为了配合推荐和担保工作，保荐人的职责还包括辅导、监督、调查、报告、咨询和保密等。担保职责是保荐人最具代表性的职责。

总之，保荐人就是依照法律规定，为上市公司申请上市承担推荐职责，并为上市公司上市后一段时间的信息披露行为向投资者承担担保责任的证券公司。简而言之，就是依法承担保荐业务的证券公司。

保代，即保荐代表人，它是上市后备企业和证监会之间的中介，相当于这家企业的代表，向证监会作担保推荐企业上市。2014年11月24日，经国务院批准取消了保代资格的行政准入。

一、任职资格

1. 2009年以前

(1) 具备两年以上投行业务经历，且自2002年1月1日起至少担任过一个境内外首次公开发行股票、上市公司发行新股或可转债的主承销项目的项目负责人，一个项目应只认定一名项目负责人。

(2) 具备两年以上投行业务经历，且至少参与过两个境内外首次公开发行股票、上市公司发行新股或可转债的主承销项目，一个项目只认定两名参与人员，其中包括一名项目负责人。

(3) 具备两年以上投行业务经历，担任主管投行业务的公司高管、投行业务部门负责人、内核负责人或投行业务的其他相关负责人，每家综合类证券公司推荐的该类人员数量不得超过其推荐通道数量的两倍。

2. 2009年以后

2009年，证监会对保荐代表人的申请条件做出如下修改。

(1) 具备三年以上保荐相关业务经历。

(2) 在本办法第(2)条规定的境内证券发行项目中担任过项目协办人。

(3) 参加中国证监会认可的保荐代表人胜任能力考试且成绩合格有效。

(4) 诚实守信，品行良好，无不良诚信记录，未受到中国证监会的行政处罚。

(5) 未负有数额较大到期未清偿的债务。

(6) 中国证监会规定的其他条件。

二、工作内容

(1) 负责证券发行、承销项目的开发及执行。

(2) 与项目相关机构的主管部门(包括中国证监会、交易所、证监局、证券业协会)进行沟通，保证项目的顺利进行。

(3) 开发与维护客户关系。

券商投行从业人员明面上的分类依据除了职级就是职务类型，由于职级仅通过资历反映基础工资水平，而由于历史与现实原因，投行员工的薪酬与责任很难用一套系统衡量。2004年，保荐代表人制度开始施行后，保代一时成为宝贵资源，拥有签字权的保代被券商投行争抢，而保代的数量也直接决定了投行能开展业务的数量，天价转会费屡见不鲜，因而保代的价值衡量标准和一般从业人员也是不同的，大部分券商都给保荐代表人设立了专门的职务分类，与一般业务人员有所区别。

如今保代数量已经超过3000人，而每年需要保代签字的项目数量一般只有几百个，即使是2016年和2017年这样的IPO大年，需要的签字保代人数也不多，加上双签的存在，实际上保代不再是稀缺资源，好项目才是稀缺资源，因此超高溢价基本已不存在。但由于保代身份的特殊性，还是保有不同于一般业务人员(基本工资+绩效奖金)的福利，一般会享有固定的保代津贴以及与项目相关的签字津贴，考核方式也会有所不同。作为负责整个部门的部门总经理，实际上相当于一个相对独立的老板，收入会和部门总收入挂钩，除了自己参与的项目，也要对部门的其他业务负责，属于一个不同的阶层。

10.2.2　券商投行部的职级分类

外行人对投行最津津乐道的就是它的职级系统，这套由华尔街投行琢磨出来的系统也逐渐成为国内投行乃至金融行业其他领域的职级分类标准。除了A(Analyst，分析师)以外，SA(Associate，合伙人)、VP(Vice President，副总裁)、D(Director，董事)、ED(Executive Director，执行董事)、MD(Managing Director，常务董事/总经理)的英文直译都是非常"吓人"的职衔，这主要是因为投行初级员工要出去和企业高层打交道，

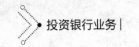

为了表示尊重，一般要用比较高的头衔。在Associate这个位置上工作3年左右才能升职成为VP(副总裁，或经理)；在VP这个职位上工作3年左右，一般会升任为D(总经理或董事)，在D这个岗位上工作3年左右，一般会升任MD(董事/总经理)。

实际上，这些头衔和阿里的P1～P12职级或公务员系统的科员、科长、处长一样，仅仅是一个职级系统，与头衔本身的名称没有关系。这些英文名的本意在国内有些不接地气，券商投行一般翻译为"经理""高级经理""副总监""总监""执行总经理""董事总经理"，更贴合实际。

不同的券商对职级有不同的细分，比如分成A1/A2、VP1/VP2/VP3，有的还有过渡性职级EVP、SVP等，以适应实际需要。通常而言，从A入行，平均每2～3年会有大的职级提升；而如果从D开始，一般认为是承做与承揽职能的界限(当然现实中没那么简单)，往往会要求一定标准而非简单的年资积累。举个比较常见的例子，一个应届生进入投行，本科生职级是A1，硕士生职级是A2，博士生职级或者准保(有的券商有相关制度)是SA1，而注册保代后可能就会调整至D，最高的MD职级一般与部门总经理对应。对于中间的职级，总体来说和资历相关，但升迁速度也受绩效影响，如业绩突出或者跨级跳槽，可能职级就会升得很快。总而言之，在这个行业，真正有能力的人还是能发展得很快的。

但职级毕竟只是级别序列，和地位、薪酬高低没有直接联系，很多大牛部门的负责人还是ED，而老资历员工职级是MD却不负责部门事务的情况也不少。进一步来说，不同券商间的职级也没什么可比性，比如某大平台的部门负责ED实际掌握的资源远超小券商MD，VP升D也是走独木桥，而不像许多事业部券商原则上注册保代直接调D。早几年外面券商跳进大平台还有要降一级职级的情况，相比而言小券商的职级含金量可能没那么高，当然不同行业间的职级更没可比性。

投行工作总体来说还是实质重于形式，完成项目的数量与质量以及在项目完成过程中的贡献，才是获取回报最直接的衡量。因此职级、职务更多只是个参考，不同体量与系统的券商可能对岗位也有不同的划分方法。

10.2.3　券商投行部的岗位职级

国内券商投行部所设的岗位主要包括4种：承揽承做岗位、质控岗位、发行岗位和销售交易岗位。

如果是大券商，会在一级投行部门之下，根据不同岗位分设单独的二级部门，比如发行岗位，会单独成立二级部门，称为资本市场部等；如果是小券商或者团队制的投行部门，往往会在大团队里，仅仅设置相应的岗位，甚至因团队人员不足，会出现一人身兼承做发行等多岗位的情况。

下面主要以投行中的债券业务为例，具体介绍各个岗位的职能和级别。

1. 承揽承做岗位

在国内券商的投行部里，该岗位为核心岗位，也是一个投行部门成立的基础。投行业务，从广义上来讲，不仅包括IPO、并购等股权融资业务，也包括债权融资，比如公司债、企业债等承销业务，有的券商把新三板业务也归为大投行的范畴。

目前，市场上有些小券商虽然也设立了投行部，但因缺乏专业人才，或为了在短期内冲业绩，整个部门全是做债券业务和新三板业务的团队。这种情况在市场上并不少见，所以在这里也提醒各位，对于国内中小券商的投行部门，针对其业务的开展情况，来之前一定要做好尽职调查。

简单来说，该岗位的主要工作是协调审计、评级、律师等中介机构，一起帮发行人(客户)把自身的情况，按照监管机构的要求，整理成规范材料进行申报，以拿到监管机构的批文为目标。

其中，级别基本上是参考国外同行的设置，按照MD职级进行划分。但各家在细微处都会有些不同，比如部分券商，把最低的职级称之为分析员(Analyst)，有的券商则称之为项目经理，更有甚者如"莲花山下史丹利"，听说直接将岗位设置为投资银行家。

下面按照承揽和承做的不同阶段来做介绍。

(1) 承揽岗位的职级。根据个人资历和能力的高低，一般依次可以取得董事总经理(MD)、执行董事或执行总经理(ED)、业务董事或业务总监或董事(D)这三个职级。如果资历非常深厚、能力非常强，进入公司高管行列也不是不可能的，比如担当分管副总裁或者总裁助理，在业内特别是中小券商里，已经屡见不鲜了。

(2) 承做岗位的职级。根据专业能力和资历的高低，一般依次可以取得业务董事或业务总监或董事(D)、高级经理(VP)、项目经理或者分析员(Analyst)这三个职级。一般承做岗位的技术上升路线，从基础从业人员(项目经理或者分析员)，到业务熟手(高级经理或者VP)，逐渐升级为现场负责人(业务总监或D)，再进一步便是项目负责人(业务总监或D)。如果项目负责人的经验丰富，可以升到ED的级别，但也基本上到达承做职级的天花板了。如想再继续往上走，业务承揽能力或对高层领导拍马屁的能力，是必不可少的条件。

至于有的职级，如总经理助理、助理总裁等，与上面所列的不一致，一般属于公司出于管理需要另外设置的称谓，或者自己印的名片title，大部分不是正式职级。

2. 质控岗位

相较而言，质控岗位出差不如承揽承做岗位频繁，但加班时间一点也不少，特别是对于级别低的质控员工，"活多钱少责任大"应该是比较恰当的描述。该岗位的工作内容主要是审核部门内部的项目，以判定是否可以立项或者申报。对于申报后未完结的项目，质控需要审核项目组对监管机构反馈问题的回复，以决定是否可以提交。另外，该

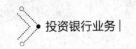

岗位还需要根据监管政策的变化，来更新部门内部业务规范和审核要求。

质控团队与项目承做团队之间经常上演相爱相杀的戏码，特别是在申报前的内核环节，同一家公司的两方人马，常常因为所站的角度不同，厮杀得昏天暗地。真正优秀的质控人员，是可以避免上述情况的。虽然质控的工作也是审核材料，但并不会扮演监管机构的角色，或者秉着多报多错的态度，一味地挑刺阻拦申报，而是站在帮助项目团队的角度，去发现存在的问题和隐患，并引导团队完善材料，以达到解决问题的目的。

质控岗位的职级特别是技术职级，通常会按照资历的深浅和能力的大小，参考MD的职级序列进行设置。该岗位在风控上的重要性，决定了质控负责人在行政级别上一般也不会太低。比如，大券商一般会在投行部门内部设置质控部，负责人就是该二级部门的总经理；即使是中小券商，质控负责人也通常为部门的副总经理。

3. 发行岗位

国内券商的发行岗位，可以说是真正地随着资本市场的不断成熟发展而逐渐产生的。因此在各券商之间，该岗位的设置差异是最大的。

大型券商，因其发行项目较多，会直接设置一个二级部门，称为资本市场部。项目拿到批文后，后续的所有发行工作，由该部门从承揽承做岗位处接手，包括同监管机构各种发行材料的交接、对投资者路演的安排、债券发行的簿记和上市安排等。另外，有些券商也会把债券项目发行后的受托管理和兑付提醒事宜交由该部门负责。

一般的中小券商，因其项目不多，发行相关的工作量很小，没必要单独设置该岗位，因此大多会将发行岗位的工作分配给其他岗位的人员。比如，与监管机构各种发行材料的对接、上市安排等工作，会由该项目的承做人员负责；而对投资者的路演以及发行簿记等工作，大多由销售交易岗位的同事接手。

笔者认为，受限于国内资本市场的发展情况，无论是股权还是债权融资，目前在发行阶段，对技术的要求都不太高。但该岗位因发行需要，常常跟监管机构对接，方方面面的琐事较多，一旦出现错误，往往会造成巨大的影响，因此特别需要员工具有细心、负责的工作态度。

该岗位的职级设置大多按照个人资历和能力，参考MD的职级序列。在投行部门的内部，此岗位更偏向于中后台，在业外人士眼里，相对于质控或者其他前台岗位，此岗位的重要性往往没有那么明显。因此，在同等资历的情况下，该岗位的职级可能会比其他岗位稍低一些。

4. 销售交易岗位

该岗位的职责主要针对投行领域中的债券业务，在近几年有不小的变化，有必要重点说一说。

早几年，国内债券的一级市场一直处于不温不火的状态。虽然也有大小年之称，但即使在大年，一家中上等规模的券商，全年也发不了几支债券项目，而且几乎全是不愁卖的企业债项目。因此，对于该岗位，销售方面的工作不仅很少，而且没有压力。该岗位的工作重心主要放在撮合交易上。在撮合业务发展迅猛的阶段，买卖双方之间信息不对称的情况很常见，撮合起来非常容易。对于公司来说，该业务并不占用资金，因此券商大力支持发展该业务；对于员工来说，撮成一笔，就可以增加一笔收入，因此整个行业的积极性都非常高。

到了这两年，随着参与者之间的竞争加剧，导致撮合业务的收入逐步下降，特别是一批专业中介公司的崛起，促进了撮合业务向薄利走量方向发展。2015年下半年，公司债新政策的颁布，大大降低了发行人的门槛，促进了债券市场的迅猛发展，各家券商的公司债业务突飞猛进。随着业务的增长，需要销售的项目越来越多，市场上更是出现了一些资质较差的项目，从而对各家券商的销售任务提出了新的要求。因此，该岗位的工作重点也发生了较大的变化，销售工作越来越重要。

对券商销售能力的要求，也是资本市场更加成熟的体现。目前，一个好的销售团队，对大多数券商的吸引力，已经不亚于一级市场的项目团队，优秀的销售仅靠分销带来的收入，就足以媲美项目团队的承销收入。国内市场上，更是有一些优秀的销售团队，早已开始吸纳承做人员的加入，以资金或销售优势来承揽一级项目，展开了对一级市场业务的兼并。

随着券商越来越重视销售，该岗位在部门内部，其地位包括职级在这两年都有很大的提升。以往，销售交易岗位的负责人，可能最高只担任到一级部门的副总，或者二级部门的负责人，而如今有不少优秀的销售团队负责人，开始担任一级部门负责人的职位。

10.3 我国券商投行业务范围和业务格局

10.3.1 我国券商投行业务范围

【知识链接】 **我国券商的业务板块**

从传统意义来说，证券公司业务包括经纪业务、投资银行业务、资产管理业务、证券自营业务、投资咨询业务。《证券法》和《证券公司监督管理条例》对这些业务资格作出了定义。早期，证券公司一般按照业务设立单独的部门，比如经纪业务总部、投资银行部、资产管理部、自营业务部等。

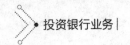

1. 经纪业务

经纪业务最为广大投资者所熟悉，为投资者提供代理买卖证券服务。在公司总部一般有经纪业务总部，管理全国几十个或者几百个证券营业部，而这些证券营业部通过现场或者非现场的方式给投资者提供了股票、基金买卖的平台。证券公司按照国家规定从中收取佣金。这块业务是证券公司较为稳定的业务来源。

目前，很多公司将经纪业务总部分为机构客户部和零售客户部，有些叫营销中心，有些叫营运管理部，营业部一般又分营销(拉客户的)和中后台服务(开户、行政、合规等)。营业部也负责为客户提供投资咨询服务，这个做得好也不错。当然严格来说，这是投资咨询业务，归研究所管。

我国券商业务主要包括四部分：佣金业务、资管业务、投行业务和自营业务。

2. 投行业务

这一块业务是除佣金外，券商的另一大支柱收入。

3. 资产管理业务

资产管理部相对经纪业务部和投行业务部来说出现得更晚。资产管理业务本质是信托业务，接受客户的资金或者资产委托，以某个计划的名义进行投资，将投资结果返还给投资者。从这个角度来说，它和目前的公募基金是一致的。在这个过程中，证券公司也好，基金公司也好，都是管理人。管理人的破产与否和计划的破产与否没有关系，也就是说，实现了破产隔离。

简单来说，资产管理业务就是代客投资，开展帮人管钱的业务。在去通道、严监管的条件下，券商资管业务在持续下滑。

4. 自营业务

券商自营业务，其实就是券商自己交易，买入股票、基金、国债等，即券商机构自己炒股。不过，对于券商来说，当经纪业务不景气时，他们可能会根据数据建仓，这也是一种对冲风险、增厚业绩的投资策略。

国内券商业务主要分为投行业务、经纪业务、自营业务和资产管理业务等类型。其中，投行业务是经纪业务外又一大支柱收入业务。相对于国际投行来说，国内投行业务比较简单，主要指的是证券承销和保荐业务，也就是上市公司发行股票时候的承销商，国内大多数券商的投行指的都是这类承销商，少数大券商还承销债券等其他证券。投行业务的核心是帮企业融资，比如IPO、再融资、发行各种债券、资产证券化，也衍生到相关的重组、上市公司收购兼并等业务，靠收手续费赚钱。我国券商投行业务范围见图10-3。

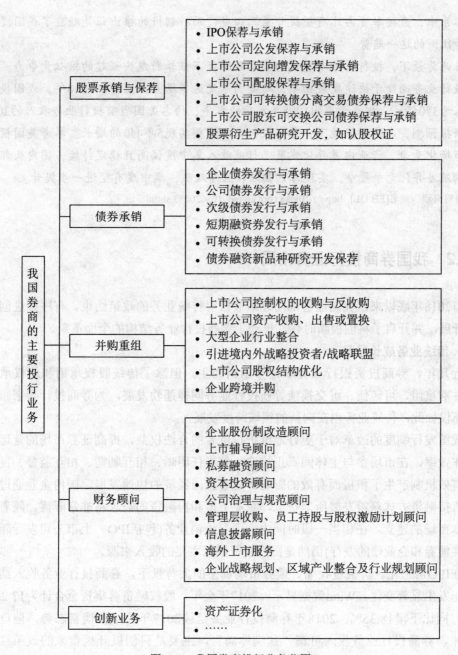

图10-3 我国券商投行业务范围

【经典案例】　　券商迎重大利好！投行业务将增400%！

当前宏观经济和资本市场已步入新旧秩序更迭的大变局时期，经济与产业结构转型升级。以美国相对成熟的资本市场为镜，新经济产业发展需要相匹配的资本市场制度，需要更强劲的直接融资功能。2018年，我国直接融资占社融比例仅为17%，大幅低于美国的直接融资存量占比。此外，证券化率也明显低于美国。研报预计，未来成熟稳定的金融体系中，直接融资占比有望提升至三四成，而科创板的推出正是顺应了我国提高直接融资比例的这一趋势。

在此背景下，投行业务有望成为驱动新时代下证券新龙头崛起的核心竞争力。我国券商投行业务尚处于快速发展初期，与美国等发达市场差距显著。2018年，我国投行业务收入为370亿元，相当于美国1995年前后的水平，约占美国当前投行业务收入的20%。根据研报预测，在这种假设下，券商投行收入有望实现5年4倍的增长。参考美国投行业充分市场化竞争、行业内差异化发展、行业收入集中度偏高且稳定持续，国内头部券商有望构筑差异化竞争壁垒，实现客户黏性和业绩双赢，集中度有望进一步提升。

资料来源：佚名[EB/OL]. http://t.10jqka.com.cn/pid_108620683.shtml.

10.3.2　我国券商投行业务格局

自2018年底以来，我国监管部门逐渐放松对传统业务的政策约束，有序推进创新业务的开展，并开启了科创板新时代，推动了券商投行业务结构的全面革新。

1. 传统业务成长显著

近几年，券商投资银行业务以证券承销为主，但除了传统股权承销和债权承销业务，并购重组、可转债、可交换债等新投行业务同样蓬勃发展，为券商投行带来新的力量。不仅如此，传统业务也在向新的领域跨度发展。

我国发行制度的改革对于更好地维护投资者的合法权益，提高证券市场的营运质量和运作效率，在市场参与主体间真正构造一种责任明晰、相互制衡、相互监督、良性互动的有效机制产生了积极而有效的影响。随着我国经济的快速发展，国内企业通过资本市场直接融资方式获得发展所需资金，企业上市和再融资的需求将非常旺盛。随着多层次资本市场的建立，在相当一段时间内，证券承销业务(包括IPO、上市公司发行新股、可转换债券和企业债的发行)仍然是国内投资银行主要的收入来源。

在IPO常态化、再融资收缩、债券市场调整的大背景下，券商投行业务收入结构在2017年发生显著变化。Wind数据显示，2017年全年，股权融资募集资金合计为17 223.86亿元，同比下滑18.35%。2018年券商投行业务延续2017年的结构调整态势，但自2019年以来，券商投行业务收入可谓"盆满钵满"，主要是科创板开板带来的改革红利。A股IPO承销保荐收入一直是券商投行业务的主要收入组成部分。今年以来，在监管部门严把资本市场"入口关"，上市公司质量明显提升的背景下，IPO审核过会率正逐渐提升，加之科创板上市红利，年内券商投行首发承销收入明显增长，扭转了A股市场股权融资规模已经连续两年持续下滑的态势。截至2019年9月26日，券商承销保荐费已达65.86亿元，比去年同期的44.71亿元骤增47.3%。截至2019年11月28日，券商IPO承销保荐业务收入实现"大丰收"，已有92.76亿元"入袋"，比2018年同期的50.35亿元骤增84.24%。在体量总体增长的背景下，《证券日报》记者发现，券商IPO承销保荐业务收入还呈现参与券商数量有所增长、首发收入排名变动显著的新特点。

随着市场竞争的日益激烈以及金融创新工具的不断发展完善，投资银行已经完全跳出了传统证券承销狭窄的业务框架，形成了证券承销私募发行、兼并收购、项目融资等多元化的业务结构。当前，并购重组已成为经济全球化的一个突出特点，也将成为调整我国国有经济布局和结构的主要形式之一。在这个过程中，投资银行将会起到重要作用。一方面，投资银行具备较高的专业技能和专业化服务能力；另一方面，作为服务中介，投资银行可以充分利用良好的社会关系资源、广泛的客户营销网络，在投资者的筛选、项目和目标企业的筛选、项目和目标企业的价值评估等业务环节中充分发挥信息和资源优势。实证研究表明，企业并购与国民经济的走势有着很强的正相关性。我国的并购潜力在于经济体系规模巨大、产业调整与结构升级势在必行，以及国有经济战略调整。我国正处于转轨时期，为了调整经济结构、优化资源配置、整合产业，使经济保持快速增长，全国数十万亿国有资产存量需要重组，这从根本上为我国投行业务提供了广阔的资源，并购业务发展潜力大。我国证券市场经过十几年的发展，市场容量与前期相比已有大幅度提高，目前有1500多家上市公司，各方面条件也比较完善，这也为券商开拓重组并购业务提供了坚实的基础与良好的环境。2018年来，证监会对上市公司并购重组进行了松绑并提供支持政策，推出"小额快速"审核通道，超过90%的并购重组交易已无须证监会审核。2018年10月之后，并购重组项目审核数量迅速增长，通过wind查询，2018年并购重组交易金额合计为2.27万亿元，同比增长超过40%。

我国正处在一个特殊的历史时期，一方面，经济建设已经积累起可观的物质基础，形成了庞大的资本存量和强大的生产能力，许多企业如今已发展成有数十亿乃至上千亿资产的企业集团；另一方面，为适应产业升级要求而进行的大规模生产要素重组和资本运营已迫在眉睫，同时外国资本大量进入中国经济生活，也对原有经济组织和资本配置机制形成了冲击。而且我国经济发展面临许多亟待解决的问题，如国有企业凝固了40多年的产权和资产存量需流动和重组；高负债的企业需要通过股市直接融资来优化资本结构，调整负债比率；大量企业需要进行股份制改造和上市；已上市的公司要在经营中注入优质资产，保持高回报率和壮大公司实力。这些都需要财务顾问的帮助。再如，企业改革需要财务顾问帮助组织兼并、收购和企业重组；中国的工业化和城市化建设、西部地区、滨海新区等的开发和建设，以及优势产业的战略发展和集团重组需要从国内外资本市场筹措巨额资金；银行的不良资产需要进行资产证券化、保全和债务重组；我国民营经济发展迅速，但资本来源不足，需要走"买壳上市"进行筹资等资本运营的道路。这些都为券商的财务顾问业务提供了广阔的发展空间。

对于传统的投行业务，诸多券商正在将承销业务从主板、中小板、创业板IPO向新三板、科创板乃至场外市场延伸，期望"多点开花"。同时，传统的并购等财务间业务的空间也随企业的整合与跨境收购而扩大。不过，相比标准化流程的通道业务，新业务下大量非标准化产品的设计及交易，使得券商的创新、定价与销售能力真正成为核心竞争力。如何重构内部平台与激励机制，增进这一能力，并从以产品为中心转向以客户为中心，每家券商仍在求索。

【知识链接】　　　　　　　科创板

科创板，英文是Sci-Tech Innovation Board (STAR Market)，是由习近平总书记于2018年11月5日在首届中国国际进口博览会开幕式上宣布设立的，独立于现有主板市场的新设板块，并在该板块内进行注册制试点。

设立科创板并试点注册制是提升服务科技创新企业能力、增强市场包容性、强化市场功能的一项资本市场重大改革举措。通过发行、交易、退市、投资者适当性、证券公司资本约束等新制度以及引入中长期资金等配套措施，增量试点、循序渐进，新增资金与试点进展同步匹配，力争在科创板实现投融资平衡、一二级市场平衡、公司的新老股东利益平衡，并促进现有市场形成良好预期。

2019年1月30日，证监会发布《关于在上海证券交易所设立科创板并试点注册制的实施意见》。3月1日，证监会发布《科创板首次公开发行股票注册管理办法(试行)》和《科创板上市公司持续监管办法(试行)》。

2019年6月13日，科创板正式开板；7月22日，科创板首批公司上市；8月8日，第二批科创板公司挂牌上市。

2019年8月，为落实科创板上市公司(以下简称科创公司)并购重组注册制试点改革要求，建立高效的并购重组制度，规范科创公司并购重组行为，证监会发布《科创板上市公司重大资产重组特别规定》。

对比研究科创板制度，核心变化有：①发行制度方面，试点"注册制"，上市标准的包容度提高；②上市定价制度方面，强化了以券商为代表的中介责任，强调定价有效性和市场化方向；③退市制度方向，执行程序更严格，同时防止企业"空心化"；④交易制度方面，增强日常交易的灵活性，但对投资者门槛和减持要求更为严格；⑤信息披露方面，强调机构的督导责任，强调科创企业的差异化。

科创板的宏观高度：连接中国的创新与改革两大主题。科创板是中国资本市场近年来一次重大的局部增量改革+阶段性试点推进工程。从更宏观的角度来说，科创板促进了资本市场和中国经济深层次的改革。一方面，科技创新、产业升级等新兴经济的发展需要融资模式的创新，科创板等资本市场制度的创新，正符合中国经济转型的融资要求；另一方面，科创板将推动资本市场改革。作为增量改革的前沿试点，其机制在不断改善成熟后，将延伸至A股市场的存量领域。

2. 创新业务打开盈利空间

创新投行业务的发展也为券商带来新的机遇，以往停留在设想中的创新业务终于转化为实质性业务收入。新三板、科创板、资产证券化和并购基金等创新型业务都吸引券商加速抢滩，以此提高综合实力和服务水平，从主要依靠IPO承销向现代化投行转型，赢得未来发展空间。下面以科创板和资产证券化为例，阐述券商创新业的发展。

科创板和注册制的推出，意味着国内券商从服务机构和保荐机构转变成真正意义上的投资银行。科创板试点注册制可提升直接融资效率，推动现代化投资银行转型发展，审核重点转变，弱化"牌照通道"效用，"资金实力+研究能力+合规风控能力+机构服务能力"等综合实力均有望提升。首先，通道红利弱化，倒逼投行模式转型，建立多业务协作，提升综合实力。科创板审核"新三性"与"老三性"相结合，券商在承担"看门人"把关责任的同时，需站在投资者的角度市场化询价，并可出资跟投，以上分别对投行的资源储备、(一二级)研究能力、(直投、信用、做市)资本实力提出挑战，券商打破现有同质化竞争格局，需加速打造直投、投行、信用、财富管理、做市等多业务协作体系，打造投行品牌，提升竞争力。其次，制度创新带来风控挑战，金融科技发展或将形成助力。科创板发行、上市、交易各个环节均进行创新，券商作为中介机构需持续提升对风险的识别、把控能力，合规发展，保护投资者利益。科创板打造机构市场，机构客户质量与黏性将成为核心竞争力。在投资者适当性方面设置一定门槛，并在发行环节提升网下占比，有助于提高机构参与的积极性。对券商而言，发行与承销办法明确规定承销商应收取一定比例新股配售经纪佣金，上市规则规定特定股东减持可通过中介结构进行非公开方式转让，在市场参与者机构以及费率溢价空间导向下，券商对机构客户服务能力的重要性将持续提升。

自2014年至今，我国资产证券化市场持续快速增长。2018年，全年发行规模突破2万亿元，年末存量突破3万亿元。据中基协公布的资产支持专项计划备案监测简报显示，截至2019年上半年末，累计共有132家机构备案确认2244只资产支持专项计划，总备案规模达30 391.26亿元。仅二季度，企业ABS备案新增规模2806.05亿元，环比增长44.48%。审批效率提升、融资主体需求旺盛、资金方投资多元化、金融创新等多因素，促使个人住房抵押贷款证券化迅猛扩容，住房租赁证券化方兴未艾，供应链ABS显著提速，多只"首单"类创新产品成功落地，促使资产证券化业务快速发展。

尽管基金子公司、信托公司也看好ABS业务的市场空间，但从目前竞争格局看，几乎是证券公司"一家独大"，成为ABS产品发行的主要机构。根据中基协简报显示，截至2019年6月底，开展企业资产证券化业务的机构中，证券公司81家、基金子公司49家、信托公司1家。从备案累计规模来看，证券公司累计备案规模和存续规模占比逾85%，管理人存续规模排名中的前24位均为证券公司。联储证券固收业务相关人士则认为，券商有完整的立项、质控、内核体系，更善于发现风险、识别风险。在承销能力方面，券商也有完整的承销体系，加上自营资金、理财资金的参与，几乎可以达到揽做销一体化，这也让券商在ABS项目竞争中占到优势。

2014年11月22日，证监会发布《证券公司及基金管理公司子公司资产证券化业务管理规定》(以下简称《管理规定》)及配套的《证券公司及基金管理公司子公司资产证券化业务信息披露指引》《证券公司及基金管理公司子公司资产证券化业务尽职调查工作指引》，明确取消事前行政审批，实行基金业协会事后备案和基础资产负面清单管理。2018年4月，证监会、住建部联合发布《关于推进住房租赁资产证券化相关工作的通知》，明确了开展住房租赁资产证券化的基本条件、优先和重点支持领域，以及住房租赁资产证券化的工作程序，并明确提出加强住房租赁资产证券化的监督管理。2018年8月，中国银保监会发布《关于进一步做好信贷工作提升服务实体经济质效的通知》(银保监办发〔2018〕76号)，提出积极运用资产证券化、信贷资产转让等方式，盘活存量资产，提高资金配置和使用效率。在政策支持和需求强劲增长的良好环境下，资产证券化将会更加迅速发展。多数券商人士认为，当前ABS业务仍处于初级阶段，未来市场潜力巨大。类似商业地产贷款证券化(Commercial Mortgage-based Securities，CMBS)和房地产信托投资基金(Real Estate Investment Trusts，REITs)等基础资产类型的发行量还没到爆发阶段，而我国存量商业物业在十万亿级别。一旦发行链条打通，发行规模会上升很快。根据华泰证券的测算，未来中国资产证券化市场空间约6.7万亿元，证券公司资产证券化规模约1万亿元，资产证券化业务可为行业带来168亿元的收入贡献，将增加行业7%的收入。同时，相关证券化产品的柜台交易、做市和托管也将催生券商的新业务机会，增加利润来源，推动盈利模式的转型。

3. 券商投行业务存在的问题

从欧美等发达国家的成熟金融市场看，现代投资银行的新兴业务主要是项目融资、企业并购、风险投资、公司理财、投资咨询、资产及基金管理、资产证券化、金融创新等。我国投资银行业务收入来源主要集中在证券承销方面。通过对排名靠前的券商投资银行近年来的业务分析，重组合并、资产证券化、企业上市发债顾问、企业常年财务顾问等投资银行业务收入比例虽然呈逐年上升趋势，但所占比重还是非常小，而承销业务收入比重虽然总体上呈逐年下降趋势，但是作为主要收入来源的格局基本没有改变。与美国等发达国家的成熟金融市场投资银行进行业务比较，我国的投资银行业存在机构数量多、资产规模小、业务范围窄、收入来源过度集中、业务机构相似、专业化程度不高等缺陷。这些导致了我国投资银行在国际上没有竞争力，盈利能力不足，跟不上国际投资银行发展的步伐。

1) 投行收入占比低，受政策影响大

我国证券公司目前的主要收入来源仍依靠经纪业务与自营业务(2018年行业营收占比53%)，与证券市场的关联度高，与宏观经济背离。我国券商投行业务尚处于快速发展初期，与美国等发达市场差距显著。2018年我国投行业务收入为370亿元，相当于美国1995年前后的水平，约占美国当前投行业务收入的20%。

对比2018年中美领先的投行业务收入，我国排名前三的头部券商的投行业务收入远不及美国排名靠前的投资银行业务收入。收入低的结果就是必将导致证券公司投行业务的能力不济、水平不高，即便是开拓国内新业务的内在欲望也不强，更谈不上到国际市场去拓展。但伴随经济全球化，国际化的资本市场大有山雨欲来风满楼之势，国际竞争的风险日益临近并加大，我国投资银行业务的持续发展也将面临巨大的挑战。

IPO监管政策对投行业务模式和收入影响较大，自2009年开始，我国IPO定价发行机

制逐渐向市场化迈进，但由于中国本市场配套机制不完善，二级市场行情变化大以及投资者整体素质不高等因素，使得IPO改革政策调整频繁。例如，监管部门曾8次长时间暂停IPO发行，如2012年11月股市大跌后证监会暂停IPO，至2014年1月重启；2015年股市大跌，7月暂停IPO，同年11月重启。相应的，2013年投行收入下滑明显，2014年和2016年重启IPO之后投行收入有明显回升。2018年，受上半年金融监管严格以及过会门槛提升、发审会制度调整等多种因素的影响，IPO过会数量以及通过率大幅下滑，A股市场累计共有105家企业实现成功IPO，融资规模共计达1375亿元，同比下滑37%。其中，IPO整体通过率为56%，较2017年的76%有显著下滑，投行收入下滑27%。

【知识链接】 **美国投行业一瞥**

美国投行业实现充分市场化竞争，行业内差异化发展，行业收入集中度偏高且稳定持续，各家公司投行业务经营模式逐渐分化。高盛、摩根士丹利等大型投资银行资源雄厚，业务线齐全，形成联动全业务体系，在全球开展业务的全能型投行模式，同时也享受绝对领先且稳定持续的市场份额。2017年，美国市场投行股权融资业务收入前五市占率高达48%，债权融资业务收入前五市占率达41%，市占率基本稳定于40%以上；并购重组业务收入前五市占率29%，相对偏低，主要是因为部分精品投行专注于并购重组业务，分食部分市场份额。

中国投行从牌照红利下同质化竞争迈向更充分的市场化竞争，集中度进一步提升。但中国投行业务收入集中度波动大，行业格局尚不稳定。承销保荐业务净收入2015—2018年的CR5市占率在30%~45%区间波动，财务顾问业务收入2015—2018年的CR5市占率在25%~35%区间波动。

2) 业务范围狭窄，收入结构过度集中

我国投资银行的业务范围狭窄，收入主要包括承销与保荐收入、财务顾问收入两类。承销与保荐收入是券商投行业务收入贡献的主体，并购重组、新三板等财务顾问收入仅作为补充。2011—2018年，承销与保荐占比虽有所下滑，但仍维持在70%以上，投行收入结构单一，受承销业务变化影响较大。

相比较而言，财务顾问业务收入占比较低，未来或将成为投资银行业务的重要收入来源，但总体来看，投资银行业务所涉及的深度、广度都远不及国际上一般意义的投资银行业务。2013年以来，财务顾问业务占投资银行业务收入比重企稳在23%左右，但较发达国家的大型投资银行占比水平而言仍有较大差距。随着并购业务规模持续提升，以及多层次资本市场下证券公司业务边界逐步拓宽，预计财务顾问业务收入仍有较大提升空间，未来将逐步成为投资银行业务重要收入来源。

2012—2016年，行业投资银行业务收入从231亿元提升至679亿元，复合增速为31%。我们认为在政策鼓励提升直接融资占比的大环境下，股权融资规模将维持增长态势，债券融资规模占GDP比重仍有提升空间；并购业务经历整顿规范后将重回发展轨

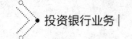

道，业务规模有较大提升空间。

投行业务具有高度相关性，一荣俱荣，一损俱损。我国投资银行业务收入水平对二级市场的发展依存度比较高，呈现波动性，而像并购、资产管理、风险投资、财务咨询等业务收入极少甚至没有，盈利模式过度单一。

3) 投行业务结构相似，专业化程度不高

各证券公司的投行业务结构明显相似，业务收入相互之间也具有高度可替代性，无核心竞争业务，差别化的竞争策略和业务品种并不广泛，主要体现在以下几个方面。

(1) 承销业务类似。在我国证监会和相关政府部门严格的审批制度下，我国证券市场基本上处于卖方市场占主导地位的状态。尽管在目前我国投资银行承销业务在一、二级市场上存在巨大的差价，但也在政府宏观调控的范围之内，只能成功不得失败，因而可以说承销业务几乎是一种无风险或低风险业务。

(2) 业务品种单一。梳理我国证券行业的发展历程，每次的发展转折皆由政策转向催化，并未完全按照经济发展、资本需求的轨迹演变，造成证券市场"政策市"的根本原因包括前期证券市场制度尚不健全、直接融资市场孱弱等。从直接融资的重要性来看，当前我国直接融资仅占社会融资总规模的1.9%，证券化率水平(上市公司总市值/GDP)为69%，远低于美国的165%；从股票发行制度来看，我国仍然采用"核准制"，上市公司的上市和退市并未实现完全市场化，截至2018年底，上市公司数量3584家，低于美国的4397家；从创新业务监管来看，我国前期处于监管从严周期，例如对衍生品业务的强监管使得该项业务尚未能进入常态化状态。2018年全球期货期权成交量303亿手，其中金融类243亿手，而我国金融期货成交量仅0.27亿手，占比不到1%；场外衍生品与场内市场相比，也尚处于起步阶段。以上原因造成我国券商投行业务结构单一、业务内容雷同、资本实力较弱。我国目前证券市场上主要有股票、债券、基金和权证等屈指可数的证券交易品种，而A股交易又占据了绝大多数的市场份额。与国际投行相比，我国投行所面临的主要问题是投行业务产品单一，主要集中在股票融资上，业务面狭窄，抗风险能力较低。根据中国证券业协会统计，中国投行在债券承销，特别是财务咨询业务上，与国际投行还有相当差距。比较高盛集团和本土证券公司——中信证券2010年的收入结构可以发现，两者在财务咨询、股票承销、债券承销三项具体业务收入中的占比分别为42.87%与3.29%、30.40%与78.23%、26.74%与18.48%。

(3) 各投资银行业务专业化程度不高。如承销业务方面，在拥有成熟证券市场的西方国家中，具备承销业务资格的投资银行一般不会超过10家，这样既有助于规范资本市场，又有助于开展有序的市场竞争。我国"投资银行"呈现"一窝蜂"发展趋势，使得拥有证券承销资格的投资银行数量众多，且并未有明显的迹象表明有改制、兼并等减少的趋势，这就势必造成承销市场的混乱，阻碍承销业务的发展。同时，它们盲目地拓展业务内容，没有集中力量发展好各自占有优势的领域，往往造成行业恶性竞争，难以推动投资银行业务的创新和发展。

(4) 业务同质化现象十分普遍。随着市场融资规模增长变缓，在市场空间有限的条件下，获得客户的难度和成本提升，部分券商为了提高市场占有率及占有优质客户资产而发起价格战，导致承销费率持续下降，2018年整体承销费率降至4%。目前，IPO为卖方市场，新股不愁卖，IPO承销同质化现象普遍，差异化不明显，投资银行通过业务竞相压价可抢占市场，导致了低价承揽、大项目不赚钱等不良现象。

4) 投行跨境业务起步较晚，仍显不足

跨境业务发展刚刚起步，与国际一流投行相比尚有不小差距。一方面，受益于"一带一路"倡议、人民币汇率、跨境审批等利好因素，国内企业跨境并购数量和规模有所上升；另一方面，随着市场、国际汇率和政策等不确定因素的变化，跨境业务也呈现不稳定性变化。

国际化是投行业务来来的发展方向。现有的国内投资银行还是在一个相对封闭的市场里运作，国际化服务水平和能力还有待提高。随着我国资本输出规模不断扩大、能力不断增强，证券公司的投行业务也应该积极迈出国际化步伐，为跨境企业提供财务顾问和并购服务，以提供完整的、全方位的金融配套服务。

10.4　我国券商投行业务发展历程及趋势

回顾我国投资银行业务的发展历程，可以看出，它与我国证券发行制度的改革密切相关。从1993年至今，发行制度从审批制到核准制、保荐制，每次都会引起投行业务各方面的较大变化。在不同的证券发行制度下，我国投资银行业务的发展模式有别。随着我国证券发行制度的不断完善，我国投资银行的发展模式也在不断优化。

10.4.1　我国券商投行业务的发展历程

1. 审批制下的"公关"模式(1993—2001年)

审批制涵盖以下两个阶段。

1) "额度管理"阶段(1993—1995年)

"额度管理"是指国务院证券管理部门根据国民经济发展需求及资本市场实际情况，先确定总额度，然后根据各个省级行政区域和行业在国民经济发展中的地位和需要进一步分配总额度，再由省级政府或行业主管部门来选择和确定可以发行股票的企业(主要是国有企业)。在这个阶段共确定了105亿股发行额度，政府或行业主管部门给选定的企业书面下达发行额度。这一阶段共分两次下达：1993年下达50亿股，1995年下达55亿股。由省级政府或行业主管部门给选定的企业下达发行额度，这一阶段共有200多家企业发行，筹资400多亿元。

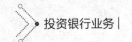

2) "指标"管理(1996—2000年)阶段

"指标管理"是指行"总量控制，限报家数"，由国务院证券管理部门确定在一定时期内应发行上市的企业家数，然后向省级政府和行业管理部门下达股票发行家数指标，省级政府或行业管理部门在上述指标内推荐预选企业，证券主管部门对符合条件的预选企业同意其上报发行股票正式申报材料并审核。1996、1997年，我国分别确定了150亿股和300亿股的发行量。这一阶段共有700多家企业发行，筹资4000多亿元。1999年7月1日开始实施《证券法》之后，虽然不再确定发行指标，但1997年指标的有效性一直持续到2001年。

显然，在审批制中严格贯彻计划经济中的行政机制，是计划机制在股票发行制度中的典型表现。在这种制度下，地方政府及各部委掌握着额度或指标分配的权力，哪家企业上市主要由地方政府决定，企业能否上市不在于本身的好坏，而取决于与地方政府的关系是否融洽、是否符合地方政府的利益需求。作为券商，只要争取到获得额度的企业，就肯定能获得高额的承销费用，不存在任何风险，这导致了投资银行业务的主要目的就是争夺额度资源，投行业务演变成"公关"活动，甚至某些券商为了追求高额利润获得承销资格，用尽权谋进行恶性竞争，不惜违法违规，导致一系列腐败行为的产生。在具体的投行业务操作中，业务人员不是寻找优秀企业合作并将其推向市场，而是四处拉关系、找熟人，帮助企业争取"额度"。由于是行政审批，股票承销对券商的业务能力要求也不高，投行部门用不着其他部门配合，也不需要券商大量投入，投行业务模式停留在一种浅层次的公共关系的层面上。

2. "通道制"下的粗放经营模式(2001—2004年)

我国于2001年3月实行了核准制下的"通道制"，也就是向各综合类券商下达可推荐拟公开发行股票的企业家数。只要具有主承销商资格，就可获得2~9个通道，具体的通道数以2000年该主承销商所承销的项目数为基准，新的综合类券商将有2个通道数。主承销商的通道数也就是其可申报的拟公开发行股票的企业家数，这阶段共有200多家企业筹资2000多亿元。

通道制下股票发行"名额有限"的特点未变，但通道制改变了过去行政机制选拔和推荐发行人的做法，使得主承销商在一定程度上承担起股票发行风险，同时也真正获得了遴选和推荐股票发行的权利。核准制大大改变了券商在股票发行环节的地位，使券商在发行市场化进程中的主体地位及市场化功能更加突出。这种市场化的核准制度使券商的投资银行业务发生历史性的变革，使投资银行业务开始回归本原，从公关向正业转变。

从核准制实施的效果来看，通道制对督促券商投行业务人员履行勤勉尽职调查义务，加强对承销项目的内部审核和风险控制确实起到了较好的作用。无论是新上市公司的质量，还是券商投行的运作理念都发生了很大变化。券商的诚信意识、服务意识和声誉意识都得到了很大提高。投行中介由原来的"包装上市"转向"服务上市"。券商对企业改制辅导以及上市也承担了更大的责任。可以说，核准制在很大程度上改变了我国投行业务模式，从整体上提高了我国投行业务的水平和竞争力。

但是，这一制度在实施过程中也出现了一些新的问题。

一是影响了国内大券商的投行业务开拓能力。大券商原本有能力发行承销更多的项目，但苦于通道数量所限而不得不保留大型项目以及能够快速实施的中等项目，忍痛放弃许多质量不错但规模比较小的承销项目，造成项目资源的流失，影响投行业务水平的提高，导致承销业务市场集中度降低，承销业绩平均化，对投资银行竞争机制的增强构成了障碍。

二是促使投行业务人员将目光转向大型项目，由于通道数量极其有限，券商更倾向于做融资规模比较大的项目，因为按照有关规定，券商提取的承销费用是募集资金的3%。只有当项目规模越大时，发行承销业务收益才会越多。这就导致券商在项目选择上出现"不求精但求大"的倾向，而许多急需融资的中小公司的IPO、配股、增发却被拒之门外。

三是投资银行的主要精力用于帮助企业包装上市，对企业能否规范运作和持续发展关心不够，出现了一些上市公司在发行上市当年就业绩下滑等情况。投资银行粗放式经营模式的特征十分明显。

3. "保荐制"下的集约化经营模式(2004年10月至今)

保荐代表人制度是中国证券监管部门目前正在实行的一种股票发行制度，保荐制的主体由保荐人和保荐机构两部分组成，满足一定条件和具备一定资格的人方可担任企业发行股票的保荐人，凡具有两个以上保荐人的证券公司(或资产管理公司)可称为保荐机构，并具备推荐企业发行上市的资格。保荐制就其本质来说，是希望对证券发行设立一个"第一看门人"，即保荐人，凭借其在保荐过程中对拟上市公司的洞察、了解和勤勉尽责，从而达到选择优良的公司上市，提高上市公司质量的目的。这就使得券商的投行业务经营思路必须由"通道竞争"调整到"追求保荐质量"的轨道上来，并且朝"重视价值发现和价值创造"的方向发展，从粗放式经营模式向集约化经营模式转变。

此外，保荐人职责要求券商不仅要对发行人进行详尽的尽职调查，以发现存在的风险，还要求对企业价值和发展潜力做出准确的判断，谙熟股票定价、股票推介、发行时机判断等业务，以及协助企业建立完善的法人治理结构，监督企业上市后对募集资金的运用等。这就使投资银行业务从单纯的某一项承销业务的竞争转变为向客户和投资者提供全面服务的竞争，券商投行必须朝着大投行发展，即投资银行将越来越趋向专业化分工、集约化经营。在保荐人制度下，券商投行业务只有在专业化分工的基础上实施集约化经营，才能做出券商品牌，做出精品项目。

10.4.2 我国券商投行业务的发展趋势

1. 券商投行业务的差异化趋势

随着注册制的实施，未来投行业务将逐渐集中在综合竞争力、研究能力突出的大型投资银行，具有核心竞争力的券商投行将获得承销业务的定价权，发行人更愿意为投行的风险定价能力支付溢价，承销市场份额将往综合实力强大的大投行集中。"未来，投行不仅仅是指传统的投行业务，将会向'投资+投行'和交易型投行两种模式转变。"大型券商在转型过程中拥有资金、人员和品牌等优势，凭借其充足的项目储备、优质的客户资源和严格的风控体系，将在转型过程中扎稳脚步、率先胜出。后续随着项目的不断积累和品牌知名度的持续强化，大券商的业务集中度将有所提升，传统投行业务亦会呈现强者恒强的局面。

在这种情况下，投行业务竞争更加激烈，采取差异化竞争、明确定位策略尤为重要。在注册制下，原本综合实力较强、规模较大的投行，会向高盛、摩根士丹利这类全能型大投行转变，实现行业和投行业务全覆盖，构建全能型金融控股投行。中小投行因为本金、研究能力的局限，则采取集中差异化战略，转向专注于某个行业、板块，或者某个地区、某类产品，形成独特的竞争优势，打品牌优势，逐步发展成为独立精品投行，最终形成大投行和精品投行并存的局面。

2. 券商投行业务精细化趋势

随着IPO进入常态化及债券发行环境的变化，券商应冲破瓶颈，实现业务突破。2017年IPO审核通过率的降低从侧面反映出监管层对于质量的要求更高，对于券商业务开展过程中的政策解读、业务流程、风险把控要求更高。未来传统投行业务将从粗放式向精细化转变，券商间竞争的已不仅是项目数量，更要注重项目质量，打造精品投行将成为传统投行业务迸发新活力的重要路径。

投行业务的项目选择更关注成长性。注册制下投行IPO的筛选理念将发生变化，从注重企业盈利能力转为重视企业成长能力和行业领先能力，投行将加大对企业风险的关注和对行业的理解和研究。科创板注册制的试行，也将使投行业务的关注点转移至科创领域，增加互联网等高成长性企业的项目储备。

3. 券商投行业务多元化趋势

未来随着注册制的改变，产品承销收入、财务顾问收入、产品设计和交易收入，以并购平台管理、结构化产品、资产对接占收入的比重越来越大。投行不再局限于为企业提供上市服务，而会根据企业实际状况和市场环境为企业在战略、文化、内控、业务、资本运作等各个方面提供全方位服务，投行将由财务顾问等个别角色转变为金融综合服务商，投行的价值发现功能将得到更大发展。

伴随着我国经济结构调整，跨区域、跨行业的并购重组不断增加，企业客户对财务顾问、多品种融资等专业化需求日益增多，创新投行业务的发展也为券商带来新的机遇。近两年来，除了传统的股权承销和债券承销业务，并购重组、可转债、可交换债等新投行业务同样蓬勃发展，为券商投行带来新的力量。

目前，监管部门对投行业务监管也出现一些新变化：强化IPO中的信息披露制度，加大惩罚力度，并明确投行在IPO中需承担的责任；加速多层次资本市场的建设；扩大包括中小企业私募债券在内的债权市场，等等。总之，券商投行的未来在于突破单一业务模式，转向提供投融资服务，并以服务实体经济多样化、服务客户利益诉求多样化为目标。

　　未来，券商投行业务多元化的发展将主要呈现以下趋势。

　　1) 发展多元化股权市场产品

　　未来，投行将为多层次的资本市场提供服务。随着"新三板"、场外市场等多层次资本市场的建立和成熟，投行业务将在这些新兴业务板块取得发展，而不是局限于目前的A股市场。

　　目前，沪深主板上市公司约有2400家，中小板上市公司约有700家，创业板上市公司约有350家，而新三板挂牌的公司约有300家，四板市场则刚刚起步，整个股权融资市场呈倒金字塔结构。无论是从相对数量还是绝对数量来看，非上市股权融资均有较大的发展空间。虽然香港证券市场情况与内地类似，也是主板上市家数远多于创业板上市家数，英国、美国证券市场也不是绝对的正金字塔分布，但企业从初创期至成熟期存在必然的发展过程，融资活动也伴随企业成长的每一个阶段，所以在完全有效的资本市场条件下，各阶段的定位应呈正金字塔状。

　　建设多层次资本市场一直是监管部门努力的方向，证监会已经出具政策措施对建设包括债券市场、非上市公司债券交易市场等多层次资本市场的行为予以支持。证监会于2012年6月15日公开对《非上市公众公司监督管理办法》征求意见，并于9月28日正式发布，自2013年1月1日正式实施。这标志着新三板扩容与四板业务启动。2012年9月20日，全国中小企业股份转让系统有限责任公司成立，该公司为新三板挂牌企业的股份公开转让、融资、并购等相关业务提供服务。目前，天津、重庆、上海、深圳、广州、浙江已初步建立或正在建立区域性股权市场，有的券商也积极参与筹备。

　　2) 发展多元化债券产品

　　目前，国内债券市场内部结构突出表现为政府债券与信用债券发展不平衡，国债、央票及政策性银行债券在规模上占比超过80%。未来3年，信用债券将从规模上和发达程度上有较大发展。从市场环境看，自2011年以来，无论是公司债券还是企业债券都有显著的增长，且债券发行主体正逐渐向中型企业倾斜。2012年11月末，银行间市场交易商协会公告，继中金、中信之后，国泰君安、招商证券、光大证券、中信建投、广发证券、东方证券、海通证券、华泰证券、银河证券、国信证券获得开展非金融企业债务融资工具主承销业务的资格，标志着中票、短融等银行间交易商会品种的承销逐渐向证券公司放开。

　　3) 发展多元化并购重组业务

　　并购重组的市场份额将逐步扩大，投行切实服务于实体经济。在实体经济中，行业发展到某一阶段需要进行产业链整合。我国自改革开放后，部分行业已经进入了行业整合、提高行业集中度的阶段。在未来，投行将在并购重组业务上取得长足发展。

　　上市公司并购重组业务的独立财务顾问必须由保荐机构担任，证券公司有先天的业务开展优势，目前公司并购重组的主要业务也是这类业务。近年来，在中国证监会的鼓励和推动下，市场不断尝试并购重组创新活动，上市公司收购活动从简单的非流通股协议转让模式，发展到二级市场竞购、要约收购、定向发行、换股合并等多种模式并用。同时，上市公司的资产重组也从单纯的资产购买或出售，发展到与定向增发相结合的注资活动。从交易手段来看，上市公司的并购重组从单纯的现金交易，发展到债务承担、资产认购、股份支付等多种手段并用。因此，对上市公司并购重组业务应以推动业务创新作为战略重点。

4. 券商投行业务专业化和规模化趋势

目前，在国内资本市场，投资银行所能够提供的服务手段还较为单一，大家在一个相对较低的层次上进行激烈的市场竞争，缺乏经营特色、经营业务趋同是国内券商的通病。在未来的发展中，如何在同质化竞争中取得领先是国内投资银行业务面临的一个主要问题。要解决这个问题，一方面有赖于相关法律、法规的完善；另一方面也为投资银行专业化分工、用差异化服务赢得客户的业务模式提供了发展机遇。

投资银行业务的竞争将从单纯的某一项承销业务的竞争转变为客户和投资者提供全面的投资银行业务服务的竞争。投资银行必须有自己的核心竞争力，有各自鲜明的特点和专长，应根据自身的优势选择合适的业务领域。从全球范围内投资银行所提供的服务看，即使是以综合服务为主的大型券商在业务发展上也各有特色。面对证券市场化、国际化进程的加快，我国投资银行应力争在项目融资、企业并购、财务顾问等专业技术很强的创新型业务上形成自己的经营特色。

我国现代投资银行业务发展到现在只有短短的十几年时间，还存在诸如规模过小、业务范围狭窄、缺少高素质专业人才、过度竞争等问题。面对变化的经营环境和市场环境，国内券商的投资银行业务要想在未来的竞争中掌握主动，必须要更新观念，以市场需求为直接取向，不断优化重组，加快实现从原来的粗放式经营向集约化管理转型，以资本运作为手段，加强购并重组力度，迅速扩大规模，做大做强，走规模化发展道路。

5. 券商投行业国际化趋势

在我国全面开放的新格局中，金融业及资本市场的开放正加快推进。伴随着我国客户持续"走出去"以及人民币国际化的不断推进，国内证券业领先机构的国际化进程已经从网络布局、业务拓展阶段步入资源整合、转型升级阶段，从跨境业务发展迈向国际业务拓展的深水区，并在中国香港市场和部分业务领域确立了一定的竞争优势和品牌影响。

投行业务国际化已取得阶段性成果，大型龙头券商处于领先地位。国内券商的投行业务逐步进行国际化拓展，以满足中资企业境外投融资需求。美、日投行国际化发展的路径总体分为三步：优势业务开拓新区域，做强当地业务，业务全球化。国内证券公司国际化的路径通常为：立足中国香港，布局亚太，辐射全球。目前，大批行业龙头券商已经在中国香港市场成立了网点。从2018年证券公司境外子公司证券业务收入占营业收入比例排名来看，海通证券(27.74%)、中金公司(20.65%)、山西证券(17.56%)排名居前。

未来，券商投行业务国际化步伐加快。近年来，随着中国企业在全球配置资源、市场服务方面逐步掌握产业链的主导权，其在海外市场产业并购的速度也在逐步加快。根据汤森路透统计，2016年上半年，中国境外并购交易总额达到1116亿美元，超过2015年全年规模。中国企业已经成为海外并购最活跃的投资主体。中国企业海外并购标的由产能过剩的能源、矿产、化工等领域转向互联网、信息技术、生物医药等新兴领域以及金融业和先进制造业。

本章关键词

券商投行部　职能分类　职务分类　职级分类　券商投行业务格局
科创板头部效应　投行业务精细化趋势　投行业务差异化趋势
投行业务多元化趋势　投行业务国际化趋势

问题讨论

1. 阐述我国投行与国外投行的异同。
2. 阐述我国券商投行业务的发展现状和趋势。
3. 科创板的退出将会给券商投行业务带来哪些影响？

延伸阅读

1. 王海慜. 券商投行人才招聘、内部组织方式嬗变[N]. 每日经济新闻，2019-02-20.
2. 温济聪. 投行业务盈利模式将从以往单纯的保荐通道收入向综合服务收入转变——券商"赶考"科创板[N]. 经济日报，2019-02-27.

案例分析

从证券公司到投资银行：头部券商组织架构转型启示

最近集中翻阅券商年报，有一个直观的体会：中国证券公司的组织架构正在走向比较明显的分化，头部券商越来越像投资银行；中型券商多维持大而全的业务框架，但组织架构设计相对中庸；有一大批小型券商正沦为单一业务经营商。

仔细研究上市券商年报中有关业务框架的管理层讨论，你会发现，包括中信、国泰君安在内的头部券商已经非常有意识地在强调组织架构转型的成果。

头部券商组织架构变迁，变得更像金融危机前的国际投行。

中信证券最新的业务框架是将投行、交易(含自营)、资管、投资、国际业务几大板块整合起来，与2009年之前的高盛业务框架颇为接近。尤其值得注意的是交易业务，里面包括资本中介和自营投资两块，大致对应高盛此前的FICC+股票交易+自营投资。

国泰君安在最新发布的年报中，把它的主营业务分为机构金融、个人金融、投资管理和国际业务四大业务线，与金融危机前的摩根士丹利基本一致。

至于为什么要强调是"金融危机前"，有以下两方面原因。

一是从20世纪末开始，美国投资银行业进入混业经营加速和衍生品迅速发展的阶段，跟国内当前的情形相似。当年高盛把"交易与自营业务"调为一级业务模块，也是源于20世纪90年代末美国资本市场衍生品需求开始旺盛，这个模块的收入贡献显著提高。

二是金融危机之后，包括高盛、摩根士丹利在内的投行都转型为银行控股公司，受巴塞尔协议III和美联储监管，不再是传统意义上的投资银行。

不难发现，中信证券、国泰君安的调整更多顺应两个趋势：一是以客户为中心去设计业务结构，这是相对于过往的投行、经纪、资管、自营这样简单的部门划分而言的；二是各个业务板块内部，原则上都能为客户提供含经纪、投行、投顾、资管等在内的全方位服务，这对券商的业务协同能力提出了更高的要求。

当然，决定头部券商快速切换业务模块设置的另一个原因也在于比较强的"求生欲"，比如大型券商普遍经营金融租赁业务，部分券商甚至成立小额贷款公司，为的正是拓展收入来源，平滑业绩波动。

在TOP5之后的券商，它们的业务框架都比较相似，大体上是经纪与财富管理、机构业务、投资银行、资产管理，比较有代表性的包括光大证券、招商证券等。如果也要给他们找一个对标，也许亚洲的野村证券更合适。野村的模块设置大体上是零售业务、批发业务(包括投资银行)、资产管理。这种设置相对比较中庸，自营在其中扮演比较次要的角色。

拿这类券商跟头部的模块设置去比较，差异其实不大，但资本中介业务、衍生品业务、自营及股权投资会稍弱，这反映了资本规模和交易能力上的差距。

众多中小机构仍按牌照划分业务板块。净资本规模排名在20以后的券商，基本维持着5~10年前的组织架构，业务模块相对比较陈旧。比较典型的是一些区域型券商，比如国元证券、东海证券，依然保留经纪业务、信用业务、投行业务、自营业务、资管业务这样的板块划分。

在过去长期的、严格的牌照供给制度下，有牌照就意味着有业务、有收入，大、中、小型券商的差异更多体现在业务规模上，彼此相安无事。而在研究海外证券公司或投资银行的业务框架时，你会发现即便是头部机构，也经常面临"是否参与某一市场竞争"的选择，比如嘉信理财没有投行业务，美林证券曾经选择将投资管理业务与贝莱德合并，摩根士丹利也曾经卖掉零售资管部。

思考：阅读案例，你能得出什么结论？

提示分析：金融市场还不够开放，竞争对手还不够凶残，否则一些常年不产生业绩的业务板块，不大可能一直保留下来。

近两年来，国内券商牌照供给显著增加，新的合资券商、外资券商基本只能选择差异化路径，这其实对券商行业的生态造成了越来越明显的边际影响。

实践训练

1. 找一则券商投行部招聘广告，了解招聘的岗位名称、岗位职责及对应聘者的要求，填入表10-1中。

表10-1　券商投行部招聘广告内容

招聘单位	
招聘地区	
招聘岗位	
岗位职责	
学历要求	
经验要求	
专业要求	
工资水平	

2. 了解我国某一家券商投行业务发展情况，填入表10-2中。

表10-2　某券商投行业务发展情况

机构名称			
时间	年	年	年
投行业务范围			
投行业务收入			
投行业务排名			
投行业务市场份额			

3. 查找资料，了解我国投资银行在不同发展阶段的业务变化过程，填入表10-3中。

表10-3　我国投资银行在不同发展阶段的业务变化过程

时间	主要业务	增加的业务品种
1995年		
2000年		
2005年		
2010年		
2015年		

第11章　商行投行业务

▶**学习目标**

- 理解商行投行业务的界定
- 掌握各类商行投行业务的定义、特点并学习业务流程
- 了解我国商行开展投行业务的必要性
- 熟悉我国商行开展投行业务的经营模式及存在的问题
- 掌握我国商行开展投行业务的策略
- 了解我国商行投行业务在混业经营下的起源
- 了解我国商行投行业务在分业经营下的发展情况
- 了解我国商行投行业务的发展趋势

▶**知识结构图**

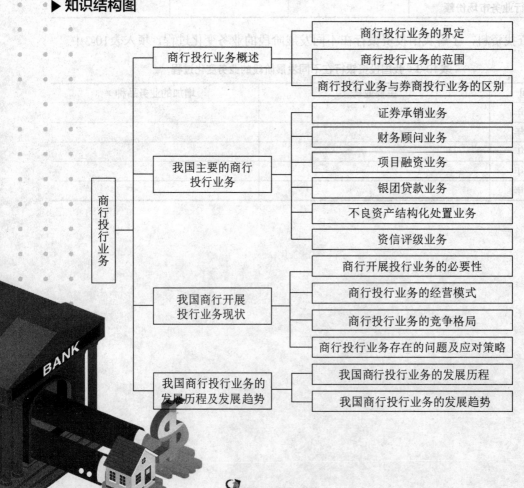

四大不良资产处置公司如何盈利

四大国有资产管理公司(AMC)分别是东方、长城、信达和华融。在多年收购不良资产的实践中，不断发展，形成了垄断优势，逐渐形成了金控集团，旗下包含银行、保险、证券、信托、融资租赁等金融机构。

四大不良资产处置公司的盈利模式如下所述。

一、传统收购处置

传统收购处置是四大AMC最为传统的业务模式，其投资策略为：在估值核价的基础上，向金融机构(主要是商业银行)收购大型不良资产包或者对应投资标的的小资产包，按照资产的实际情况进行拆包分解，再采用二次出售、自行处置、委托清收等模式，获得处置收益。这种业务模式较为传统，流程较为标准化，人力成本相对较高。

二、困境企业重整

困境企业重整是传统业务中的另一个比较有代表性的模式，其投资策略为：在详细的尽职调查的基础上，选取有阶段性还款困难但尚有核心资产的困境企业，提取有较大升值空间的生产要素，采用资产重整或债务重整等综合手段，获得增值运作收益。这种业务模式处置周期较长，方案较为个性化，时间和协调成本相对较高。例如，某AMC的S广场债权重整案例。2011年，某AMC收购了4家金融机构及4家非金融机构持有的J公司S广场项目的相关债权资产，通过综合运用各种手段，围绕债权整合和资产整合，提升资产价值，形成了多方共赢的局面，将S广场从一个烂尾楼转变为Z市的标志性建筑。

三、违约债务重组

违约债务重组是运用较多的一种非传统处置模式，其投资策略为：在经济下行阶段，挖掘存在流动性困难但仍有发展价值的企业，通过债务更新、债务合并、以股抵债等方式将信用风险化解的关口前移，帮助企业恢复正常经营，有些资产还可并购重组装入上市公司。这类业务模式运用范围比较广，与资本市场运作的结合度相对更高。例如，某AMC的某企业信用债违约救助案例。当时，企业信用债出现实质性违约，经营情况恶化，出现连续3年亏损，牵涉近60亿的债务问题。倘若破产清算，大部分的债权清偿率仅为3.95%。AMC采用"破产重整+资产重组"的交易结构，寻找重整方借壳上市，大幅提升了债权清偿率，实现了多方共赢。

四、不良资产投资模式新探索

随着中国经济的转型发展，多重因素促使不良资产规模攀升，相关部门开启了新一轮市场化债转股和不良资产证券化。不良资产证券化采用SPV实现破产隔离，信贷资产通过结构化债券面向金融市场上的债券投资人，每年的试点规模约为500亿元。虽然规模尚小，但这可能成为将来主流不良资产处置方式之一。市场化债转股落地虽面临一系列困难，但随着有关规定的进一步明确，未来很可能发展成为一个新的处置方式。

总的来看，四大资产管理公司先后开展了证券业务、评级业务、信托业务、投资业务等，业务范围越来越广，盈利空间也越来越大，有的已经在申请上市。四大资产管理公司采用综合多样的方法，化解风险、获取收益，已不是简单的不良资产处置公司。

资料来源：长方形石头的雪球原创专栏. [EB/OL]. https://xueqiu.com/5096958202/110930865, 2018-07-23.

11.1 商行投行业务概述

11.1.1 商行投行业务的界定

作为金融市场重要的中间媒介，商业银行和投资银行在经济金融发展过程中都发挥着重要的作用，但是两者存在本质的区别。从运作方式看，作为资金供需双方媒介的商业银行，其主要收入来源是存贷利差，而存贷双方之间并不存在直接的债权债务关系，商业银行是实施间接融资的金融中介机构；同样作为资金供需双方媒介的投资银行，其收入来源则主要依靠手续费和佣金，资金供需双方通过投资银行建立直接的投融资关系，投资银行则不直接参与其债权债务关系，投资银行是辅助完成直接融资的金融中介机构。

商业银行与投资银行之间也存在密切的关联。首先，发达国家金融市场发展实践表明，商业银行和投资银行曾经历从混业经营到分业经营再到综合经营的发展过程，尤其是20世纪后期，在金融全球化经营理念的影响下，人们意识到商业银行与投资银行综合经营能够提高金融资源配置效率，改善客户服务品质，英、美等发达经济体都相继出台了一系列举措，允许商业银行兼营投行业务。我国也在"十一五"规划纲要中提出"稳步推进金融业综合经营试点"的要求。其次，同样作为金融市场中介机构，从职能角度看，商业银行和投资银行都是联系资金盈余方与资金短缺方之间的媒介，他们都需要帮助资金短缺方找到资金来源，也需要帮助资金盈余方找到利用资金获取收益的途径，因此，两者在金融市场中具有相似的职能。

相对于独立的投资银行，商业银行开展投行业务的范围不仅受到监管法规和法律的约束，还会受制于商业银行传统的经营理念、机构设置、企业文化、人才队伍构成、考核激励机制等因素。伴随国内相关法律法规的陆续出台，现阶段我国商业银行除了难以涉足证券交易所内的公募证券承销、发行和交易，以及金融企业股权投资等业务以外，投行业务的范畴基本可以覆盖投资银行其他主要业务领域。

简而言之，商业银行的投行业务就是由商业银行的投资银行部门协助企业、公司和个人客户筹集资金，并且帮助客户交易证券。

11.1.2　商行投行业务的范围

现阶段，商业银行开展投行业务的范围包括如下几个方面。

1. 资产证券化和基金托管类业务

资产证券化为我国商业银行开展投行业务提供了新的发展空间。资产证券化可以有效提高商业银行的资产流动性，同时为商业银行的资产负债管理提供新思路。商业银行可为企业和证券公司提供证券化资产，并对资产进行评估和运营设计。具体而言，该部分业务包括银行不良资产证券化、基础设施资产证券化、出口企业应收账款(硬通货类)证券化、社会福利基金托管、社保基金托管、企业年金托管等。伴随我国各种社会福利基金、社保基金、专项基金的市场化改制，商业银行正在积极开拓此类市场业务。

2. 财务顾问类业务

财务顾问类业务主要包括企业并购、证券承销、项目融资顾问、集合财务顾问等。财务顾问业务是利用商业银行的客户网络、资金资源、信息资源、人才资源等方面的优势，为客户提供资金、风险、投资理财、企业战略等多方面综合性的咨询服务。商业银行从事理财顾问业务的动机不仅仅是获取咨询服务费，更重要的是在此过程中可以了解客户财力和经营状况，进而为实施高效风险控制提供依据，同时也可以强化与银行客户的联系，培养客户群体的忠诚度，推广其他相关金融服务产品。

3. 杠杆融资类业务

杠杆融资类业务是商业银行通过为企业提供信贷资金，以满足企业上市、配股、并购、股份制改造等活动对资金的需求。由于此类信贷资金的规模较大且贷款期限较短，加之近年来我国企业股份制改革发展迅速、企业间的并购交易频繁发生，商业银行开展此类业务可以实现与企业之间的双赢。此外，杠杆融资类业务也可以促进商业银行创新诸如股权资金收款结算、并购咨询与方案设计、配股项目推荐等业务，开拓新利润增长点，同时也是商业银行强化银企关系、发展核心客户、增强核心竞争力的重要选择。

【知识链接】 　　　　**国外商业银行投资银行业务**

国外商业银行的投行业务范围较为广泛，由于发展历史及监管体系的差异，各国开展的业务品种之间也不完全相同，表11-1列示了美、英、日、德、韩五国的商业银行业务范围。

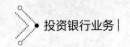
表11-1　美、英、日、德、韩五国的商业银行业务范围

业务	美国	英国	日本	德国	韩国
保险					
经纪	N*	Y	N	Y	Y*
承保	N	Y	N	Y	Y*
证券					
经纪	Y	Y	Y*	Y	Y*
承销	N	Y*	Y*	Y	Y*
投资	N	Y*	Y*	Y	Y
其他承销					
政府债券	Y	Y*	Y*	Y	Y
公司债券	N	Y*	Y*	Y	Y
共同基金					
经纪	N	Y	N	Y	N
管理	N	Y	N	Y	N
房地产					
经纪	N*	Y	N	Y	N
投资	N	Y	N	Y	N
其他经纪					
政府债券	Y	Y	Y	Y	Y
公司债券	Y	Y	Y	Y	Y

注：①N为不允许，N*为不允许但有例外，Y为允许，Y*为允许但要通过子公司。

②在1998年12月之后，日本银行几乎可以从事所有的非银行金融业务。

资料来源：田瑞璋. 商业银行的投资银行业务[M]. 北京：中国金融出版社，2003：185.

11.1.3　商行投行业务与券商投行业务的区别

1. 业务的侧重方向不同

商业银行的投行业务主要侧重债项方面的融资；而券商投行业务主要侧重股权方面的融资。比如，商业银行的投行业务主要为企业发行短期融资券、中期票据、企业债等，都是企业未来要偿还的债项方面的融资，券商投行业务中只有极少数几家能有资格做；而大部分券商投行做的是企业IPO、增发和配股、股权的重大兼并重组等，这些都是涉及股权融资方面的业务。因此，两者面对的金融市场也有明显区分：商业银行的投行业务是在货币市场发行和交易居多；而券商投行业务是在资本市场居多。

2. 承接项目报送审批的监管机构显著不同

商业银行的投行业务项目报送的审批部门是人民银行、银保监会、发改委；而券商投行业务的项目大多数报送证监会审批。

3. 服务客户对象的范围有一定的差别

商业银行投行服务的客户范围更加广泛，包括上市公司和非上市公司及中小型公司，可以是股份公司也可以是有限责任公司；券商投行服务的企业对象有一定局限，多数为上市公司或经辅导的准上市股份有限公司。

4. 投资银行的从业人员的知识结构要求不同

比如，对保荐人资格只在券商投行的队伍里有要求，商业银行的投行人员更侧重的是对传统银行业务和投行中间业务产品知识的融会贯通。

11.2　我国主要的商行投行业务

我国目前实行银行业、证券业、保险业、信托业四业分离的经营管理格局，因此国家政策对商业银行开展投资银行业务尚有诸多限制，造成商业银行的投资银行业务不能形成完整的业务价值链和全面的业务体系，很多投资银行业务只是投资银行业务整体价值链上的某几个环节。

目前，中国商业银行在资本市场(包括债权市场和股权市场)开展的业务可以分成两大类：第一类是与商业银行传统业务紧密相关的业务，即债券投资与交易、证券投资基金及债券市场资产存管、托管类业务和资金结算等；第二类则是属于商业银行投资银行业务的大范畴，主要包括债券发行承销、并购重组顾问与融资、股票结构化融资、产业基金与并购基金发行与管理顾问、各类财务顾问咨询类以及资产证券化业务等，涉及各个领域丰富多样的投行服务。下面介绍商业银行开展的几项主要投资银行业务。

11.2.1　证券承销业务

证券承销是投资银行的原始业务之一，最早的投资银行业务收益主要来自于证券承销。伴随着银行间债市的飞速发展，债务融资工具市场的广度和深度进一步扩展。在承销的过程中，投资银行起到极为关键的媒介作用。商业银行能够承销的证券范围很广，具体包括以下方面。

(1) 本国中央政府及地方政府、政府部门发行的债券。

(2) 各种企业发行的债券。

(3) 外国政府与外国公司发行的证券。

(4) 国际金融机构，例如世界银行、亚洲发展银行等发行的证券。

(5) 各种基金管理公司发行的基金。

一般而言，债券发行方式分为承销团方式和主承销商方式，如图11-1所示。

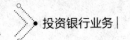

图11-1 债券发行方式

从定价过程来看，债券发行分为招标发行、簿记建档发行和定价发行，如表11-2所示。

表11-2 按定价形成过程对债券发行方式进行分类

发行方式	具体内容
招标发行	按中标规则的不同分为荷兰式、美国式和混合式(多重价格)招标 按标的可分为利率招标和价格招标
簿记建档发行	包括前期预路演、路演等推介活动和后期的簿记定价、配售等环节
定价发行	以确定的利率或价格发行债券的方式

商业银行承销证券有4种方式：包销、投标、代理推销、分销。投资银行承销收益主要来自差价(或叫毛利差额)和佣金。

目前，我国商业银行可以介入的债务融资业务有企业债券、短期融资券和可转换债券的承销和发行担保业务，以及企业债券和短期融资券的分销业务。

商业银行参与二级市场证券交易和纯粹的投资银行不同，无须自己直接扮演经纪商、交易商的角色，而主要是在"一级半"市场与"一级市场"之间游离。为了能够顺利实现在一级市场的发行，商业银行一般会有很多相对固定的合作者充当分销商或者战略合作者。

11.2.2 财务顾问业务

财务顾问业务一直受到券商、银行、咨询公司和资产管理公司的竞相追逐。根据金融机构开展财务顾问业务的实际经验，我们将银行开展的财务顾问业务定义为银行为政府、企业等客户的投融资、理财、重组购并等经济活动提供金融咨询、经济分析和财务方案设计等有偿收费性的顾问服务。对于商业银行来讲，财务顾问业务属于中间业务类投资银行业务，银行只收取顾问费，不为客户垫付资金，只承担协议约定的义务和责任，不承担其他任何风险。

由于传统信贷业务的关系，商业银行与其客户建立了广泛深入的联系，可以从企业改制、投融资、购并等多个方面为企业提供财务顾问服务。此外，商业银行也可担任项目财务顾问，以及为政府招商引资、发展战略等提供财务顾问服务。

在商业银行发展投行业务的历程中，财务顾问业务是持续性最好的业务，也是商业银行中间业务收入的重要来源。为了在日趋激烈的竞争中取得主动，大力发展财务顾问业务，带动其他传统商业银行业务，树立精品金融服务品牌，既是商业银行迫于竞争压力的必要选择，又具有现实可行性。

【知识链接】 中国部分银行财务顾问业务开展情况

2002年以来，金融市场上出现了诸多热点：中国工商银行担当海南航空、App、昆明市、云南省政府财务顾问；中银国际担任深圳市政府大型国企股权转让国际招标、陕西省政府财务顾问等。自中国工商银行2002年成立投资银行部以来，各家商业银行纷纷效仿。中国建设银行、深圳发展银行先后成立专业部门开拓投资银行业务，尤其是财务顾问业务。例如，中国建设银行2002年4月11日宣布，经中国人民银行批准开办企业财务顾问业务；深圳发展银行于2002年9月在全行推出常年财务顾问业务。中国银行、中国农业银行也先后参与了一些财务顾问项目。例如，中国银行为西安市政府提供财务顾问服务；国家开发银行等政策性银行也开始介入财务顾问市场。表11-3列出了中国建设银行、招商银行的财务顾问业务内容及特点。

表11-3 各银行财务顾问业务

银行	业务内容	业务特点
中国建设银行	建设银行根据客户需求，为客户的资本运作、资产管理、债务管理等活动提供诊断、咨询、分析等一揽子解决方案，主要分为常年财务顾问、专项财务顾问及新型财务顾问三种类型。常年业务主要为企业提供日常咨询、管理等传统服务；专项财务顾问业务是为客户设计具有针对性的特色服务；新型财务顾问业务是依托资本市场和新型融资产品，根据政府机构、大型企业、中小企业及个人客户的不同情况和投资需求，为其提供投资银行全面金融解决方案	建设银行在财务顾问方面具备多种优势：一是专业财务顾问团队，建行有专业人才组建专门财务顾问服务团队，为企业提供包括融资、财务、税务、法律等综合化金融服务；二是多功能产品，建行根据企业自身实际情况，为企业提供不同类型的金融产品，以匹配各种情形的融资需求；三是全方位覆盖，建行为企业提供"融智+融资"服务，除传统融资服务外，还可提供派生类差异性、多领域的配套服务；四是雄厚的资金实力，建行强大的资本实力和优质的流动性管理能力，为金额巨大的投资提供了坚实的保障；五是强大的同业网络，建行与境内外金融同业保持良好关系，可以牵头其他机构共同完成财务顾问业务，携手企业融智共赢
	建设银行普惠民营小微企业，推出具有信息化、服务智能化、数据整合化、渠道多元化等特点的综合性财务顾问智能平台——"飞驰·智惠通"，目前可向小微企业提供贷款、债券、IPO、证券化、基金、并购重组等金融服务项目	该产品通过整合不同维度的信息资源进行智能加工，向企业推送"量身打造"的高质量财务顾问报告，以满足客户常年顾问的普适性和个性化需求，具有信息平台化、服务智能化、数据整合化及渠道多元化特点的同时，该产品还可提升小微企业的市场信息获取和财务决策优化的便利程度，提高企业的战略管理、经营管理、财务管理和风险管理的综合能力，客户只需登录建行国际互联网站上的财务顾问板块，便可线上直阅资讯、下载报告、了解最新信息

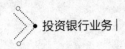

(续表)

银行	业务内容	业务特点
招商银行	招商银行推出专项财务顾问业务，根据客户特定要求，组织专业团队在特定的时间段内针对企业收购兼并、债务重组、结构融资等重大经济金融活动提供咨询、建议和方案设计、组织实施等服务。以深入践行"轻型"和"融智"的发展方向，创收与引流并重，向为公司财务顾问业务实现"实质性服务、多元化服务"的战略转型迈出了坚实步伐	1. 以专业服务为抓手，聚焦政府平台、跨境企业、大中型客户和创新成长型企业，推行财务顾问战略客户的全行名单制营销，着力提升市场拓展能力。 2. 以全业务链条联动为支撑，丰富战略项目、并购、股权、结构化安排、交易撮合跨境、供应链、财务管理八大类重点产品服务，搭建平台，整合内外部资源，着力拓宽收入来源。 3. 以产品创新为动力，探索建立首席财务顾问和虚拟项目团队工作法，在财务管理、信用增强、组合融资等方面建立更多的业务模式，着力打造业务亮点。 4. 以后督管理为保障，针对内外部合规和社会责任要求，坚决落实"一件、二报、三审"的工作流程，着力防范经营风险

资料来源：建设银行推出财务顾问普惠金融产品. 今日头条[EB/OL]. https://www.toutiao.com/i6685610639722807822/.

11.2.3　项目融资业务

1. 项目融资的定义及特点

项目融资(Project Financing)是一种与公司融资方式相对应的以项目公司为融资主体、以项目未来收益和资产为融资基础，由项目参与各方分担风险的具有有限追索权的特定融资方式。具体而言，项目融资是以项目的名义在资本市场上筹措资金，即项目的导向性，这是项目融资与一般贷款的最大区别。因为项目融资的项目导向性，所以借款人仅以项目自身的预期收入和资产对外承担债务偿还责任，而不以项目之外的任何资产、权益或收入进行抵押、质押或者偿债，即债权人对项目以外的资产和收入没有追索权。多数情况下，债权人会要求项目公司以外的第三方包括项目发起人、项目产品的未来购买者、东道国政府或其他保证人提供担保。当项目不能完工或经营失败，而项目本身的资产或收益又不足以清偿债务时，债权人有权向上述各担保人追偿。各担保人对项目债务所负的责任，仅以他们各自所提供的担保金额或按有关协议所承担的义务为限，被称为有限追索权。

项目融资兴起于20世纪60年代的美国，因其投入小、高杠杆，迅速发展成大型工程项目筹措资金的重要形式。20世纪80年代，我国在现金流量稳定的电力、路桥、机场等大规模基本建设项目中也开始采用这种新型融资方式。此后，项目融资的应用逐步扩展到科技、服务等领域，操作方式也更加灵活多样。

【知识链接】 **项目融资与其他融资的差别**

项目融资用来保证贷款偿还的依据是项目未来的现金流量和项目本身的资产价值，而非项目投资人自身的资信。与其他融资比较，项目融资具有以下特点。

1. 有限追索或无追索

在其他融资方式中，投资者向金融机构的贷款尽管是用于项目，但债务人是投资者而不是项目，整个投资者的资产都可能用于提供担保或偿还债务，也就是说，债权人对债务有完全追索权，即使项目失败也必须由投资者还贷，因而贷款风险对金融机构来讲相对较小。而在项目融资中，投资者只承担有限的债务责任，贷款银行一般在贷款的某个特定阶段(如项目的建设期)或特定范围可以对投资者实行追索，而一旦项目达到完工标准，贷款将变成无追索。

无追索权项目融资是指贷款银行对投资者无任何追索权，只能将项目所产生的收益作为偿还贷款本金和利息的唯一来源，最早在20世纪30年代美国德克萨斯油田开发项目中应用。由于贷款银行承担风险较高、审贷程序复杂、效率较低等，目前已较少使用。

2. 融资风险分散，担保结构复杂

由于项目融资资金需求量大、风险高，往往由多家金融机构参与提供资金，并通过书面协议明确各贷款银行承担风险的程度，一般还会形成结构严谨而复杂的担保体系。如澳大利亚波特兰铝厂项目，由5家澳大利亚银行以及比利时国民银行、美国信孚银行、澳洲国民资源信托资金等多家金融机构参与运作。

3. 融资比例大，融资成本高

项目融资主要考虑项目未来能否产生足够的现金流量偿还贷款以及项目自身风险等因素，对投资者投入的权益资本金数量没有太多要求，因此绝大部分资金是依靠银行贷款来筹集的，在某些项目中甚至可以做到100%融资。

由于项目融资风险高，融资结构、担保体系复杂，参与方较多，前期需要做大量协议签署、风险分担、咨询顾问的工作，可能产生各种融资顾问费、成本费、承诺费、律师费等。另外，由于风险因素，项目融资的利息一般也要高出同等条件抵押贷款的利息，这些都导致项目融资同其他融资方式相比融资成本较高。

4. 实现资产负债表外融资

资产负债表外融资即项目的债务不表现在投资者公司的资产负债表中。资产负债表外融资对于项目投资者的价值在于使某些财力有限的公司能够从事更多的投资，特别是一家公司在从事超过自身资产规模的投资时，这种融资方式的价值就会充分体现出来。这一点对于规模相对较小的我国矿业集团进行国际矿业开发和资本运作具有重要意义。由于矿业开发项目建设周期和投资回收周期都比较长，如果项目贷款全部反映在投资者公司的资产负债表中，很可能造成资产负债比失衡，影响公司未来筹资能力。

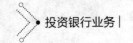
2. 项目融资的基本参与者

项目融资结构复杂，其利益主体也比传统融资方式多，但所有的项目融资都至少有项目发起人、项目公司和项目贷款人三方参与，如图11-2所示。

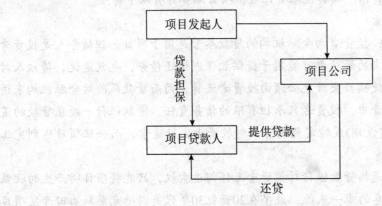

图11-2　项目融资示意图

(1) 项目发起人。项目发起人是项目的实际投资者，也称为项目投资者，它可以是单独一家公司，也可以是由多家公司组成的投资财团。项目融资中的普遍做法是成立一家单一目的的项目公司，发起人可能拥有该公司股份，其性质类似于控股公司，项目发起人是项目融资的真正借款人，它一般以直接担保或间接担保的形式为项目公司提供一定的信用支持。

(2) 项目公司。项目公司的主要法律形式是有限责任公司和股份有限公司。项目公司作为一个独立的法人，拥有一切公司资产和处置资产的权利，并承担一切有关的债权债务。投资者通过持股拥有公司，并通过选举任命董事会成员对公司的日常运营进行管理。项目公司以公司法人身份进行融资并承担相关责任。项目公司是项目的直接主办人，直接参与项目投资和项目管理，直接承担项目债务责任和项目风险。

(3) 项目贷款人。项目融资中的贷款人主要是租赁公司、财务公司、投资基金等非银行金融机构，以及企业和一些国家政府的出口信贷机构。承担项目融资责任的银行可以是单独一家商业银行，但一般是银团贷款，参与的银行可达几十家、上百家，其参与数目取决于贷款规模和项目风险。银行一般希望通过组织银团贷款的方式减小和分散每一家银行在项目中的风险。贷款人为项目公司提供贷款，主要依靠项目本身的资产和现金流量作为偿贷保证，而原则上对项目发起人拥有的项目之外的资产没有追索权或只有有限追索权。

3. 项目融资的主要形式

(1) BOT(Build-Operate-Transfer)。BOT模式是指国内外投资人或财团作为项目发起人，从某个国家的地方政府获得基础设施项目的建设和运营特许权，然后组建项目公司，负责项目建设的融资、设计、建造和运营。

(2) TOT(Transfer-Operate-Transfer)。它是"移交-经营-移交"的简称，指政府与投资

者签订特许经营协议后，把已经投产运营的可收益公共设施项目移交给民间投资者经营，凭借该设施在未来若干年内的收益，一次性地从投资者手中融得一笔资金，用于建设新的基础设施项目。特许经营期满后，投资者再把该设施无偿移交给政府管理。

(3) PPP(Public Private Partnership)。它是公共部门与私人企业合作模式，是公共基础设施的一种项目融资模式。在该模式下，鼓励私人企业与政府合作，参与公共基础设施的建设。

(4) PFI(Private Finance Initiative)。PFI的根本在于政府从私人处购买服务，这种方式多用于社会福利性质的建设项目，不难看出这种方式多被那些硬件基础设施相对较为完善的发达国家采用。比较而言，发展中国家由于经济水平的限制，会将更多的资源投入到能直接或间接产生经济效益的地方，而这些基础设施在国民生产中的重要性很难使政府放弃其最终所有权。

【温馨提示】

PFI模式和PPP模式是近几年来国外发展得很快的两种民资介入公共投资领域的模式，虽然在我国尚处于起步阶段，但是具有很好的借鉴作用，也是我国公共投资领域投融资体制改革的一个发展方向。

(5) ABS(Asset-Backed Securitization)。它是以项目资产可能带来的预期收益为保证，通过一套提高信用等级的计划在资本市场发行债券来募集资金的一种项目融资方式。

4. 项目融资的业务流程

从项目投资决策到最后完成融资，大致可分为4个阶段，即投资决策分析、融资决策及结构分析、融资分配和项目融资的执行。

(1) 投资决策分析。投资者确定投资项目之前，必须经过周密的投资决策分析。决策分析包括宏观经济形势预测、行业分析、项目可行性及竞争性分析等标准内容。一旦做出投资决策，接下来就是确定项目的股本金结构。

(2) 融资决策及结构分析。在这个阶段，项目投资者将决定采用何种融资方式为项目开发筹集资金。是否采用项目融资，取决于项目的经济生命和经济强度等特点，以及投资者对债务责任分担、贷款数量、融资费用及债务会计处理等方面的要求。如果决定选择采用项目融资作为筹资手段，投资者就需要选择和任命融资顾问，开始研究和设计项目的融资结构。融资结构分析的一个重要步骤，是完成项目风险评价，即要求项目融资顾问和项目投资者一起对项目风险因素进行全面的分析和判断，确定项目的债务承受能力和风险，设计出切实可行的融资方案。项目融资结构的设计和选择，必须全面反映融资战略要求和考虑。

(3) 融资分配。在初步确定了项目融资方案以后，融资顾问将着手起草有关文件，有选择地向商业银行或其他资金提供者发出参与项目融资的建议书，组织贷款银团或策划债券发行等融资事宜。其间，融资顾问将与银行等金融机构反复谈判，修改相关法律

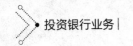

文件，对融资结构或资金来源进行调整，甚至修改整个项目的投融资结构，以满足债权人的要求。在谈判过程中，强有力的融资顾问可以加强投资者的谈判地位，有效地保护其利益，灵活地、及时地找出解决问题的方法，打破谈判僵局。

(4) 项目融资的执行。正式签署项目融资的法律文件之后，融资的组织安排工作就结束了，项目融资进入执行阶段。在项目的建设期、试生产期和正常运行期，贷款人可通过融资顾问对项目的进展情况进行经常性监督，根据融资文件规定，参与部分项目的决策并监控贷款资金使用情况及部分现金流量。

11.2.4　银团贷款业务

随着经济全球化、一体化的不断发展，银团贷款市场在20世纪50年代后迅速成长起来。同时，在金融创新推动下，银团贷款市场显示出与全球资本市场逐步融合的趋势。随着我国经济的发展，尤其是加入世界贸易组织后，银团贷款会成为一个发展潜力巨大的市场，充满大量的机会和挑战，国内商业银行可能会遇到各种各样的问题，这就需要国内商业银行根据具体的市场环境选择突破点，争取在与外资金融机构的竞争中，迅速占领银团贷款市场。同时，在开展银团贷款业务的过程中，应加强与境内外金融机构的交流与沟通，使客户和金融同业逐渐认识到组织银团贷款，尤其是为高投入、高风险项目组织银团贷款将会是大势所趋，这样才能不断扩大银团贷款市场，在满足客户资金需求的同时，有效地降低贷款风险。

1. 银团贷款的定义与特点

银团贷款又称辛迪加贷款(Syndicated Loan/Syndicated Credit)，是指获准经营信贷业务的多家银行或其他金融机构组成银行集团，基于相同的贷款条件，采用同一贷款协议，按约定的时间和比例向同一借款人提供本外币贷款或其他授信业务。

尽管银团贷款的定义强调"相同的贷款条件"，但由于我国各银行在贷款的审批政策、规模控制上并不相同，用统一的贷款审批条件来要求所有银行很难实现。实践中，参团银行通过分组(根据贷款条件、贷种分组)、分层(总银团+子银团)等形式，可实现"不同贷款条件"下的多赢。例如，在某银团项目中，A、B提供定期贷款，C、D提供循环贷款，A、B组及C、D组分别适用不同利率、提款期安排及还款计划等条件。

银团贷款是各银行系投行均大力开展的业务之一。一方面，该业务无须牌照、门槛低，操作流程规范、透明，有中国银行业协会银团贷款和交易专业委员会作为自律组织；另一方面，银团贷款具有卓越的产品组合能力，可以和并购贷款、项目融资等众多产品相结合，满足企业多样化的融资需求。

大银行参与银团贷款自不必多说，中小银行立足区域经济发展，也可将银团贷款做得出色。例如，华东某城商行J银行，曾多次获得中国银行业协会银团贷款业务类奖项。该行曾牵头筹组一起14亿元的当地水源地建设银团贷款项目。J银行通过调查发现，客户融资金额大、需求紧迫、融资成本一般，考虑到客户与X银行有一定的业务关系，便联系X银行，多次协商敲定最终方案，最终两家银行各出资7亿元。该笔银团贷款的优点是分散贷款风险，有效提高对借款人的信用辨识度，在一定程度上降低了内部交易成本。

银团贷款与传统的双边贷款相比，具有以下特点。

(1) 基于相同的贷款条件，使用同一贷款协议。

(2) 牵头行将借款人、担保人提供的资料编辑形成信息备忘录(Information Memorandum)，供其他成员行决策参考，同时聘请律师对借款人、担保人进行尽职调查并出具法律意见书。在此基础上，银团各成员行独立判断和评审，做出贷款决策。

(3) 贷款法律文件签署后，由代理行统一负责合同的执行和贷款管理。

(4) 各成员行按照银团协议约定的出资份额提供贷款资金，并按比例回收贷款本息。如果某成员行不按约定发放贷款，其他成员行不负有替其出资的责任。

2. 银团贷款的组织结构

银团贷款实务中，银团成员的称谓有多种，如牵头行、安排行、包销行、联合安排行、高级经理行、经理行及参与行等。但是无论称谓如何，实质上，按照在银团贷款筹组过程中的主动与被动、安排与参加、包销与认购等情况，银团成员主要分为两个层次。

第一个层次为安排行(Arrangement Bank/Arranger)，即接受客户委托，策划组织银团并安排贷款的银行。在包销方式下，安排行又是包销行，对参加行认购不足的贷款，安排行将全额承销剩余部分贷款。安排行可以由一家银行担任，也可以由几家银行联合担任。在几家银行联合担任安排行、联合包销贷款的情况下，其中一家安排行将作为牵头行(Lead Bank)或协调行(Book runner)。

第二个层次为参加行(Participating Bank)，即接受牵头行(安排行)的邀请参加贷款银团，并按照协商确定的份额提供贷款的银行。在贷款分销过程中，安排行考虑各银行的贷款份额与费用收入及宣传形象的匹配，通常会根据实际情况将参加行分成若干个等级，并赋予不同的称谓、设置不同的费率。

另外，贷款法律文件签署之后，由代理行(Agent)负责合同执行和贷款管理。代理行通常由牵头行或牵头行的一家分支机构担任，也可以由各安排行协商产生。代理行的职责主要包括：开立专门账户管理贷款资金；根据约定的提款日期或借款人的提款申请，按照协议规定的贷款份额比例，通知各银团成员行将款项划到指定账户；监督借款人按规定的用途使用贷款资金，实施贷后管理，发现异常情况及时通知各成员行，以便协商解决；计算、划收贷款利息和费用，并按照贷款比例和合同约定划转到各成员行指定的账户；按合同规定回收贷款本金，并按照贷款比例和合同约定划转到各成员行指定的账户。

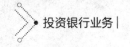

【知识链接】　　　　　　联合贷款和银团贷款的区别

联合贷款和银团贷款都是企业常用的贷款方式，这两种贷款方式虽然看起来一样，但实际上并不一样，具体有如下区别。

1. 与银行间关系不一样

银团贷款是由几家银行结成统一体，通过牵头行和代理行与借款人联系；而联合贷款的银行是相互独立的，需要它们分别与借款人联系。

2. 贷款评审方式不一样

银团贷款中各银行是以牵头行提供的信息备忘录为依据进行贷款决策；而联合贷款中各银行需要分别收集资料，并多次进行评审。

3. 签订贷款合同方式不一样

在银团贷款中是统一签订合同；而联合贷款需每家银行均与借款人签订合同。

4. 贷款条件不一样

银团贷款中各银行的贷款条件是一样的；而联合贷款中每家银行要与借款人分别谈判，所以贷款条件可能会有不同。

5. 放款方式不一样

银团贷款是通过代理行、按照约定的比例统一划款；而联合贷款是分别放款，派生存款分别留在各行。

6. 贷款管理方式不一样

银团贷款是由代理行负责；而联合贷款是各行分别管理自己的贷款部分。

7. 贷款本息回收方式不一样

银团贷款是由代理行负责按合同收本收息，并按放款比例划到各行指定账户；联合贷款是各行按照自己与借款人约定的还本付息计划，分别收本收息。

3. 银团贷款的承销方式

按照贷款牵头行或包销团对贷款最终安排额所承担的责任，银团贷款安排可以分为全额包销(Fully Underwritten)、部分包销(Partly Underwritten)和尽力推销("Best Effort" Syndication)三种类型。在全额包销方式下，牵头行或贷款安排团要对全部贷款做出承诺，无论贷款分销情况如何，最终都必须提供所承诺的全部贷款资金。相反，如果基于"最大努力"原则承销贷款，牵头行和其他安排行不保证全部贷款金额均能被承贷。

近年来，全额包销成为国际上组织银团贷款的主要方式。原因主要有三个方面：①银行同业竞争加剧，越来越多的银行有能力并且愿意牵头安排银团贷款，使得借款人的讨价还价能力增强；②大多数融资项目对资金都有整体性要求，如果出现资金缺口很可能会导致项目失败，因此全额包销的银团贷款方式最具有市场发展潜力；③全额包销在一定程度上显示了牵头行对贷款的信心，使其他银行能尽快认购贷款，银团贷款的组织效率大大提高。

4. 银团贷款的筹组过程

组织贷款银团通常需要15天至3个月的时间，较为常见的组团时间为6周左右。银团贷款的筹组程序(Syndication Procedure)主要包括4个步骤。

第一步：初步协商阶段。银行寻找并发现商机——优质客户或优质项目的大额贷款需求，并与潜在借款人协商，争取被委任为贷款安排行。

银行可能会面临多家银行的竞争，各家银行一方面加强与借款人联系，初步协商贷款条件；另一方面加紧收集资料，分析评价投资的效益与风险以及组织银团贷款的可行性，并确定贷款报价。如果银行感到独自包销贷款存在较大的困难和风险，通常会与另外一家或多家银行组成贷款安排团(Arrangement Group)，共同投标，共同包销贷款。在这种情况下，安排行之间应首先签署一项备忘录，确定牵头行或协调行，并明确各方的权利、义务、排序及费用分配比例等。如果在原定的条件下，无法组成包销全部贷款的安排团，银行可能与借款人再次协商贷款条件，或增加自己的贷款份额。

在向借款人提出银团贷款安排建议书之前，安排行(包销行)必须完成内部审批工作。对银团贷款的审查，与对其他贷款的审查基本相同，主要分析借款人的财务状况、偿债能力，借款项目的市场前景、预期效益，贷款的效益与风险等。但由于银团贷款通常金额巨大，贷款审批权集中在各家银行总部，各贷款安排行都希望亲自对借款人和借款项目进行评估，并且各行都有一套完整的贷款审批程序。牵头行必须协调好各安排行，既要避免重复评估、提高组团效率，又要让各安排行能够接受，使贷款包销顺利完成。

内部审批工作完成后，牵头行将向借款人正式提出贷款安排建议书，并请借款人签回，以确认牵头行为借款人包销或承销贷款的权利和责任以及银团贷款的主要条件。同时，牵头行将拟订贷款营销策略，初步确定邀请哪些银行参加银团及各行的贷款比例。

第二步：确定组团框架阶段。借款人接到银行贷款安排的建议书后，将进行评价选择，并在选定的银行贷款安排建议书上签字、盖章，正式委托该银行作为贷款牵头行。贷款安排建议书附有贷款条件清单，所述的各项条件成为组织银团贷款的原则和基本框架。

不同借款人在选择牵头行时有不同的原则：有的借款人注重与银行历史关系；有的借款人采取轮流选择几家银行作为牵头行的方法，以便与多家银行保持良好合作关系；有的则通过评估多家银行的组团能力来选择牵头行，主要的评估依据是银行以往组银团的纪录；还有的借款人通过招投标方式选择牵头行，以获得最优惠的贷款条件。

获得借款人正式委托之后，牵头行将聘请律师担任银团的法律顾问，起草贷款邀请函、信息备忘录、银团贷款协议等法律文件。其中，信息备忘录是根据借款人提供的资料编制的，牵头行对资料的真实性和完整性不承担责任。通常在备忘录的正文之前，有借款人及担保人的声明，确认其对所提供的资料的真实性和完整性负责。同时，为了增强参与行的信心，牵头行会要求银团律师对借款人进行尽职调查并出具法律意见书，聘请注册会计师对有关资料进行审核并发表意见。

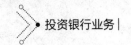

第三步：贷款分销阶段。牵头行向潜在参与行发出贷款邀请函、贷款主要条件清单、接受邀请格式、信息备忘录及其他相关文件。

贷款参与行的选择通常有两种渠道：一是有参与意愿的银行与借款人衔接，借款人提议牵头行邀请该银行参加银团；二是由牵头行提议并邀请参加。国际上，各大银行的银团贷款业务部门通常都有对上百家银行参与银团贷款业务的记录，这些记录可以帮助银行在贷款包销和分销的过程中确定哪些银行对哪种借款人或哪类借款项目感兴趣，哪些银行不愿意增加对特定地区或特定国家的授信额度。

参与行通常无法直接向借款人索取资料，而必须以牵头行提供的信息备忘录为依据评价贷款的收益与风险，并且参与行是否认购贷款的决策是在既定的贷款条件下直接做出的，无法讨价还价。这样可以简化协商程序、加速贷款安排。参与行对贷款的信心一方面来源于分析、评价的结果，另一方面来源于牵头行自身对贷款的信心(牵头行全额包销贷款并承担最大份额)。在参与行认购的金额限度内，牵头行有权确定各参与行的最终贷款份额。在贷款分销的过程中，借贷双方将反复对银团贷款协议进行商谈，银团的各成员行都可以提出意见。但是，讨论的范围仅限于协议的细条款，而贷款条件清单(Term Sheet)中列明的商务条款，除非借款人和牵头行达成一致意见，否则不能修改。

第四步：签约及代理行跟进，贷款分销工作完成。借贷双方对协议文本均没有异议后，将举行签约仪式，同时进行宣传。在国际银团贷款实务中，宣传是一个重要环节，借款人和银团各成员行都将通过宣传提高国际知名度，为今后筹资或组团奠定基础。

贷款协议签订之后，代理行将跟进，根据银团贷款协议履行各项职责。

11.2.5 不良资产结构化处置业务

不良资产结构化处置，从本质上来说是利用结构化融资来购买不良资产，结构化融资是在资本市场融资的一种方式，这种方式不是通过发行债券来筹集资金，而是通过发行资产支持证券的方式来出售未来可回收现金流从而获得融资。结构化体现在两个方面：一方面是将部分资产从主体的整体资产负债表中剥离出来用于进行单独融资；另一方面是针对原本相同的金融产品通过优先劣后分级、期限分级、总收益互换、购买信用衍生品和利率衍生品等手段，创造出具有不同风险、期限等特征的新型金融产品。不良资产结构化处置旨在提高商业银行在不良资产转让中的定价权地位，提升不良资产的回收率。

根据国际清算银行2005年发布的《结构化融资产品中评级的角色》报告，具有以下三个特点的产品即为结构化融资产品：有资产池的形成；资产池内现金流收益根据风险程度分级；资产池的信用风险与产品发行方的信用风险剥离。不良资产的结构化转让可以说是一种"准不良资产证券化"模式，利用不良资产的回收产生现金流来将处置周期拉长，同时借助资产转让形式，使得不良资产可以从银行"出表"，优化银行的财务报表，其间借助金融资产管理公司(以下简称AMC公司)、信托、证券、基金等多种SPV通道与金融方案设计，使得不良资产的整体出表与回收符合现有法律和监管规定，同时在资金投入上，商业银行与AMC公司以及基金、信托、券商以及其他投资人合作，共同出资或单独出资合作共赢。

【拓展阅读】不良资产结构化交易联盟成立——不良资产3.0落地新举措

不良资产的收购和处置已从简单粗暴的信息披露加上买卖处置的"1.0初级时代"，过渡到通过对资产包进行行业细分后，再进行资产重整、重组的"2.0时代"。目前，不良资产处置正式进入根据资产包的不同风险等级进行差异化处理，比如对部分风险评估尚好的民营企业进行追加融资，提高企业流动性，使之重生的"3.0时代"。

"不良资产结构化交易"是天津金融资产交易所(下称"天金所")联合产业链中各类参与机构长期研发的成果，作为国内专业的不良资产处置平台，牵头发起"不良资产结构化交易联盟"。联盟由研究学者、法院法官、专业律师、审计师、资产处置公司、投资并购基金等机构组成，致力于研究解决以下问题：资产管理公司恶性竞标困境；以银行为代表的传统金融机构不良贷款处理方式；为不良金融资产投资机构提供融资方案；改变各类不良资产交易平台通道的价值，核心价值是通过资产交易为不良金融资产提供市场化定价机制，把个性化不良金融资产转化为标准化的、流动性强的投资项目，即"金融定价产品"。

随着供给侧改革的进行，"僵尸企业"和落后产能持续淘汰，未来银行不良率将继续提升。2016年上半年，上市银行核销及转出的不良贷款达到不良贷款年初余额的10%，并且随着拨备覆盖率的下滑，银行还将加大核销及转出的力度。这些淘汰的产能以及银行转销的不良贷款都将成为不良资产处置行业的业务来源。

在上述背景下，"不良资产结构化交易联盟"已吸引数十家主体参加，包括国内知名的律所、投资基金、不良资产处置机构等。联盟未来将形成500亿左右的"不良资产结构化交易基金"规模，从源头化解不良资产，净化金融环境；为不良资产实现差异化处理，助力不良资产规范快速处置，从根本上化解金融风险；利用市场化机制在更大市场范围内优化资产和资源配置，有效推进供给侧改革，为落实中央工作精神发挥积极作用。

资料来源：出来挨打要立正. 新浪网[EB/OL]. http://k.sina.com.cn/article_6436232302_17fa11c6e001002vb9.html, 2018-02-02.

不良资产证券化，简单地说，就是把未来能产生稳定收益的不良资产分离出来，凭借这些资产在市场上发行可以流通的证券，这为我国加快不良资产处置提供了一种全新手段，并创造了一种全新的金融产品。截至2003年1月，中国信达资产管理公司与德意志银行合作选择分布在全国不同地区、不同行业的20个项目，本金总额近16亿元人民币，债券将全部向境外的机构投资者出售，预计在3~5年内实现项目的全部回收。

能作为证券化支持资产的不良资产必须具有稳定的可预期的未来现金流量，具备这一特征的不良资产为数不多，以具有租赁价值的抵贷资产、维持付息的次级贷款等为主。可以考虑以部分优质贷款和部分不良资产组合为担保资产池发行资产支持证券，或许可以解决符合条件的不良资产数量上的缺乏，但如果这样操作，处置不良资产的实际意义就大打折扣了。

目前，国内推行资产证券化的障碍在于以下几个方面：一是信息不充分，披露的信息与真实的情况差距很大；二是能够产生未来稳定现金流的资产比较匮乏，现在随着按揭贷款等新的金融产品的推出，这类资产才逐渐丰富起来，但仅仅是一部分资产有这种特点，而不良资产中具备这一特点的资产比例却非常低；三是相关法律法规缺位，审批主管部门和具体操作机构无法可依；四是信用风险问题，因为即便有了充分的信息，有了稳定的现金流和相关法律的允许，但是如果发行人不按照约定的承诺支付，不良资产支持证券的投资者还是收不回投资，其结局就会像过去海南发行的地产券一样，造成大量的投资者血本无归。

11.2.6 资信评级业务

商业银行开展市场资信评级业务是指其接受评级客体的委托，以与评级事项有关的法律、法规和有关标准化的规定为依据，采用规范化的程序和科学化的方法，对评级客体履行相应的经济承诺的能力及其可信任程度进行调查、审核和测定，对同评级事项有关的参数值进行横向、纵向比较和综合评价，并以简单、直观的符号表示其评价结果的活动。

1. 商业银行开展资信评级业务的必要性和现实基础

商业银行开展资信评级业务是支持国家建立健全社会信用制度、维护规范的社会主义市场秩序、营造良好的市场信用环境的需要，是完善自身金融服务、开辟新的利润增长点、提升核心竞争力的需要。

由于商业银行的交易对象是各类企业与个人，主要从事以信用为基础的货币借贷业务，归集了丰富的社会信用数据与评价信用的体系及其经验，从中外资信市场发展的历史与现状看，商业银行是社会信用体系的重要主体与资信评价的权威机构之一。因此，商业银行参与社会资信评级业务是必要的、可行的，也是我国信用制度发展的客观要求。

(1) 国家高度重视社会信用制度建设。自2001年中央经济工作会议中提出进一步整顿和规范市场经济秩序，2002年第九届全国人民代表大会上强调切实加强社会信用建设，逐步在全社会形成诚信为本、操守为重的良好风尚以来，全国金融工作会议多次强调，把建立健全社会信用制度作为关系经济发展全局的一件大事来抓，力争尽快取得成效，并且国家已经实施相关的立法和组织工作。与社会信用制度建设密切相关的资信评级业务，将会拥有更加良好的政策环境并获得发展。

(2) 社会各阶层对资信评级和征信产品存在广泛的潜在需求。市场经济下，交易关系和交易行为更多地表现为信用关系。政府的监管以及个人、企业及相关机构在社会经济活动中都要依托充分的信用信息进行决策，从而对资信评级业务的需求日益增大。

(3) 我国高层次的资信评级和征信产品供给不足。当前我国资信评级业发育程度较低，资信评级产品供给质量不高、深度不够，资信产品的供求处于结构性供不应求状态。商业银行开办资信评级业务具有广阔的发展空间和先发优势。

(4) 政府监管部门允许并鼓励商业银行开办资信评级业务。根据中国人民银行《商业银行中间业务暂行规定》，资信评级业务属商业银行可以开办的适应于备案制的中间业务，商业银行开办资信评级业务具有法规依据。

(5) 商业银行具有开办资信评级业务的丰富资源，使得其有条件在相对较高的起点上从事资信评级业务。

(6) 资信评级业务与商业银行业务相得益彰。一方面，资信评级业务可以促进商业银行拓展新领域、寻找新客户，提供资信评级的信息支持，完善风险管理体制；另一方面，商业银行的网络、数据库、客户等资源可以通过资信评级业务进行多层次深度挖掘、开发和利用，构建资信评级业务的发展基础，形成资信评级业务的客户群体、收入来源和竞争手段。

🅚 知识百科

国际资信评级机构发展模式

国际资信评级制度迄今已有一百多年的历史，由于经济体制、资本市场发展历史的差异等多方面因素，形成两种不同的发展模式。

一类是以私人资本设立的独立的公司制评级机构，其生存和发展主要由市场决定，可称为"市场驱动型"发展模式。美国、加拿大等西方发达国家的评级机构属于此类型。其中标准普尔公司、穆迪公司、惠誉公司是国际公认的著名评级机构，这三家机构通常被称为(或自称)国际评级机构或全球评级机构。这三家评级机构均发展于美国(惠誉具有欧资背景)，这与美国经济与美元的强势地位、美国市场经济特别是资本市场高度发达、经济全球化密切相关。

另一类是由金融机构发起设立的资信评级机构，其主要股东包括商业银行、保险公司、证券公司等，一般亦采用公司制的运作模式，也有的成为上市公司，如印度信用评级服务公司，其市场准入、评级范围等均有明确规定，政府及相关法规在这类评级公司成立过程中起着重要的推动作用，可称为"政策驱动型"发展模式。发展中国家的资信评级机构基本上属于此模式。

国际资信评级机构历经多年的发展，形成了各自的评级体系与评级方法，以及信用等级符号。

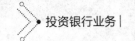

2. 国有商业银行发展资信评级业务的战略规划

当前，商业银行开展资信业务的市场切入点应是利用自身的优质资源，加强与国内、国际知名评级机构的整合，通过资本纽带和技术、信息的战略性合作迅速提升业务品牌，形成竞争能力，全力建立与拓展评级市场，从而较快地产生社会效应和品牌效应。同时，要密切关注中国政府及主管部门对建立信用制度、发展上市公司与企业债券资信评级的政策导向，积极申请业务资质；努力寻求贷款资产证券化中的评级业务商机；向银行和机构提供技术支持和信息咨询。为此，要在整合行属资信评级机构、资源的基础上，实施高起点、高层次的资本运作，逐步整合国内、国际资信评级机构和资源，构建由国有商业银行控股，在业界运作最规范、权威性最强、经营规模最大、全国资信评级体系中第一品牌的专业化评级机构，使国有商业银行的资信评级业务成为全国资信评级体系中的中坚力量，基本操作思路如下所述。

(1) 整合行内及行属评级资源。国有商业银行发展资信评级业务应首先立足于整合内部评级资源，包括行内及行属评级资源。为了实现简便易行、稳妥过渡、保留行属机构执业资格、奠定未来业务发展良好基础的目标，整合行属资源宜采用吸收参股方式，可以具有资信评级执业资格的公司为主体，将现分散于不同公司的评级资源整合为一个新的资信评级公司。开办资信业务的初期，可采用"新资信评级公司+行内评级资源"的模式，即新评级公司独立开展社会化资信评级业务的同时，由各分行提供人员和技术上的支持，在全国范围内进行市场拓展和相关的业务操作，《资信评级报告》由行属评级机构出具、盖章。双方可按市场原则通力合作，收益共享，共筑社会信用制度，确立社会评级权威。该模式在现有的法律框架下运作没有障碍，既可利用已有的执业资格和市场准入牌照运营，满足资信评级机构的公正性、独立性要求，也能充分动员和发挥全行资源优势，使国有商业银行评级业务通过有效、快捷和具有竞争力的途径进入市场。同时，也将培育和形成国有商业银行高素质的评级队伍。

(2) 整合国内资信评级资源。权威性是评级机构进行市场竞争、获得市场认可并被接受的生命力所在，也是资信评级业的鲜明特点之一。对国有商业银行来说，整合国内优秀的资信评级资源是树立自身资信评级权威性的重要步骤。

我国的资信评级业发展历程较短，资信评级资源分散，可采用与其他国内金融机构合作的方式，取长补短，优化整合，共同设立具有高度公信力的国内资信评级机构；或在对国内现有资信评级公司进行充分考察、权衡的基础上，选择在业界权威性较强、核心技术水平高的资信评级有限公司为合作对象，共同组建由国有商业银行控股的国内规模最大、最具权威性的评级公司。这种二次整合的结果，能够使国有商业银行资信评级业务迅速处于国内评级业的最高平台之上，为市场主体提供国内最具权威性的资信评级产品，有效提升国有商业银行资信评级业务的竞争力，构建"中国穆迪/标准普尔"的形象，产生品牌效应。

(3) 整合国际评级资源。以二次整合后的资信评级公司作为中介实体，引进在国际资信评级业中具有强大竞争力的机构作为战略投资者，合资构建由国有商业银行控股的具有国际竞争力和影响力的资信评级公司。三次整合后的评级公司，可以使国有商业银行资信评级业务与国际最先进、最具权威性的资信评级系统接轨，从而为我国企业走向国际市场提供权威性的评级服务，也能使国有商业银行的资信评级业务参与国际评级市场的竞争，并力争成为国际资信评级机构。

(4) 整合社会评级资源。对经过三次整合后的资信评级公司再次进行资本社会化整合，即吸收公众投资，实施股份制改造，使其成为公开发行股票、具有广泛影响力、享有高度市场权威性的上市公司。

此外，股本融资、并购融资、租赁融资等结构性融资业务，企业债券、政府债券发行的方案设计、担保、发行和承销，企业诊断、转制、股份制改造方案设计、金融咨询，工程造价咨询、工程建设监理、建设工程招投标代理、房地产评估等审价咨询业务，也是商业银行陆续开办的投资银行业务。

【知识链接】　　　　　部分商业银行开展投行业务概况

中国工商银行：跨境并购、境内并购、代理并购与投资业务、股权融资、债务融资、债务重组顾问、直接投资业务、投融资顾问、政府财务顾问、常年财务顾问、工银融安e信(外部风险咨询服务平台)、资信业务、投行同业合作、投行研究服务。

中国银行：债券承分销、财务顾问、结构性融资、银团贷款等，旗下有全资附属投资银行机构——中银国际。

中国建设银行：债券类理财产品、权益类理财产品、债券承销、产业投资基金、财务顾问、资产证券化。

招商银行：债务融资工具承销、并购金融、信贷资产证券化、专项财务顾问业务。

兴业银行：债券承销、银团贷款、财务顾问(并购融资、"兴业芝麻开花"中小企业成长上市计划)、资产证券化、标准化投资产品(债券投资产品)、环境金融。

平安银行："金橙财富"投资型产品(居间代销投资型产品、理财产品)、"金橙财富"融资型产品(银团贷款、并购融资、资本市场融资、债务融资工具发行承销、结构化融资)、"金橙管家"资产托管服务。

北京银行：融资业务(短融、银团、资产证券化、结构性融资、项目融资)、财务顾问。

南京银行：直接融资(非金融企业债务融资、理财直融)、结构性融资、资产证券化、金融债。

徽商银行：项目融资(银团、并购、租赁融资)、顾问服务、承销发行(短融、中票)、资产托管。

北京农商行：银团、非金融企业债务融资工具承销、并购贷款、结构化融资、财务顾问、同业借款。

顺德农商行：非金融企业债务融资工具、非标项目融资、上市直通车(与境内外第三方机构合作)。

资料来源：联讯证券，各银行年报整理而成。

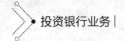

11.3 我国商行开展投行业务现状

11.3.1 商行开展投行业务的必要性

纵观商业银行的发展历史，其业务领域总是随着市场变化和技术进步而不断拓展，如从最初的货币兑换业务到传统的存贷款业务，直至现代提供全方位、综合化的金融业务，这是商业银行自身发展规律要求使然，也是其主动适应金融市场演进，在竞争中生存、发展和壮大的客观选择。商业银行开展投资银行业务，也源自于此。

1. 发展投行业务是应对融资格局变化和优化盈利结构的现实需要

我国金融市场正在发生深刻变化，资本市场得以较快发展，资本市场融资成本的下降导致金融脱媒化，传统上银行贷款的公司客户，现在纷纷越过银行转向资本市场。企业对间接融资的依赖性大大降低，直接融资增长的速度远高于间接融资增长的速度。大量新资入市减少了企业对银行贷款的需求，尤其是一些经营状况较好的大中型企业通过上市融资，成本更低，更便捷。资本市场的发展使商业银行在资金来源和运用两方面都受到非银行金融机构和证券市场的冲击。一方面投资渠道的增加，如债券、基金、股票等，使企业和居民存款等社会资金分流，银行客户大量流失，商业银行存款规模不稳、流动增强，影响着商业银行的可贷资金量和贷款结构；另一方面，在国内外资本市场上，投资银行、租赁公司以及外国银行抢走了商业银行的大批客户及业务。这两个方面的脱媒，严重影响了商业银行资金来源和运用的规模。

此外，银行在承受"脱媒"导致的存贷款业务放缓的同时，利差收入减少，效益下降，对商业银行的盈利是一个严峻的挑战。在激烈的市场竞争中，商业银行存贷款业务不仅要与同业竞争，还要与资本市场上的各类金融工具和金融产品竞争。随着企业金融意识的增强，很多企业通过各种融资方式，利用各种市场利率之间的差价套利，使银行牺牲更多的利息收入。商业银行应深入拓展以直接融资市场为主战场的投行业务，通过参与银行间市场和交易所市场直接融资，发展资产证券化、直接投资等创新业务，更好地满足企业多元化的金融服务需求。

【知识链接】 金融"脱媒"化

"脱媒"（Disinter-Mediation）一般是指在进行交易时跳过所有中间人而直接在供需双方之间进行。金融脱媒是指资金供给绕开商业银行等媒介体系，直接输送到资金需求方和融资者手里，造成资金的体外循环。比如，企业需要资金时，直接在市场发债、发股票或者短期商业票据，而不是直接从商业银行取得贷款。从融资方式的角度看，金融脱媒是社会融资逐渐由间接融资向直接融资转变的过程。应该说，金融脱媒现象是我国市场经济和国民经济发展的客观规律，是政府推动金融市场创新发展的必然趋势。

简单来说，金融脱媒就是投资融资不需要再通过银行了，更通俗的比方是，以前租房买房需要通过房产中介，而脱媒的意思大概就是大家可以在网上发布和浏览信息，双方直接达成交易。金融脱媒对银行的影响有两大方面：在存款方面，体现为存款不断从银行体系中流失；在贷款方面，则体现为企业不再寻求从银行获得融资，而是转投其他渠道。

2. 发展投行业务是推进综合化经营和应对国际竞争的必然选择

随着我国金融市场全面向外资开放，国外大型金融集团将以各种方式参与国内金融市场的竞争，为高端客户提供银行、证券、保险等全方位金融服务。这进一步挤占了国内银行的业务和利润空间。我国商业银行业务主体还是贷款、清算等传统银行业务，而外资银行则能够通过其混业经营的母公司，获得综合化的业务支持、客户资源和信息，在为高端客户提供综合金融服务的竞争中占据优势。

当前，各大银行已经通过改制上市大大增强了资本实力，完善了治理结构，进一步加强了风险和内控能力，在规模、网络和客户资源上已经具备了较强的竞争力。为了更好地应对外资的挑战，有必要组建能够同国外金融集团抗衡的大型综合化经营金融企业。以国有控股大型商业银行为主体收购或设立证券公司，全面开展投资银行业务，是较为可行的一种综合化经营模式。

3. 发展投行业务是完善服务功能及培育核心竞争力的客观需要

随着银行业竞争日益激烈，传统业务同质化现象越来越严重，商业银行陷入规模扩张和低水平同质竞争的泥潭。随着市场环境和客户金融意识的逐步增强，越来越多的客户已经不仅仅满足于银行提供的存贷款等传统服务，而要求银行提供包括重组并购、企业理财等投行业务在内的综合金融服务。

以投资银行等业务为代表的高附加值新兴业务，其发展情况主要取决于自身的技术实力和人才团队等内源性优势，通过先发战略确立市场地位后将在较长时期内形成商业银行在企业金融服务领域区别于其他竞争对手的竞争优势，在创造直接效益的同时，也将带动其他业务的发展，因而将成为银行核心竞争力的重要组成部分。

4. 发展投行业务是分散风险的需要

金融行业的高风险性决定了其有通过多元化经营分散风险的动力。根据国际经验，全能银行很少倒闭，主要原因是全能银行能够分散风险，掌握信息主动权。如市场工具(如债券)需要把定价风险列入合同，而银行则可以随时影响企业的经营方针，以便确保自己的权益不受损害。同时向企业提供商业银行和投资银行业务的银行在获得企业业务方面具有更多的竞争优势，因为它知道企业什么时候准备发行证券，可以把准备工作做在其他银行之前。这种先发制人的投资能够带来竞争优势。

5. 金融监管当局的监管理念变化及外部监控体系的改进

监管当局的监管理念从原先的安全性优先转向效率优先，加上金融监管经验日趋丰富，国际金融监管合作不断扩大，金融监管机制日益健全，从而使管理当局有能力对全

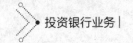

能型金融机构的业务实施有效的监管。

　　与银行业的发展相适应，监管当局行政式直接金融管制放松，同时以控制风险为主要内容的金融监管不断加强。各国放松对金融机构直接管制的同时，加强了以促进银行谨慎经营为目的的风险管理，促进公平竞争与提高安全性并举，寻求保证银行业效率与稳定的最佳平衡点，达到对金融运行的新控制。金融趋向国际化，银行监管也走向国际化，各国改变单调内向的监管策略，采取综合性的国际监管，监管政策、监管手段与全球发展趋势相一致。《巴塞尔协议》的顺利通过并为大多数国家所接受，说明各国在加强国际监管协调与合作方面已迈出坚实步伐。此外，监管机构重视从不同角度加强对金融创新业务的监管，特别是衍生业务的监管，以把衍生业务风险控制在最小范围内。

11.3.2　商行投行业务的经营模式

1. 业务合作模式

　　业务合作模式是指商业银行通过签订合作契约，与券商、保险公司或其他金融机构合作经营业务，共享效益收益，如"银证通"模式、"银保合作"业务等。业务合作模式融合了商业银行的资金客户优势与非银行金融机构咨询和资产管理等专业优势，有效提升了混业经营的效率，形成集群效应。但是，这种业务合作无法调动金融机构创新的积极性，合作合同对资源共享的约束较大，同时会产生规避监管当局监管的操作风险。伴随国内金融逐步适度自由化趋势的发展，业务合作模式需要逐步向深层面的混业经营模式发展。

2. 内设部门模式

　　内设部门模式，即综合经营模式，就是商业银行在原有的组织机构中设立投资银行部(或事业部)等职能部门，综合经营投行业务，这是国内大多数商业银行开展投行业务的主要方式。国内典型代表有工商银行、建设银行和招商银行等。2002年，工商银行成为首家设立投行部的国内商业银行，其投行业务范围涵盖资产证券化、股权私募、银团贷款、投资顾问、并购重组、非金融企业债券融资工具承销等；2002年，招商银行在中国香港成立了全资附属子公司——招银国际金融有限公司，主要经营并购业务、财务顾问业务、债务融资工程承销业务、信贷资产证券化业务等；2003年，建设银行投资银行部成立，业务包含理财产品发行、债券承销、财务顾问等。

3. 金融控股模式

　　金融控股模式的典型代表是中信银行和光大银行。以中信银行为例，中信银行隶属于中信集团，中信集团拥有全资和控股一级子公司12家，业务涉及金融、实业和服务业等领域。中信集团的全资子公司——中国中信股份有限公司，成立于2011年12月，是由中信集团公司联合下属全资子公司北京中信企业管理有限公司共同发起设立的股份有限公司，主要从事金融业务经营，其拥有包括中信银行股份有限公司、中信证券股份有限公司、中信信托有限责任公司、信诚人寿保险有限公司等30多家二级子公司,综合经营银行和非银行金融业务。

4. 海外合作模式

海外合作模式是境内分业、境外混业的全能银行的组织模式(见图11-3)。这种模式对资金实力的要求较高,比较适合大型国有商业银行,其典型代表是中国银行,其开展投行业务的主要平台是1996年在境外设立的中银国际控股有限公司(简称中银国际),中银国际及在中国香港、伦敦、纽约、新加坡等国际化金融中心建立了覆盖国际资本市场的销售网络,为海内外客户提供全方位的投行业务。中银国际利用国内的政策优势和境外成熟的混业经营的市场环境优势,通过境外全资附属子公司开展混业经营。由于国内监管当局对商业银行与海外金融企业合作创建合资公司开展投行业务有一定程度的政策支持,也允许中资金融机构的海外分支机构实施混业经营,中银国际于2002年在国内设立中银国际证券有限公司,与国内商业银行一起分别为客户提供商业银行业务和投资银行业务。

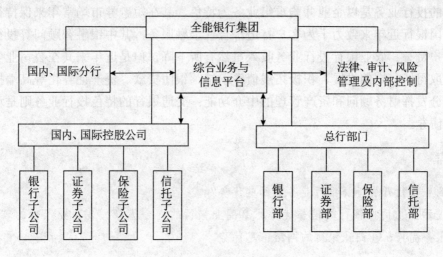

图11-3 海外合作模式

11.3.3 商行投行业务的竞争格局

现阶段,国内发展投行业务的金融机构主要有国内商业银行、国内券商和国外投资银行等。这些金融机构在客户资源、信息资源、服务能力、机构网络、资金实力、业务范围等领域各自具有不同的优势。商业银行开展投行业务应当充分利用自身在客户资源等领域的优势,并通过业务、产品和技术的创新,克服自身相对劣势,不断提高核心竞争力,更高程度地抢占投行业务市场。

我国商业银行的营业收入主要包括两个部分,即利息收入和中间业务收入。投行业务收入一般属于商业银行的中间业务收入,可以用商业银行手续费及佣金净收入变化情况间接反映其投行业务发展状况。近两年，四大国有银行的盈利能力持续提升，改变了投行业务发展缺乏动力的局面，工商银行、建设银行、农业银行、中国银行的营业收入增长都在10%左右。农业银行营业收入增长最快，工商银行营业收入最高，中间业务增长率也最快，大力发展中间业务必然成为四大国有银行增加收入的主要渠道之一。对股份制商业银行而言，投行业务保持强劲的发展势头，自2008年以来中间业务增长平均水平较高，其中浦发银行、招商银行、民生银行、兴业银行的中间业务发展增长较快，超过40%，为各银行营业收入带来新的增长点，面对利差收紧的经济形势和激烈的竞争格局显示出强大的业务能力和生存发展能力。国内城市商业银行大多以打造特色业务，服务于中小企业为定位，强调城市商业银行的适用性和实用性。城市商业银行的中间业务收入绝对量不能与四大国有银行和股份制商业银行相比，但就其相对量而言，中间业务的拓展对城市商业银行收入有很大的提升作用。

从总量看，工商银行投行业务收入依然保持全国领先，其投资咨询和财务顾问等特色业务保持稳步增长的同时，股权融资等投行业务也在近两年实现了快速增长；建设银行的投行业务是以企业并购重组业务为特色，其在短融券市场常年来保持行业领先；中国银行近年来致力于为客户打造综合性金融服务，其中银融智顾问等投行产品广受客户赞誉；农业银行投行业务收入虽然有所下降，但是近年来其在公司业务投行化方面取得了一定的进展，积极拓展债券承销、银团贷款、资产证券化等高端投行业务，充分发挥财务顾问和资产管理的中介功能；交通银行的特色投行业务则是承销地方政府债券。

> **🧠 思考**
>
> 商业银行开展投资银行业务有哪些优势？
>
> 提示：①商业银行的信誉优势；②商业银行的资金优势；③商业银行的"集成式"服务优势；④商业银行的网络信息优势。

11.3.4　商行投行业务存在的问题及应对策略

1. 商行投行业务存在的问题

(1) 业务模式单一，产品缺乏独创性。目前，国内商业银行的投行产品主要有咨询顾问、理财产品开发、债券承销等，业务模式比较单一且缺乏持续性。这与我国对商业银行的政策限制有关，国外投资银行广泛开展的证券承销与经纪、资产管理等业务，我国商业银行无法直接开展。同时，银行业受国际经济形式和国内货币政策影响较大，业务发展比较被动。

(2) 投行业务收入占比不高。在收入来源上，很多业务收入来自依赖于信贷联动的财务顾问业务，依靠信贷联动衍生带来的收入占一半左右。此外，大部分的投行收入来源于债券承销等业务手续费，占中间收入的比重较低。相较之下，瑞士银行、德意志银行等以"全能模式"开展业务的欧洲银行，每年仅来自投行业务的佣金和手续费收入就占全年营业收入的1/3。

(3) 风险防范意识欠缺。国内商业银行在投行业务风险管理上，大多采用传统的商业银行风险管理策略，没有对投行业务与商业银行其他业务进行组织和体制上的风险隔离。尽管国内商业银行开展投行业务尚处于投行业务同传统商业银行业务的结合阶段，伴随国内商业银行投行业务范围的拓展和深化，商业银行将越来越难以阻止内部业务交叉经营的风险传导、蔓延和恶化。商业银行应该转变思维，积极建立自上而下的投行业务风险控制体系。

(4) 人才培养和激励机制缺乏。国际先进银行对投行业务多采用事业部模式，实行单独的业务拓展、绩效考核、资源配置、人才储备等政策，能充分发挥各层级的积极性。国有商业银行现有的人才结构与开展投行业务所要求的能力较不匹配。同时，由于我国商业银行开展投行业务时间较短，经验较少，并没有建立完善的投行业务人才培养机制，且广泛分布于商业银行分支机构的客户经理对投行业务理解层次较低，也不利于商业银行进一步拓展投行业务，而商业银行的传统激励机制在一定程度上制约了投行从业人员的积极性。

2. 商行开展投行业务的策略

(1) 实施差异化的经营战略。我国商业银行目前的发展状况各有不同，商业银行需要找准自己的定位，切实根据自身状况，挖掘自己的潜在和独特优势，确定投行业务的侧重点。国有控股商业银行拥有很多先天优势，其投行业务的重点应该结合整个银行业发展的现状和自身所处的行业地位，有针对性地确立投行业务发展重点，积极打造自身的核心竞争力，形成品牌，做大做强。中小股份制商业银行应积极开拓新的发展领域，对开展投行业务实施战略化定位，强化产品创新、优化资源整合、提升服务水平，通过对客户潜在需求的挖掘，满足客户个性化需求。城商行不具备与大型商业银行竞争的优势，开展投行业务有助于提升城商行在区域市场竞争中的实力。城商行对区域经济发展具有不可忽视的作用，应立足区位优势，坚持差异化发展，循序渐进地开展投行业务。

(2) 确定有效的市场定位和战略合作伙伴。商业银行开展投行业务应进行有效的市场定位，选择业务发展重点。可以优先发展与传统业务关联密切的投行业务，如项目融资等，积极利用已有的客户资源，为客户提供全方位专业化的服务。确立投行业务方向，找准自身市场定位，有助于商业银行更好地集中优势资源发展投行业务。对国有大型商业银行而言，可以积极拓展与大型企业客户的业务关系，深入分析其业务需求，培育稳定的长期往来关系；中小商业银行则可以重点培育优质中小企业客户，挖掘其潜在需求，尽力开拓中小企业投行市场。

关于战略伙伴，应选择国际和国内知名投资银行开展技术交流、信息共享和业务合作，建立战略联盟，提升商业银行投资银行业务的技术水准，塑造投资银行核心竞争力。

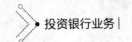

(3) 选择合适的经营模式。现阶段，综合经营模式是大多数银行开展投行业务的选择，这种经营模式的设立相对简单，可以依托银行内部雄厚的资金和资源优势，发挥协同效应。金融控股模式和海外合作模式虽然不是我国商业银行开展投行业务的主流模式，但是，在银行业综合经营趋势下，银行业的竞争将日趋激烈，加之国内金融市场日趋开放，组建金融控股集团，为客户提供全方位、综合性的金融服务将使得商业银行更具竞争优势。未来，商业银行应当结合自身资源优势和发展实际，选择合适的投行业务经营模式。

(4) 建立健全风险防范机制。首先，应健全外部监管制度。现阶段，国内许多金融法律法规在一定程度上成为商业银行开展投行业务的束缚。监管当局有必要根据市场化规律和现实需求，适时调整和完善法律法规。其次，应完善商业银行内控机制。投行业务的经营风险远高于银行简单的结算、代理等中间业务，商业银行尤其应该注重自身的风险防控和隔离，积极分析和研究开展投行业务所带来的各种风险因素，制定相应的风险预案，实现风险的有效隔离，并建立独立的防控系统。要加强资金管理，避免信贷资金与投行业务资金混淆；要严格投行业务操作流程，如实披露相关信息，促进外部监督；要加强内控制度建设，建立专门针对投行业务的风险管理系统，防患于未然。

(5) 构建投行业务精英团队。商业银行的投行业务从业人员需具备在金融、法律、财务等方面较为全面的专业知识，商业银行应长期致力于培养这类复合型人才，整合内部人力、物力和财力资源制订系统化的人才培养计划，组建投行业务专家团队，重视专业人才引进。同时，应当优化完善投行业务人才的业绩考核和激励机制，建立科学的薪酬薪资体系，充分调动员工积极性，发挥专业人才的核心作用。

(6) 充分利用资金优势，促进投行业务发展。资金优势是商业银行发展投资银行业务的有利条件。国内商业银行在进行优势企业并购时，可以在合规经营和风险可控的前提下，考虑单独拿出一定的专项并购贷款额度，经信贷决策流程严格审批通过后用于并购等业务。此外，商业银行还应在有效防范风险的前提下利用担保业务资源撬动投行业务机会，提高综合收益。

11.4 我国商行投行业务的发展历程及发展趋势

1993年之前，由于金融监管体制严重缺位，我国的商业银行采取混业经营模式，可以同时从事信托、证券、保险等业务。无序经营给银行带来了大量的不良资产和坏账。1993年，政府颁布《关于整顿金融秩序的决定》，明确了金融业严格分业经营的制度。1995年《商业银行法》实施，强调商业银行在我国境内不得从事信托投资和证券经营业务，不得向非自用不动产投资或向非银行金融机构进行投资。投资银行业务就这样从商业银行的业务中分离出来。

严格分业经营的后果是商业银行的业务仅局限在存贷领域，经营效率低下，综合竞争力大大下降。随着经济全球化和利率市场化的推进，监管层逐渐意识到这个问题并开始调整政策。2001年，人民银行颁布《商业银行中间业务暂行规定》，允许商业银行开展担保、代理证券、代理保险、金融衍生等25项中间业务。以此为起点，我国政府在分业监管模式下逐渐放松对商业银行开展投行业务的管制，各大商行也逐渐把开展投行业务作为多元化经营的重要手段。

11.4.1　商行投行业务的发展历程

1993年和2001年颁布的法规将中国商行投行业务的发展过程划分为以下三个阶段。

1. 商行投行业务的起源(1993年以前)

1) 商业银行初始混业经营

中国现代金融体制改革始于1978年，此后，才真正开始建立和发展金融体系。金融业改革发展的计划经济时代，从全国只有中国人民银行一家，经过30多年的发展，已经成为拥有银行、证券、保险、基金、信托、租赁等门类齐全、机构众多的庞大多元化金融体系。而商业银行因其历史发展的渊源，一直是各类金融机构中最强大的群体。我国商业银行和投资银行的各种渊源与我国商业银行发展的各个阶段是密不可分的。

1986年12月19日，邓小平在关于《企业改革和金融改革》的讲话中要求："金融改革的步子要迈大一些，要把银行真正办成银行。我们过去的银行是货币发行公司，是金库，不是真正的银行。"此时，改革的目标就是要把银行真正办成银行。

在金融改革的指引下，为促进经济发展并促进银行业竞争，改变四大国有专业银行垄断的市场格局，一批新型的股份制商业银行开始出现。

1986年7月，作为金融改革的试点，经国务院批准，交通银行重组为以公有制为主的股份制全国性综合银行。1987年4月1日，重新组建后的交通银行正式营业。4月8日，招商银行也作为金融改革的试点银行，作为中国第一家完全由企业法人持股的股份制商业银行在深圳成立。到1988年，中信银行、深圳发展银行等一批新型的股份制商业银行相继成立。

为打破四大国有专业银行按专业领域分工并垄断市场的格局，当时的改革思路可以用"中国银行上岸，农业银行进城，工商银行下乡，建设银行进厂"来形容。在经营利益的推动下，四大国有专业银行不但突破专业分工的界限，还开始突破行业分工的界限，开始组建各自的信托投资公司、证券机构，并向房地产、投资、保险等领域扩展，形成事实上的混业经营模式。

新成立的股份制商业银行的业务范围也非常广泛，如交通银行的业务范围包括银

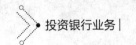

行、证券、保险、投资、房地产、租赁、信托等多种业务。非银行金融机构中，如1979年成立的中国第一家现代非银行金融机构——中国国际信托投资公司，是一个包括金融、生产、贸易、服务等多种业务的综合经营实体。各级政府的财政部门、各地的企业法人也开始纷纷组建商业银行及非银行金融机构。因此，那时中国的商业银行是真正的全能银行。

2) 商业银行设立投行业务经营主体

中国最早的投资银行业务发端于商业银行，包括证券业的很多第一次尝试都是由商业银行完成的。尽管历经曲折发展，但投资银行业务从未离开商业银行的视野。

1986年1月7日，国务院发布《中华人民共和国银行管理暂行条例》(以下简称《暂行条例》)，再一次明确了中央银行、专业银行的职责。同时，《暂行条例》第二十四条规定："在确有需要的大中城市，可以设立信托投资公司，经营资金和财产委托、代理资财保管、金融租赁、经济咨询、证券发行以及投资等业务。"第二十六条规定："专业银行不设立独立的信托投资公司而经营信托业务的，其资金来源、运用，必须全额纳入专业银行信贷计划，收益由专业银行统一核算。"

这些规定实际上确认了商业银行的经营范围，涵盖信托、金融租赁、经纪咨询、证券发行、投资等多个领域。因此，《暂行条例》是在国家层面对商业银行的混业经营进行了确认。直到1993年之前，中国商业银行一直实行混业经营。

在这个时期，商业银行开展的投资银行业务主要是证券业务，包括在一级市场和二级市场上进行的股票业务和债券业务。执行投资银行业务的主体包括商业银行，以及商业银行设立的信托公司、证券公司等。

1984年，北京天桥商场开始实行股份制改造。同年，股改完成的北京天桥百货股份有限公司正式成立，并公开发行了股票，其首期300万元股票便是由工商银行上海市信托投资公司代理发行的。这是改革开放以来我国最早的股票发行，商业银行已是其中重要的参与主体。

此外，1986年8月，经中国人民银行沈阳市分行批准，沈阳市信托投资公司试办该市6个企业发行的8种债券的二级市场交易和抵押业务，开辟了改革开放后第一个债券二级市场，而沈阳市信托投资公司即为工商银行所开办。

1986年9月26日，中国工商银行上海信托投资公司静安证券业务部宣告营业，对其代理发行的"飞乐音响"和"延中实业"两只股票率先开展了柜台挂牌交易业务，成为改革开放后第一个股票交易市场。

1987年，中国工商银行信托投资公司以1987年11月2日为基期，以100为基数编制了改革开放后第一个股价指数。中国出现第一家专营证券的证券公司后，证券业务的竞争格局演化成商业银行证券部、信托投资公司证券部、证券公司之间的竞争。其中商业银行处于绝对主导地位，大部分的信托投资公司和证券公司也还是由各银行组建设立的二级公司。例如1988年最早一批成立的南方证券和海通证券两家证券公司，分别是由工商银行和交通银行投资主办的。

这一时期，在华外资银行的经营模式同样为混业经营。1985年后，外资银行开始逐渐进入中国。到1986年底，在中国设立的外资银行分支机构、中外合资银行、中外合资财务公司总数达到25家。截至1989年，这些机构总数达到34家。虽然这些机构的开设时间和地区分布有差异，但其业务范围基本相同，并且都包括股票、证券买卖业务及信托业务等。

3) 早期商行投行业务范围

投行业务中的本源业务——证券一级市场业务和二级市场业务，在中国最早都是由商业银行参与完成的。到20世纪90年代初，商业银行已全面开展证券业务，直接买卖股票、债券等有价证券，其二级公司——信托投资公司和证券公司也在同时开展证券经营代理和自营业务、国债回购业务，甚至利用外汇储备投资欧洲债券、美元债券，有的银行直接使用信贷基金向企业投资。

在中国商业银行最早开展的投资银行业务——债券业务中，主要有发行金融债券、代理债券、债券投资和债券回购4种。

(1) 金融债券业务。1980年以后，随着改革开放的逐步推进，中国银行业及其他金融机构也开始运用金融债券作为筹资工具。1982年1月，中国国际投资信托公司在日本以私募的形式发行了100亿元的外国金融债券。1984年，中国银行业进入日本证券市场，发行了日元武士债券。随后，中国银行、交通银行、中国国际投资信托公司等多家信托公司先后多次在东京、法兰克福、伦敦等地发行公募债券。1985年以后，4个国有专业银行开始在国内发行人民币金融债券。

(2) 代理债券业务。改革开放后，最早的商业银行代理债券业务是在20世纪90年代后开展的国债承销和代销业务。1991年，商业银行以国债承销团的形式参与了国债的认购。1994年，银行系统开始第一次承担大部分国债的承销和包销，包括认购半年期和1年期的国债，其中向个人发行的3年期储蓄债券全部是银行系统包销的。此后，商业银行就一直是国债承销的主力。

(3) 债券投资业务。商业银行的债券投资业务也于1988年后开展起来，但采取了私募方式，即由银行和金融机构认购的发行方式，带有强制性的行政色彩。1988年，国家为筹集建设资金、弥补财政赤字，开始发行财政债券。在《中国人民银行关于发行1988年财政债券的通知》中明确规定："财政债券的发行对象是各专业银行、综合性银行以及其他金融机构。各单位必须按分配的任务，保证完成。"

(4) 债券回购业务。商业银行的债券回购业务起始于1988年开办的国债回购业务，后来，回购交易的品种拓展为国库券、国家重点建设债券和金融债券。回购交易采取了场内交易和场外交易两种方式。伴随国债市场的扩大和非银行机构的发展，证券回购市场也急剧膨胀起来。

2. 分业经营下商行投行业务的发展(1993—2001年)

1) 我国商业银行分业经营的确立

1992年下半年到1993年，中国出现了房地产热、开发区热、股票热，出现拆借、集资、提高利率、设立金融机构的风潮，国民经济的一些重要指标甚至达到1988年经济严重过热时期的数值，正常的金融秩序也受到了严重干扰，通货膨胀加剧，1993年的通货膨胀率甚至达到30%。追溯缘由，主要是1992年中共"十四大"后，全国投资热情高涨，在固定资产投资拉动下，货币被动大规模超发，资金投向不均衡。前几年快速增长的投资还导致了严重的企业"三角债"问题，债务关系复杂。

客观而言，当时的金融乱象与金融业过于宽松的监管政策、金融市场与机构经营不规范有直接关系。原始混业的中国金融业缺少健全的监管制度和规则，金融机构野蛮生长，经营严重不规范。在经济发展热潮的推动下，成为助长经济过热的推手。

以金融业中占据主导地位的商业银行来看，其业务范围囊括银行、证券、信托、金融租赁、保险等，甚至还可以进行实业投资和从事房地产开发业务、兴办实体经济。商业银行成为横跨金融各业态和实体经济投资的超级企业，造成金融业的混乱并不奇怪。实际上，中国每一次大的经济过热背后都有金融机构的推波助澜，特别是处于原始混业经营阶段的金融业，由于监管规则相对缺位，各机构之间盘根错节，无序而粗放的经营方式，很容易导致信用膨胀和通货膨胀。

尽管如此，我们不能否认，中国改革开放初期，金融业所实行的混业经营体制使得实力相对强大的商业银行能够介入证券业务，从而极大地促进了中国证券市场的形成与发展。20世纪80年代末90年代初，证券市场尚处于萌芽和起步阶段，市场投机性强、风险很高，证券公司由于规模小、体量小，口碑也比较差，难以担当推动中国证券市场发展的主力。当然，由于缺少系统的制度规范和有效监管，商业银行的证券投资缺乏法规约束。同时，由于银行拥有最大体量的金融资产，在盈利驱动下，大量银行信贷资金投向了证券市场，导致银行经营风险增大。

我们以商业银行从事的国债回购业务为例。当时，国债回购业务很不规范，市场监管也没有及时跟上，以致1993年出现了很多严重问题。例如，市场上出现了大量买空卖空国债、利用国债回购进行金融诈骗、假借国债回购名义违规拆借资金投向期货和房地产等高风险领域的情况，导致大量到期的国债回购合同不能按期履约还款，严重扰乱了金融市场秩序。

1993年，朱镕基亲自兼任中国人民银行行长，开始整顿金融秩序。1993年6月，中共中央国务院发布《关于当前经济情况和加强宏观调控的意见》，针对金融业乱象进行整顿，明确要求严控信贷总规模，规范银行对非银行金融机构资金拆出，严肃治理金融"三乱"，第一次提出"人民银行、专业银行和商业银行要与其所办的非银行金融机构及其他经济实体彻底脱钩"。

1993年11月，十四届三中全会提出，下一步金融体制改革要对"银行业和证券业实行分业管理"。1993年年底，国务院发布《关于金融体制改革的决定》(以下简称《决定》)，进一步表述为"国有商业银行不得对非金融机构投资，在人、财、物等方面要与保险业、信托业和证券业脱钩，实行分业经营"。

随着《决定》的发布，结束了中国自改革开放以来逐渐形成的金融业混业经营体制，标志着分业经营时代的来临。按照《决定》的要求，原本由商业银行信托投资公司、证券公司参与其中的投资银行业务也被严格分开，不同的业务种类归属不同机构，证券机构由此获得了独立发展的空间，开启了新时代。以1992年10月中国证券监督管理委员会的成立为标志，中国金融业确立"分业经营"体制，由此开启了"分业监管"的新征程。

从1994年开始一直到1997年，中国人民银行一直在推动商业银行与其所设立的非银行金融机构脱钩。

1995年5月10日，第八届全国人大常委会第十三次会议终于通过了《中华人民共和国商业银行法》(以下简称《商业银行法(1995)》)，自1995年7月1日起施行。《商业银行法(1995)》第三条规定了商业银行的经营范围，其中包括："(一)吸收公众存款；(二)发放短期、中期和长期贷款；(三)办理国内外结算；(四)办理票据贴现；(五)发行金融债券；(六)代理发行、代理兑付、承销政府债券；(七)买卖政府债券；(八)从事同业拆借；(九)买卖、代理买卖外汇；(十)提供信用证服务及担保；(十一)代理收付款项及代理保险业务；(十二)提供保管箱服务；(十三)经中国人民银行批准的其他业务。"

《商业银行法(1995)》中所涉及的境内投资银行业务中，业务范围明确的仅剩下债券相关业务，而且债券品种非常单一。第四十三条还重申了分业经营，且禁止投资于非银行金融机构、企业投资、非自用不动产，并规定商业银行在"中华人民共和国境内"不得从事信托投资和股票业务。该法施行前，商业银行已向非银行金融机构和企业投资的，由国务院另行规定实施办法。因此，第十三条为商业银行开展投资银行业务留下余地，但需要国务院批准。

2) 分业经营下商行投行业务的发展

1995年8月11日，中国建设银行和美国投资银行摩根士丹利等外资机构合资成立中国第一家投资银行——中国国际金融公司(简称中金公司)。1998年，中国工商银行和东亚银行共同创办了工商东亚金融控股有限公司(简称工商东亚)，该公司收购了当时的西敏证券的业务，创办后主要在中国香港地区提供证券经纪、承销、保证金融资、期货及期权合同交易等服务。

这两家商业银行参与创建的投资银行机构的诞生表明，《商业银行法(1995)》第十三条最终得到了很好的利用。中金公司和工商东亚的成立充分利用了"中华人民共和国境内"和"另行规定"这两个突破口。

此后，尽管分业监管体制并未发生改变，但商业银行在设立投行机构上突破成为常态。自1996年后，商业银行又陆续成立了工商国际金融有限公司、中银国际控股有限公司、建银国际(控股)有限公司、农银国际控股有限公司、交银国际控股有限公司、招银国际金融有限公司等，这些投行、投资机构均将注册地设为中国香港，并开展投资银行业务。由于这些由商业银行创办的在港投资银行机构客户和业务大多在境内，并且与母行业务合作密切，这些机构陆续通过"返程投资"方式，在境内设立了子公司，如建银国际(中国)有限公司等。由此，通过此类股权关系布局的创新，商业银行实际上通过境

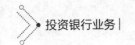

外投资银行子公司的设立，已经以"曲线"方式进入了投资银行业务领域。当然，这一模式也是得到监管当局认可的。

【拓展阅读】 部分商业银行设立的投行业务机构

工商国际金融有限公司是工银国际控股有限公司的前身。工银国际创始于1993年，中国工商银行在收购厦门国际财务有限公司49%的股权时成立，于1996年更名为"工商国际金融有限公司"(简称工商国际)，并获准升格为有限制牌照银行。2002年5月，工商银行收购工商国际其余51%的股权，自此工商国际成为中国工商银行全资拥有的附属机构。2008年9月12日，工商国际正式更名为工银国际控股有限公司(简称工银国际)，实现了由传统商业银行向投资银行的业务转型。

中银国际控股有限公司(简称中银国际)是中国银行旗下的全资附属投资银行机构。中银国际于1998年7月10日在中国香港注册成立，法定资本10亿美元，其前身是始建于1979年的中国建设财务(香港)有限公司。

建银国际(控股)有限公司(简称建银国际)成立于2004年，是中国建设银行旗下的全资附属投资银行旗舰，代表建设银行对外开展多元化的投资银行业务，注册资本6.01亿美元。

农银国际控股有限公司是中国农业银行股份有限公司(简称农业银行)的全资附属机构，于2009年11月在中国香港成立，注册资本近30亿港元，2010年将中国农业银行原在港机构农银证券有限公司、农银保险有限公司及捷骏投资有限公司并入旗下。

交银国际控股有限公司(BOCOM International Holdings Company Limited，交银国际)是交通银行股份有限公司的国际投资银行和证券旗舰，其前身交通证券有限公司经中国人民银行、中国证监会批准，获中国香港证监会发牌，于1999年9月在中国香港正式开业。根据交通银行集团综合经营和战略转型的需要，2007年初交通证券有限公司重组为交银国际。

交银国际下设交银国际(亚洲)有限公司、交银国际证券有限公司和交银国际资产管理有限公司三家全资子公司，分别从事投资银行业务、证券买卖业务和资产管理业务。

招银国际金融有限公司前身为江南财务公司，成立于1993年，2003年更名为招银国际金融有限公司(简称招银国际)，是招商银行股份有限公司(简称招商银行)经中国银行业监督管理委员会批准，在中国香港注册成立的全资附属公司。招银国际主要从事投资银行业务，并拥有企业融资财务顾问及证券经纪业务资格。

1997年，随着亚洲金融危机的爆发，中国金融领域多年来积累的矛盾和风险开始突显，特别是国有银行不良资产比重高，资本金严重不足，部分非银行金融机构的不良资产比重更高，有些甚至已经发生支付危机。金融机构风险已经危及国家金融安全，甚至影响社会稳定。

因此，经过第一次全国金融工作会议讨论，中央政府于1997年底发布了《关于深化金融改革，整顿金融秩序，防范金融风险的通知》，严格规范各类金融机构业务范围，要求人民银行和所有商业银行在1998年年底前，与所属的信托、证券、保险公司和其他经济实体在人、财、物等方面彻底脱钩。自此，分业经营的格局正式确立。

此外，随着1999年7月《证券法》开始实施，分业体制下的证券公司伴随着资本市场的迅速发展也重新活跃起来，并逐渐成为国内金融机构中开展投资银行业务的主体。商业银行在境内的投行业务则经历了一段沉寂期。

尽管如此，商业银行绕道中国香港设立投行子公司，并与国际主流金融机构开展业务合作模式，对国内商业银行开阔国际视野、加强国际业务合作和人才培养，并借此推动国内金融业务创新具有重要意义。特别是2001年中国加入WTO后，金融业开放步伐加快，商业银行面临国际金融机构竞争的同时，还面临国内利率市场化和金融脱媒的巨大压力，其设立境外投资银行子公司，探索和尝试投资银行业务影响深远。

【知识链接】　　　　改革开放后最早的"投资银行"

自1980年中国恢复在世界银行的席位以后，中国政府就开始考虑设立投资银行，作为办理世界银行中小工业项目贷款的中间金融机构，并把它逐步办成向国外筹集建设资金、办理投资信贷的专业银行。经过一段时间的筹建以后，中国投资银行于1981年12月23日正式成立。根据中国人民银行《关于中国投资银行管理体制改革的批复》(1994年7月22日银复〔1994〕243号)，人民银行原则上同意中国投资银行并入建设银行。

中国投资银行改制以后，按人民银行要求，撤消了在二级城市设立的支行和代理处；同时，在分行所在地设立同城支行，业务开展方面取得了飞速发展，到1996年年底，已拥有29个分支机构和一批素质较高的专业人员，设有137家同城支行，资产总额达到610亿元。1998年12月11日，经中国人民银行批准，中国投资银行并入国家开发银行，其全部债权债务由国家开发银行承担，成为中国银行界机构重组的首例，也是两家银行优势的结合。中国投资银行并入后，开发银行能够充分运用其网络，显著增加信贷管理量，有效改善资产质量。中国光大银行接收原投资银行债权债务和同城营业机构。

3. 商行投行业务的全新成长阶段(2001年至今)

1) 混业经营的大背景

20世纪90年代，以德国为代表的全能银行经营模式风生水起。在这种形势下，美国银行业开始寻找出路，采取金融创新和对外兼并等方式不断向证券业渗透，而证券业也不断向商业银行的传统阵地渗透。在此背景下，美国政府适应金融业发展的需要，持续不断放松部分管制，默许甚至鼓励金融机构之间的相互渗透。到20世纪90年代中后期，商业银行和投资银行的业务彼此进一步渗透，1998年花旗银行与旅行者公司合并等重大金融事件影响巨大，推动了1999年美国《金融服务现代化法案》的颁布。此后，金融混业经营的浪潮席卷全球金融业。

曾实行分业经营体制的世界主要发达经济体，其金融业都开始转向混业经营。受金融全球化、自由化以及中国加入WTO的影响，中国商业银行在渡过"技术性破产"难关之后，纷纷走上了股份制改革之路。伴随着国民经济的快速增长，中国商业银行取得长足发展。此时，美国《金融服务现代化法案》对中国金融界产生了深刻的影响，引起了理论界有关分业经营与混业经营的大讨论。很多观点认为，分业经营制约了中国金融业的发展。受此影响，中国有关分业经营的法律政策开始出现松动和调整。各大商业银行逐渐开始将开展投行业务作为自身业务调整和开展多元化经营的重要手段，加大资源投入，推动投行业务发展，投资银行业务不断发展壮大，逐渐从边缘走向主流。

2) 鼓励商行发展中间业务法规的出台

席卷全球的混业经营热潮，促使监管层鼓励商业银行积极开展中间业务，以减轻对存贷利差收入的依赖程度，优化商业银行的业务结构和收入结构。2001年6月21日，中国人民银行颁布《商业银行中间业务暂行规定》，首次明确，对于商业银行开办的中间业务，根据其风险和复杂程度分别实施审批制和备案制。

2002年4月22日，中国人民银行又下发《关于落实〈商业银行中间业务暂行规定〉有关问题的通知》，以"附件1"的形式明确了商业银行中间业务参考分类及定义，将商业银行中间业务分为九大类："(一)支付结算类中间业务，包括国内外结算业务；(二)银行卡业务，包括信用卡和借记卡业务；(三)代理类中间业务，包括代理证券业务、代理保险业务、代理金融机构委托、代收代付等；(四)担保类中间业务，包括银行承兑汇票、备用信用证、各类银行保函等；(五)承诺类中间业务，主要包括贷款承诺业务；(六)交易类中间业务，例如远期外汇合约、金融期货、互换和期权等；(七)基金托管业务，例如封闭式或开放式投资基金托管业务；(八)咨询顾问类业务，例如信息咨询、财务顾问等；(九)其他类中间业务，例如保管箱业务等。"

虽然上述规定的中间业务范围还比较窄，但还是构建了商业银行的中间业务基本框架，也初步勾勒了商业银行投资银行业务的版图。在九大类中间业务中，交易类、咨询顾问类、代理类中的代理证券业务等的界定，明确了允许商业银行开展的投资银行业务范围。

后续一系列相关法律法规的陆续出台，除交易所内证券承销、发行、交易以及非金融企业股权投资等难以涉足外，商业银行投资银行业务范畴理论上已覆盖投资银行业务其他主要业务领域。

另外，中国人民银行相继出台《证券公司进入银行间同业市场管理规定》《基金管理公司进入银行间同业市场管理规定》《证券公司股票质押贷款管理办法》等规定，在事实上允许了金融机构之间可以有条件地互相渗透，使得商业银行可以通过设立、兼并其他金融机构从事投资银行业务。

但是，上述规定的颁布与实施并未立即带来中国商业银行投资银行的大发展。这一方面是由于商业银行并未为开展投资银行业务做好人才、技术等准备；另一方面是因为在2001年前后，主要国有商业银行的主要任务是应对资产质量和资本短缺的危机，并实施股份制改革和为上市做准备。

当时，国有商业银行的巨额不良贷款在亚洲金融风暴期间被充分暴露出来，到了1998年，甚至出现了"中国国有商业银行从技术上讲已经破产"的言论。在1998年的"两会"上，新当选的国务院总理朱镕基宣告，中国的金融体制改革要在3年内基本到位。从1998年到2001年，中央政府对四大银行进行救助，包括向其进行2700亿元的注资，并成立了四家资产管理公司，剥离了四大银行1.3万亿元不良资产，并实施信贷管理改革、精简机构、贷款分类改革、加强监管等一系列措施，使得四大银行的危机得以化解，同时通过股改和上市使四大国有银行成为"真正的商业银行"。

3) 商行投行业务部门设立

2001年，招商银行成立其投资银行部——商人银行部，比工行还早一年，也是最早成立投行类部门的商业银行。不过，国有大行设立投行类部门仍然是最积极的。2003年，中国建设银行将中间业务部和产品研发部合并成立投资银行部，2005年撤销，2006年又复组。中国银行亦在2004年左右就设立了投资银行部。中国交通银行和中国农业银行则分别于2005年和2007年成立了投资银行部。

除了招商银行最早成立投资银行部外，主要的股份制银行也在2005年前后开始行动。兴业银行在2006年设立了投资银行部，为有利于业务发展，投资银行总部设在北京。中国民生银行在2005年成立了资产管理与投资银行部，并在2006年初迅速更名为投资银行部。民生银行的投资银行部前身是资产管理部，此前主要负责全行不良资产清收处置，由于民生银行在不良资产清收处置过程中发现还可以通过一些投行手段救活企业，除可以收回不良贷款外，还可以从金融服务中获得新的盈利，因而将资产管理部进行改造成立了投资银行部。2007年，民生银行又进一步将投资银行部改组为投资银行事业部，授予事业部业务、人事、财务相关权限，比照准法人模式经营。其他股份制商业银行也纷纷设立了投资银行部门。

2008年以后，在经过一轮快速分行设立潮之后，由于管理层对城商行异地设立分支机构及其发展定位适当性的质疑，城商行在异地设分行的审批被"搁浅"。因此，为适应市场竞争，在利率市场化和资本管制日趋严格的大环境下，城商行也逐渐开始尝试通过发展投资银行业务寻求新的业务领域和利润增长点。北京银行、南京银行、宁波银行、天津银行、重庆银行等多家实力较强的城商行，通过设立投行类部门不断扩张投行类业务。

4) 商行投行类业务演进三阶段

市场环境和竞争格局的变化，促使商业银行不断调整其各个业务板块布局和战略发展重心。作为商业银行近年来应对利率市场化导致利差收窄的主要手段，中间业务收入在整个收入结构中的占比日益提升，而作为中间业务收入最重要的增长点，投资银行业务地位日渐提升。因此，在商业银行内部，投资银行部门的设置也不断调整，由此使得中国商业银行的投资银行业务发展经历了比较显著的几个阶段。

第一阶段：传统型投资银行业务发展阶段。

2005年以前，是我国商行投业务的探索期、试验期，或者也可以称之为"基础型投资银行业务发展"。在这一阶段，商业银行的投行业务主要集中于发行和代理类，以及银团贷款牵头人等顾问类服务，因此也是比较简单的外围投资银行业务。在这一阶段，商业银行投行部门主要利用商业银行的客户网络优势，为客户提供一部分增值服务，基本上离不开与传统商业银行业务的捆绑或交叉销售。

第二阶段：投行业务与传统商行业务的融合与创新阶段。

2005—2012年是中国利率市场化和金融脱媒持续强化的时期，伴随着金融环境的深刻变化，各类非银行金融机构迅速发展壮大，使得金融创新层出不穷，市场竞争也更加激烈，商业银行强烈地感受到市场竞争的压力。由此，导致一直处于优势地位的商业银行各类业务创新开始活跃，创新型投行类业务不断涌现，各家商业银行的投资银行业务开始进入加速探索与创新时期。

2005年可以说是中国商业银行真正开展投行业务元年，因为这一年商业银行获得三个至关重要的投行业务发展契机：一是中国人民银行推出了短期融资券，并明确只有商业银行可以担任主承销商，商业银行开始进入债券承销领域，这也是商业银行第一项真正的牌照类投行业务；二是《商业银行个人理财业务管理暂行办法》和《商业银行个人理财业务风险管理指引》正式实施，银行理财业务从此有法可依，从而开启了商业银行的资产管理业务时代；三是商业银行资产证券化业务开始试点，商业银行可将自身的信贷资产作为基础资产，利用信托公司作为SPV，在银行间市场发行证券化产品，这也曾是美国华尔街投资银行的核心投行业务，而中国商业银行庞大的存量信贷资产使得证券化业务孕育巨大的投行商机。因此，在2005年前后，对商业银行而言，从同业跨界合作到混业经营，从衍生品到金融市场业务，从银行理财到资产证券化，从债券承销到银团贷款，大量的创新型投资银行业务不断涌现。商业银行业亦开始逐步探索分业经营体制下，通过外部合作实现投行类业务的交叉融合。

第三阶段：商行投行业务发展的崭新时期。

2012年以后，投行业务成为商业银行战略转型的重要方向，成为打造轻型银行和综合服务银行的核心板块。

随着市场的变化和经济的发展，传统的盲目扩张已经不适合这个时代，轻型银行理念因此被提出。轻型银行的重要特点就是"轻"，也可以理解为灵活性及应变能力强。银行要的就是花费更少的资本，实现更高收益和更好发展，这样才能稳步向前。目前，多家银行加入轻型银行行列，比如招商银行、渤海银行、工商银行等。很多银行已经抛开传统规模扩张的思路，更专注于做强、做精、做久，这也成为未来的主流模式。

随着利率市场化进一步提速、资产管理新政放开、金融脱媒加剧和互联网金融崛起，商业银行投资银行业务创新进入全新的发展阶段。由于商业银行可利用的金融工具、产品和服务模式越来越丰富，将银行自身拥有的资源优势与实体经济需求相结合，开始努力进入包括大资产管理、大金融市场，甚至与投资机构合作间接介入夹层融资和直接投资领域。在证券投行开展的承销与经纪、直投、投资管理及顾问、金融衍生品交易套利业务领域中，商业银行几乎可以介入除IPO承销和经纪之外的全部业务。商业银行初步形成了发展大投行的全新格局。

在这一阶段，商业银行借助天然的资金、客户、信誉、网络等方面的优势，助推投资银行业务强势崛起，在银行内部的地位也变得越来越重要。投资银行业务在商业银行业务中的占比，以及投行业务收入在整个银行收入中的占比不断提高。金融环境的变化使得商业银行传统的批发和零售业务面临前所未有的挑战，特别是过去商业银行的主要创利来源——公司业务面临巨大压力，传统的"存贷模式"难以为继，客户需求日渐复杂化和多元化，传统意义上的"标准化"公司业务难以适应客户的新需求。为应对这种挑战，商业银行的公司业务开始向投行业务转型，呈现显著的"公司业务投行化"趋势。

11.4.2　我国商行投行业务的发展趋势

实施综合化经营，全方位参与金融与非金融领域的服务与竞争，是银行业深化改革、全面发展的经营需要与重要选择，也是大型商业银行走向国际化、参与全球竞争，同时为社会提供更多服务的必由之路。

1. 商行投行的目标：综合化经营

商业银行作为我国规模最大、实力最强的金融市场主体，在经济放缓、利率市场化深入推进、金融脱媒以及互联网金融迅猛发展等一系列外来挑战持续加大的背景下，开展综合化经营是大势所趋，也是银行的重要经营选择。

我国商业银行开展综合化经营，先后经历了20世纪七八十年代到九十年代的混业经营、一行三会分业监管下的分业经营与综合化经营的探索，再到近两年金融去杠杆、严监管下，银行经营面临风险管理严要求与业务"创新"，资产规模迅速扩张、从严规范约束的变化。随着资管新规与银行理财等政策出台，银行综合化经营有望规范、有序展开。例如，2005年2月，央行、银监会、证监会共同出台了《商业银行设立基金管理公司试点管理办法》，允许商业银行直接设立基金管理公司。2005年10月，新修订的《证券法》在原证券法内容"证券业和银行业、信托业、保险业实行分业经营、分业管理，证券公司与银行、信托、保险业务机构分别设立"的基础上，增加了"国家另有规定除外"的内容。2005年制定的"十一五"规划明确提出，"从2006年开始稳步推进金融业综合经营试点"，中国的金融业综合经营试点正式开始。2008年1月16日，银监会与保监会签署《关于加强银保深层次合作和跨业监管合作谅解备忘录》。2009年10月，财政部下发了《金融控股公司财务管理若干规定》。2009年11月5日，中国银监会下发关于印发《商业银行投资保险公司股权试点管理办法》的通知。种种政策的颁布和松动，为中国金融业稳步实施综合经营开拓了法律空间。在博鳌亚洲论坛2018年会上，中国人民银行宣布中国金融业要进一步改革和开放，这对中国的银行业、金融业而言，是一个重要的政策导向。

随着金融监管政策的不断放松，各家商业银行除了在银行内部积极发展投行业务外，还在中国香港等地设立投资银行，并在内地逐步参股、控股非银行金融机构，为综合化经营布局。恰如1999年前后的美国，商业银行不断向投资银行业务渗透。

首先，从2005年开始，工商银行、中国银行、建设银行、农业银行、交通银行等大型银行实现对基金的参股控股；自2007年起开始加快综合经营的步伐，通过重组、筹建等方式控股信托、金融租赁、保险等非银行金融机构，不断突破分业经营界限。

其次，我国建立以商业银行为核心的金融控股集团，通过附属公司开展非银业务，实施综合化经营的代表有中信集团、光大集团和平安集团三家，被称为"中国三大综合金融集团"，其中中信集团、光大集团隶属中央金融企业名录。中信集团、光大集团作为中国最早获批的金融控股集团，旗下拥有完善的金融和实业业务板块，因而中信银行、光大银行开展金融资产深度介入产业的投行业务便也拥有了天然的优势。

经过多年的探索与实践，目前已经形成了银行业进军其他金融行业(以国有四大行为代表)、保险业进军其他金融行业(以平安、中国人寿、安邦等为代表)、金融业与实业融为一体(以中信、光大为代表)、四大金融资产管理公司、地方政府组建金融控股公司(以上海国际集团为代表)5种模式。

中国的商业银行尤其是大型商业银行，经过改革开放和发展，已经初步具备了全功能的、能够参与国际竞争的、走向世界的现代商业银行，能满足当前多元化的金融服务和多功能的金融需求。但是，目前我国的商业银行开展投资银行业务的经营管理水平还相对较低，在发展过程中主要参照国外尤其是欧美的做法，尚处于探索阶段，人才、资金、经验都不足。由于我国的金融监管仍属分业管理，综合服务平台不完善，各自为政，还不能完全提供一站式金融服务，因此还未形成真正意义上的全能银行。现在只有中信集团各子公司间的合作基础较好一些，如中信证券做上市承销时，中信实业银行能够给予大力支持，帮忙安排过桥贷款。现在总公司对于子公司具有一定的主动权，但是，由于管理水平、技术水平、政策环境等各方面的约束，它离一站式金融服务还有相当远的距离。我国的商业银行设立从事投资银行业务的子公司一般都利用了海外途径，特别是中国香港的特殊条件，而由于海外公司与内地公司无论是业务还是监管都不能接轨，无法共用一个综合金融服务平台，对于我国全能银行走向国际市场形成一定障碍。

但我国国有大型商业银行已经具备国际全能银行业发展所需要的三个基本条件：经济金融全球化的发展，政府管制的放松，以电子、信息、通信技术和互联网为代表的高科技的发展。它们为我国银行制度金融产品的创新及发展全能型银行奠定了基础。在此过程中，不断健全管理机制、强化管理意识、提高风险防控与经营能力，才能真正实现银行在管理理念、业务流程设计与精细化管理上的国际化与现代化，从而更好地与国际接轨。

2. 商行投行业务向"融资+融智"发展

从发展进程看，商业银行投资银行业务有三个阶段——初级阶段：融资；成长阶段：准投资；成熟阶段：投资与综合服务。到了成熟阶段，实际上就是前述"融资+融智""商行+投行""间接融资+直接融资"转变的结合。

过去几年，商业银行无论做贷款业务还是做其他业务，包括近几年的各种"资金池"业务，都还处在公司业务投行化的初级(融资)阶段。在这一阶段，其特点是改进了过去简单发放贷款并一直持有该贷款的经营模式，以结构性的设计来扩大银行利差，通常使用的技术工具就是期限错配。

到现在，客户基础、市场利率条件等各方面都难以实现公司业务的快速发展，商业银行迈向准投资阶段。所谓准投资就是夹层性融资，包括产业基金、并购基金等多种形式。但无论哪种形式，其资金都来源于上一个阶段——融资。收益方面，银行承担了很高的声誉风险，因此也拿到了项目收益的绝大部分。否则按照二八分的国际惯例，所获收益将难以匹配银行承担的风险水平。

从融资到准投资，是投行业务的成长阶段，而成熟阶段则是投资与综合服务。在这一阶段，商业银行将以产业综合开发为核心，依托战略客户，推进综合金融服务。对客户而言，商业银行将为其金融需求提供一揽子综合服务；就商业银行自身而言，将以投资分享行业、客户的成长收益。因此，整体而言，商业银行投行业务的发展逻辑是从融资向准投资、再向投资与综合服务发展，即从"融资"到"融资+融智"。

这里需要特别指出的是，为实现以上发展路径，需要商业银行打好两个"基础"，即"基础客户群"和"基础金融资产"。在牢牢掌握基础客户群的基础上，创造大量优质基础金融资产，并通过结构化交易、证券化等方式，以轻资产经营模式获取收益。

在过去，商业银行基本上是依靠吸收存款、发放贷款获取利差维持经营。但是在利率市场化的情况下，资产体量、资产运用能力和控制资产风险水平的能力，将决定商业银行使用资金的成本以及未来的发展。商业银行发展投资银行业务的关键，是能不能发现并维护优质的基础客户群，并在为其服务的过程中，创造收益合理、风险可控的优质资产。如果没有良好客户群和基础金融资产，投资银行业务将成为无源之水。

我国商业银行投资银行业务刚刚启动，在业务规模、产品种类、人才技术、客户资源等方面与商业银行业务相比，不可相提并论。国内很多商业银行的投资银行业务多数还停留在简单的融资业务层面，接下来只有从融资向准投资、再向投资与综合服务发展，即从"融资"发展到"融资+融智"，才能以投资银行业务为先导推动商业银行公司业务转型升级。

商业银行投行业务几乎涉及所有主要金融服务领域，随着这些投行业务的成长，特别是其在商业银行发展战略版图上重要性的不断提升，商业银行投行业务会形成一种可持续发展的模式。这既是投行业务发展的需要，更是商业银行应对挑战的战略选择。

本章关键词

金融脱媒　债务融资　银团贷款　项目融资　无追索权项目融资
有限追索权项目融资　不良资产结构化处置　资信评级　混业经营　分业经营
《金融服务现代化法案》　全能银行内设部门模式　"融资+融智"
内设部门+境外控股子公司模式　综合经营模式

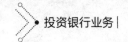

问题讨论

1. 你一定听说过像标准普尔、穆迪和惠誉这样的国际知名信用评级机构,但你了解中国的信用评级机构吗?尽管中国信用评级业已有30余年的发展历史,但相较于国际发展水平,总体上仍处于起步阶段。

思考:是什么决定了我国资信评级市场和国际资信评级市场形成如此大的业态差异?我国当前的资信评级市场的状况是怎样的?国有商业银行开展资信评级业务的优势又是什么?

2. 大家经常说的传统核心投行业务比如IPO、再融资、上市公司并购重组等,主要是在证券公司进行,商业银行没有这类业务的牌照。我国商业银行的投行部会做一些现在不太核心的投行业务,比如发行债券(特别是交易所以外的债券)、并购、财务顾问等。在国外这些其实也是很重要的投行业务,只是中国还没发展到那个阶段而已。和高盛这些一流投行相比,中国商业银行的投行部缺少上面提到的传统核心投行业务。另外很重要的是,商业银行和高盛本来也不可比,倒是和花旗这样的公司更像一些,简单地说,就是花旗这样的商业银行规模更大、经营更稳健、承担的风险更小,而高盛这样的投资银行规模相对较小,经营比商业银行要激进,风险更高,当然一般来说利润率也更高。在人员能力方面,我国商业银行各大总行的人员与证券公司的人员在基本素质上没什么差别,只不过做的业务不同、公司风格不同,会培养出不同的技能与气质。

思考:谈谈你对中国国有商业银行总行分行的投行部、城市商业银行的投行部的看法。它们和国际上一流的投资银行相比,有何区别?从业者的能力与之相比又如何?

3. 兴业银行兰州分行投行部成立于2014年6月,内设标准债券承销、非标投资、FICC、资产管理、资产托管五大板块。截至2018年末,累计承销非金融企业债务融资工具113亿元、地方政府债169亿元、境外美元债12亿美元及欧元债5亿欧元,非标投资超过100亿元,FICC业务近60亿元,资产管理43亿元,资产托管近700亿元。在甘肃这片贫瘠的土地上,兴业银行投行业务可谓硕果累累。立足今日,兴业银行兰州分行将秉承以客户为中心的理念,坚持"商业银行为体,投资银行为用",推动"融资+融智"转型,不断加强"结算型、投资型、交易型"三型银行能力建设,构建境内外市场间的沟通桥梁,继续凭借高效、专业以及差异化的服务,融入客户的成长过程,做到"真诚服务,共同成长"。在跨界合作中升级服务模式,真正地成为甘肃省企业贴心、信赖的合作伙伴,为甘肃的金融经济发展积极贡献力量。

思考:商业银行涉足投资银行业务的原因是什么?跟踪了解商行投行业务的收入状况,谈谈后续的发展情况及发展方向。

延伸阅读

1. "商行+投行"经营战略新模式. 中安在线[EB/OL]. http://ah.anhuinews.com/qmt/system/2019/06/18/008166333.shtml？from=singlemessage，2019-06-18.

2. 我国商业银行投行业务发展：回顾与展望. 360个人图书馆[EB/OL]. www.360doc.com/content/15/1128/17/53347_516533479.shtml，2015-11.

案例分析

1993年之前，由于金融监管体制严重缺位，我国商业银行采取混业经营模式，可以同时从事信托、证券、保险等业务，无序经营给银行带来了大量的不良资产和坏账。1993年，政府颁布《关于整顿金融秩序的决定》，明确了金融业严格分业经营的制度。1995年《商业银行法》实施，强调商业银行在我国境内不得从事信托投资和证券经营业务，不得向非自用不动产投资或向非银行金融机构进行投资。投资银行业务就这样从商业银行的业务中分离出来。

严格分业经营的后果是，商业银行的业务仅局限在存贷领域，经营效率低下，综合竞争力大大下降。随着经济全球化和利率市场化的推进，监管层逐渐意识到这个问题，开始调整政策。2001年，人民银行颁布《商业银行中间业务暂行规定》，允许商业银行开展担保、代理证券、代理保险、金融衍生等25项中间业务。以此为起点，我国政府在分业监管模式下逐渐放松对商业银行开展投行业务的管制，各大商行也逐渐把开展投行业务作为多元化经营的重要手段。

当前，我国商业银行由于没有交易所牌照，难以涉足交易所市场的承销、经纪与交易业务。在《商业银行法》的约束下，股权投资行为也受到一定程度的限制，但可以作为顾问的角色，与其他金融机构合作间接参与业务。其他的投行业务领域，银行系投行基本可以覆盖。总体来看，大型商业银行的投行业务更为全面，中小银行投行业务差异化较为明显。

资料来源：李奇霖，常娜. 商业银行投行业务最全解析. 联讯麒麟堂[EB/OL]. https://www.sohu.com/a/231860508_670374.

问题： 从我国商行投行业务发展过程中，你能得到什么启示？

分析提示： 我国商业银行在开展投资银行业务的过程中几经分合，原因是什么？我国商业银行在投资银行业务中都产生了哪些问题？对此应该采取哪些措施？

实践训练

1. 查找资料，详细了解国际商业银行开展投资银行业务的历程。

2. 比较国内外著名商业银行开展的投资银行业务，填入表11-4中。

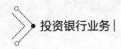

表11-4　国内外著名商业银行开展投资银行业务比较

国家	商业银行名称	投行业务
美国		
英国		
德国		
日本		
中国		

参考资料

[1] [美]安德鲁·古特曼. 投行生存手册[M]. 北京：中信出版社，2017.

[2] [美]杰弗里·C. 胡克. 兼并与收购：实用指南[M]. 陆猛，译. 北京：经济科学出版社，2000.

[3] [美]K. 托马斯·利奥. 投资银行实务[M]. 黄嵩，郑仁福，译. 21版. 大连：东北财经大学出版社，2010.

[4] [美]米歌尔·弗勒里耶. 一本书读懂投资银行[M]. 朱凯誉，译. 北京：中信出版社，2010.

[5] [美]特里克·A. 高根. 兼并、收购与公司重组[M]. 朱宝宪，吴亚君，译. 北京：机械工业出版社，2013.

[6] [美]滋维·博迪，等. 投资学[M]. 汪昌云，等，译. 10版. 北京：机械工业出版社，2017.

[7] 戴天柱. 投资银行运作理论与实务[M]. 北京：经济管理出版社，2010.

[8] 黄嵩，李昕旸. 兼并与收购[M]. 北京：中国发展出版社，2008.

[9] 何盛明. 财经大辞典[M]. 北京：中国财政经济出版社，1990.

[10] 何小锋，黄嵩. 投资银行学[M]. 2版. 北京：北京出版社，2008.

[11] 集方义，祝洪章. 投资银行学[M]. 北京：中国金融出版社，2013.

[12] 李凤云，崔博. 投资银行理论与案例[M]. 北京：清华大学出版社，2011.

[13] 李勇辉. 投资银行学[M]. 北京：人民邮电出版社，2019.

[14] 李子白. 投资银行学[M]. 北京：清华大学出版社，2005.

[15] 栾华. 投资银行业务[M]. 北京：电子工业出版社，2012.

[16] 马晓军. 投资银行学理论与案例[M]. 北京：机械工业出版社，2011.

[17] 任淮秀. 投资银行业务与经营[M]. 北京：中国人民大学出版社，2019.

[18] 阮青松，余萍. 投资银行学精讲[M]. 大连：东北财经大学出版社，2013.

[19] 天明保荐代表人胜任能力考试研究组. 2019年投资银行业务[M]. 北京：北京燕山出版社，2018.

[20] 田瑞璋，李勇. 商业银行投资银行业务[M]. 北京：中国金融出版社，2003.

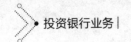

[21] 王元，等. 中国创业风险投资发展报告2013[M]. 北京：经济管理出版社，2013.

[22] 吴作斌. 投资银行学[M]. 北京：化学工业出版社，2012.

[23] 夏红芳. 投资银行学[M]. 杭州：浙江大学出版社，2010.

[24] 谢剑平. 现代投资银行[M]. 北京：中国人民大学出版社，2004.

[25] 徐子桐. 投行笔记[M]. 北京：机械工业出版社，2014.

[26] 阎敏. 投资银行学[M]. 北京：科学出版社，2016.

[27] 俞姗. 投资银行业务[M]. 北京：北京大学出版社，2013.

[28] 张丽华. 投资银行实务[M]. 北京：东北财经大学出版社，2014.

[29] 张立洲，刘兰香. 中国式投行[M]. 北京：中信出版社，2015.

[30] 张为群，益智. 投资银行业务案例实操[M]. 北京：北京交通大学出版社，2010.

[31] 证券业从业人员资格考试研究中心. 投资银行业务[M]. 北京：中国发展出版社，2019.

[32] 中国证券业协会. 金融市场基础知识[M]. 北京：中国金融出版社，2017.

[33] 中国证券业协会. 证券市场基本法律法规[M]. 北京：中国金融出版社，2017.

[34] 中国证券监督管理委员会. 上市公司并购重组财务顾问业务管理办法[Z]. 2007.

[35] 中国证券监督管理委员会. 证券公司客户资产管理业务管理办法(2013修订)[Z]. 2013.

[36] 中国证券业协会. 2019年券商投行业务现状及趋势分析报告[EB/OL]. https://max.book118.com/html/2019/0806/8002115011002041.shtm，2019-08-07.

[37] 春晖投行在线. http://www.shenchunhui.com/.

[38] 投资银行在线. http://ww.investbank.com.cn.

[39] 中国证券监督管理委员会网站. http://www.csrc.gov.c.

[40] 中国人民银行网站. http://www.pbc.gov.cn.

[41] 经济日报多媒体数字报刊. http://paper.ce.cn/jjrb/html/2020-01/08/node-2.htm.

[42] 大律师网. http://www.maxlaw.cn/.